장 라세르의 평화신학

기독교인과 폭력

Les chrétiens et la violence

장 라세르 지음
이봉석 옮김

이 도서의 국립중앙도서관 출판예정도서목록(CIP)은 서지정보유통지원시스템 홈페이지 (http://seoji.nl.go.kr)와 국가자료공동목록시스템(http://www.nl.go.kr/kolisnet)에서 이용하실 수 있습니다. (CIP제어번호: CIP2017015404)

기독교인과 폭력

지은이 / 장 라세르

옮긴이 / 이봉석

펴낸이 / 조유현
편   집 / 이부섭
디자인 / 박민희
펴낸곳 / 늘봄

등록번호 / 제300-1996-106호 1996년 8월 8일
주소 / 서울시 종로구 동숭4길 9(동숭동 19-2)
전화 / 02)743-7784
팩스 / 02)743-7078

초판발행 / 2017년 6월 30일

ISBN 978-89-6555-056-3 93230

LES CHRÉTIENS ET LA VIOLENCE by Jean Lasserre
Copyright © Editions Olivetan, 20 rue Calliet F-69241 LYON Cedex 04
All rights reserved
Korean translation rights © 2017 Nulbom Publishing
Korean translation rights are arranged with Editions Olivetan through AMO
Agency Korea.

※ 값은 표지에 있습니다.

장 라세르Jean Lasserre의 평화신학

기독교인과 폭력

Les chrétiens et la violence

장 라세르 지음
이봉석 옮김

ㄴㅂ

비폭력적 기독교를 향하여 : 두 번째 종교개혁의 길

이정배 (현장아카데미 원장, 전 감신대 교수)

종교개혁 500주년에 평소 낯선 프랑스 신학자의 저서《기독교인과 폭력》이 출판되어 우리 손에 들려지게 된 것이 참 고맙다. 이 책의 끝머리 표제어가 '새로운 종교개혁을 향하여'로 되어 있으니 이 역시 2017년의 책으로 선정되어 두루 읽혀야 될 것이다. 저자 장 라세르는 파리의 개신교 신학대학과 뉴욕 유니온신학대학에서 공부했는데 이채로운 이력을 많이 갖고 있다. 노동목회를 했고, 매매춘 근절 운동을 했으며, 알코올 중독자들을 위해 살았다. 거기에 더해 평화주의자로서 국제화해운동을 적극적으로 펼치기도 했다. 이런 이력 때문에 라세르의 언어들이 무겁고 중하게 다가온다. 비교적 오래 전에 쓴 글 임에도 울림이 컸다. 우리가 좋아하는 본회퍼

의 평화사상 – 이것은 비교적 후기사상일 터인데 – 에 영향을 주었
다하니 이 책이 더욱 소중하다. 하지만 이들 관계가 어찌 엮어졌는
지에 대한 소개가 없어 아쉬움이 크다.

　최근 대해스님이 제작한 「산상수훈」이란 영화를 알게 되었다. 영
화를 통해 젊은이들과 만나기를 좋아했기에 불교(승려)의 눈으로
예수의 핵심어록인 산상수훈을 읽고자 제작했다고 들었다. 평소 불
교인으로서 기독교에 대한 수많은 질문이 있었을 것이다. 하지만
가늠하기에 평화의 길을 설(說)하는 산상수훈에서 서로 간 차이보
다 더 많은 일치를 느꼈을 것 같다. 종교의 본질이 평화이고 행복
인 탓이다. 라세르 역시 전쟁은 성서 곧, 예수의 가르침과 한 치의
교집합도 성립될 수 없음을 강조하고 있다. 기독교 역사 속에서 묵
인된 정당한 전쟁이란 말도 가당치 않다는 것이 그의 확신이다. 근
대 이후 서구 선교사들이 때론 전쟁과 수탈의 앞잡이였다는 부끄
러운 사실을 용감하게 까발렸다. 매춘과 전쟁을 동일 선상의 폭력
으로 본 것도 이채롭다. 여성에 대한 남성의 폭력이 매춘이라면 전
쟁은 이런 폭력의 확대 및 재생산이란 것이 그의 주장이다. 여기서
자연에 가하는 인간의 생태적 폭력 역시 새로운 차원의 전쟁인 것
이 명시되면 더 좋겠다.

　비폭력적 기독교를 새 차원의 종교개혁이라 여기는 저자에게 양
심적 병역 거부는 핵심적인 화두이다. 따라서 이 책은 기독교인이
양심적으로 병역을 거부해도 되는가에 대한 저자의 정교한 이해가

핵심이다. 한국에서는 이른 논의이지만 기독교 서구, 특히 유럽 등지에서는 시행되고 있기에 낯설지 않다. 필자의 제자 중 한 친구가 기독교적 평화를 위해 병역을 거부하고 대신 옥고를 치른 현장을 몇 번 방문한 적이 있었다. 국방의 의무라는 실정법을 어겼다는 죄목으로 실형을 선고 받았던 탓이다. 이 경우 군복무만큼이나 실형 역시 폭력이다. 대체 복무와 같은 다른 가능성을 닫고 양자택일만을 요구하는 이념적으로 경직된 사회를 들어낼 뿐이다. 국가방어를 위한 전쟁비용보다 사회안전망을 위해 경비를 지출할 때 한 나라가 더욱 견고하게 지켜진다는 것이 저자의 확신이다. 우리 사회도 필연적으로 이런 방향으로 나아갈 것이다.

이 책에서 평화에 대한 기독론적 근거들이 상당한 분량으로 언급되고 있다. 하지만 종래의 책과 달리 이를 비판적으로 살필 목적에서였다. 기독교가 성서를 인용하여 얼마나 많이 폭력을 정당화시켰는가를 성찰했다. 사랑이란 이름으로 폭력을 허용하는 어불성설을 옳게 밝힌 것이다. 그렇기에 저자는 비폭력적 투쟁이란 새로운 용어를 사용한다. 누구라도 대화가 불가능한 사람은 없다는 더 큰 신앙적 전제하에서이다. 어느 경우라도 대화를 포기치 않겠다는 것이 바로 비폭력적 투쟁이자 사랑의 싸움이다. 비핵화를 두고 남북 간의 대화를 위해서도 필요한 가르침이다. 이를 위해 실정법을 어길수도 있다고 저자는 판단한다. 하느님 사랑과 그의 의(義)가 실정법 위에 있는 까닭이다. 예수의 수난과 고통이 바로 실정법을 능가하는 하느님 법의 실상이란 주장이다. 한마디로 원수 사랑을 배운 기독교인이 총을 들고 전쟁에 임할 수 없다고 역설한다. 국가에 '아니오'란 말을 서슴지 말라고 했다. 비현실적일 것 같은 양심적 거부가 평화를 위한 가장 현실적 대안인 탓이다. 이들이 바로 미래시대를 위한 평화의 예언자인 것이다. 루터와 칼뱅도 이런 일을 성사시키지 못했다. 이 일을 성사시키는 것이 두 번째 종교개혁의 과제이자 사명이다. 더 이상 국가들의 전쟁 놀음에 교회는 어떤 방식으로든지 관여치 말라는 것이 이 책의 마지막 결론이다.

프랑스어 번역본이지만 글이 잘 읽힌다. 번역이 잘 된 탓이다. 촛불혁명을 통해 이제 막 변화의 조짐을 보이는 한국사회에 시사하는 바가 크다. 남북 분단 체제하에서 섣부른 이야기라, 철없는 생각이라, 낭만적 발상으로 매도될 수 있겠으나 기독교인이라면 아니 예언자적 자의식을 품은 종교인이라면 누구라도 시작해야 옳다.
이제 전쟁은 모두를 살해하는 일이고 전 자연을 파괴하는 일이 되었기에 이를 금하는 것이, 무기를 폐하는 것이 정도(正道)이자 인류의 갈 길이다. 위기를 부추겨 무기를 팔아 장삿속을 챙기는 식의 미국은 더 이상 기독교 국가가 아니다. 설령 6 · 25의 참담한 경험을 겪었다하더라도 그것으로 미래를 발목 잡는 한국교회는 더 이상 예수의 복음을 담은 교회라 말하기 어렵다. 종교개혁 500년을 지나는 시점에서 이 책은 이런 값진 메시지를 미국을 비롯하여 이 땅의 교회들에게 던졌으니 고마운 일이다. 저자의 노고에 감사한다.

Preface

이 책은 우리가 접하는 물리적 폭력 곧, 살인에 대한 문제를 연구하고 있다. 우리는 언어적 폭력의 정당성에 이의를 제기하지 않을 것이다. 예수와 사도들도 때때로 언어적 폭력을 행사했기 때문이다. 우리는 분명한 제한 조건 하에서 그리고 명확한 한계 안에서 국가에 필수적인 물리적 강요의 정당성 또한 인정한다.

그러나 우리는 권리의 범위를 넘어선 과도하고 타당하지 않은 폭력의 행사에는 이의를 제기할 것이다. 해롭다고 판단되거나 범죄로 여겨지는 폭력적 행동은 제재 받고 예방되어야만 한다. 범죄적 폭력을 근절하기 위해 위해를 가하는 행위자에게 '정당한 폭력'이 가해질 수 있다. 여기서의 '폭력'은 피해를 일으킬 수 있는 행위에 힘을 빼는 것이며, 죽음으로 이끌 수 있는 행위를 줄이는 것이다. 같은 목적에서 강제력이 대화를 보장한다면, 합법적 틀 안에서의 폭력은 실행될 수 있다. 이때 폭력은 법률적이고 도덕적이어야 하며 타자를 공동체에서 축출해야 할 해로운 짐승이나 혹은 제거해야 할 어떤 사물처럼 판단될 때 행해진다. 합법적 도덕적 폭력은 그 대상의 권리를 인정하지 않는다.

우리는 비방이나 정의롭지 못한 것으로 사람을 죽일 수도 있고, (그것이 우파든 좌파든) 자본가의 착취와 전체주의적인 경찰의 탄압 속에 끔찍한 폭력이 있다는 것을 알고 있다. 그러나 이 책에서는 물리적 폭력의 문제에 대해서만 다루도록 하겠다. 모든 것을 한 번에 다룰 수 없고, 무엇보다도 폭력과 연계된 문제들에 접근하기 전에 분명히 물리적 폭력에서 근원적 문제가 무엇인지 교회가 알아야 할 필요가 있기 때문이다. 카인(Caïn)의 행위는 인류에 대해 저지른 아주 단순하고 근본적인 폭력의 유형이다. 우선 이 문제를 조사할 필요가 있다. 그리고 만약 다른 형태의 위협적 행위가 물리적 폭력을 사용하지 않고, 만약 훈련되고 용인된 폭력을 사용하는 공화국 안보기동대(CRS, Compagnie Républicaine de Sécurité)의 탱크와 전투 부대들이 다른 형태의 행위가 일어나는 현장에 있지 않다면, 다른 형태의 행위는 거의 위해를 끼치지 않았을 것이다.

무기의 기능과 군인의 역할 자체에 대해 거론하지 않으면서 살인적 폭력에 대해 말하는 것은 있을 수 없는 일이다. 우리는 군인들 가운데서도 올바른 삶과 청렴한 삶을 위해 노력한 이들이 있고, 자신의 일상 속에서 복음의 요청과 군인이라는 직업을 화해시키려 노력했던 사람들에게 존경을 표한다. 이것은 교회의 확고한 생각이기도 하다. 15세기부터 교회는 '군인이 기독교인이 되는 것'을 '명예로운 일'이라고 말해왔다. 그러니 군인에 대한 다른 어떤 접근이 있겠는가? 어떻게 그들에게 죄 있다는 판단을 할 수 있겠는가? 군인은 교회의 가르침을 신뢰했다. 오히려 살인적 폭력에 대해 연구할 주체는 수세기 동안 화합할 수 없는 두 세계의 연합을 변론했던 신학자들이어야 할 것이다.

이 책의 내용 대부분은 '국제화해운동'에서 강연된 내용들이다.[1]

끝으로, 우리가 이미 출판된 전쟁에 관한 이교도(paganisme) 문명에 대한 세 쪽 분량을 다시 인용한 것과 '성전 정화 사건'에 대한 전승주제와 관련해 보다 세심한 기술을 하지 못했음을 밝힌다. 독자 여러분의 너그러운 이해 바란다. 만일 당신이 비전문가라면 약간 난해한 이 이야기를 건너뛰는 것도 좋을 듯싶다.

- 장 라세르
Jean Lasserre

---

[1] 국제화해운동(MIR, Mouvement international de la réconciliation)은 '국제화해협의회(IFOR, International Fellowship of Reconciliation)'의 프랑스 지부다. 이 운동은 1914년 기독교 국가의 양심과 그리스도 안에서 형제라 선언하는 것에 역행했던 불명예스러운 전쟁에 반대하는 고백들로부터 일어났다. 운동의 근본 목표는 복음적 비폭력을 통해 정의와 평화를 고양시키는 데 있다. 평화 교육, 명상 그리고 분쟁들에 대한 적극적 해결, 양심적 병역 거부에 대한 인정과 확대, 비폭력에 대한 신학 연구, 그리고 각각의 종교적 전통 범위에서 비폭력에 의한 진실한 평화와 섬김의 창조성 등을 행하는 것이 목적이다. 장 라세르는 1961년에서 1969년까지 프랑스어권 지역의 IFOR 간사였다.[N.d.E]

목 차

기독교에 의한 도덕 정치는 있는가?

기독교에 의한 도덕 정치는 있는가?

　이 질문에 대부분의 기독교인들은 '없다'고 대답한다. 기독교인에게 삶의 세계로 이해되는 현실 정치사회와 경제 구조는 복음의 영향이 배어들 수 없는 (오염되고 순수하지 않은) 세상이다. 정치와 세상은 자기 고유의 법을 가지고 있기 때문이다. 세상의 법은 반드시 부도덕하거나 범죄적인 것은 아니다. 하지만 그리스도가 가르친 도덕적 교훈과 어떤 공통점도 가지고 있지 않다. 어쨌든 기독교인으로서 우리가 현실 정치에 복음의 직접적인 도덕을 적용하고자 하는 것은 어리석은 일이다. 다시 말해, 전적으로 다른 두 대상을 혼합할 이유가 없다.

　또한 다수의 기독교인은 평안하게 그들의 인간적 삶을 영위하고, 부끄러움 없이 이중적 도덕을 수용하여 살고 있고, 교회의 구성원이자 가정의 가장으로서 행해야 할 일들이 복음에 상반된 것이라 해도 시민이나 사업가로서 행하는 것이 정상적이고 자연적이라 생각한다. 많은 기독교인은 그들의 삶을 두 영역으로 분리했다. 하나는 그들이 복음의 정신을 따라 살기를 강요받는 사적영역이고, 다른 하나는 그들이 복음과 아무 연관 없이 정글의 법칙에 고분고분하게 신념을 굽혀야 하는 정치 혹은 군사 영역이다.

복음의 관점에서 볼 때 세상과 복음을 구분하는 이러한 생각은 유효한가? 성서 속에서 예수는 우리의 인생 전체를 주관하는 주(Seigneur)로 소개되고 있다. 따라서 예수의 시선, 그의 이끄심, 그의 존재로부터 우리 존재의 어떤 부분도 분리될 수 없다. 그래서 예수가 "나는 선한 목자이고, 길이며, 진리이고 생명이다. 나는 세상의 빛이다."라고 말한 것이다. 그리스도는 우리 마음의 한 부분, 우리 삶의 한 부분, 우리 행위의 제한된 한 영역을 다스리는 데 만족하지 않는다. 우리 존재 전체를 다스리기를 원한다. 물론 전체라 함은 시민으로서는 물론이요, 정치적 행위 또한 포함한다.

그러나 이런 도덕적 분할에는 다른 이유가 있다. 사실 기독교인은 믿음이 없는 이들과 믿음이 식은 이들이 자신들을 관찰하고 있다는 점을 직시해야 한다. 스스로를 그리스도인이라 칭하는 사람의 행위를 보면서 복음의 가치를 판단하기 때문이다. 만일 그리스도의 제자라는 사람 ─ 최고 권력자일 수도 있고, 기독교인 가운데 중요 인물일 수도 있으며, 영적 지도자일 수도 있다 ─ 이 위험하고 결정적인 분쟁에 휘말렸을 때 그리스도의 복음의 요청에 순종하지 않고 오히려 여느 사람과 마찬가지로 정글의 법칙을 따르고 있다는 것을 알아차리면 어떻게 되겠는가? 그때 사람들은 기독교에 대한 존경심을 잃어버리고, 더 이상 예수 그리스도를 믿고 싶어 하지 않을 것이다. 사람들은 기독교인 스스로가 그리스도를 믿지 않는다고 볼 것이며, 분쟁 없는 일상의 손쉬운 환경 속에서만 믿음을 이용한다고 여길 것이다. 특히 전쟁의 위협에 직면하거나 국익이 걸려있을 때 폭력과 책략을 행사하기 위해 그리스도의 도덕을 포기한다면, 이때부터 이런 기독교인은 그리스도를 반대하는 증인이 된다. 그들의 증언은 예수가 어린이들과 노인들에게만 좋을 뿐이지, 성인의 심각한 문제에는 시대에 뒤쳐진 채 작동하지 않으며 비효율적이라는 것을 증명할 뿐이다. 서구 여러 나라가 기독교에서 이탈하는 근본적 원인이 여기에 있다. 정작 필요한 것, 그것은 기독교인이 그들의 선생(Maître) 예수 그리스도에게 실질적으로 복종하는 것이다.

그렇다면 어떻게 기독교인의 복종을 정치세계에 심어 넣을 수 있을까? 어떻게 사는 것이 정말로 그리스도의 주권에 복종하는 삶인가? 여기서 기독교인의 정당한 정치적 복종을 위협하는 아래의 두 가지 남용과 왜곡으로 논의를 더 진행할 필요가 있다.

먼저 성직자 지상주의로 떨어지는 것에 경계해야 한다.

- 그리스도의 통치를 대신해 교회가 통치하는 것을 경계해야 한다. 기억하자. 그리스도의 통치와 교회의 통치는 전적으로 다른 것이다.
- 그리스도 안의 믿음을 진정으로 가졌을 때만 따를 수 있는 복종의 삶을 비그리도인들에게 똑같이 적용하는 것을 경계한다.

다른 한편으로, 마치 그리스도가 그들의 진정한 주가 아니었을 때를 경계해야 한다. 기독교인이 그리스도의 계명을 그들의 시민적 삶 속에서 실천하기를 포기했을 때 일어나는 위험에 대해 경계해야 한다. 거기에는 너무도 심각한 배반과 기독교인 – 정치적 삶에 대한 세속화를 받아들이면서, 이를 통해 그리스도의 절대적인 힘을 믿지 않는다 – 의 돌이킬 수 없는 변질이 있기 때문이다. '만약 소금이 그 맛을 잃으면 무엇으로 다시 짜게 만들겠느냐? 밖에 내버리는 것이 좋을 뿐이다.' 오늘날 벌어지는 일들이 이와 같지 않은가?

이런 딜레마로부터 벗어나기 위해 어떤 이들은 인간적 지혜로부터 나온 자연법적 도덕 즉, 파렴치한 세상의 크고 작은 난폭한 규칙들과 복음으로 계시된 도덕 사이에 맺어진 일종의 타협을 고양시키려 노력했다. 칼뱅 같은 이들은 거의 독단적으로 구약성서에서 취한 삶의 규칙들을 모든 사람에게 부과하면서 사회 전체에서 하느님의 주권을 보존하기를 원했다. 마지막으로 칼 바르트(Karl Barth)와 같은 입장의 사람들은 교회와 전횡적으로 지도하는 국가 사이에 하나의 유비론을 견지하려 했다. 그러나 세 입장 속에서, 사람들은 그리스도에 실제적으로 의지하지도 않고 복음적 도덕과 구체적으로 연관되지도 않은 세속의 도덕 정치에 매달렸다.

그러나 우리는 그리스도의 성육신, 십자가 위의 죽음, 부활, 승천과 재림에 대한 복음의 위대한 확신을 정말로 진지하게 받아들이면서도 사람들이 정치적 삶을 위한 추론들을 이 복음의 확신으로부터 유추할 수 있을 것이라 믿는다. 그래서 우리의 정치적 복종이 정말로 기독교적 복종처럼 생각될 수 있기를 바란다.

교회에 있어, 진정한 문제는 국가나 시민사회가 해야 할 의무를 강요하는 일이다. 왜냐하면 '통치자는 주의 심부름꾼'(롬 13:4)이라 여겼기 때문이며, 그가 하느님으로부터 그들의 행위와 사회의 지도에 대한 전적인 책임(그가 사회에 부과해도 좋다고 생각되는 것)을 위임받았다고 보기 때문이다. 그러나 교회의 진정한 임무는 크든지 작든지 하느님에 대적하는 사회 속에서 늘 복음으로 살게 하는 것이고, 일상의 삶 속에서 이교도와 무신론에 의해 잠식당함 없이 고유한 믿음의 요청에 부합하게 행동하도록 하는 것이다.

그러므로 교회의 직무는 두 가지 원칙적 형태 아래 나타날 것이다. 첫째로, 교회는 자기의 예언적 직무를 실행해야만 한다. 다시 말해 방조되어서는 안 되는 어떤 것들을 제한하는 것이고, 반대로 어떤 것들이 살아계신 하느님의 위대하고 영원한 요구들인지 국가에 끊임없이 요청하는 일이다. 그것은 마치 십계명의 두 번째 절반의 계명들과 같은 것을 국가가 해서는 안 될 일이라고 교회가 신실하게 선포하는 것을 말한다. 그러면 교회의 증언은 필연적으로 부정적이고 비판적일 것이다. 과거에 교회는 이러한 일에 너무도 쉽게 패배만 했다.

두 번째로, 교회의 정치·사회적 임무는 성도들의 정치적 복종에 대한 중재자 역할이다. 나는 도시 안에서 성도들의 행동, 다양한 사회 조직 안에서 성도들의 의무, 그리고 도시의 문제들과 국가의 요구들에 직면해 성도들의 구체적 결단들에 대해 말하고 싶다. 여기서 교회의 증언은 그 구성원들의 신실함을 따르고 있다. 곧, 성도들의 정치적 복종이 그들의 믿음과 연결됐고, 복음과 연결돼 있다.

이러한 이중의 근원적 임무 속에서 이 책이 교회에 도움이 되기를 소망한다.

1부

복음과 폭력

1장
예수는 평화의 왕이었는가?

1. 메시아적 예언들

구약성서 속에는 메시아적 예언이 들어 있고, 약속된 메시아가 역사 속에서 성취할 일들을 묘사하고 있다. 이때 구약성서의 예언자는 자신의 사명에 대한 중요한 관점을 주장하는데 그것은 '메시아가 전쟁을 도말할 것이며 평화를 세울 것이다.'라는 희망이다. 이 평화의 메시지는 대림절 기간 동안 사람들이 숙독하는 모든 메시아적 구절들 속에 분명하게 나타난다.

이사야서의 예언이다.

'그는 민족들의 심판자가 될 것이다. … 나라마다 칼을 쳐서 보습을 만들고 창을 쳐서 낫을 만들리다. 한 민족도 다른 민족에 맞서 더 이상 칼을 뽑지 않을 것이며 전쟁을 배우지도 않을 것이다.'(사 2:4)

'어둠 속을 헤매어 걷는 백성은 큰 빛을 볼 것이다. … 그가 백성이 짊어진 멍에를 부러뜨렸기 때문이다. … 마구 짓밟던 군화, 피투성이 된 군복은 불에 타 사라질 것이다. … 왜냐하면 한 아기가 우리를 위하여 태어났고, 우리에게 주시는 아들이다. … 그 이름은 … 평화의 왕이라 불릴 것이다. 다윗의 왕국에 끝없는 평화를 주어 그나라에 법과 정의를, 오늘부터 영원까지, 굳게 세우실 것이다. 이 모든 것이 만군의 영원하신 이(l'Eternel des armées)의 열정이 이루실 것이다.'(사 9:1-6)

'이새의 그루터기에서 햇순이 나오고 … 영원하신 이(야훼)의 영이 그 위에 내린다. … 늑대가 새끼 양과 함께 살며 포범은 숫염소와 함께 잠을 잘 것이다. … 그리고 한 어린 소년이 그들을 몰고 다니리라. … 그는 나의 거룩한 산 어디를 가나 해치거나 죽이는 일이 다시는 없으리라. 땅은 영원하신 이의 지식으로 차고 넘칠 것이기 때문이다.'(사 11:1-9)

그리고 소선지서의 예언을 보자.

'그날에, 나는 활과 칼 그리고 전쟁을 이 땅에서 부수어버릴 것이다. 그리고 나는 이스라엘 백성을 편히 자게 할 것이다.'(호 2:20)

'너, 에브라다 지방 베들레헴아, 너에게서 나 대신 이스라엘을 다스릴 자가 난다. … 그가 나타나 영원하신 이의 힘으로 통치할 것이고 그가 평화를 이루시리라. … 그날이 오면, 나는 너희가 타던 말을 모조리 죽이고, 너희가 몰던 병거를 없애버리리라. … 그리고 나는 너희의 모든 요새를 허물어버리리라."(미 5:1-4, 9-10)

'시온의 딸아, 한껏 기뻐하여라. 자, 너의 왕이 너를 찾아오신다. 그는 정의롭고 승리자이다. 그는 겸손하여 나귀, 어린 새끼 나귀를

타시었다. 나는 에브라임의 병거와 예루살렘의 말들을 없앨 것이
다. 그리고 전쟁의 활을 꺾어버리고 뭇 민족들에게 평화를 선포할
것이다.'(슥 9:9-10)

성서를 읽는 자들은 가장 유명한 이 예언들을 보았을 것이다. 아
마도 메시아의 평화적 역할에 대한 이러한 주장은 결코 부인된 적
이 없을 것이다. 어찌되었든지 여기서 중요한 핵심 문제 하나를 던
져야 한다. 20세기를 사는 기독교인에게 이러한 예언(메시아가 전
쟁을 폐하고 평화를 가져올 것이라는 선포)은 무엇을 의미하는가?

슬프게도 우리는 그 대답으로부터 너무 멀리 있는 것은 아닌가?
보라! 우리가 믿는 메시아가 이 땅에 오신지 19세기가 지났으나 평
화는 결코 현실화할 수 없는 허망한 꿈과 같고, 그 어느 때보다도 끔
찍스러운 전쟁과 무기에 대한 말이 무성하다. 신문, 라디오, 텔레비
전은 매일매일 우리가 쌓아 놓았던 새로운 무기에 대한 정보와 그
것을 사용한 전투와 전투가 벌어진 곳에 대한 뉴스를 전달하고 있
다. 시민을 위한 예산 사용에 비하여 전쟁 예산이 증액되는 것을 멈
춘 적은 없다. 그리고 근대 이후의 전쟁에서 많은 선량한 시민들을
도말했음에도 전쟁에 의한 보상을 기독교 국가들이 제일 많이 얻
었다는 것에 대해 여러분은 두려움이 없는가? 거기에 정말 파렴치
한 일이나 혼란스러운 문제가 없었는가? 무엇보다도, 메시아 예수
는 땅 위에 평화를 세워야만 하지 않았나? 그러나 그의 제자들은 근
대의 전쟁을 포함해 국민 전체를 과학적으로 도말하는 것을 구상한
가장 위대한 전쟁 챔피언들이 아니던가? 예수는 정말 평화의 왕인
가? 우리가 틀린 것은 아닌가? 우리가 잘못 알고 있는가 그렇다면

오늘날 우리에게 구약성서의 예언들은 무엇을 의미하는가? 어떻게 그것을 정직하게 이해할 수 있을까?

만약 사람들이 기독교인에게 이 주제에 대해 묻는다면, 아마도 기독교인 가운데 대다수는 '이 예언적 본문들은 매우 위로가 되고, 우리가 낙원 안에서 누리게 될 평화를 묘사한다.'라고 대답할 것이다. 그러나 이런 해석은 너무도 경건하고 감동적이어서 전혀 우리에게 만족을 주지 못한다. 이 예언적 본문들이 '하늘나라에 온전한 평화가 있을 것'이라는 평범함 외에 다른 것을 말하고 싶어 하지 않을까? 많은 기독교인의 생각은 맞다. 분명히 진정한 평화는 지극히 높은 곳에 있다. 그러나 그 예언들이 또한 다른 것을 말하기를 원하지는 않았었는가? 메시아가 행하려는 것과 평화를 회복하리라는 선포를 묘사한 것이 아닐까? 그렇다면, 이러한 예언을 어떻게 이해해야 하는가?

2. 예언은 이루어 졌는가?

전쟁이 오늘날 아직 존속하는 것에 너무 놀랄 필요는 없다. 왜냐하면 예수 자신도 전쟁이 마지막 때까지 있을 것이라 선포했기 때문이다. '너희들은 전쟁에 대해 말하는 것과 전쟁의 소리를 듣게 될 것이다. 그러나 그것이 끝이 아니다.'(마 24:26) 그리고 우리는 계시록 역시 '전쟁이 최후의 시간까지 있으리라'고 예언한 것을 알고 있다. 다시 말해 종말이 다가오는 징표로써 지진, 전염병, 기근, 전쟁과 같은 다른 재앙들 가운데서 무엇보다도 전쟁을 꼽고 있지 않은가?

이것은 사실이다. 이제 우리 차례다. 우리는 예수도 계시록도 전쟁에 참여해야 한다고 말하지 않았음을 강조할 것이다. 예수가 말하는 방식과 마찬가지로 '너희들은 전쟁에 대해 말하는 것을 듣게 될 것이다.' 우리는 예수의 영에 따라 전쟁이 기독교인과 직접적으로 연관되지도 않았거니와 기독교인이 전쟁에 대한 책임감을 느껴야 하는 것도 아님을 주장할 것이다. 요한계시록은 짐승들이 성인에게 전쟁을 일으킬 거라 말했지만, 성인이 그의 적들에 대해 전쟁을 일으키라고 결코 말하지 않았다.

우리는 벗어나기 쉽지 않은 모순적 상황 앞에 놓여 있다. 모순이란 예언들이 메시아가 전쟁을 폐하고 평화를 가져올 자라고 선포했던 것과 세상 끝 날까지 전쟁이 있을 것이라는 일상의 증거가 충돌하기 때문이다. 어떻게 이러한 모순으로부터 벗어날 수 있을까?

a) 우선 모순에서 벗어나기 위해 예언의 영적 해석을 제안할 것이다. 예언자들에게 문제가 되는 평화는 그의 하느님과 평화가 화합된 정신적 평화다. 마음속의 내재적 평화가 문제다. 예언자들은 메시아가 인간과 창조주 사이에 적대성을 극복하게 하실 것이고 평화 즉, 하느님과의 화해를 가져올 것이라 선포했다. 이런 설명에 의하면, 전쟁에 대한 암시는 이미지들만 남게 될 것이다. 그러나 마음속 내재적 평화란 해석엔 설득력이 없다. 예언자들의 텍스트들 속에 영적인 위로가 무색할 만한 너무나 많은 칼과 전차 그리고 전투용 말에 대한 암시가 있다.[1]

---

1) 에이레네(Eiprhn, 평화)라는 단어는 하느님과 함께 하는 평화만을 상기시킨다. 반면 평화적

사실 성서에서 말하는 평화는 두 차원에 속한 평화다. 인간과 하느님 사이의 수직적 평화가 있으며, 인간과 이웃 사이의 수평적 평화가 있다. 모든 성서적 메시지, 특별하게 모든 복음은 이러한 견고한 직각자 위에 세워졌다. 평화의 두 개념, 두 차원의 화합, 용서의 두 질서는 서로 분리될 수 없다. 어쩌면 '서로 용서하라. 마치 그리스도가 너희를 용서했듯이.' 여기에 모방할 수 없는 기독교적 메시지가 있다.

그래서 기독교의 예언자적 메시지가 하느님과 함께 하는 평화를 말하는 것이 가능했을 것이다. 또한 메시아가 군대를 해체하고 군대를 포기하게 할 것이라는 시각에서 성서는 전쟁의 종식과 평화의 선포를 분명히 말하고 있다. 모순은 항상 존재했다. 그러나 하느님의 약속을 더 이상 전쟁에 대입할 수 없고, 신비적이며 상징적인 해석에 의해 감출 수도 없다.

b) 사람들은 이렇게 말할 것이다. 보라! 메시아의 속죄 행위에 의해 죄가 폐하여질 것이고 이것이 원칙이다. 유감스럽게도 메시아의 속죄 행위에 의한 죄의 전적인 용서가 세상이 끝나는 왕국 안에서만 일어난다는 것이다. 그러면 세상이 끝날 때까지 죄가 참회를 계속 만들 것이고, 죄의 열매 중 가장 끔찍한 전쟁은 구세주의 귀환을 기다리면서 인간의 땅을 황폐화시키기를 멈추지 않을 것이다.

사람들은 위와 같은 종말론적 논리로 메시아의 평화 구축과 재림 전까지 전쟁이 계속 될 것이라는 모순을 받아들이길 원하고, 심지

─────────

이란 이레니코스(irenikos)에서 취한 형용사는 신약성서 안에서 그들의 이웃과 평화로이 사는 이들을 지시하기 위해 사용됐다. 이것은 평화가 영적 의미로만 사용되지 않았다는 점을 말한다.

어 신앙에 평화와 전쟁의 모순을 제거하고 싶어 한다. 이런 모순에 대한 추론과 제거는 물론 잘못된 종말론 때문에 일어난 역설이다. 하느님 나라에 대한 이런 기대는 마치 그리스도가 처음 왔을 때 땅 위의 어떤 것도 변화시켜서는 안 된다고 했던 주장들처럼, 재림할 메시아 역시 아무것도 해서는 안 된다는 말과 같다.

실상 예수의 시대부터 메시아와 관련된 모든 예언들은 치유, 굽은 것 곧게 펴기, 쇄신, 용서 등의 행위가 구원의 증거라고 보았고 하느님 나라의 첫 열매라고 보았다. 또한 오늘날까지도 하느님 나라에 대한 의심할 수 없는 표시들로 여기고 있다. 우리는 주변에서 병이 낫거나, 부활의 불을 체험하고, 진실한 믿음의 가정들과 박애의 공동체들을 통해 영적 혹은 사회적 해방이 일어난 것을 확인할 수 있다. 이 체험들이 하느님 나라가 이 땅에 실현된 것과 같은 표시들이며, 미리 맛보는 천상의 행복과 같은 것이다.

그러나 평화 구현의 시작은 역사에 실현된 적 없는 평화에 관계된 예언뿐이다. 우리는 이런 예언에 관계된 어떤 증거와 표식도 보지 못했고, 예언은 죽은 글자로 남겨졌을 뿐이다. 영적 평화란 주제에서는 '이미'와 '아직' 사이의 어떤 긴장도 존재하지 않았다. 왜냐하면 '이미'란 없기 때문이다. 기독교인은 이방인들처럼, 늑대처럼, 그리고 도적떼처럼 전쟁을 했다. 기독교인이 낮은 곳에서 하느님 나라에 대한 증인이 되려고 노력할 때 역설적으로 기독교인의 특성이 드러나는데 기독교인은 우리의 생명 안에서 전쟁의 문제에 직면한 역설(paradox)을 구분하지 않는다. 오히려 기독교인은 지상의 전투에 참전해야만 진정한 시민이라 생각하며 땅 위에서 살아갔다.

전쟁과 평화에 관련해 신비도, 역설도, 하느님 나라의 반향도 지니지 않은 기독교인의 민낯이 드러난 것이다. 그것은 기술적이며 잔인하게 살상하는 이교도의 얼굴이다. 그렇다면 평화에 대한 메시아적 예언은 무엇인가? 그리고 우리는 무엇을 했었는가?

c) 우리는 여기서 성서가 이야기하는 의미에 보다 더 밀착하기 위해 '어떻게 현재의 시간 속에서 예언이 실현되었는가?'를 규명해야 하며, 역사의 과정 속에서 언약이 담고 있는 것에 대하여 말해야 한다. 우리는 이러한 예언의 성취가 마치 수면 위로 튀어 오르는 물수제비 파장과 같이 연속적 단계를 거쳐 역사에 표시를 남기며 이루어졌다고 생각한다. 그래서 세 번의 튀어 오름, 즉 세 단계로 예언의 성취를 구분했다.

첫 번째, 어쩌면 예언은 성서 작가들이 자신만이 인지했던 어떤 급박한 사건에 대한 알림이었고, 그 사건은 수 년 안에 혹은 예언자 자신이 살아있는 수개월 안에 일어날 수도 있었을 것이다. 신학자들은 이스라엘 역사 속에서 정치적이며 종교적이었던 그 사건들이 무엇을 의미하는지 알게 해주었다. 우리는 예언의 첫 번째 의미에서 성서 작가가 어떤 의도를 가졌는지 정확한 문서적 자료로 알 수 없었다. 어떻게 보면, 지난 역사적 사건이 모두 그러했던 것처럼 의심할 수 없는 귀납적 판단은 없고 도덕적 교훈만 예언에 남아 있기 때문이다. 때문에 메시아에 대한 희망 속에 사는 유대인들과 메시아가 왔기에 기뻐했던 그리스도인들은 항상 예언과 관련된 성서본문을 다르게 해석하곤 했다.

두 번째, 장차 올 메시아의 모습이 묵시적으로 표현됐다. 사람들은 묵시적 표현의 예언이 메시아가 이 땅에 오셔서 할 행위에 대한 선재적 묘사라고 알았다. 이런 문서들을 엄밀히 말해 '메시아적' 예언서라 부른다. 인류를 구원하기 위해 등장할 메시아가 할 행위에 대해 약간은 신비스러운 방식으로, 심지어 비밀스럽기까지 한 방식으로 이야기하기 때문이다. 기독교인은 아주 많은 예언서들이 예수의 일생과 십자가의 죽음에 대해 묵시한 것을 보고 감탄한다. 예언서들이 때로는 놀라울 정도로 정밀하게 예수의 삶을 공포했기 때문이다. 이사야 53장은 십자가에서 피 흘리며 대속자가 된 예수의 죽음에 대해서 예언했다. 예언자가 기다리던 메시아의 행위를 앞서서 보았고, 복음서 기자들은 예수가 어떻게 옛 선지자들의 예언을 이루었는지를 보여주었다.

세 번째, 성서는 전혀 새로운 물수제비 파장으로 우리를 환상적이고 경이로운 한 사건에 끌어들인다. 그것은 예수의 재림과 심판, 그리고 하느님 나라의 건설이다. 즉, 예언은 하느님 나라 안에서 모든 것이 완성될 것이라 알려준다.

이사야 53장은 이 세 단계를 아주 적절히 보여준다. 이사야 53장은 야훼께서 되찾으신 사람이 흥겨운 노래를 부르며 시온 산으로 돌아오는 길 위에 있을 것이라 공포했다. 첫 번째 의미 속에서 이 예언은 당시 바빌론에 유배된 유대인들의 귀환에 대한 묘사이다. 두 번째 의미로 그리스도가 기쁨 가운데 하느님과 진실한 삶 사이의 완벽한 연합으로 가는 길이 될 것을 '되찾으신 사람들'에게 알려주었다. 세 번째 의미로 이사야 53장은 완벽한 길과 모든 길에 대한 폐지를 한 번에 이루실 하느님 나라의 궁극적 건설을 묘사한다.

만약 오늘날의 관점에서 이 예언들을 다시 생각해본다면, 모든 기독교인이 예언의 첫 번째와 세 번째 의미에 쉽게 동의할 것이라고 본다. 한편으론 이스라엘 백성들이 향유했던 평화와 민족적 평온함에 대해 공포했고, 다른 한편으론 도래할 하느님 나라에 대한 위대하고 장엄한 평화를 묘사했기 때문이다. 단 예언의 두 번째 의미인 그리스도 고유의 메시아적 내용에 동의할 수 없을 것이다. 나는 이것을 걱정한다. 예수는 자신의 사역을 통해 메시아가 이 땅에서 이루고자 했던 두 번째 의미의 평화를 정말로 실현했는가? 만약 그렇다면 예수가 가져온 평화는 무엇이며, 또 기독교인들은 무엇을 실천한 것인가? 이런 의문에 반대하여 '성육신 당시, 그리스도는 사람들 사이에 평화를 이루어서는 안 되고 가져와서도 안 된다.'는 생각에 대해 말해보자.

우리는 서두에서 언급한 모순 앞에 다시 서게 된다. 보다 더 복잡해져서 이러지도 저러지도 못하는 궁지에 몰린 것 같다. 기독교인은 메시아적 평화에 대한 예언의 실현을 도래할 하느님 나라의 미래의 시간으로 전적이고 무조건적으로 유보했다. 그러면서 예언서의 두 번째 의미를 슬쩍 감춘 것이 분명하다. 이런 이유로 기독교인의 입장이 변론될 수 없다.

의심할 것 없이 선지자들은 예수가 성육신 되었을 때, 예수가 이스라엘 역사 속으로 들어왔을 때, 예수가 땅 위에 평화를 가져올 것이라고 공포했다. 그럼 어떤 평화란 말인가? 십자가에서 재림으로 가는 '교회의 시대'에 사람들은 부분적으로 그러나 이제는 현실이 된 다른 모든 예언의 성취를 확인했다. 우리도 두 번째 의미의 평화를 확인하고 싶다. 어디에서 그 평화를 볼 수 있고 확인할 수 있는 가? 오늘날은 평화에 대한 어떤 예언의 성취도 찾아볼 수 없다. 왜 그럴까? 왜 기독교인은 교회의 허가 아래 적어도 다른 사람만큼 전 쟁을 하고 있는가? 그렇다면 그리스도는 전쟁과 관련해서 어떤 것 도 변화시키지 못한 것인가?

d) 신약성서를 펼치면, 복음의 시작이 예언들의 신실한 메아리였 다는 것을 보고 놀랄게 될 것이다. 아기 예수가 태어나기 전날 노 엘(Noël)의 밤 베들레헴에서 천사들이 노래를 했다. '하늘 높은 곳 에는 하느님께 영광, 땅 위에서는 그가 사랑하시는 사람들에게 평 화!'(눅 2:14) 메시아가 곧 태어날 것을 미리 알았던 천사들은 순진 하게 메시아가 땅 위에 오셨으니 평화 또한 세상에 이루어질 것이 라 생각했다. 천사들은 "곧 평화가 낙원에서 이루어지리라!"라고 말 한 것이 아니라 오히려 "평화가 지금 이 땅 위에서 이루어지리라!" 라고 말했다. 천사들이 문자 그대로 예언자들의 텍스트를 취했다. 천사들이 틀린 것인가? 그들이 우리를 속인 것인가? 누가 그것을 감히 확인해줄 수 있는가?

복음서를 두루 살펴볼 때, 예수는 자신이 사람들에게 줄 평화를 가지고 있음을 알았고, 그들에게 평화를 주어야 한다는 것도 알았 다. 이것은 분명하다. '나는 너희에게 평화를 주고 간다.'(요 14:27) 그것은 단지 하느님과 함께 한 평화가 아니라 원수였던 형제들과 함께 한 평화, 이웃과 함께 하는 평화였다. 모든 복음은 이 평화의 메시지에서 울림이 일어난다.

어쩌면 사람들은 예수가 선포한 말을 가지고 우리를 반박할 것이

다 : '내가 세상에 평화를 주러온 줄로 생각하지 마라. 평화가 아니라 칼을 주러왔다.'(마 10:34) 누가는 '평화가 아니라 분열'로 변환했다.(눅 12:51) 변론하자면, 두 경우에서 정황상 예수가 검을 주러왔다는 것은 전쟁이 아니라 제자들에게 닥칠 박해와 복음을 수용했던 어떤 이들에게 일어날 가족 안에서의 끔찍한 분열을 지시하고 있다. 다른 한편으로, '예수가 평화를 주러온 것이 아니다.'라고 말했을 때, 신약성서의 나머지 부분과 반대되는 말을 했을 때, 아마도 예수는 아직 하느님 나라에서만 실현될 완벽한 평화기 이루어지지 못했다는 것을 말하고 싶었을지도 모른다. 예수는 다른 많은 본문들(행 1:6)에서처럼, 제자들의 지나친 간략화에 반대했다. 제자들은 늘 지나치게 서둘러서 하느님 나라의 영광스러운 계획의 총체적 완성을 지금 보려했다. 제자들의 생각으론 영광의 길은 십자가를 통과해서 지나가면 안 된다. 이 본문 속에서 예수는 평화의 행위를 거부하지 않고 두 번째 물수제비 파장과 세 번째 물수제비 파장 사이에 차이가 있음을 구체화하고, 절대적 평화의 시간 즉, 하느님 나라의 평화는 아직 오지 않았다는 것을 분명히 했다. 기독교인은 그들의 주인이 그랬던 것처럼 그 나라를 기다리면서 박해를 감내했어야만 했다. 역사만이 이것을 확인시켜 주었다. 정말 기독교인들만 박해를 당했다, 그리고 그들 역시 박해를 하지 않았나!

사람들에게 전해준 평화의 소식은 사도들의 서신들 속에서도 나타난다. 평화의 관점에서 예수가 유대인과 이방인 사이의 증오심을 불식시켰던 것처럼, 사도는 가까이 있는 사람에게나 멀리 있는 사람에게나 같은 평화를 말해주었다.(엡 2:13-18) 게다가 대부분

의 바울서신들은 '은혜와 평강이 너희들에게 주어졌기를 바란다.'
로 시작한다. 은혜는 머뭇거릴 것도 없이 선하다. 때문에 '평화가 장
차 올 하느님 나라 안에서만 주어질 것'이란 구분은 문법적으로 그
리고 신학적으로 가능하지 않다. 만일 평화가 은혜와 동의어가 아
니라면, 평화가 수평적 차원만을 가졌고 다른 사람들과 화합을 환
기시킬 뿐이라면 무슨 소용이 있겠는가? 화합은 지금 그리스도 안
에(maintenant en Christ) 주어진 것이다.

결과적으로 우리는 늘 같은 어려움과 동일한 모순 앞에서 투쟁
한다. 그것은 예언자들이 평화를 가져올 메시아를 공포했으나 이
땅 위에 그리고 기독교인들 사이에서 조차 평화가 없는 모순과 어
려움이다.

3. 예수가 예언된 메시아인가?

다른 극단적 관점을 통해 우리의 문제를 생각해보자. 몇 해 전, 나
는 이스라엘 의사 한 명을 알게 됐다. 나는 그와 대화하는 것을 좋아
했다. 그는 도덕적으로나 지적으로나 주목할 만한 인물이었다. 그
는 회당에 모이는 작은 유대공동체의 영적 수장이었다. 어느 날 저
녁, 우리는 기독교인과 이스라엘 민족 사이에 존재하는 영원한 논
쟁에 대해서 말하려고 그가 있는 곳으로 갔다. 그는 "예수가 정말
예언된 메시아가 맞는가? 그래서 내가 항상 그 고상한 얼굴을 보고
있구먼."이라고 나에게 말하면서 쓴 웃음을 지었다.

"목사님, 우리 유대인에게 '예수는 메시아가 아니라는 것'을 당신

은 알고 있나요. 선지자들은 메시아가 평화를 가져올 것이라 공포했지만 예수는 세상에 평화를 가져오지 않았어요. 물론 기독교인은 이방인들과 유대인들에 대한 전쟁을 멈추지 않았지요. 서로서로 전쟁을 일으켰지요. 아, 예수는 평화를 가져오지 않았어요. 그래서 그는 메시아가 아니에요."

나는 존경할 만한 상대에게 더 이상 무어라 답해야 할지 알지 못했다. '예수가 정말 예언된 메시아가 맞는가?'란 질문은 아주 명료하지도 결정적이지도 않았다. 또 나를 엄청 당혹스럽게 만드는 거부도 아니었다. 나는 책에서 유대인에 대한 정보를 어느 정도 얻은 바 있다. 그러나 책을 통해 얻은 유대인에 대한 불편함과, 얼굴을 맞댄 상태에서 존경하는 친구를 통해 그것을 듣고 말하는 것 사이에 어떤 간극이 생겼다. 당시 내 대답이 어땠는지는 잘 모르겠다. 그러나 나의 대답에 스스로 만족하지 못했다는 것을 기억하고 있다. 그날 저녁 나는 불안한 마음과 생각에 잠기어 집으로 돌아왔다. 내 인생 처음으로, 그리고 지금 제기한 '예수는 메시아인가?'에 집중했다. 나는 서재에서 그 의사가 내게 제기한 질문에 대해 명상하면서 두 시간을 보냈다.

첫 번째 든 의문은 구약성서의 예언들에 대해 우리 기독교인들이 유대인들보다 더 경솔하게 해석하는 어리석음을 범하고 있는 것은 아닌가 하는 점이다. 사실 우리 기독교인들은 구약성서를 복음의 빛 가운데서 읽었고, 예수와 관련된 본문들 속에서 그리스도를 다시 찾기를 바라면서 읽었다. 그럼에도 나는 유대인의 성서 이해 방식을 기독교인들이 받아들여야 한다고 생각했다. 여하튼 예수의 메시아적 특성 안에 있는 나의 믿음은 흔들림 없었다. 그러나 나에게 던져진 질문을 없앨 수 없었다. 나는 내 신앙의 근거들에 대해 다시 생각해야만 했다. 명상 끝에 나는 유대인 의사의 문제제기에 적절한 답을 찾았다. 유대인들은 예수를 예수 자체로 판단하는 것이 아니라, 제자들의 행위나 말 혹은 예수를 따르는 무리들이 했던 행위나 말 등으로 판단하는 부당함을 저지르고 있는 것은 아닌가 하는 의문이다. 유대인의 반론이 놓치고 있는 것은 예수의 죽음 이후 제자들이 행했던 것이나, 논리적이지 않은 것들로 예수라는 인격에 대한 가치판단을 언급한 것이다. 나의 이런 대답을 독자들이 어떻게 받아들일지 알 수 없다. 혹은 독자들 중에서 더 훌륭한 대답을 찾을 수 있을지도 모른다. 그러나 아직까진 나의 이런 대답에 대해 만족한다. 다만 독자들이 나의 이런 대답을 수용한다면, 전쟁을 하는 기독교인에 대한 정죄가 선행돼야 함을 밝히는 바이다. 이것이 내가 그날 저녁 거기서 가혹하게 다시 느꼈던 것이다. 나는 나 자신을 정죄하면서, 그리고 양심적 병역 거부 기독교인들의 정당함에 연대를 표명하면서, 나는 예수가 메시아임을 지지한다. 이런 의미에서 3세기 이후 기독교인들이 일으킨 전쟁들은 그리스도에 대한 배신이었다.

이제 그리스도에 대해 대부분의 기독교인들은 마음 깊은 곳에서 마치 유대인과 같이 메시아의 도래를 고대하는 사람이 아니라, 메시아가 이미 왔다고 믿는 사람이어야 한다. 아직도 많은 기독교인들이 평화에 대한 예언의 실현을 장차 올 미래의 하느님 나라에서 기대한다면, 그것은 그리스도의 역사적 현현을 믿지 않기 때문이 아닌가? 어쨌든 예수가 당시 어떠한 것도 근본적으로 변화시키지 않았다고 믿는 것은 아닌가? 그래서 전쟁의 재앙으로부터 해방됨과 그것에 얽힌 죄로부터의 자유를 그리스도의 재림 안에서만 기다리는 게 아닌가? 어찌 보면 기독교인의 소망은 이스라엘 민족의 소망과 정확히 일치한다. 메시아가 다시 올 때 (유대인들은 '그가 올 때'라고 말한다) 전쟁은 철폐될 것이고, 하느님의 평화가 세워질 것이다. 실질적으로, 윤리적 관점에서 보면 이것은 유대적이지 기독교적이지 않다.

나는 십자가 그늘 아래에 있다. 그곳에서, 나는 마치 처음처럼 예수가 토해내는 임종 순간의 단말마 속에서 놀라운 말씀을 들었다. 그 말씀은 "다 이루었다."이고, 이 말씀에 대해 어떤 기독교인도 결코 경솔하게 생각하지 않았다. 나는 예수가 그곳에서 무엇을 말하고 싶었는지 물었다. 분명히 그것은 그의 말하는 방식이다. 즉, '나의 임무를 끝마쳤고, 나의 일을 이루었다.' 이 말을 통해 예수가 다시 말하고 싶었던 것, "나는 벌써 오래 전 메시아의 행위를 묘사한 모든 구약성서의 예언을 이루었고, 그것들은 온전하게 나의 삶에, 그리고 나의 죽음을 통해 실현했다."에 누구도 반대하지 않을 것이다.

여기에 어떤 의심도 있을 수 없다. 십자가 위에서 '다 이루었다.'는 예수의 확인은 이렇게 이해해야 한다. 복음서는 예수에 의해 완성된 예언들에 대해 여러 번 그리고 긴 사역들을 통해 강조했다. (예수는 예언자 예레미야와 에스겔에 의해 선포됐던 말씀을 이루기 위해, 그것을 행하고 선포했다.) 복음서는 예수가 예언을 훌륭히 이행했고, 때로는 의도적으로 그리고 이목을 집중시키는 방식으로 실천했다는 것을 아주 잘 보여주었다. 예루살렘 입성, 성전의 정화 등이 그렇다. 예수는 모든 메시아적 예언의 성취와 성서에 기록된 방식을 (예수는 오랫동안 예언을 묵상했다) 통해 이미 하느님이 아들에게 정해놓은 모든 미션의 완수에 대한 의식을 가지고 죽음을 맞았다.

이 예언들 가운데 핵심은 평화에 관련된 예언들이다. 평화는 메시아가 땅 위에 세워야만 하는 것이다. 따라서 예수가 "다 이루었다."라고 말했을 때, 전쟁의 종식과 메시아적 평화에 대한 예언의 성취를 명백히 보여주었다. 마치 예수가 성취되지 않은 몇몇의 임무를 남겨놓겠다고 마음먹은 것처럼, 어떤 예언들을 다시 취하기 위해 남겨놓지 않았다. 절대 그렇지 않다. 예수는 말했다. "다 이루었다." 그리고 우리는 그것을 사실이라고 믿고 있다. 예수는 자신이 하느님의 평화를 포함해 모든 것을 완성했다고 믿고 선언하면서 그렇게 죽었다. 예수 자신도 잘못 알았던 것인가? 어떤 착각을 일으켰던 것일까? 우리는 여전히 모순 속에 그리고 어쩔 수 없는 궁지에 몰려 있다. 그러나 모순적 현실은 비극적이며 고통스러움의 끝에 다다라 있다.

4. 교부들의 증언

이제 (기독교인의 절대평화 사수와 전쟁 참여에 대한) 우리의 문제를 제3의 시각에서 접근해보자. 교부들의 저술을 읽어보면 (특히 3세기 기독교 저술가들은 신약성서의 저자들 바로 다음에 글을 썼

다) 교부들이 의도적으로 엄격하게 메시아의 평화에 관련된 예언을 그들의 복음서 해설과 기독교 선교 개론 속에 인용하고 있다는 사실에 충격을 받을 수밖에 없다. 교부들은 예언들이 실현됐고, 예언자들에 의해 선포된 시간이 이미 이루어졌다는 것을 단언하기 위해 예언을 인용했다. 그들의 말을 들어보라.

- 순교자 유스티누스(Justin Martyr) : 전쟁, 살인, 모든 악으로 충만했던 우리, 이제 우리는 땅 위에서 전쟁의 도구였던 칼을 쟁기의 보습으로 만들었고, 창을 밭가는 도구로 만들었다. 사람들은 우리의 머리를 자르고, 우리를 십자가에 못 박고, 우리를 불태웠다. 그래도 우리는 우리의 믿음의 서원을 포기하지 않았다.[1]
- 리용의 주교 성 이레네(Saint Irénée) : 하느님의 말씀은 세상 속에서 칼과 창을 평화의 도구, 쟁기의 보습, 낫으로 바꾸면서 위대한 변화를 성취했다.(이 말에 주목하라.) 그래서 사람들은 서로 싸우는 것을 더 이상 생각하지 않고, 한쪽 뺨을 맞았을 때 다른 쪽 뺨을 내민다. 그것은 예언자들이 말했던 것과 다른 것이 아니라 이러한 모든 일에 이루어진 바로 그 말이다.[2]
- 오리게네스(Origène) : 예수의 은혜로 평화의 자녀가 된 우리는 더 이상 어떤 민족을 향해 칼을 뽑지 않는다. 우리는 더 이상 전쟁하기를 배우지 않는다.[3]

---

1) Dial. CX.3.

2) Adv. haer. IV, 34. 4.

3) Contre celse V, 33

3세기 교부들은 기독교인들이 일반적으로 살인하지 않고, 병역거부를 수용한 것처럼 생각했다. 그들은 폭력에 직면해 기독교인의 순종은 어떠해야 하는지 묘사했다.

- 카르타고의 주교 키푸리아누스(Saint Cyprien) : 피가 흘러넘치는 세상에서 개인이 살인을 저질렀을 땐 살인죄가 된다. 반면에 국가의 이름으로 살인을 했을 땐 영광의 덕목이 된다. 이것은 죄가 없는 것이 아니라 처벌받지 않음을 보장해주는 엄청나게 확장된 잔혹성일 뿐이다. 따라서 하느님은 철이 땅을 경작하는 데 사용되기를 바란다. 또한 철은 사람을 상하게 하는 행위에 이용돼서는 안 된다. 기독교인들에게 살인은 허락되지 않았다. 차라리 죽임을 당해야만 한다. 죄 없는 사람들이 다른 죄인을 죽이는 것도 금지됐다.[1]

- 알렉산드리아의 클레멘스(Clément d'Alexandrie) : 평화를 위한 훈련을 해야지 전쟁을 위한 훈련을 해서는 안 된다. 우리는 평화의 병사이고, 예수 그리스도가 하늘나라를 주기 위해 그의 피와 그의 말씀으로 모집한 피 묻지 않은 군대이다. 그러니 평화의 갑옷을 입자.[2]

- 테르툴리아누스(Tertullien) : 믿음이 생겨나고 세례로 최종 결심을 했을 때, 군인은 즉각적으로 그 임무에서 떠나야 한다. 그렇지 않으면 하느님 때문에 고통당해야 한다.[3]

---

1) Epit. I. 6; Hdb. Virg.II; Epit. LVI,4; LVII, 42.

2) Praed. I, XII, 98; II, IV, 42.

3) De Corona, 11.

• 락탄티우스(Lactantius) : 하느님이 살인을 금지했을 때, 그것은 단지 공공의 법률 자체가 허락하지 않는 강도질을 금지했을 뿐만 아니라, 그것은 사람들에게 합법적으로 보이는 것도 행하지 말 것을 경고하는 것이다. 이렇게 의로운 사람에게도 살인은 허락되지 않는다. 예를 들어 군인의 임무 수행은 정의로운 것으로 중범죄로 정죄할 수 없다. 그러나 칼로 죽이기는 마찬가지다. 한마디로 그것은 하느님이 금지했던 살인이다. 그렇기 때문에 하느님의 계명 안에서 어떤 예외도 없다. 한 사람(하느님의 뜻에 따라 성스럽고 신성한 피조물로 보아야 할 존재)을 죽이는 것은 항상 범죄다.[1]

교부들이 우리에게 결정적인 문제를 제기하고, 우리의 문제에 타당한 대답을 주고 있지 않은가? 평화와 메시아적 예언에 대한 그들의 해석이 옳지 않은가? 그들의 주장이 맞고 우리에게 수수께끼를 푸는 열쇠를 주는 것은 그들이 아닐까?

교부들이 우리에게 말하기를 이 세상 끝까지 전쟁이 늘 있을 것이다. 그러나 전쟁을 하면서 그들이 드러내는 것은 바로 자신이 이방인이란 사실이다. 그러므로 예수의 제자들은 평화의 증언에 부름받은 것을 알아야 한다. 제자들의 역할은 증인이 되는 것이고, 증표가 되는 것이다. 그리스도의 평화의 전도자가 되는 것이다. 초대교회가 초기 3세기 동안 존속하는 데 성공할 수 있었던 것은 이 때문이고, 마지막 순간까지 유지돼야 하는 것도 이것이다. 즉, 그리스도

---

1) Inst.div. VI, 20.

가 선포한 평화의 생생한 성육신들이어야 한다. 이렇게 기독교인과 이스라엘 민족 사이에 존속했던 이견은 제자들의 정확한 평화의 이해 차원에서 드러난다. 이스라엘 민족은 모든 구원의 행위를 한 번에 이룰 메시아를 기다린다. 그러나 기독교인은 그리스도의 두 종류의 시간 즉, 성육신을 통한 구속의 시간과 재림을 통한 하느님 나라의 건설 속에서 미션을 완성한 시간을 믿는다.

우리는 의도적으로 군사적인 어떤 이미지를 다시 취하기 위해 하느님의 아들이 노엘의 밤에 출생했을 때 평화의 하느님이 땅 위에 임했다고 믿는다. 평화의 하느님은 인류 가운데 평화의 왕을 보내어 지상의 사역에 뿌리를 내렸다. 그 사역의 계승자 교회는 폭력과 전쟁에 의해 끊임없이 흔들이는 세상에서 평화의 교두보가 되어야 할 것이다. 점점 넓게 퍼져가는 평화의 교두보 말이다. 그리고 진실하고 효율적으로 그리스도의 평화를 사람들 가운데 육화시켜야 한다.

그렇다면 오늘날 기독교인은 초대교회에서 보여주었던 진군을 왜 계속하지 못했을까? 왜 그들은 변질되고, 선생의 메시지를 폭력으로 왜곡시켰을까? 왜 전쟁으로 압박하여 사람들로 하여금 그리스도의 이름을 모독하도록 했는가? 그럴 필요가 있었는가? 아메리카 인디언, 아시아, 아랍 혹은 불교신자, 무신론자, 공산주의자 등의 눈에 그리스도는 전쟁의 왕처럼 보이지 않을까? 히로시마의 원자 폭탄은 일본에서 기독교의 원자폭탄으로 불리지 않았을까?[1]

---

1) 1945년 8월 6일, 첫 번째 원자폭탄이 일본의 히로시마 위에 투하됐다. 13만 명의 희생자가 발생했다. 3일 뒤, 나가사키도 같은 일을 겪었다. 8만 명의 희생자를 낳았다. 두 폭격은 아마도 미군의 한 목사에 의해 축복기도를 받았을 것이다.[N.d.E]

하지만 베들레헴의 천사들이 "땅에서는 그가 사랑하시는 사람들 가운데 평화!"라고 큰소리로 말했을 때, 천사들은 예수의 제자들의 미션이 이제부터 평화를 만드는 장인이 되는 것임을 선포했다. 천사들은 바로 말했다. 사람들 '가운데' 평화 말이다. 그들은 이 노엘의 밤에 땅 위에 세워지기 시작했던 평화의 교두보에 대하여 말하기를 원했다. 그러나 기독교인들은 오래전부터 이방인들의 저주받고 피가 넘쳐흐르는 게임과 합치기 위해 이러한 교두보 되기를 훼손하고 저버린 것은 아닌가?

우리에게 제기됐던 문제는 엄밀하고 결정적인 문제가 됐다. 우리는 정말로 예수를 평화의 왕으로 믿는가?

2장
예수와 폭력

1. 이 사람을 보라(Ecce homo, 요 19:5)

예수는 소송 과정에서 법정의 층계 위로 끌려와 광장에 모인 군중 앞에 섰다. 그의 두 손은 묶여 있었고, 머리에는 가시로 엮은 관이 씌어 있었다. 하찮은 갈대가 그의 팔에 끼워져 있고, 조롱하듯 던져진 붉은 겉옷은 피가 흐르는 상처를 감추려는 듯 그의 어깨 위에 입혀 있었다. 빌라도는 광기에 휩싸인 군중에게 "그 사람이 여기 있다!"라고 말하며 그를 소개했다.

빌라도는 법정에서 예수와 군중 모두를 한꺼번에 모욕하기를 원했다. 예수에 대한 모욕으로, "어떤 가련한 상황에서 나의 최강 병사들이 너를 복종시켰는지 보라!" 그리고 군중에 대한 모욕으로, "너희는 내가 너희의 왕에게 어떻게 했는지 보라! 너희는 제국에 저항해 꿈꾸었던 불가능한 혁명을 언제 멈추겠는가?"하는 비아냥거림이다. '그 사람이 여기 있다.'는 말을 큰소리로 낼 때, 그것은 "너희들의 그자가 여기 있다!"라고 무시조로 말하는 것과 같다.

그러나 빌라도의 주관적 의도에 따른 순전한 빈정거림이었던 이 두 단어에서 기독교인과 신학자들은 심오한 하나의 객관적 사실을 뚫어보았다. 그렇게 (너희들의 그자가 여기 있다) 묘사된 이가 인간의 전형이며 진실한 사람이었다. 빌라도는 자기도 모르게 진실을 예언했다. 빌라도는 예수가 예언을 이루었다는 사실도 모른 채, 하느님 자신이 모든 역사에 대해 이상적 인간이며 모범적 인간임을 확인시켜주었고, 그 사람이 바로 '나사렛 예수'란 사실을 자신의 입으로 공포한 것이다.

당시 예수는 영광스런 출현으로 불릴 어떤 것도 가지고 있지 않았다. 그는 온몸으로 감내했던 채찍질에 지쳤고, 모욕과 조롱으로 마음은 나약하게 위축됐다. 그는 군중들의 비웃는 시선 아래서 고통에 신음하고, 그에게 닥친 잔혹한 현실의 악의로 가득 찬 쓴맛을 느끼면서, 그리고 로마 병사들과 관원들의 업신여김을 받으면서 움직이지 못한 채로 서 있었다. 그런 모욕을 감내하는 순간에도 예수가 진정한 인간으로 공포돼야 한다는 것이 이상하지 않은가?

우리 각자 안에 잠들어 있던 이교도적인 어떤 것이 예수가 우리의 모델로 소개됐던 여러 모습에 의해 깨어나고 열광하게 했는지 모른다. 예를 들어 그가 부활한 몸의 영광 속에 나타났을 때, 혹은 그가 물 위를 걷거나 군중에게 먹을 것을 주는 기적을 행했을 때, 아니면 그가 성전의 상인들을 쫓아냈을 때의 모습 등은 이교도적인 요소가 좋아하는 예수의 모습들이다. 우리가 자연적으로 좋아하는 것이 바로 힘과 영광이다. 그런데 아니다. 복음은 우리에게 온화함과 순종 안에서 굴복했던 순간의 예수를 예로 들고 있다.

이러한 우연의 일치는 분명히 그냥 일어난 결과가 아니다. 예수는 전 생애에 걸쳐 비폭력 평화주의자였다. (로마서 12장의 마지막 단락에서 묘사되는 태도를 비폭력으로 설명할 수 있다.)[1] 그의 적대자와 연루된 일련의 모든 분쟁 속에서, 그는 증오와 폭력 대신 사랑과 온화함으로 답하면서 비폭력을 보여주었다. 때때로 상당히 힘들었던 말들도 마다하지 않았다. 그러나 이제 그의 비폭력은 최고의 경지에 다다랐고 십자가 사건이 그것을 전적으로 보여주었다. 아마도 그는 무능했다. 사실 믿음으로 추측하건데, 그는 이 상황의 조정자이고, 상황을 영적으로 지배했다. 그는 실제적으로 세상의 구원을 떨리는 그의 어깨에 짊어지고 있다. 예수가 사람의 전형으로 선포되는 것과 모든 시대의 제자들에게 모범의 예로 제시되는 것은 그 순간이다. 그러므로 진정한 기독교인은 위대한 스승의 이미지를 따라서 비폭력적인 사람이 되어야 할 것이다.

그러나 예루살렘의 군중은 무능한 예수보다 폭력을 휘두르는 사람을 더 좋아하지 않았는가? 군중들은 선택의 순간에 놓였을 때 예수의 석방보다 바나바(Barabbas)의 석방을 요구했다. 바나바는 강도

---

1) 누구든지 악을 악으로 갚지 말라. 너희들은 모든 사람 앞에서 선한 것을 찾으라. 만일 가능하다면, 너희들에게 달려있는 만큼, 모든 사람과 평화 안에 거하여라. 사랑받는 너희들은 너희들 자신이 원수 갚지 말고 (하느님의) 화가 행하게 하라. 왜냐하면 기록된바 '복수는 나에게 속한 것이고, 보응도 나에게 속한 것이다.'라고 주께서 말했기 때문이다. 그러나 만약 너의 원수가 배가고프면, 그에게 먹을 것을 주어라. 만약 그가 목마르다면, 그에게 마실 것을 주어라. 이렇게 행함으로 그의 머리 위에 숯불을 쌓아놓는 것이 된다. 악이 너를 침범하지 못하게 하고 오히려 선으로 악을 극복하여라. Louis Segond 번역본.

였다. 한 명의 테러리스트로 바꾸어 말하는 것이 차라리 더 정확할 것이다. 우리는 그렇게 생각할 타당한 이유도 있다. 바나바와 그의 두 동지들(예수와 함께 십자가에 못 박히게 될 사람들)은 유대 독립 레지스탕스에 가담한 자들이다. 바나바는 어떤 반란을(막 15:7) 일으켜 사람을 죽였고, 사형을 선고받았다. 이 사건은 우리에게 바나바가 테러리스트라는 생각을 증명하고 있다. 특히 세 사람 모두를 지시하는 형용사 '싸움을 잘 하는'은 고대 문학가 플라비우스 요세푸스(Flavius Josephus)의 저술 속에서 로마인들에 대항해 일어섰으며, 악착스럽고 열렬한 유격전을 이끌었던 유대인 애국주의자를 표현하기 위해 일상적으로 사용됐었다. 유대인들은 바나바를 마치 유명한 죄수로 여겼으며(마 27:16), 열렬한 애국자로 자처하던 군중들은 그들의 구원자를 석방하기보다 차라리 무장 반로마제국지하단체의 수장을 석방하라고 요구하고 있다는 것을 알 수 있다. 폭력과 민족에 대한 이교도적 문명은 살아있는 하느님에 대한 신실한 믿음 위에 한 번 더 바나바를 올려놓았다. 군중은 온유하고 선한 사람보다 피 흘리는 사람을 더 좋아했다.

또한 이런 군중은 습관적으로 사람의 피를 흘리게 하는 사람을 더 좋아했다. 그가 바로 카이사르다. 실상, 빌라도와 유대 군중 사이에 논쟁의 말미에서, 유대 총독 빌라도는 마지막으로 군중에게 "내가 너희들의 왕을 십자가형에 처할까?"라고 물었을 때, 제사장들은 "우리의 왕은 카이사르밖에 없습니다."라고 대답했다.(요 19:15) 긴박하게, 예수의 형 집행이 결정됐다. 이와 같이 제사장들에 의해 격양된 군중은 폭력을 행사하는 전쟁의 왕, 죽음의 고통을 퍼뜨리는 자인 로마 황제를 법정에서 단죄할 수 없었다. 심지어 그들에게 비폭력적이었던 예수보다 더 좋아했다. 로마 황제가 이방인이었고, 그렇게 증오했던 폭군이었음에도 그를 더 좋아했다.(요 19:4)

암묵적으로 군중들이 빌라도의 인격 안에 들어 있는 난폭한 성격을 더 선호했다는 것을 내가 첨가해야 할까? 군중은 결코 그것을 명백히 말하지 않지만 그들의 태도는 분명하다. 군중이 예수에게 단 한 마디도 건네지 않고 모욕도 하지 않는 반면, 유대 총독이 그들을 경멸함에도 그들은 유대 총독과 대화하고, 그에게 간청하며 그와 논의했다. 사실 군중은 예수를 경멸하고 배척하는 동안만큼은 유대 총독을 진지하고 존경스러운 사람으로 다룬다. 그들을 구원하고 있는 하느님의 아들을 앞에 두고도 군중은 유대 민족의 가장 끔찍스러운 적이었던 로마의 잔인한 관리를 구원자보다 더 좋아했다.

빌라도가 '하느님의 죄 없는 어린양 예수는 진실한 사람이다.'라고 무의식 속에 선포했던 때에도 예루살렘 군중들은 정념에 휩싸여 장님이 됐다. 그들은 예수보다 세 명의 폭력배를 더 가까이 했다. 칼로 찌르는 것에 능숙한 한 명의 레지스탕스, 죽이는 일에 능숙한 국가의 우두머리, 우람한 체형으로 전투에 능란한 한 명의 로마 관료. 이 일을 반면교사 삼아 우리는 곤혹스러운 문제를 던질 수밖에 없다. 기독교인은 마치 예루살렘의 군중과 같이 예수의 비폭력보다 이른바 피 묻은 인간을 여전히 더 좋아하고 있지 않은가? 예수가 실천했고 교육했던 비폭력보다 반 나치지하운동가의 완력, 관료들의 품위 있는 불의한 냉혹함, 비정하고 너무 쉽게 피를 보는 황제의 폭군통치를 더 경탄하고 있지 않은가?

분명히 말해두자. 기독교인은 예수의 평온을 사랑한다. 그런데 견고하고 강력한 폭력 역시 좋아한다. 기독교인은 폭력의 매력을 찬양하고 모방하기를 멈추지 않으면서 첫 번째 의미 곧, 예수의 평온을 숭배하고 싶어 하며 동시에 진실로 야훼께 봉사하기를 원한다. 그러면서도 폭력의 신 몰록(Moloch) 숭배를 중단하지 않는다.[1] 엘리야처럼 기독교인에게 외치고 싶다. '여러분은 언제까지 양다리를 걸치고 있을 작정입니까? 만일 야훼가 하느님이라면 그를 따르고 바알이 하느님이라면 그를 따르시오.'(왕상 18:21)

여기서 빌라도 판결이 있던 당일 살생을 유희로 삼는 폭력배들이 비폭력적인 신성한 분에게 폭력을 가했다면, 서로를 정의롭다고 보증하면서 완력과 불의한 냉혹함 그리고 폭군통치에 붙들린 이들은 여전히 기만적으로 예수의 승리 안에서 예수의 평온함을 믿으며 폭력을 행사하는 자들이다. 이것이 우리를 깨닫게 하지 않을까? 어쩌면 세 사람 거운데 앞의 두 사람(유대 민족주의자 바나바와 로마 황제 카이사르)이 그리스도의 죽음에서 살아계신 하느님의 영원한 승리를 분별해낼 수 있었고, 그 둘은 손에 직접적으로 피를 묻히지 않았다. 그러나 그들 또한 폭력에 가담한 이들이다. 그러나 두 번째

---

1) 몰록 혹은 몰렉(Moloch, Molech, Molek, Melech)은 성서 전통에서 가나안 암몬 족속의 신이다. 암몬족속은 자신들의 첫째 아이를 희생재물로 바쳤다. 몰록은 셈족의 어근을 따르면 'מלך, mlk, 왕'을 의미한다. 사도행전 7장 43절에서 스데반은 이스라엘 민족이 몰록신을 섬긴다고 비판을 가했다. 구약에서도 하느님은 이스라엘 백성에게 가나안에 들어가기 전 몰록 신에게 어린아이를 불태워 바치는 가증한 일을 하지 말라고 명했다.(레 18:21) 그럼에도 몰록 숭배가 가나안에 들어간 이스라엘 민족에게 퍼져나갔다.(신 12:31) 솔로몬 왕 때에는 이방 여인과 결혼해 몰록신의 제단이 세워졌었다.(왕상 11.5) 몰록 숭배는 중동 지역에서 철저하게 근절되지 못했다.-역주

도적(바나바의 부하이고 동향인)은 예수 옆에서 십자가에 죽임을 당했다. 그는 그의 가련한 이웃 예수의 궁극적 승리 안에서 진정한 평화를 믿었다. 그는 "당신이 왕이 되어 오실 때에 저를 꼭 기억해 주십시오."(눅 24:42)라고 예수에게 말했다. 빌라도의 부관 백부장은 그날 형 집행을 명령했고, 그는 어떻게 예수가 죽임 당했는지 보았다. 그는 "분명히 이 사람은 하느님의 아들이었다."(막 15:39) 혹은 "이 사람은 의인이었다."(눅 23:47)고 말했다.

군인의 직무가 믿음을 만들었다고 결론지을 이유가 있을까? 조금은 성급한 결론일 것이다. 전쟁 하는 사람들이 올린 예수를 향한 두 헌정사를 통해 우월성의 승인, 증오를 넘어서는 사랑의 궁극적 승리, 폭력을 이기는 비폭력 등이 더 중요하게 판별되어야 한다. 폭력의 주체들은 갑작스런 섬광과 같이 복음적 비폭력의 실질적 힘과 그들의 폭력에 대한 실패를 발견했다. 폭력의 주체들로부터 무능력에 대한 고백과 스스로의 실수에 대한 공적인 양심선언을 분별하는 것은 중요하다. 그래서 십자가 위의 한 강도는 자신의 처벌에 대해 "우리에게 그것은 정당하다, 왜냐하면 우리가 한 짓을 보아서 우리는 이런 벌을 받아 마땅하다."(눅 23:41)고 말했기 때문이다. 반면 백부장은 그의 희생자가 의인이라는 것을 인정하는 순간에, 암묵적으로 그가 막 수행하거나 아니면 직업적 직무로 이행했던 폭력이 부정의였다는 것을 털어놓았다.

미안한 일이지만, 만약 두 싸움꾼들이(예수를 조롱했던 군사와 십자가에 달린 죄수) 예수의 생명을 멸하는 일을 처리했고, 다른 쪽의 두 싸움꾼들은(예수를 하느님의 아들로 인정한 백부장과 십자가에 달린 다른 쪽의 죄인) 자기 스스로를 정죄하면서 예수의 승리로 구원을 얻었다면, 그것은 우연이 아니다. 복음서의 비폭력과 폭력의 오래된 이교도적 생각 사이의 극단적 대비와 반대는 예수의 생명이 소멸되는 곳에서 아주 잘 강조되고 있다.

2. 용맹이란 무엇인가?

기독교인은 예수의 온화함과 과격한 사람의 힘을 함께 숭상하기를 원한다. 그러나 이런 양다리가 가능할까? 클로비스(Clovis, 프랑스 초대 국왕-역주)는 세례 이후 예수의 수난 이야기를 읽거나 말할 때마다 손을 칼 위에 얹으며 "아! 내가 거기에 있었더라면!" 하고 중얼거렸다. 그가 정말로 복음을 이해했는지는 의심스럽다. 그의 말은 폭력행사를 지지하는 이교도적 믿음 위에 주의 수난을 뽑아버리면서 복음을 선별적으로 수용했다는 것을 단적으로 보여준다. 베드로가 예수의 뜻을 어겼을 때는 언제인가? 그가 칼을 들고 대제사장의 종을 가격했을 때인가, 아니면 예수에 복종하며 칼을 칼집에 도로 넣었을 때인가?(마 26:51) 우리는 이 질문에 아주 명확해질 필요가 있다.

마음으로 생각해보자. 무엇이 용맹(남성다움)인가? 진실하고 본심에서 우러나 행동하는 사람을 규정하는 것은 무엇인가? 무솔리니(Mussolini)는 "전쟁은 남성에게 속한 것이고, 모성애는 여성에게 속한 것이다."라고 즐겨 말했다. 이 말을 통해 그는 여성의 근원적 소명과 역할이 생명을 낳고 기르는 것이며, 남성의 소명과 최고의 역할은 전쟁을 하는 것과 같다고 말하고자 했다. 일단 그 말 자체가 충격적이다. 비극적이게도 현실에 들어맞고 있지 않은가? 남성은 여성에게 아이를 잉태시키고, 여성은 아기를 낳아 양육한다. 그리고 남성은 아이들의 일부를 학도병 혹은 소년병으로 내모는 일을 도맡는다. 우리는 각 사람의 가정 안에서 무솔리니의 상투적 표현의 슬픈 진실을 확인할 수 있다.

그러나 기독교인으로서 우리는 무솔리니의 상투적 표현이 틀렸으며 거짓됐다는 것을 잘 알고 있다. 남성의 첫 소명을 전쟁이라 규정한 인간론은 신약성서의 메시지로는 도저히 이해될 수 없다. 신약성서 어디에서도 폭력과 군대의 직무를 영광스럽게 말하는 곳은 없기 때문이다. 역으로 신약성서는 기독교인들을 평온케 함, 선을 행함, 관대하게 판단함, 긍휼히 여김으로 초대한다. 기독교인은 폭력을 행사하는 일이 아니라 오히려 비폭력을 드러내는 일에 부름받았다. 그래서 무솔리니의 상투적 표현 속에는 (히틀러도 동일하다) 파렴치한 것, 힘을 숭배하는 것, 복음과는 함께 할 수 없는 포악스런 남성적 개념이 있다.

문제가 되는 상투적 표현이 또 하나 있다. "전쟁은 남성에게 속한 것이고, 매춘은 여성에게 속한 것이다."[1] 이 문장 역시 불편하고 충

---

1) 장 라세르가 모뵈주(Maubeuge)에서 목사로 있을 때, 그는 매춘반대투쟁을 오랫동안 이끌었다. 1945년 12월에 그의 매춘철폐캠페인은 베를롬(Verlomme) 경시청으로부터 북쪽 지방의 '집장촌 폐쇄명령(maisons closes)'을 받아냈다. 이 명령은 이후 1946년 매춘알선 강제 법과 함께 눈에 띄지 않게 프랑스 전역으로 확산됐다. Raoul CRESPIN, Des protestants engagés, Le christianisme social, 1945-1970. Paris: Les Bergers et les Mages, 1993, p316. Jean LASSERRE, Comment les "maisons" furent fermées. Les bagnes de la prostitution réglementés. Genève: Fédération Abolitionniste Internationale, 1995.[N.d.E.]

격을 주는 표현이다. 하지만 우리는 의식적으로 지지하기도 한다. 매춘은 사랑하고 생명을 잉태하는 여성의 진정한 소명에 대한 혐오이며, 열매를 맺지도 못하고, 파괴적이고 잘못된 욕망의 풍자화와 같다. 마찬가지로 전쟁도 사랑하고 보호하는 것이 아니라 약탈하고 학살하는 것으로써 남성의 진정한 소명에 대한 끔찍스럽고, 불임적이고 파괴적이고 잘못된 본성의 풍자화와 같다. 남성은 전쟁을 해서 보호한다고 주장한다. 사실은 그렇지 않다. 남성은 약탈하고 파괴한다. 남성은 예수가 우리에게 그럼에도 사랑하라고 요청한 원수는 살려둔 채 아이와 노인, 잉태한 여인들, 그리고 그들의 동향 사람들을 죽인다. 남성은 마을과 수확물을 약탈한다. 어느 모로 보나 남성이 전쟁을 통해 보호한다는 것은 타당치 않다. 또한 어떤 이들은 군대의 직무를 매춘과 비교한 것에 분노할지도 모른다. 그러나 남성들의 이 비교에 대한 항의의 근원인 부끄러움은 무엇으로부터 비롯되었나? 매춘은 전쟁에 속한 것이 아닌가? 보고서에[1] 의하면 군인들에게 마치 예배와 미사 시간을 광고하는 것처럼 BMC(bordels militaires de campagne, 군사작전 지역 내 매음굴) 가격을 알려주고 있다. 군대는 군목과 마찬가지로 그들의 주둔지와 차량을 포주와 병사들이 이용할 수 있게 했다. 군대에서 종교와 매춘은 군인의 정신을 유지시키기 위한 위로와 기분전환용 오락이 된 것이다. 특히 매춘은 없어서는 안 된다. 과도하리만큼 무료하거나 가혹한 전투는 도덕을 타락시킬 우려가 있다. 현실을 있는 그대로 보아야 한다.

---

1) 이 보고서는 수집된 정보와 명령의 소통을 위한 부대원, 장교 그리고 몇몇 부사관 회의, 우편물 배달, 처벌의 해석 등에 관한 것이다.

방어를 위한 전쟁은 전적으로 존중할 만하고 숭고하다. 그렇지만 방어적 전쟁을 치르는 자들은 우리의 평화주의에 반대한다. 내가 포주와 매춘여성으로부터 들었던 이야기를 하겠다. 포주와 매춘여성들은 조심스런 태도로 자신들이 사회에 엄청난 봉사를 했다고 주장했다. 목적에 따라 어떤 행위를 판단해서는 안 된다. 목적은 항상 그럴듯했다. 히틀러의 목적도 그러했다는 것을 상기할 필요가 있다. 오히려 그 의도가 이용하는 수단(매춘)에 근거해 판단할 필요가 있다. 올바른 판단은 인간의 행위를 구체화하는 결정적 논리들에서 찾아야 한다. 그것은 수단의 영역이다. 그러므로 폭력을 이용하는 방법들은 늘 반 기독교적이다.

전쟁주의자들은 전쟁과 매춘 사이의 이런 비교에 크게 반발할 것이다. 그러나 이런 반발은 군인 개개인에게도 온당치 못하다. 무엇보다도 나 역시 군인이었다. 이것이 나 자신의 죄였음을 고백한다. 그래서 나는 전쟁과 매춘을 동일하다고 말하는 첫 번째 사람이 되겠다. 물론 내가 이런 유의 동일화를 시도한 첫 번째 사람은 아니다. 이 책의 부록으로 실은 히폴리투스(Hippolytus of Rome)의 '3세기 기독교인들에게 금지된 직업들'을 읽어보라. 거기에서 초대교회가 성매매를 군복무와 마찬가지로 배척하고 있음을 발견하게 될 것이다. 어쨌든 기독교인은 전쟁을 지나치게 영광스럽게 만들었을 뿐이다. 교회의 진정한 임무는 두 번 생각할 것도 없이 전쟁을 불명예스럽게 하는 것이다. 그렇지 않으면 교회는 그것에 공모하는 것이다.

어떤 이들은 병사들에게 용사의 영웅적 미덕을 보여주고 일깨워준다. 그러나 영웅주의로 정확히 무엇을 알게 되는 것일까? 내가 반

짝이는 고딕체로 쓰인 영웅주의란 단어를 (1941년 모뇌주에 위치한 독일군 사령부 사무실에서) 아돌프 히틀러(Adolf Hitler)의 초상화 아래서 본 이후 '용사(héros)'와 '영웅적 행위(héroïsme)'가 나를 경직되게 했다는 것을 고백한다. 어쨌든 영웅주의란 단어의 의미와 관념은 신약성서에 없다.

전쟁주의와 평화주의에 대해 생각해보자. 만약 당신이 전쟁주의를 고른다면 (그것이 무엇을 의미하는 지 잘 알기를 바라지만) 당신은 무솔리니와 히틀러를 따르는 무리에 속한 것이다. 반대로 당신이 평화주의를 선택했다면, 원하지 않았을지 모르지만 당신은 양심적 병역 거부자 동아리 속에 있는 것이다. 나는 전쟁과 평화에 관한 중재적 입장이 있을 거라는 생각을 신뢰하지 않는다. 어떤 사람은 전쟁이 선하지도 악하지도 않고, 영광스럽지도 수치스럽지도 않기 때문에 마치 사회 심리적 기능의 한 종류와 같이 중립적 활동이라고 말할 수도 있다. 그러나 '기능'이라고 말하는 것은 이미 전쟁을 용인하고 정당화하는 것이다. '객관적'이고 과학적인 사회학의 분석은 전쟁 현상을 어떤 가치판단 없이 명확하고 냉정하게 묘사할 수 있지만, 하느님의 말씀으로 사는 기독교인은 그런 불신자의 자리에 있을 이유가 없다. 전쟁은 너무 잔혹한 현실이며, 복음의 요청은 아주 구체적이다. 에큐메니컬리즘의 요청은 '전쟁은 하느님의 뜻에 반대된다.'고 명료화했다. 교회는 분명히 무솔리니의 상투적 표현을 수용할 수 없다. 우리에게 남겨진 것은 용맹(virilité)에 반대되는 개념으로써 복음에 동의하기를 결단하는 일이다.

마음 깊이 생각해볼 때, 사람을 죽이는 것은 늘 크고 작은 회피와 비겁을 드러내왔다. 만약 부모가 그들의 자녀가 말을 듣지 않고 부정직하거나 너무 수선스럽다고 죽였다면, 혹은 교사가 공부를 못하는 열등생 하나를 죽였다면, 의사가 환자를 어떻게 치료해야 할지 알지 못해 결국 죽였다면, 어떻게 이런 일이 일어날 수 있냐고 개탄스러워 할 것이다. 그런 마음이 드는 것이 옳다. 위에 열거된 사람들은 죽임으로써 자신의 책임을 회피한 것이다. 자살 역시 대부분 회피이고 현실 도피다. 그래서 사형 집행은 그것이 정치적이든 법에 의한 것이든 간에 사회가 시민을 보호하는 역할을 방기한 것이고, 무능에 대한 무책임이고, 실패의 증거를 보여주는 것이다. 사회가 사형수를 교정할 수 없고 그를 유용하게 할 수 없음을 알아차리고, 이 사실이 두려워 결국 그를 제거한 것이다. 왜냐하면 그것이 가장 쉬운 방법이기 때문이다. 국가가 군대를 조직하고 병사들에게 적군을 죽일 임무를 부과했을 때 (그들이 적 병사들만 죽였다면) 국가는 학살을 자행한 이들에게 책임감을 느끼지 않게 해준다. 국가에 의해 조직된 살인 역시 고통 앞에서 도망치는 일이고, 짐승이 아닌 신앙인으로서 대적해야 할 영적 싸움 앞에서 회피하는 일이다.

나는 최근 한 대령에게 다음의 질문을 던진바 있다. "1954년 11월 알제리 민족해방전선(FLN)[1]의 폭동이 발발했을 때, 만약 프랑

---

1) 알제리민족해방전선은 1954년 11월 1일 오레스(Aurès)와 콩스탕티누아(Constantinois) 지역에서 폭동을 일으켰다. 알제리 전쟁의 시발점이다. '붉은 모든 성인의 날(Toussaint Rouge)'이라 불리는 11월 1일에 헌병대 초소가 공격을 받았고, 전화선이 끊겼으며, 공공기관 건물엔 불이 났다. 그리고 자동차들에 총질을 했다. 알제리 북부유럽거주민(Huit Européens)들이 첫 번째 희생자들이다. 프랑스 정부는 공화국안보기동대(CRS) 15개 부대와 공수특전대 25사단을 알제리로 파병할 것을 결정했다. 8년에 걸쳐 직업군인과 징집병사 50만 명이 알제리로 파병됐다. 알제리 전쟁에서 50만 명(FLN은 100만 명 주장) 이상이 생명을 잃었다.[N.d.E.]

스가 당신이 알고 있는 것과 같은 일을 하기 위해 그곳에 중무장한 군인 50만 명을 파병하는 대신에 아랍의 주거환경을 개선하기 위한 곡괭이, 삽, 흙손과 시멘트, 배수관과 구리 수도관 등을 갖춘 일꾼 50만 명을 파병했다면, 우리 프랑스가 최고의 결과에 다다랐을 것이라 생각하지 않습니까?" 이 장교는 주저함 없이 나에게 전적으로 동의한다고 대답했다. 국가에 의해 자행된 살인은 늘 비인간적인 행위였고 또한 범죄적이며 처참하기 그지없는 행위였다. 그렇지 않은가? 기독교인이 앞장서서 전혀 칭찬해야 할 것도 아닌 것을 칭찬하기를 중단해야 할 때가 된 것이다. 대령조차도 "전쟁은 끔찍스럽고 무서운 일이다."라는 말을 계속해서 반복했다.

그렇다면 진실한 사람이란 무엇인가? 이 질문에 대해 두 개의 근원적 대답이 있다. 툴리오 비네(Tullio Vinay) [1]의 말을 먼저 보자. 바나바, 빌라도 그리고 예루살렘의 대제사장처럼 말하는 이들이 있다. 이들은 "네가 죽어야 내가 살 것이다."라고 말한다. 그리고 예수처럼 말하는 이들이 있다. "나의 죽음이 너의 생명이 될 것이다." 만약 그들의 길에 방해가 되는 사람을 죽일 필요가 있다면, 이 말을 뒤집고 짓밟는 이들이 있다. 그들이 정당하고 숭고하다고 생각하기 때문이다. 그리고 모욕이나 증오에 찬 공격적 행위가 아무것도 아니라고 생각하기 때문에 이러한 행동을 누군가에게 가하는 것을 원

---

1) 툴리오 비네는 아가페 공동체로 30여 명의 젊은이들이 함께 하는 이탈리아 보드와즈 교회의 목사이다. 그는 시칠리안 남쪽 해안의 리에시(Riesi)에서 1961년부터 기독교 신념에 근거한 사회-경제적 발전 운동에 참여했다. 1976년에는 상원의원으로 선출됐다. Tullio et Gio VINAY, Le soleil se lève au Sud. Une ville en Sicile: Riesi. Paris: Cerf, 1968; Tullio VINAY et Georges RICHARD-MOLARD, Riesi ou la force de l'apagê. Paris: Buchet-Chastel, 1976.[N.d.E]

하는 이들도 있다. 십자가는 슬프고 부끄러우며 통곡해야 할 일로 여기는 사람들이 있고, 십자가는 누군가에게 생명의 근원이고 그들의 복종의 근거라고 생각하는 이들이 있다. 폭력적인 사람이 있고 비폭력적인 사람이 있다. 어떤 이들은 목적이 수단을 정당화할 수 있다는 것을 찬성하고, 또 어떤 이들은 목적은 결코 수단을 정당화할 수 없다는 것을 지지한다.

그래서 교회의 (두 번째 순위로 정리되어야 할) 상당수가 첫 번째 깃발 뒤에 모여 있다는 사실과 그곳에서 아주 쉽게 찾아진다는 것은 놀라운 일이다. 기독교인들이 자신들의 진정한 소명을 포기한 채 폭력적 사람들 영역에 열의를 가지고 가담하는 것은 보기가 난처하다. 억지로 모든 종류의 원인과 가치를 신성화했기 때문이다. 사실 폭력적 사람들의 방법은 의심스럽거나 솔직히 옳지 않다. '사랑과 예수 그리스도의 진리에 대한 증인이 되라.'고 말하기보다 차라리 '본심을 따른 인간이 되라.'고 말하라. 그것이 더 솔직할 것이다.

3. 예수의 비폭력

만약 무솔리니의 상투어가 사실이라면, 예수와 사도들은 정말 초라해진다. 사람들은 그들의 양심에 따른 용기 있는 행동을 의심했을 것이다. 그들은 결코 서로 싸우지 않았고 주먹질과 갖은 모욕을 당해도 상대하지 않았다. 그들은 오히려 학대하도록 내버려두어 사람들에 의해 바닥에 쓰러지고, 돌에 맞고, 십자가에 매달렸다. 그들은 저항 없이, 주먹에 주먹으로 답하지 않았다. 그들은 동역자들에게도 보호를 명목으로 하는 무기 사용을 금지시켰다.(마 26:53) 무서운 위협에 직면하면 그곳을 멀리하거나, 떠나라고 제자들에게 명령했다.(마 10:14, 눅 21:21) 이 얼마나 낯선 용기인가! 현실적인 사람들이 일상적으로 인정하는 용기와 명예의 세계 속에서는 비폭력적 담대함은 일반적 견해에 아주 조금만 부합할 뿐이다.

반대로 예수와 제자들에게서 하나의 통합성, 도덕적 응집력, 자기 통제, 관대하고 오래 참는 사랑을 볼 수 있다. 폭력을 행사하는 사람과 전사에게는 없는 것들이다. 그들의 부드러움과 자비는 어디서도 커다란 영적 힘을 배제하지 않는다. 때때로 대화와 신랄한 독설을 통해서 드러나는 내적 열정이 표출되기도 했으나 (마태복음 23장 바리새파에 반대하는 대화를 보라) 물리적 폭력이라 부를 수 있는 것은 아니다. 그것은 차라리 하느님이 정하신 고통스럽고 비극적 길을 가야 하는 예수 자신에게 가한 완강함이다.(마 16:23, 26:42) 그래서 예수는 제자들에게 자신을 믿고 자신의 왕국을 받아들이게 하기 위해 자기 자신에게 가해야 하는 완강함을 일깨워 주었다. 하느님의 나라는 침노 당해야 있을 수 있고, 침노하는 자들의 것이기 때문이다.(마 11:12, 눅 16:16) 이러한 믿음의 완강함이 복음을 따르는 용기에 장난스럽거나 맥 빠진 것이 있을 수 없게 했다. 믿음의 완강함은 역으로 정신적 확고부동함, 도덕적 확신, 온전한 마음, 그리고 무엇보다도 항상 타인을 존중하고 이웃을 사랑하는 능력에 적용됐다. 예수의 이미지에 의하면, 진실한 사람은 구원을 다른 사람에게 전해주는 일을 행하며 끝까지 사랑하는 사람이고, 만약 필요하다면 죽음에 이르러서도 사랑하는 사람이다. 예수는 이런 의미에서 심오하고 온전한 용기를 지녔다. 그는 무한한 관대함을 보여주었고, 산상수훈 속에서 그리고 전체적인 그의 사역 속에서 제자들에게 명령했던 비폭력적 삶을 살았다. 사람들은 완전한 행복에 대한 팔복(마 5장)은 어쩌면 예수 자신의 도덕적 자화상으로 구상됐을 것으로 추측한다. 그러나 그것은 어떤 폭력가의 자화상은 아니다. 달리 말해 그는 가난했고, 애통해 했으며, 온유했고, 정의에 굶주렸고, 자비로웠고, 마음이 순전하고, 화평케 하는 자였으며, 의를 위해 박해를 받았다. 마찬가지로 사람들은 사도 바울의 이웃 사랑의 찬가 속에 그리스도의 또 다른 자화상이 있다는 것에 주목했다. (고전 13장) 바울의 이웃 사랑의 찬가 속에서 뽑아낸 윤곽 또한 비폭력자의 모습이었다. 예수는 오래 참으시고, 선으로 가득 차 있으며, 전혀 시기하지 않고, 자랑하지 않으며, 교만으로 가슴을 부풀리지도 않으신다. 예수는 무례하게 행동하지 않았고, 자신의 사욕을 추구하지도 않았다. 그는 성을 내지 않았고, 악한 생각을 하지 않았으며, 불의를 기뻐하지 않았다. 그는 진리에 기뻐했고, 모든 것을 용서했으며, 모든 것을 믿고, 모든 것을 바라고, 모든 것을 견뎌냈다.

복음서와 서신들의 도덕적 격려는 같은 의미 속에서 이루지고 있다. 마치 칼 바르트가 이야기한 것처럼, 예수는 폭력에 대한 고리를 끊었다. 그는 제자들을 온유함과 인내의 길로 초대했다. 즉, 하느님의 모든 피조물을 위한 멸할 수 없는 사랑의 길로의 초대이다. 그러므로 '사랑은 이웃에게 악을 행하지 않는다.'(롬 13:10)

4. 성전 앞 채찍질(요 2:15)[1]

의심할 것도 없이 혹자는 예수가 채찍을 들어 성전의 상인들을 쫓아냈던 행위를 말하며 평화주의를 반박할 것이다. 그리고 이렇게 말할 것이다. "당신은 폭력이 때때로 필요하고 정당하다는 것을 잘 알고 있지 않느냐! 예수 자신도 폭력을 이용했다. 그렇다면 우리는 왜 안 되는가? 당신의 비폭력 원칙은 현실에서 벗어나 있다. 게다가 폭력의 도움을 받아야 했을 때, 예수도 폭력적일 수 있다는 것을 알았다. 비폭력은 그의 불변적 태도가 아니었다. 당신은 비폭력의 완고한 시스템 안에 당신 스스로를 가두면서 왕보다 더한 왕당파가 되었다!" 이런 주장은 거부할 수 없을 정도로 오랫동안 평화주의자인 우리를 불편하게 했다. 분명하다. 만약 폭력의 땅 위에 채찍의 폭력보다 더 치명적인 죽음이 결코 없었다면, 채찍 사용의 문제는 정말 심각하지 않았을지도 모른다. 하지만 그날에 예수의 구체적 태도와 예수가 용인할 수 없었던 상인들을 향한 그의 행동은 비폭력이었던 것이 아니라 실질적으로 폭력적이었다는 것은 문제로 남아 있다. 그러면 우리가 방금 말했던 모든 것을 되돌려야 하는 틈이 있는가? 결국 상황에 따라 때로는 순한 양이 되고 또 때로는 늑대가 되기를 권장했던 회의적인 사람들의 손을 들어주어야 하는가?

사실대로 말하면, 이 이야기는 단지 비폭력주의자들에게만 불편한 것이 아니다. 이 이야기를 진지하게 취하는 모든 사람에게 방해

---

1) 라세르는 2년 뒤 이 내용을 다시 집필했고 심화시켰다. 그는 그 이유를 〈화합의 노트〉Cahiers de la réconciliation(10, 1967, p3-21) 특별호의 부제목 'Un contresens tenace(뿌리 깊은 오해)'에서 밝혔다.[N.d.E]

가 되고 있다. 이 주제에 대해 얼마나 많은 주석가들이 간결하고 완곡하게 넘어가는지 보는 것은 흥미롭다. 하지만 이 이야기는 변증적 사유 속에서 우리를 훈련시킨다. 오히려 아래와 같이 읽어야 한다.

1) 예수는 소송과정에서 빌라도의 명령으로 쇠구슬이 달린 채찍에 맞았다. 물론 예수 자신이 견뎌야 했던 끔찍스러운 체형(体刑)과 그가 상인들을 향해 휘둘렀던 채찍질은 차원이 다른 것이다. 그러나 성전 앞 채찍질 때문에 예수에게 가해졌던 모욕과 처벌이 연상되는 끔찍함, 그리고 그 광경이 유발했던 그를 향한 연민이 어떻게 약화될 수 있겠는가? 예수가 잔혹한 폭력의 희생자였다는 부당함은 훨씬 더 총체적이지 않은가?

2) 가축을 인도하는 일에 채찍(혹은 회초리)을 사용하는 것은 일반적이고, 자연적이며, 필수적이다. 그러나 사람을 내쫓기 위해 채찍을 사용하는 것 즉, 사람을 가축처럼 취급하는 것은 존중의 결여가 아니겠는가? 예수의 행위에 어떤 경멸적 감정이 정말 없었을까?

3) 당시 이스라엘은 장로 정부였다. 성전 앞마당에서 장사할 수 있는 권리는 산헤드린 장로들에게서 받았을 것이고, 그들은 장로들과 가까운 이들이었을 것이다. 당연히 수익의 상당수가 장로들에게 흘러들어갔을 것이다. 예수의 나이는 33세였다. 정말로 예수가 백발이 성성한 장로들 머리 위로 손을 치켜들었을까? 어떻게 예수의 행위가 장로들의 권위와 맞설 수 있었겠는가? 그렇다면 십계명 제5계명을 어기지 않았다고 어찌 말할 수 있겠는가?

4) 상인들의 성전 앞 판매행위는 전적으로 그 시대의 법규 안에서 합법적이었다. 그들은 분명히 성전 당국자들로부터 그들의 상업

행위에 필요한 권리를 얻었다. 예수가 채찍을 든 이유는 이런 뒷거래에 대한 부정과 종교 당국자들을 향한 것은 아니었을까? 만일 부당한 뒷거래의 배후를 겨냥한 채찍질이었다면 예수의 행위가 부당하다고 말할 수 없는 것은 아닐까?

5) 신약성서에 의하면 우리는 지배하는 권위에 복종해야 한다. 난폭한 힘의 사용은 정상적인 사회에서는 공권력에게만 부여돼 있다. 예수는 공권력에 부여된 이런 권한이 없는 상태에서 성전 집행관 일을 대신했다. 예수의 채찍질이 무질서를 부추기는 일에 기여했다는 관점으로 접근해야 하는 것은 아닐까? 공공의 질서를 전복한 것으로 보아야 하지 않을까?

6) 따라서 예수는 보수적(혹은 임시적) 질서라 부르는 것에 속하지 않는 일탈적 문제 때문이 아니라 바로 영적 질서에 속했던 문제 즉, 영적 신실함 때문에 인간적 존재에 반대하는 힘을 행사했다. 신학자들은 습관적으로 폭력을 행사하는 것을 인정하지 않았다. 그러면서 상인들에게 행사된 폭력에 대해서는 공공의 질서 유지 차원에서 정당한 것으로 변증했다. 그렇다면 예수는 종교적 영역에 힘을 실어주면서 의도적으로 보수적 질서와 영적 질서 사이에 유감스러운 혼동을 일으키지는 않았을까?

7) 예수의 정당성을 변증한다고 해도, 사람을 대상으로 한 예수의 난폭함을 변호할 수 있을까? 엄밀히 말해 상인들을 위협했던 이는 바로 예수였다.

위와 같은 소견과 질문들은 아주 불편하다. 때문에 우리로선 그날 예수가 약간은 죄에 해당하는 행위를 했다고 결론 내는 것은 곧

란하기 짝이 없다. 어쨌든 다른 모든 복음서들에서 뽑아낼 수 있는 예수의 덕과 쉽게 일치하지 않는 행위라고 전제하자.

예수가 일반적인 사람은 아니었고, 관습적으로 사람들에게 적용하려고 마련해두었던 규범을 그에게 적용할 수 있을지 의문이라는 사실을 논거로 대며 곤란한 문제를 은근히 피해가려는 시도를 해볼 수 있다. 그러나 이러한 논거 제시는 인간의 폭력을 정당화하기 위해 예수의 폭력에 대한 예를 취하고 싶은 사람들에게 이용당할 소지가 있어 너무나 위험하다. 따라서 인류에게 유효한 성서적 규범에 의거해서 예수의 행위를 구체적으로 설명할 수 없다면, 하느님의 아들에게만 유효한 규범을 인간에게 똑같이 적용하는 것은 문제가 있다. 그러므로 이 일화를 인간의 폭력을 정당화하는 논리로 이용해서는 안 된다. 예수의 폭력이든 인간의 폭력이든 문제임에 분명하다.

다른 한편으로 예수가 일반적인 사람이 아니었고, 사람에게 적용되는 규범을 예수에게 적용할 수 없다는 식의 논거 제시는 신학적으로 보아 충분히 만족스럽지도 않다. 예수 그리스도는 동시에 하느님이었고 사람이었다. 그는 완전하게 하느님이었고 진정으로 사람이었다. 예수의 신성함과 대속은 그가 절대적으로 인간과 일치하는 조건들 속에서 살았다는 것을 인정할 때만 의미를 갖는다. 또한 의심할 것도 없이 예수가 당한 시험과 하느님께 보여주었던 복종도 전형적 인간이며 동시에 진정한 인간이 될 때만 의미를 가진다. 예수가 행했던 모든 것이 우리에게 규범적이었다. 그렇지 않은가? 아니면 그런 존재가 돼야만 하지 않았나? 때문에 성전 앞마당에서의 예수의 태도는 불미스러운 부분으로 남아있다.

어떤 이들은 예수가 내려친 채찍이 메시아적 의미를 지녔다고 말할 것이다. 신실한 유대인들에게 자신이 메시아였다는 표식을 보여주어야만 했고, 결과적으로 예수의 행위를 윤리적 관점에서 해석해서는 절대 안 된다고 말할 것이다. 장면의 통일성에 대한 명확한 메시아적 특성을 부인하지 않는다 해도, 이러한 두 단정은 우리에게 첫 번째 것이나 두 번째 것이나 설득력이 없다. 예수는 분명히 스스로 가축들을 풀어주는 것으로 시작했다. 그 가축들은 사방으로 뛰기 시작했다. 어떤 가축들은 그 자리에서 움직이지 않았다. 가축들을 출구 쪽으로 몰아가기 위해서, 예수는 소들 가운데 하나의 목 끈을 낚아챘고, 소들을 밖으로 내보내기 위해 그 끈을 사용했다. 달리 어떻게 할 방법이 없었기 때문이다. 그것을 상징적 행위로 볼 필요는 없다. 게다가 만약 그래도 그 경우였다면 왜 메시아적 행위가 도덕적 요청에서 비껴갔는지, 그리고 윤리적 효과는 왜 갑자기 중단됐는지가 보이지 않는다. 우리의 의문은 여전히 남겨져 있다. 이런 의문에 답하기 위해 우리는 신약성서의 희랍어 원문에 눈을 돌려야 한다. 희랍어 본문을 찬찬히 뜯어보면, 예수가 장사꾼들을 가축'과 같이(ainsi que)' 쫓아냈다는 것을 연상시키는 '…와 같이(ainsi que)'란 접속사가 없다는 것을 알 수 있다. 희랍어 본문에 우리를 당혹스럽게 하고 흥분시키는 구절은 존재하지 않았나?

우리의 모든 성서는 '밧줄로 채찍을 만들어 양과 소를 모두 성전에서 쫓아내시고.'라고 번역했다. 그러나 4세기에 번역된 라틴어 신약성서 불가타 본문에는 '그들의 가축과 같이(ainsi que)' 상인을 내쫓았다.'고 이해했다. 희랍어와 라틴어 본문을 비교해보니, 불가타의 번역자 성 제롬(Sain Jérôme)이 접속사 quoque(쿼퀴)를 쓰면서 오역을 범하지 않았는지 물어봐야 한다. 왜냐하면 이 접속사는 희랍어 원본에 없기 때문이다. 물론 불가타 성서에서는 이외에도 다른 많은 번역 상 오류가 발견됐다.

글자 그대로, 희랍어 본문은 단순하게 말한다. '밧줄로 채찍을 만들어 양과 소를 모두 성전에서 쫓아내시고'[1] 우리의 분석을 마지막에서 시작하자.

성 제롬은 복수 정관사 'les'와 양들 'brebis' 사이의 삽입된 그리스어 'te'라는 작은 단어를 '…과 같이'로 해석할 수 있다고 생각했다. 그러나 거기에 리용·대학(Université de Lyon)의 그리스어 교수가 설명했던 것처럼 고착화된 오역이 있었다. 그 교수는 'te'의 사용과 관련된 규칙을 다음과 같이 설명한다.

a) te가 단독으로 있을 때, 그것을 '과'로 해석한다.

b) te가 또 다른 te의 뒤에 이어졌을 때 그것들을 '한편으로는 … 다른 한편으로는'으로 번역한다.

c) te가 kai('그리고'를 뜻하는)의 뒤에 있을 때, 그것을 해석하지 않는다. 단지 te 뒤에 오는 kai를 강조하는 데 사용될 뿐이다. 그러므로 성 제롬의 경우가 여기에 해당된다. b)와 c)의 경우들에 주목해야 한다. 처음 a)의 te는 절대로 '…과 같이'의 의미에서 '그리고'로 해석될 수 없다. a)의 te는 단지 두 사물의 나열을 등가적으로 표시한다. 세 번째 사물의 첨가에 사용된 것이 아니다. 이러한 사용의 전

---

1) pantas ek ton iérou exebalen ta te probata kai tous boas.(희랍어 원문)

형적인 세 가지 예를 보라.[1]

그러므로 '양들과 소들'로 단순하게 번역할 필요가 있다. 그러나 언뜻 보기에 어떤 단어에도 종속되지 않은 이 문장의 요소들은 무엇을 의미하는가? 이 물음에 대해, 문장에서 선행하는 '모두'라는 단어와 '양들과 소들'을 동격으로 보아도 이견이 없을 것 같다. 사실 모두라는 남성명사는 아마도 여기서 양들이란 중성명사보다 우세했다. (히 3:6에서 여성명사가 중성명사보다 우세했던 경우를 보라.) '양들과 소들'이란 단어는 예수가 쫓아냈던 '모두'가 어떤 것들이었는지를 설명한다. 사람들은 우리가 방금 위에서 인용했던 다른 세 텍스트들 속에서, te kai를 가지고 있는 문장이 동격으로 사용됐다는 것에 주목한다. 이것은 우리의 해석이 견실함을 의미한다.[2]

사람들은 우리에게 이렇게 말할 것이다 : "그러나 남성명사에 속하는 단어 '모두'는 이전 절에서 말했던 상인들에 적용되지 않았는가? 예수가 쫓아냈던 '모두', 그것은 상인들이 아니란 것인가?" 너무 서두루지 말기를 부탁한다. 실제적으로, 단어 '모두'는 상이한 세 가지 방식으로 해석될 수 있다. 상인들에 관계된 문제로 해석 가능하고, 혹은 단지 동물들만 암시할 수 있다. (왜냐하면 성의 일치에 대

---

1) 마 22:10, 눅 22:66, 롬 2:9-10

2) 어쩌면 사람들은 '모두'가 남성으로 쓰였기 때문에 먼저 '양들'을 언급하고 중성에 해당하는 어린양(les moutons)을 다음으로 언급하는 것이 더 논리적이었다고 말하며 우리를 반박할 것이다. 의심할 것도 없다. 그렇다면, 어쩌면 요한이 양들을 먼저 언급해야 할 하나의 이유가 있었는가? 결국, 예수가 아마도 어린양(les moutons)으로부터 시작하지 않았을까! 그래서 우리는 'te kai'처럼 'kai' 단어에 'te'가 붙어 있는 대신에 te 단어가 여기서 관사와 명사 사이에 삽입됐다는 것을 주목했다. 이것은 덜 익숙하다. 그러나 이 te의 정확한 자리는 마치 롬 2:9-10에서 보이듯이 엄격하게 결정돼지는 않았다.

한 규칙은 그리스어에서 불분명하기 때문이다.) 그도 아니면 단어 '모두'는 상인들과 동물들 전체에 적용됐다고 볼 수 있다. 우리는 이 세 번째 가정을 배제했다. 왜 요한이 다시 한 번 더 '양들과 소들'을 이어서 언급하기를 원했는지 사람들이 정말로 이해하지 못했기 때문이다. 첫 번째 가정이 타당하지 않기는 마찬가지이다. 문장이 맞으려면, 요한은 본문 안에서 엄밀해 보이지 않는 (양들과 소들) '과 같이(ainsi que)'를 설명했어야 할 필요가 있었기 때문이다. 그러므로 유일하게 남은 것은 두 번째 가정뿐이다. 단어 '모두'는 바로 이전 절에서 언급된 가축들을 의미한다.

예수의 폭력적 행위에 대한 주제에 힘을 실어줄 목적으로 동사 '쫓아내다'(ekballein)를 근거로 내세울 수 있을까? 결론부터 말하면 없다. 이 동사는 동물적 힘의 사용을 필연적으로 암시하지 않는다. 왜냐하면 마가복음 5장 40절에서는 '내보내신'으로, 마태복음 9장 38절에서는 '보내다'로 번역했기 때문이다.

결론적으로 요한이 '예수가 그의 채찍으로 그것들 모두를 성전에서 쫓아내었다.'라고 기록했을 때 다음과 같은 인상을 준다. 그는 분명히 동물들을 생각했을 것이고, 사람들이 예수가 같은 도구로 상인들을 학대했을 거라는 어처구니없는 생각을 가지리라고 상상하지도 않았다. 그러나 요한은 그럼에도 그 문장에서 불분명한 말이 있을 수 있다는 것을 알게 됐다. 왜냐하면 상인들과 소들이 14절의 문장 안에서 동격으로 언급됐고, 이 둘 모두가 남성명사이기 때문이다. 그래서 모든 오해를 피하기 위해 요한은 '양들과 소들'을 첨가했다. 마치 "나는 '양들과 소들'을 말하고 싶다."를 표현하듯이 말이다. 그리스어와 올바른 의미를 따른 정확한 번역은 이렇다. '예수는 그들 모두 즉, 양들과 소들을 성전에서 쫓아냈다.' 특히, 몽세라 (Montserrat) 수도원의 수도승들은 신약성서의 이 본문을 카탈랑 말로 같은 뜻에서 번역했다. '즉(es a dir), 양들과 소들.'[1]

오해를 피하기 위해 표면적으로 마련해두었던 이러한 동격이 엄밀하게 15세기 이후에도 기독교 세계 안에서 계속 사용됐다는 것이 당황스럽다. 오역이 있고난 후에, 교회 안에서 아주 적은 수의 사람들만이 최근까지 이것을 깨달은 것 같다. 너무도 많은 콘스탄티누스주의 기독교인들은 의심할 것도 없이 이 오역에 만족했고, 그들의 폭력을 정당화하기 위해 예수의 폭력을 내세우는 것을 용인했다.

콘스탄티누스주의자들 눈엔 예수가 한번쯤은 '인간'의 길을 가고 있는 것이다. 성서의 번역도 때때로 주변 이교도들의 영향을 받았다니, 참으로 슬픈 일이다.

그럼에도 사람들은 다른 복음서들의 같은 부분을 고려할 필요가 있다고 말할 것이다. 그리고 예수가 상인들을 쫓아냈다는 (요한복음과 같은 단어이다) 기록이 있으므로 요한의 본문과 다른 복음서의 본문을 조정할 필요가 있다고 말할 것이다. 또 다른 복음서의 본문들이 예수가 상인들을 쫓아냈다는 것을 확인해준다고 주장

---

1) 우리가 아는 바로는 개신교 성서들 가운데 제임스 모팻(James Moffat)의 영어 번역본만이 정확할 것이다. 'He drove them all, sheep and cattle together, out of the temple.' 오스터발드(Ostervald)와 다비(Darby)의 번역본은 불분명함을 내버려두고 있다는 점에서 신중하다. 'il les chassa tous hors du Temple, et les brebis et les boeufs.' 추르쉐 성서(Zurcher Bibel)과 리비즈 버전(Revised Version)은 마치 모팻(Moffat)과 몽세라(Montserrat)처럼 번역했다.

할 것이다.

이런 설명(공관복음서 대조연구)은 그럴듯해 보인다. 하지만 이 설명은 다음과 같은 이유로 거부돼야만 한다.

a) 공관복음서 대조를 통한 설명은 예수가 쫓아낸 것은 순전히 동물들이었고 상인이 아니었다는 것보다, 어떤 식으로든 교묘하게 폭력을 정당화하고 있다는 데서 모순을 가지고 있다.

b) 공관복음서 대조를 통한 설명은 요한복음 2장의 이야기가 마가복음 11장에서 나타나는 사건과 같은 것을 상기시키고 있다는 것을 전제로 한다. 물론 그것은 전혀 신뢰할만한 것은 아니다. 요한은 예수의 성전정화 일화를 자신의 복음서 맨 처음에 위치시켰다. 마치 다른 복음서들처럼 종려주일 순간에 배치하지 않았다. 이 사건은 이러한 점에서 적어도 신중하게 검토해야 할 것으로 남겨져 있다.

c) 성전정화 이야기들을 어떻게 번역했는지 보아야 하기 때문에 유사하게 보이는 번역된 이야기들을 비교해서는 안 된다. 오히려 우선 그것들을 비교하고 연관 짓기를 시도하기 전에 먼저 번역할 필요가 있다. 번역된 본문을 가지고 비교하는 것은 전혀 정직하지 않다. 솔직하게 고백하자. 다른 복음서의 본문에 요한의 이야기를 상응하게 만들기 위해 (혹은 그들 자신의 고유한 판단에 부합시키기 위해) 성서 번역의 방향을 바꾸었던 사람들이 있다. 이들은 아주 안 좋은 일을 했다. 그래서 잘못된 해석만을 다시 검증할 뿐이다.

d) 물론 요한의 전승과 공관복음의 전승이 다르다는 것은 명료하다. 첫째 요한의 전승 속에서, 예수는 채찍으로 가축들만 쫓아냈

다. 둘째 공관복음의 전승 속에서, 예수는 그의 말씀으로 상인들만을 쫓아냈다.(막 11:18) 더욱이 공관복음의 저자들은 채찍도 가축도 언급하고 있지 않다. 왜 절대적으로 다른 이 두 이야기를 동일한 하나의 이야기로 유추하기를 원하는가?

이제, 정황(contexte)을 검사하는 것과 어떻게 대조되는 절(verset)의 의미를 명료화시켰는지를 연구하는 것이 남아 있다. 물론 요한에 따르면 16절만이 예수가 채찍을 사용해 동물만을 쫓아냈다는 사실을 확인시켜주고 있다. 만약 예수가 이어서 상인들에게 "여기서 그것을 치우라!"고 말했다면, 그것은 당연히 동물들을 가리킨 것이지 (그때 비둘기들이 문제가 됐다) 예수가 떠나라고 명령하지 않는 상인들을 가리킨 것이 아니다. 이것에 주목해야 한다. 게다가, 만약 예수가 16절에서 비둘기 상인에게 (이미 14절에서 구체적으로 상인들이 언급됐다) 말했고 그들의 동물들을 없애버리면서 그 자리를 깨끗하게 하는 것을 시키려고 비둘기 상인을 불렀다면, 15절에 보이듯이 그들을 쫓아내지 않았다는 것은 당연한 일이다.

결정적으로 우리만이 이런 번역을 한 것인가? 논리적 연관이 약한 것은 14절 뿐이다. 예수는 성전 앞마당에서 소와 양과 비둘기를 파는 장사꾼들과 환전상들을 발견했다. 15절a에 요한은 예수가 양과 소에게 했던 것을, 15절b에서 어떻게 돈과 테이블을 둘러엎으셨는지, 그리고 16절에서 비둘기들에게 했던 것을 이야기하고 있다. 이 모든 것은 논리적으로 일관되고 명료하다. 어떤 구절에서도 예수가 상인들에게 폭력을 행사했다고 해석할 여지를 주지 않는다. 이것이 문법과 상황에 대한 상식적 판단이며, 상인들을 내쫓기 위해 채찍을 사용했다는 주장을 배제하는 근거가 된다.

때문에 교회에 묻는다. 교회는 난폭한 행위를 하지도 않은 예수에게 책임을 전가시키는 잘못된 해석에 근거한 틀린 전승을 15세기 동안 유지하고 교육하는 데 골몰하지 않았는가?

5. 예수는 폭력을 합법화했는가?

우리는 아래에 있는 복음서의 세 본문을 검토할 필요가 있다. 사람들이 죄를 약화시키거나 중화시키기 위해 우리 앞에 들이밀었던 본문들이고, 예수가 정말로 폭력을 지지했던 것처럼 보였던 본문들이다. 이것에 관해서는 이전 책에서 연구를 진행한 바 있으므로 여기선 핵심만 짚고 가겠다.[1]

a) 예수가 가버나움의 백부장을 만나 그의 종을 치유했을 때(마 8:5-13), 백부장의 믿음을 칭찬했다. 그리고 그를 직업군인으로 만나지 않았다. 이것이 군인이라는 조건과 믿음에 복종하는 것 사이에 어떤 모순도 보이지 않는다는 힌트가 아니겠는가?

이 주장에 대한 우리의 대답은 이렇다. 예수가 원수를 향해 비폭력을 실천했다는 것을 이미 복음서의 여러 본문들에서 확인했는데, 로마의 장교 한 사람에게서 폭력을 옹호하는 논거를 찾아 그것을 주장하는 것은 이치에 맞지 않는다. 만일 너의 적이 배고프다면 그에게 먹을 것을 주라. 그의 종이 병들었다면 그를 치료해줘라. 너는 이렇게 맹렬히 타는 숯덩이를 그의 머리 위에 놓는 것이다. 예수는

---

1) Jean Lasserre, La guerre et l'Évangile. Paris: La Réconciliation, 1953.[N.d.E]

스스로 비폭력의 길을 걸었고, 사람들은 폭력의 합법성을 예수에게
서 찾기를 원하고 있다. 이것은 예수를 부당하게 이용하는 것이 아
니고 무엇이겠는가? 어쨌든 예수가 그 백부장의 직업을 나무라지
않았다고 말한다면, 당신은 예수에 대해 아무것도 알지 못하는 것
이다. 이 본문에서 예수가 백부장의 직업을 묻지 않았다며 폭력에
대한 이런 논의(e silentio)는 순전히 궤변 즉, 오류추론이다. 그래도
당신들이 예수에게 폭력에 관한 어떤 가치를 부여하길 원한다면,
완전히 동일한 다른 논증을 듣자마자 오류를 범하지 않도록 주의하
라. (여기서 나는 추론의 오류를 벗겨내겠다.) 즉, 알고 있듯이 예수
는 점령부대 안에 있는 그의 존재를 비난하지 않았다. 그렇다면 예
수는 자신의 나라가 외국에 점령돼도 상관없다고 말하고 있는 것인
가? 만일 예수가 자신의 조국이 적에 의해 점령되는 것에 불편을 느
끼지 않았다면, 군대의 첫 번째 목적이 국가의 독립을 보장하는 일
임에도 예수가 군대의 유용성을 거부했다는 것이 된다. 자, 여기서
당신들은 모순에 빠질 것이다. 현실에서 이러한 논거들은 궤변이
다. 본문이 말하는 것은 예수가 이 남자의 믿음을 칭송했다는 것이
지, 이 남자의 도덕적 품행 혹은 직업을 칭찬하는 어떤 것도 인정하
지 않았다는 점이다. 예수는 마찬가지로 기생 라합의 믿음을 칭찬
했다. 그의 직업을 승인한 것이 아니다.(히 11:31, 약 2:25)

 b) 예수가 그의 적대자를 향해 했던 유명한 답변을 폭력의 합법성
에 대한 예로 취하기를 원한다. 사실 '카이사르의 것은 카이사르에
게, 하느님의 것은 하느님에게'(막 12:13-17)란 예수의 대답은 일
시적 통치와 영적 통치 사이, 그리고 국가와 종교의 상호 존중이 있

어야 하는 영역 사이 어떤 분할을 인정하는 예수의 결론이다. 그래서 사람들은 이 불행한 본문을 자신에게 유리하게 해석하면서, 영적 영역에서 금지됐던 폭력은 현세적 시간 안에서는 합법적이고 유용할 것이라고 주장한다.

여기서 다시 한 번 신중히 생각해보자. 예수와 동시대의 유대인들에게 카이사르는 1943년의 프랑스인들과 비교하면 히틀러다. 즉, 이방인 폭군, 증오의 대상, 악마적 인간이었다. 당신들은 예수를 적에게 부역하는 이론가로 만들려 하는가? 이런 기만을 발견하기 위해서는 주어만 바꾸는 것으로 충분하다. 즉, "히틀러의 것은 히틀러에게, 하느님의 것은 하느님에게." 물론 '모든 것이 하느님의 것 아닌가?' 라고 물을 수 있다. 그렇다면 우리의 모든 인생과 복종은 무엇인지 물을 수도 있다. 여기서 예수가 보여주었던 것은 작은 동전뿐이라는 사실이다. 이 동전에는 카이사르의 초상과, 그의 것이라 등록된 표시 등이 새겨져 있다. 그러나 동전 외의 모든 것은 하느님의 것이다. 무엇보다도 하느님의 형상을 따라 창조된 인간은 모두 하느님의 것이다. ('그의 형상을 따라서'와 '그의 초상을 따라서'는 같은 단어다.) 그래서 예수는 로마인들에 의해 부과된 세금을 정당화하지 않았다. (그렇지 않았다면 사람들이 빠뜨리려 했던 함정에 걸려들었을 것이다.) 더 커다란 이유에서 예수는 두 영역 사이의 눌어붙음을 정당화하지 않았다. 하느님만이 소유에 대해 주장할 수 있는 분이시다. 이것에 대해 당신들은 하느님의 주권을 믿는가?

c) 예수가 제자들에게 칼을 사라고 명령한 적은 없지 않은가? 그렇다면 예수가 폭력의 사용에 매우 많이 반대했다고 다시 말해야

할 것이다. 성 목요일 저녁 다락방에서 첫 번째 성찬 이후 예수가 제자들에게 말했던 것에서 분명하게 드러난다 : "내가 너희를 보낼 때 돈주머니나 식량 자루나 신을 가지고 가지 말라고 했는데 부족한 것이라도 있었느냐?" (예수는 공생애 초기 사역이 활성화될 때 열두 제자를 보내는 첫 번째 파송에서 이를 암시했다.) 제자들의 대답은 "없었습니다."였다. 예수는 그들에게 말하기를 "그러나 지금은 돈주머니가 있는 사람들은 그것을 가지고 가고 식량 자루도 가지고 가거라. 또 칼이 없는 사람은 겉옷을 팔아서라도 칼을 사가지고 가거라. 그래서 그는 악인들 중의 하나로 몰렸다 하신 말씀이 나에게서 이루어져야 한다." 제자들이 예수에게 말하기를 "주님, 여기에 칼 두 자루가 있습니다." 했고, 예수는 그들에게 "그만 하면 됐다."라고 말했다.(눅 22:35-38)

모든 의문은 정말로 예수가 제자들에게 칼을 살 것을 명령하면서 실질적인 칼에 대해 말했는지 아니면 하나의 상징적 행위였는지를 알아보는 것이다. 이 이야기의 정황은 우리로 하여금 하나의 상징적 이미지 때문이라고 생각게 한다. 첫 번째 명령들(35절)은 사도들의 첫 번째 미션의 분위기 즉, 믿음 안에서 열심을 내며 서두르는 열광적 분위기로 규정된다. 제자들은 어떤 것으로부터도 방해받아서는 안 됐고 밤낮으로 설교해야 했다. 하지만 성 목요일인 지금, 예수는 제자들에게 그들을 기다리고 있는 고난의 시기, 위험의 시기를 예고했다. 고난과 위험의 시기에 제자들은 스스로 이때를 겪어내야 하고, 더 이상 그들의 사랑하는 선생의 현존에 의지할 수도 없다. 이러한 참혹한 날들이 이어지는 동안 그들은 그들의 준비된 것

(식량 자루와 돈주머니)으로 살게 될 것이고, 교활한 이들과 낙담(칼의 필요성)에서 오는 공격에 저항하기 위해 경계심을 갖고 스스로 지켜야만 했다. 예를 들어 눈 속의 티와 들보, 걸러낸 하루살이와 삼켜진 낙타, 바늘귀로 통과하는 낙타 등의 구체적이고 의도적으로 과장된 이미지들은 충격으로 작용했을 것이다. 이러한 것들을 상기한다면, 예수의 습관적 언행의 유형 안에서 준비된 것들의 이미지들이 서로서로 잘 어울리는 곳이 여기다. 무엇보다도 예수의 관용적 표현을 생각해보라. '만약 너의 눈이 죄를 짓게 하거든 그 눈을 빼어 네게서 멀리 던져버려라.'(마 5:29) 이 말의 형식을 글자 그대로 취해본 적이 없었던 기독교인은 어떤 기독교인인가? 요약하자면, 기독교인들은 돈주머니, 식량이 들어 있는 배낭, 구두, 눈, 손 등과 관련된 예수의 다른 명령들을 문자적으로 취하는 것을 경계했다. 반면 칼과 관련된 문장은 글자 그대로 취하기를 원했다. 이것은 참으로 놀랍고 엉뚱한 일이 아닐 수 없다.

이 본문의 문자적 해석에 반대해, 우리는 다른 여러 논증을 진전시켰다.

1) 예수가 제자들이 한밤중에 칼을 마련할 수 있다고 믿었다는 것은 의심스럽다. 당시 무기 거래는 엄격하게 금지되고 감시됐기 때문이다. 증거로 예수를 체포하러 왔던 부대가 단지 칼과 몽둥이로만 무장했다는 사실을 들 수 있다.(막 14:43) 예수가 바로 말했다. "이제, 칼을 하나 사라."(눅 22:36)

2) 예수가 제자들에게 각자의 칼을 얻도록 요청하신 이후 (최소한 11개의 칼을 가진 것으로 보아야 한다) 그가 전체 가운데 두 자

루의 칼만 보고 그렇게 빨리 만족해했다는 것으로 이해하는 것은 곤란하기 그지없다. 예수의 생각 속에 어떤 논리적 불일치가 있지 않은가?

3) 또한 이해하기 어려운 점이 있다. 제자들에게 진짜 칼을 잡으라고 요청하고 난 이후, 왜 예수는 자기편에서 충실히 봉사했던 베드로를 호되게 나무랐을까? 그리고 왜 그는 칼의 도움을 받았던 모든 이(예수는 '모두'라고 했다)들을 향해 포괄적으로 정죄하는 말을 했을까? '칼을 쓰는 모든 사람은 칼로 망하는 법이다.'(마 26:52). 이 본문은 '겉옷을 팔아서라도 칼을 사라.'는 마지막 말과 모순되는 것은 아닐까? 그러나 예수가 제자들을 고의로 사지에 파송했다는 것은 생각할 수 없는 일이다. 만약 정말로 죽음이 칼을 든 모든 이를 친다고 생각했다면 왜 제자들에게 각자 칼 하나를 들라는 명령을 내렸을까? 그가 제자들의 악행을 원했을까?

4) 잘 알 수 없는 노릇이다. 어떤 목적에서 예수는 그의 제자들이 칼로 무장하기를 원했었는지 알 수도 없다. 어쨌든 태동하기 시작한 교회가 스스로를 방어하고 유지하기 위해 칼과 군대의 봉사를 받는 것을 인정했을까? 여기 복음서의 나머지 부분이 반대로 말하는 것이 있고, 게다가 현세적인 것과 영원한 것 사이의 구별이 있어야 한다는 유명한 이론을 전복시키는 것이 있다. 이 이론은 기독교인들이 폭력의 정당성을 찾고 싶어 했던 자신을 위한 기원이고 간청이었다.

요컨대, 마치 칼뱅(평화주의자가 되는 것을 어디서도 의심하지 않는다)과 같이 예수는 상징적 방식으로 말했다는 것과, 상식에 준

하는 주석들을 믿고 따르는 만큼 예수의 명령에 대한 문자적 해석은 많은 난제를 불러일으킨다.

그러므로 우리는 예수가 폭력을 실천하지도 명령하지도 않았다는 것을 확인할 수 있다.

3장
이교도 콘스탄티누스

여러 번 되풀이해서, 여러 세기에 걸쳐 형성된 기독교인들의 태도에 반대하면서 초대교회 기독교인들의 신실함에 대해 언급했다. 과연 무엇이 4세기 이후 인명을 빼앗는 폭력에 대해 교회의 행위를 근본적으로 변화하도록 작동했는지 연구해야 할 시간이 됐다.

1. 제1전승

초기 3세기 동안, 기독교인들은 군인이란 직업에 실질적 반감을 가지고 있었다. 군복무에 대한 거부는 (그것이 절대적 규칙이었다 하더라도) 최소한 매우 보편적 태도였다. 상당수의 순교자들은 그리스도를 위해 군복무 수행을 거부했고, 이로 인해 생명을 잃었다. 물론 특별히 동쪽 지방에 있는 군대와 3세기 말엽의 군대 안에 기독교인들이 있기는 했다. 그러나 이것은 큰 의미를 갖지 못한다. 왜냐하면 도적질이나 다른 악행 때문에 옥에 갇힌 기독교인 또한 있었기 때문이다. 달리 말하면, 모든 공동체 속에는 피할 수 없이 주변으로 밀려난 개인들이 있다. 이들은 공동체 모두에 의해 수용된 규칙을 준수하지 않았다. 하여 순응적이지 않거나 공동체의 규율을 지키지 않는 구성원들의 태도에 근거해 기독교도 전체의 행위를 평가하는 것은 전적으로 신중치 못한 일 것이다. 초대교회 공동체의 규율은 군복무에 대한 거부였다.

초대교회 3세기 교부들의 저술들에서 이 같은 사실이 확인되고 있다. 이 책의 첫 번째 장에서 이미 이 사실을 몇몇 특징적인 발췌문으로 제시한바 있다. 여기서 새롭게 인용하는 것은 불필요하다. 그래도 충격적인 것은 군복무와 일반적인 살인죄 문제를 다룬 문서가 이 시기에 기록된 문서들 중에는 하나도 존재하지 않는다는 점이다. 병역 거부에 대한 정죄도 없고, 기독교도의 자리는 군대 안에 있지 않다는 포고도 보이지 않는다. 놀랍지 않은가! 어디서도 기독교인 병사를 위한 너그러움은 찾을 수 없다. 교부들의 증언은 만장일치이다. 즉, 기독교인은 전쟁을 하지 않는다. 기독교인은 판결 받는 것도 거부했다. 이미 기독교인의 병역 거부에 대한 사형선고가 결정돼 있었기 때문이다.

이 같은 행동이 오늘날의 기독교인에게 어리석어 보일 수도 있다. 조금의 불편한 머뭇거림도 없이 관습적 설명이 뒤따른다. 만약 초대교회 교인들이 군인이나 판관이 되는 것을 거부했다면, 그것은 군인 혹은 공무원으로서 강제적으로 참여해야 했던 종교적 제의나 이교도적 관습들 때문이었을 것이다. 설교, 희생물, 신성한 것에 바쳐진 냄새, 축제와 이교도적 종교행사, 이 모든 것은 예수 그리스도의 하느님이 진정한 신(Dieu)이고 유일한 주님이라는 것을 믿는 이들에게 용납될 수 없었다. 만약 기독교인들이 보편적으로 군인이란 직업을 거부했다면, 그것은 정신적 명령이란 이유 때문이 아니라 단지 그들의 믿음과 양립할 수 없었던 이방적 실천에 참여할 수 없다는 종교적 이유 때문이었을 것이다.

이러한 설명에 안심이 된다. 그러나 이 설명이 가진 가치는 무엇인가? 사실, 초대교회의 기독교 저술가들은 전쟁 거부에 대한 세 가지 논리를 제공했다. 즉, 이교도들의 종교적 예식들, 군대 안을 지배하는 부도덕한 행위, 그리고 기독교인은 사람의 피를 흘리게 할 수 없다는 사실이다. 이들은 뒤의 두 반대 논리보다 첫 번째 반대 논리에 대해 더 오랫동안 상술했다. 전쟁 거부에 대한 첫 번째 논리는 매우 단순 명료했다. 그래서 동시대인들(이방인)은 많은 해설이 필요 없이 전쟁 반대에 대한 나머지 두 논리를 쉽게 이해했다.

늘 군대에서는 몇몇 부도덕한 행위가 지배했다. (우리는 아직도 그렇다는 사실을 우려한다.) 세례 요한이 참회하러 온 병사들 앞에서 조심스럽게 고발한 것도 이러한 부도덕한 행위였다. '협박하거나 속임수를 써서 남의 물건을 착취하지 말고 자기가 받는 봉급으로 만족하여라.'(눅 3:14) 도둑질은 군대 안에서 흔하게 일어나는 일이었고, 부대가 거주민들이 지불하는 비용에서 자신의 존속을 보장했다는 것은 널리 알려진 사실이다. 지방 총독 디옹(Dion)과 양심적 병역 거부로 순교한 막시밀리안(Maximilien) 사이의 대화 속에서 보이는 것처럼 이 주제에 대해 더 이상 강조할 필요도 없다.

젊은 기독교인(막시밀리안)이 단언하기를 "나는 기독교도다. 그래서 나는 악을 행할 수 없다."

판사(총독 디옹)는 그에게 반대하며, "자신의 의무를 행하는 이들, 그들이 어떤 악을 행했는가?"

그때 막시밀리안은 대답했다. "당신은 그들이 행한 것을 잘 알고 있다."[1]

다른 순교자 타티안(Tatien)은 자기 입장에서 선언했다. "나는 군복무를 거부한다. 나는 방탕한 행위를 증오한다."[2] 그랬다. 군대 안에 기독교인의 자리는 어디에도 없었다.

로마 군대에 의해 십자가에 못 박혔던 선생의 제자들은 폭력과 살인에 대한 그들의 거부를 설명하기 위해 장엄한 논증을 필요로 하지 않았다. 예수에 대해 알았던 약간의 사람들 즉, 예수가 어떤 악을 행하지 않았음에도 십자가에 못 박혀 죽었다는 것을 알고 있는 소수의 사람은 제자들이 피를 흘리게 하는 것에 대한 거부를 충분히 해명할 능력을 가지고 있다. 군대 안의 부도덕한 행위와 기독교인이 사람의 피를 흘리게 할 수 없다는 두 논리는 첫 번째 논리가 잉여논리였다는 것을 명확하게 했다. 3세기에 장교모집이 시작됐을 때조차, 교회는 로마의 히폴리투스의 두 발췌문이 보여주듯 살인자와의 모든 타협에 소극적 태도를 유지했다.

"한 명의 기독교인도 자의적으로 군인이 되지 않을 것이다. 그러나 만약 한 명의 기독교인이 군인이 되는 것을 강요받는다면, 그는

---

1) Acta Maximiliani, Tatien, II.

2) Tatien, II.

칼을 들 수 있다. 그래도 피를 흘리게 하는 죄를 지으면 안 된다."[1]

"죽음을 집행할 권한을 가진 기독교인들이나 군인의 신분인 이들은 사람들이 자신들에게 죽일 것을 명령했을 때조차도 모두를 죽여서는 안 되고 신을 모독하는 어떤 불경스런 말을 입 밖으로 발설해서는 안 된다."[2]

우리가 인용했던 다른 텍스트들과 마찬가지로 이점에 대해서 분명하다.

그러나 초대교회 교인들이 병역 거부에 대해 이교도의 종교 예식을 문제로 동시대인들을 이해시키기에는 어려움이 있다. 사실, 이 시대의 사람들은 상당히 많은 수의 다른 신들(dieux)에 대해 말하는 것을 이해하는 데 습관화된 이교도들이었고, 그들에게 크든 작든 하나의 신은 어떤 중요함도 가지지 못했다. 따라서 기독교인들이 그들의 신(Dieu)이 유일하고 진실한 신이라고 주장했고, 다른 모든 신들(dieux)은 거짓 신들로서 이들에게 경배를 표하고 영광을 돌리는 것은 죄라는 주장했다. 신이 하나만 있고 그 신만이 진실하다니, 이러한 주장은 이방인이 이해할 수 없는 동시에 괴상한 것이었다. 게다가, 종교와 도시의 신들에 대한 경배는 시민이 되는 보증이고 애국적 충성을 표하는 토대였다. 도시를 지키는 신상 앞에서 혹은 황제의 상 앞에서 향 피우기를 거부했다면, 이것은 아마도 이것들에 대한 복종의 거부였고, 따라서 마치 국가의 적으로 간주돼도 좋다는 의미였다. 사람들은 기독교 변증들을 근심거리로 여겼으며,

---

1) Trad. Ap. 14.

2) Ibid, 13.

이 비시민적이고 거만한 기독교인들을 이해하지 못했다. 초대 교부들의 글 속에서 그들이 제기한 문제에 대한 풍부한 설명과 정당화의 변증은 어디에서 왔는가? 전쟁 거부에 대한 두 동기(살인 금지와 군대 안의 부도덕)가 초대 교부들의 눈에 중요하지 않았다고 결론내리는 것은 심각한 오류를 범하는 것이다.

이러한 오류를 증명하기 위해서는 다음의 문서를 보자. 이 문서는 사도적 전승 즉, 3세기 초에 기록된 로마의 히폴리투스의 문서에서 발췌했다. (세례를 위한) 교리교육에서 금지했던 직업들의 나열이다.

• 통치자 측근으로 있었던 병사에게, 죽이는 일을 해서는 안 된다고 말한다. 만약 그가 이 명령을 수용한다면, 그는 이를 행하지 않을 것이다. 만약 그가 받아들이지 않는다면, 그를 공동체에서 내보낸다.

• 검의 권력을 소유한 사람이나 부자들이 입는 홍포를 걸친 도시의 법관은 그 일을 그만두어야 한다. 그렇지 않으면 그를 공동체에서 내보낸다.

• 만약 세례받기 위한 교리교육자나 신자가 군인이 되기를 원한다면, 그를 공동체에서 내보낸다. 왜냐하면 그가 하느님을 무시하기 때문이다. (나머지는 '부록 1' 참조.)

첫 번째 인용에서 초대교회 기독교인들에게 죽이는 행동은 불가능한 것으로 여겨진 만큼 군인이 되는 일은 있어서는 안 된다는 것을 알 수 있다. 이것은 직업군인에 대한 그들의 반감의 진정한 이유가 사람을 죽이는 일이기 때문임을 강조한다.

다른 한편으로, 군인에 집중된 두 문장 사이에 판사직이 이어서 언급된 것을 볼 수 있다. 만약 기독교인들이 판사가 되는 것을 생각하지 않을 수 있다면, 그것은 아주 좋은 일이다. 판사들은 죽음을 선고하도록 불린 이들이기 때문에 그렇다. 게다가 이 문서는 교리교육을 받는 군인보다 더 엄격하게 군인이 되고자하는 교리교육자에게 더 엄격하게 대했다. 이 사실은 의심할 것 없이 '각 사람은 소명을 받았을 때의 상태를 그대로 유지하십시오.'라는 사도적 교훈의 영향으로 설명된다.(고전 7:20, 24)

어쩌면 교회가 먹고살기 위해 이 일을 하는 사람과 단절하는 것을 주저했기 때문일 수도 있고, 그들을 죽음으로 내모는 일이어서 주저했을 수도 있다. 끝으로 군인이 되고자하는 교리교육자의 발걸음을 정죄하는 극단적 엄격함에 주목할 필요가 있다. '하느님을 무시하기 때문이다.'와 같은 간결한 표현은 매춘업자, 매춘부들 혹은 검투사들에 관련된 엄격함보다 더 단호히 정죄하고 있다.

일반적으로 초대교회는 군인이 기독교인이 되고자할 때, 그가 세례를 받기 위해서는 군대의 의무로부터 자유인이 될 때까지 기다려야 한다고 명시적으로 규정했다. 반대로 기독교인이 군인이 되려 했을 때, 특히 그가 자원하여 군인이 되려 했을 때, 그는 공동체에서 파문당해야 했다. 군인이란 직업과 기독교 믿음이 양립할 수 없음을 분명하게 명시하고 있다.

2. 제2전승

그러나 4세기부터 완전히 뒤바뀐 상황을 확인할 수 있다. 이때부터 군인이란 직업이 신도들의 미사를 통해 수용됐고, 양심적 병역 거부자들이 공동체를 떠나야 했다. 이들은 교회 공동체에서 축출당했다. 사제들을 제외한 기독교인들의 무기 사용이 이때부터 정상적인 것이 됐을 것이다. 교회의 제1전승 즉, 평화주의는 살인자가 어떤 조건하에서는 온전히 기독교 믿음의 고백과 양립할 수 있다는 제2전승에 의해 침몰했다. 이러한 조건들 아래서 정당방위와 정당한 전쟁 이론들이 나왔다.

그러므로 우리는 오늘날 제2전승의 영향 아래 그리고 그 그늘 속에 살고 있다. 기독교 국가 곳곳에서 교회와 군대는 서로 상호적으로 방해하지 않으며 자원하여 협력한다. 기독교인에게 전쟁을 하는 것은 정상이고 영광스럽기도 하다. 이런 점에서 교회는 제1전승을 잊어버렸다. 상황이 뒤집어졌기 때문에 최근까지 양심적 병역 거부자들이 기가 막힌 행동을 할 뿐만 아니라 교회의 가르침에 모순되는 사람이 된 것이다. 기독교도의 이름으로 소수의 사람들만이 근원으로 다시 돌아가기를 바랐고, 솔직히 진정한 물음을 던졌다 : 기독교 윤리에 대한 신약성서의 가르침은 어떤 것인가?

제1전승이 기독교윤리 영역에서 완전히 사라지지 않았다는 것에 주목하자. 우선, 역사의 흐름으로 볼 때, 여기저기에서 양심적 병역 거부자들이 나타났다. 투르의 마르탱(Martin de Tours), 아시시의 프란체스코(François d'Assise), 메노나이트파(Mennonites), 퀘이커

교도(Quaker), 아르의 사제(le curé d'Ars), 두코보르파(Doukhobors) 이들 모두가 양심적 병역 거부자들이다. 20세기 중반을 넘어선 지금도 대부분의 기독교 국가 안에서, 복음에 순종하는 유일한 길로서 제1전승으로 돌아가야 한다고 주장하는 기독교의 양심적 거부자들이 존재한다. 국제화해운동은 너무도 망각했던 초대교회 전통의 소생을 표현하고 있다.

그러나 교회 안에서 제1전승의 흔적을 다시 발견할 수 있다는 것에 또한 주목해야 한다. 교회는 오랫동안 사제와 수사들에게 무기를 잡는 것과 사용하는 것을 금지했다.

오늘날 여러 나라들은 사제와 목사의 군복무를 면제하거나 공공서비스기관에 배치한다. 이것은 과거의 유산일 뿐 아니라 특히 초대교회로부터 전승된 유산임을 설명하고 있다. 마찬가지로 하느님에게 바쳐진 어떤 날들, 이름하여 신의 휴전이라 불리는 기간 동안 전투를 금지하려는 중세교회의 시도들이 있었다. 가장 최근에 교황 베네딕트 15세는 '제1차 세계대전의 마지막 14~18일에 무기들 들었던 신부들은 사목활동을 다시 시작하기 전에 정화의 은둔을 행할 것'을 요청한 일이 있다.

사실 기독교 역사 속에 상반되는 두 전통이 있다. 하나는 평화주의이고, 다른 하나는 군사주의다. 두 전통 모두가 정당할 수 있다는 것을 상상하는 일은 어렵다. 왜냐하면 두 전통은 서로 반대로 말하기 때문이다. 어떤 것이 더 복음에 신실한 것인가? 이것이 우리의 문제다.

3. 4세기에 만들어진 권위

물론 사람들은 제2전승을 정당화하려는 노력을 해왔다. 결국 4세기에 전쟁을 용인하는 진로 변경에 대한 그럴듯한 한 설명이 제안됐다. 사람들의 마음을 안정시키는 이 이론에 따르면 1~3세기 기독교인들은 소명 즉, 그들의 믿음의 증거 때문에 시민적 삶을 살수 없었고, 순교를 당하고 박해를 받았다. 그러나 4세기부터 교회와 제국 사이에 평화의 시대가 도래했고, 기독교인들은 마침내 사회 안에서 그들의 진정한 자리를 잡게 됐다. 이제 기독교인들은 도시 안에서 책임 있는 존재로서 의무를 다해야 했다. 이 책임감은 마치 국가와 사회의 존속을 유지하는 유일한 방법으로써 기독교인들이 병역의 의무를 수용한다는 것을 내포한다.

기독교인들의 돌변에 대한 이러한 설명은 치기(稚気)다. 하지만 어떤 현실이 이러한 관례적 문구 뒤에 숨어 있는지 묻지 않을 수 없다. 먼저 "3세기까지 기독교인들은 도시의 책임감을 느끼는데 '소명'을 받지 않았다."고 말하고 싶은가? 순교자들, 지하무덤 카타콤의 박해받은 이들, 그리고 사도들이 시민적이거나 애국적 분야에서 무책임한 사람들이었단 말인가? 무책임한 바울, 그가 로마서 13장을 기록했을 때 시민으로서 무책임한 사람이었나? 예수가 빌라도 앞에 출두했을 때 무책임 했던가? 전쟁을 용인하는 사람들이 말하고 싶은 것이 정말 이것인가? 병역의 의무를 수용한 사람만이 정말로 도시에 대한 책임을 지고 있으며, 반면에 이를 거부한 사람은 책임지지 않은 사람으로 정의될 수 있는가? 연대와 순응주의를 혼동하지 않았나?

다른 편에서 볼 때, 사람들이 초대교회 공동체 기독교인만이 증인 됨과 순교에 부름 받았을 뿐이라는 논리를 전개함으로써 3세기 이후 뒤따른 세대의 기독교인들은 증인되고 순교자가 되는 것에 면제됐다는 얄팍한 논리를 슬그머니 끼워 넣으려 한 것은 아닌가? 사실 나는 이렇게 될까 두렵다. 하지만 '과거의 일들에 대한 이러한 관점은 복음에 진중하고 신실한 것이냐?'고 묻지 않을 수 없다.

이런 설명에는 하나의 의도가 숨겨져 있다. 그것은 4세기 기독교인들이 로마 군대에 편입되는 것을 받아들이면서 그들의 책임성에 대한 진정성을 증명해보라는 요구이다. 4세기의 기독교인들은 새로운 상황 즉, 선조들이 감내했던 박해가 종식되면서 그들에게 적용될 일들을 분명하게 알아차렸고, 마침내 양심적이며 책임 있는 시민에게 부과됐던 군사적 의무들을 포함한 시민적 임무들에 참여하면서 영적 성숙함을 드러내야 했다.

종합하면, 군사적 문제에 대한 전향적 태도로 콘스탄티누스 시대의 기독교인들은 그들의 시민적 성숙만큼 영적 성숙함을 보여주어야 했다. 그럼에도 역사는 이러한 기독교인들의 지혜와 영성에 대하여 전적으로 신뢰하도록 보장하고 있는가? 우리는 4세기 기독교인들의 권위에 동의하지 않는 몇 가지 이유를 가지고 있다. 특별히 그들이 폭력의 문제에 대한 돌변을 동의할 수 없는 이유가 있다.

사람들은 2세기 반 동안 기독교인들이 잔혹하고 죽음에 이르는 박해를 감내했었다는 사실을 알고 있다. 그러나 4세기에 이르러 상황의 주인으로 돌변한 기독교인들이 자신들의 차례에서 똑같이 잔혹한 박해로 고대 종교적 실천에 귀의하고 싶어 하는 이방인들에게 고역을 치르게 했다는 사실을 알고 있을까? 그때부터 이런 기독교인들의 판단에 대해 신뢰할 수 있는지 의문을 가졌다. 우리가 과연 교회, 국가 그리고 민족 사이의 관계에 대한 이런 개념 안에서 기독교를 따를 수 있을까?

알려진 바대로, 4세기 때 모든 종류의 이교도적 신앙과 실천이 대대적으로 교회에 유입됐다. 이러한 유입은 아주 쉬운 일이었다. 이른바 로마 황제 콘스탄티누스의 개종에 이어 대다수의 공무원들과 제국의 고위층 인사, 그리고 최근 기독교로 개종한 이방인 장로들이 교회 안으로 들어왔기 때문이다. 그들은 새로운 교회 안에서 자신들에게 습관처럼 익숙한 조상들의 구습을 다시 찾고 싶어했다. 교회의 대대적인 이 같은 이교도화 혹은 주변 이교도의 기독교 외피 두르기를 당시 기독교인들이 복음에 대해 이해했던 것이라 신뢰해야 하는가?

또한 사람들이 알기로, 그 시대에 상당수의 신앙인들은 '세상'에 대해 낙심했고, 세속에 머무르면서 진정한 기독교인의 삶을 더 이상 살 수 없다는 생각을 가지고 있었다. 그들은 은둔자가 되는 것이 더 좋다고 여겼다. 혹시 그들이 단지 국방의 의무로부터 벗어나기를 원해서 그런 것일까? 이들은 낙심한 신앙인들 가운데 가장 훌륭한 이들이었고, 가장 신앙심이 두터웠던 이들이었다. 우리는 여기서 수도원제도의 정당성에 반대하기를 원하지 않는다. 그러나 이들의 권위에 대해 묻는 것은 우리의 당연한 권리다. 세상에서 기독교인들의 현존과 관련해서, 세상의 사회문제 안에서 영적으로 치열하게 싸우기를 포기하고, 기독교인의 일상적 증언하기를 고갈시켰던 신앙인들은 영적이고 사회적인 투쟁의 모든 문제를 수도원 안으로 피신시키면서 너무도 쉽고 개인적으로 풀어버렸다. 이러한 신앙인들이 권위를 가질 수 있을까?

끝으로 사람들이 알기로, 다른 주교들보다 로마 주교의 우월한 권리에 대한 최초의 역사적 흔적은 343년 사르디카공의회(Concile de Sardique) 결정에서 찾을 수 있다. 그날 주교들은 '황제가 주교들 가운데 하나를 면직처분 할 때, 면직 처분 받은 주교가 복권을 청구하는 것은 로마 주교의 중재를 반드시 거쳐야 한다."는 결정을 했다. 여기서 우리와 크게 관계가 없는 교황권에 대한 문제는 내버려두도록 하자. 그러나 이 단순한 사건이 의미하는 것은 무엇인가? 343년은 황제 콘스탄티누스가 개종한 지 30년 뒤이다. 30년 만에 황제가 직권으로 주교들을 임명하고 파면할 수 있게 했고, 교회 고유의 권한을 찬탈해 교회에 무정부적 상태를 초래시켰다. 이렇게 4세기 기독교인들은 그들의 교회 상황을 후퇴시켰다. 그리고 사람들은 4세기 기독교인들이 지혜에 속한 이들이고, 교회와 국가 사이의 관계들에 관련해 그들의 지혜로운 결정들은 훌륭한 영감이었다는 것을 우리에게 믿게 하고 싶어했다.

그러나 그렇지 않다. 교회사 속에서 4세기는 통탄스러울 정도로 어둡고 거짓된 시기였다. 영적 권위를 4세기 기독교인들의 결정과 일치시키는 잘못을 범했다. 특별히 군복무를 수용한 그들의 결정과 영적 권위를 일치시키는 것은 심각한 실수임에 틀림없다. 성서만이 이와 같은 치명적 문제를 끊어낼 수 있는 권위를 가졌다. 이에 대해 기독교인 자신은 어떤 권위도 가지고 있지 않으며, 4세기의 기독교인들은 다른 이들보다 더 적은 권위를 지녔다.

더욱이, 단순한 사건들의 연대기적 기술 자체로도 충분한 설득력이 있음 알 수 있다. 312년까지 사람들이 소유한 모든 기독교 문서들은 군복무를 정죄했다. 312년, 콘스탄티누스 황제는 보편화된 부도덕성으로 제국의 멸망이 다가오는 것을 알았다. 그는 기독교인을 제국의 몰락에 끌어들이고 싶었다. 왜냐하면 그는 기독교에서 국가를 구할 수 있는 견고한 요소를 보았기 때문이다. 콘스탄티누스는 기독교로 개종하는 체했다. 313년, 그는 기독교인에게 종교의 자유를 승인하고 기독교를 국교로 하는 내용의 밀라노 칙령(l'édit de Milan)을 공포했다. 이로써 박해의 시대는 끝났다. 314년, 콘스탄티누스 황제는 아를레스 주교회의(Concile à Arles)를 소집했다. 회의에 소집된 주교들은 그들의 세 번째 정경에서 '이제부터, 평화의 시기에 무기를 버리는 군인들 혹은 군대의 우두머리에 반대해 항명하는 군인들을 공동체에서 내보낼 것이다.'라는 결정을 했다. 이것은 이른바 제2전승이라 부르는 것에 대한 최초의 역사적 흔적이다. 양심적 병역 거부에서 군복무로의 방향전환은 급박하고 노골적이었다.

교회의 전통은 단번에 전복됐다. 그러나 주의하기 바란다. 아를레스 주교회의는 한 번도 보편적 공의회로 인정된 적이 없다. 요즘은 다른 회의와의 차이와 의구심을 표시하기 위해 이를 두고 아를레스 교구회의(Synode à Arles)라 부른다. 특별히 이러한 의구심은 회의를 소집했던 이가 황제였다는 비정상적인 사실에서 제기됐다. 게다가 아주 많은 수의 주교들은 회의에 참석하는 것에 반응을 보이지

않았다. 아를레스 함정에 걸려든 아주 작은 소수의 주교들만이 크
든 작든 국가의 이익을 인정하는 결정을 공포했다. 그 외의 많은 주
교들은 이러한 결정과 새로운 윤리를 거부했다. 더욱이 4세기 내내
상당수의 양심적 병역 거부자들이 있었을 것이고, 교부들은 여전히
군복무에 반대하는 선포를 했을 것이다.[1] 아마도 혼동과 영적 추
락 속으로 빠지면서 점점 제2전승이 제1전승을 이기는 것으로 끝
났을 것이다. 그러나 결단코 이러한 승리는 영적 승리가 아니다.[2]

4. 이교도 콘스탄티누스

콘스탄티누스 시대에 대해 많은 이야기를 했다. 콘스탄티누스의

---

1) 예를 들어 400년 경, 놀의 성자 폴랭(saint Paulin de Nole)은 크리피니아누스(Cripinianus)란 이
름의 한 병사에게 그의 직업을 돌이키기 위해 편지를 썼다. 이를 보면, "나는 당신의 동료들
이 행했던 것과 같이 당신이 진리의 길을 따르기 위해 세상의 길을 떠나기를 소망한다. 당신
은 이 세상을 더 오래도록 사랑해서는 안 되며 이 세상에 봉사해서도 안 된다. 성서는 그것
을 이렇게 말한다. '세상을 사랑하는 사람은 하느님의 원수가 됩니다.'(약 4:4). 검을 사용하
는 사람은 죽음의 종이다. 그가 자신의 피나 혹은 다른 사람들의 피를 흘리게 했을 때, 그는
자신의 행함에 대한 값을 치르게 된다. 즉, 사람들은 그가 자기 스스로의 죽음을 붙들고 있다
고 생각하거나 그를 살인자로 정죄할 것이다. 그러므로 자신을 위해서가 아니라 다른 사람
들을 위해서 싸우는 이 전쟁에서 병사는 정복당했을 때나 혹은 그의 적대자를 죽이면서 승
리를 거두었을 때조차도 죽음을 본다. 그는 피를 흘리지 않고 이길 수 없다. 주님이 말한 것
을 보라: '한 사람이 두 주인을 동시에 섬기지 못한다.'(마 6:24), 유일한 하느님과 맘몬, 그리
스도와 카이사르를 동시에 섬길 수 없다. 만약 우리가 그리스도를 섬기기보다 차라리 세상
과 카이사르 섬기기를 좋아한다면, 우리는 죽음 이후에 그리스도의 곁에 갈 수 없을 것이고
우리는 게헤나(géhenne, 지옥)에 갈 것이다. 그곳은 이 세상의 군주들이 심판받는 곳이다."(Ep
25, citée dans saint Paulin de Noie, éd. du Soeil levant, Namur, p37)
2) 보다 더 세밀한 것을 위해 장 미셸 오르뉘(Jean-Michel HORNUS)의 대표작 'Évangile et
Labarum'을 볼 것을 제안한다. *Évangile et Labarum: étude sur l'attitude du christianisme primitif
devant les problèmes de l'État, de la guerre et de la violence.* Genève: Labor et Fides, 1960.

개종이 있기 전 그리고 카이사르와의 모든 타협을 거부해 순교를
당했던 희생자들의 영웅적 증거로 특징지을 수 있는 처음 3세기 전
(前) 콘스탄티누스주의 시대로 부를 수 있다. 반대로, 콘스탄티누
스주의 시대는 제국과 하나 됨 혹은 세상 권력과 화친조약의 시대
로 표기된다. 우리는 초대교회의 다양한 흔적들에도 여전히 콘스탄
티누스의 시대에 살고 있다. 이것은 마치 동유럽의 어떤 나라들이
보여준 것처럼 (국가가 교회의 모든 도움을 거부했던) 국가와 교
회 사이의 총체적 분리로 돌아서는 포스트-콘스탄티누스 시대 속
으로 들어선 것과 같다.

사람들은 이러한 콘스탄티누스 시대를 정당화하고, 합법화하려
했다. 그래서 사람들은 교회의 상황이 콘스탄티누스의 개종 이후
모두 변했다고 말한다. 기독교인들에게 벌을 가했던 박해도 끝이
났다. 이것이 변화된 세상의 모습에 대한 설명이다. 하지만 콘스탄
티누스 시대의 객관적 상황에서 교회의 위상이 실질적으로 변했는
가? 변화된 상황이 있었는가? 아니면 세상을 향해 그리고 국가에
대해 교회의 변질된 태도가 있었던 것은 아닌가? 두 번째 질문이
더 타당하다는 것이 우려스럽고, 콘스탄티누스 시대에 대한 이론이
자의적이었고 종국에는 틀렸다는 것이 또한 우려스럽다. 사실, 신
실한 교회는 여전히 국가로부터 박해를 받았고 업신여김을 당했다.
국가는 이 교회들을 결코 진정으로 이해하지도 않았고, 존경하지도
않았다. 로마제국이 교회의 환심을 사려했던 때에 교회가 여러 번
최대의 위기에 처했던 것은 분명하다. 다시 말해 로마제국은 교회
를 박해했고, 이 박해보다 더 위협이 됐던 것은 교회와 제국 사이의

화친 협약이었다. 겉으로 보기에는 사람들이 주장하는 것처럼 기독교인 편에 좋은 새로운 윤리적 상황이 만들어져 교회에 대한 국가의 태도에 충분한 변화가 있다고 말할 수 있었다.

다시 보자. 변화된 것은 상황이 아니라 좋건 나쁘건 근본적으로 변질된 교회의 태도다. 그 시대의 기독교인들은 분명히 정상참작 받을 여지가 있다. 이른바 몰락해가는 세상 속에 살면서, 그 끔찍스런 고난과 모두를 휩쓸어 죽이는 박해를 뚫고나가야만 했을 때, 의심할 것도 없이 그리스도인들이 황제의 거짓 개종으로 눈이 멀었을 것이고, 박해의 중단과 황제에 대한 지지 사이의 맞교환을 그리스도인들이 수용했다는 것은 자연스럽고 피할 수 없는 것이었다. 불행하게도, 이 화해협약은 중요한 것 그 이상이었다. 단지 교회의 윤리만 변화시킨 것이 아니다. 그것은 핵심이었고, 급진적으로 교회의 설교 내용마저도 변질시켰다. 이러한 이유로 사람들이 콘스탄티누스 시대를 말하는 대신에 콘스탄티누스의 이단성에 대해 말하기를 더 잘한다.

이 비극적 시대에 신앙인 거의 전부를 혼란 속에 빠뜨렸던 이단성 안에서 변질된 것을 구분해내는 것이 우선적으로 우리에게 남아 있다. 오늘날 교회들도 콘스탄티누스적 이단성이 남아 있는지 구분해야 할 것이다. 그리고 다음으로 초대교회 정체성에서 살아왔고, 그 영향 아래 거하는 기독교인의 독특함을 잘 보존하기 위해서, 초대교회 정체성을 개념화하는 작업이 남아 있다.

콘스탄티누스적 이단성을 드러내는 결정적 포인트는 콘스탄티누스주의자들이 그리스도의 유일한 주권에 대해 더 이상 믿지 않는다는 사실이다. 그들은 이제부터 그리스도의 유일한 주권을 다른 영주들과 나누어야 한다고 생각한다. 하지만 초대교회의 믿음은 시원적이며 근본적 신조(Credo) 위에 세워졌다. 이른바 '예수 그리스도'를 유일한 주님(Seigneur)으로 이해했다. 모든 신약성서는 이런 놀라운 보장으로 가득 차 있다. 사람에 대한 권위를 가진 유일한 주권자로서 예수에 대한 질문이 신약성서 곳곳에 있다. 초대교회의 교인들은 유일한 주님을 믿는 것에 대한 그들의 인상을 우리에게 전해주었다. 당시 정치권력은 지나칠 정도로 불평하며 초대교회 교인들에게 다가갔다. 그래서 이러한 판단은 의심스러울 수 있으나 특징적이다. '그자들은 모두 예수라는 또 다른 왕이 있다고 말하였다.'(행 17:7) 또한 이러한 이유로 '예수를 왕이라' 떠들어대는 이들을 위한 사도들의 노력은 그래도 정치권력을 존경할 것을 가르치고 있다. (그것이 특히 로마서 13장의 목적이었다.) 초기 기독교인들에게 그리스도로서 예수는 모든 피조물, 모든 사람 그리고 카이사르의 주인이었다.

그러나 전복이 일어났고, 초기 신조에도 전복이 일어났다. '예수 그리스도는 주님이시다.'는 한 걸음 후퇴한 새로운 신조 '예수 그리스도는 우리의 주님이시다.'로 대체됐다. 우리의 주(Notre Seigneur) 즉, 교회의 주님, (국가의 주님은 아닌) 기독교인의 주님이시다. (이교도의 주님이 아니고 공무원들의 주님은 더더욱 아니다.) 그러므로 콘스탄티누스주의 이단성은 세상 전체에 대한 예수 그리스도의 주인 됨의 상실을 의미하는 것으로 특징지을 수 있다. 교회는 이후로부터 개인적 경건의 영역 속으로 후퇴했다. 교회는 콘스탄티누스의 고유한 법과 그의 마귀들에게 제국을 넘겨주었다. 교회는 기꺼이 자원해서 권력의 탁자에 앉아 카이사르와의 동거를 시작했다. 그러나 그리스도의 법이 총체적으로 불신되는 가운데 교회는 저항하는 전쟁도 없이 자신의 권세를 내려놓았다.

잃어버린 그리스도 주권의 의미는 서로서로 탁월하게 연결됐던 기독교 메시지의 다섯 개 개념에 변형을 가하는 결과를 초래했다.

a) 그리스도가 탁월하고 유일한 주님으로서 자신의 자리를 잃어버린 상태 안에서, 세속의 영주들 가운데 몇몇은 기독교의 하늘에 오르기 시작했다. 신학적 계획 아래 교회, 전통, 교황, 동정녀, 그리스도의 위엄과 권위를 한 부분씩 나누어 가지며 커다란 영주가 됐다. 윤리적 계획 아래, 큰 군주가 된 것은 카이사르와 그의 제국(이른바 국가와 민족)이었다. 사람들은 이들이 곧 완전하고 단순하게 정치적 삶의 영역 안에서 예수 그리스도의 자리를 차지했다는 것을 알게 됐다. 이 두 번째 윤리적 계획이 첫 번째 신학적 계획보다 더 큰 재난이었다.

힘의 이데올로기와 연합한 국가, 그리고 연대에 대한 모든 찬양으로 이루어진 민족은 급속도로 세속의 현실적 군주를 만들었다. 당연히 그리스도는 영적인 것만을 관장하는 제한된 영역 속으로 추방됐다. 카이사르에겐 몸을, 그리스도에게 정신을…. 예수 그리스도는 이러한 분할에 속았다. 이 말이 불편할 수 있다. 그러면 육체 없는 영혼은 무엇인가? 사실이 그렇다. 이 고약스럽기 짝이 없는 4세기 중에, 민족주의적 그리스 로마의 이교도 문명이란 겨자와 군사적 이교도 문화라는 식초가 복음의 순수한 기름병 속에서 뒤섞였다. 사람들은 여기서 느끼하고 신맛이 나는 마요네즈를 만들었고, 오늘날에도 여전히 우리에게 이 마요네즈를 기독교였던 것처럼 눈앞에 보여주고 있다. 이제 최초의 메시지에 눌어붙은 것들을 떼어내야 할 역사적 시간이 됐다.

b) 이제 기독교 신학 안에서 그리스도의 권위에 비해 국가가 자율적이었던 것처럼 받아들여졌다. 확실히 정치권력은 마치 하느님이 원했고, 하느님이 세우시고 인도하시는 것과 같이 알려졌다. 그러나 실상 정치권력들은 처음부터 예수 그리스도의 통제와 권위에서 벗어났다.

정치권력은 예수나 그의 윤리에 복종하지 않을 권리를 지니게 됐다. 그래서 정치권력이 자신의 고유한 법칙들에 복종했지 그리스도의 법에 복종한 것은 아니었기 때문에 실질적으로 자율적이다. 그러므로 예수 그리스도에게서 일단 분리되면서부터, 자율적 정치권력의 권위는 정글의 법과 같은 법이 되고 물질주의 방식으로 그리고 짧은 기간에 구성된 힘과 효율성의 규범이 된다. 이렇게 영적인 것과 일시적인 것 사이의 분리가 윤리적으로 완성됐다. 예수 그리스도는 정치 세계에서 버려지고, 신망을 잃고, 추방당했다.

c) 세 번째 필연적 귀결은 기독교 도덕에 대한 위험 수위에 찬 인격 분열이다. 신학 자체도 양극적 시스템, 이른바 '기독교인은 그의 사적인 삶 속에서 예수 그리스도에 복종해야 한다. 하지만 그의 시민적 삶 속에서는 국가에 복종해야 한다.'는 이분법적 윤리를 정당화했다. 마치 삶의 어떤 영역에서든지 기독교인은 그의 주님의 권한에서 도망갈 수 있는 것과 같다. 도덕에 대한 분열의 결과는 재

앙적이었다.

기독교인과 교회가 현재에 이르는 동안 스스로 범한 모든 범죄와 폭력을 정당화하는 데 조력하지 않았는가. 어떤 신학자들이 보여준 것은 범죄보다 악랄한 인종차별이었다. 이러한 시민 도덕으로의 세속화를 확인하는 것은 쉬운 일이다. 예를 들어, 기독교인들에게 그들이 생각하는 사형에 대하여 물어보라. 그리고 복음이 그것에 대해 말했던 것을 찾기 시작했던 사람들의 실례를 적어보라. 도덕적 분열이 재앙적이라는 것을 곧 알게 될 것이다.

d) 돌연, 물질에 대한 논리 속으로 들어섰다. 기독교 신학이 마치 목적이 수단을 정당화한다는 원칙 혹은 효율성의 원칙과 같은 새로운 도덕적 기준들 속으로 들어갔다. 이렇게 새로운 도덕적 기준을 기독교 윤리 속에 삽입하는 것으로서 기독교 신학은 확장됐다. 이러한 원칙들은 복음과 절대적 모순 관계에 있는 것들이다. 사람들은 이론적으론 이 원칙들을 기피했으나, 아마도 양심의 소리를 무시하는 실천 영역 안에서는 힘과 효율성의 원칙들을 사용했다. 사람들이 복음과 완전히 다른 영역에 있게 된 것이다. 그래서 사람들은 기독교인이 태평스럽고 냉정하게 고문, 국가 간 보복, 원자폭탄을 정당화하는 것을 보았다. 내가 알고 있는 것은 무엇인가? 그것은 예수 그리스도가 분명히 이런 생각을 제거했다는 것이다.

e) 다섯 번째 결과는 기독교인 대다수가 이중인격을 가지게 됐다는 점이다. 기독교인들은 실제로 편안하게 복음적 도덕에서 정글의 법칙으로 이동했다. 그들은 또한 선한 목자에 의해 인도됐던 양의 상태에서, 힘의 방식을 따라 자신의 이익을 추구하는 늑대의 상태

로 변형됐다. 마치 사람들이 라디오 버튼을 돌리며 전파를 잡듯이 수없이 많은 방송파 가운데 작은 하나의 방송채널만 찾는 것과 같다. 그것은 실질적이고 항구적인 정신분열 때문이다.

사실 기독교인들은 작은 일상의 것들과, 가족적이며, 사적인 문제들에 한해서만 예수를 이해했다. 그러나 돈이 목적이 되고, 교회 법령집이 어마어마한 양이 될 때 사람들은 예수를 잊어버리고, 다른 주인들을 향해 돌아선다. 결국 사람들은 예수의 법보다 다른 법을 따라 행동하게 된다.

대부분의 기독교인들은 복음으로 작은 어려움을 풀기 위한 하나의 치료약을 만들었다. 그러나 심각한 문제인 경우, 특히 시민적 영역 속에서 기독교인들은 권력과 효율성만을 제일로 생각한다. 우리의 교회는 그리스도의 주권의 의미를 되찾는 것으로 새롭고 커다란 개혁의 필요를 느껴야 하지 않겠는가?

4장
_____

전쟁에 대한 현실주의적 입장 :
그리스 로마의 이교도 문화

1. 신성화되는 전쟁

　지금까지 전쟁을 신성화하려는 시도에 대해 살펴보았다. 그보다
앞서 초대교회 교인들이 모든 전쟁에 가담하는 것과 모든 폭력의
사용을 거부했다는 사실 또한 환기시켰다. 그러나 사람들은 '만약
초대교회 교인들이 무기 드는 것을 거부했다면, 그것은 군인에게
요청됐던 이방 종교를 신봉해야 하는 신앙고백의 문제 때문이다.'
라고 일관되게 대답하고 있다. 이런 대답은 오늘날 이방 종교를 신
봉하거나 숭배하는 관습이나 예배가 군대에서 사라졌기 때문에 기
독교인이 양심의 가책 없이 군복무에 임해야 한다는 것을 함축하
고 있다. 군대는 모든 것이 명령으로 이루어져 있다. 이미 역사적으
로 3세기 때 기독교인들의 병역 거부에 대한 두 개의 다른 근본적

인 거부 이유가 있었다는 것을 설명한 바 있다. 하나가 당시 지배적이었던 군대의 부도덕성이고, 십자가를 지고 따르는 제자들에게 죽이는 것이 허락되지 않았다는 것이 두 번째 이유다. 그러나 역사적 사실에 대한 왜곡이 침묵 속에 군대의 비도덕성과 살인에 대한 금지가 실행되는 잘못을 부추겼다. 따라서 군 복무에 대한 두 가지의 반대 이유는 오늘날에도 여전히 유효하다.

이번 장에서는 고대의 이교도 문명의 문제에 대해 복기하고자 한다. 왜냐하면 전쟁을 신성화하려던 사람들이 우리에게 믿게 하려 했던 것, 이른바 군대 안에서 군인이 따라야 했던 이방신 숭배 관습이 정말로 사라졌는지 그렇지 않은지에 대해 확신하지 못하기 때문이다. 그저 우리 시대가 크거나 작게 신격화된 황제의 신상들 앞에서 더 이상 향을 피우지 않는다는 이유 때문에 군인이 되는 것을 좋은 측면에서 안심해서 보는 것 같다. 그리고 기독교인들이 수용할 수 없는 종교적 형식을 동반한 설교를 더 이상 용인하지 않았다는 것도 좋게 여기는 것 같다. 그러나 평화주의 입장에서는 로마의 애국적 의례들과 우리의 예배 사이에, 그리고 도시의 신(dieu)을 모시기 위한 제단 앞에서 태워진 향과 무명용사의 무덤 위에 조용히 타는 불꽃 사이에 어떤 차이가 있는 것인지 잘 모르겠다. 전쟁을 신성화하려 했던 시도들에서 발견한 것들은 암묵적이든지 혹은 겉으로 드러나지 않았든지 공동으로 신의 편에 봉사하는 것을 위해 불사르는 동일한 정념이다. 애국적 의례와 기독교 예배 사이의 동일한 집단적 수행, 동일한 열광적 종교성, 조상에 간청하는 동일한 기도, 인간적인 것 너머의 현실과 신성한 현실을 추구하는 동일한 공동체, 신성한 영광에 참여하려는 동일한 열정적 노력, 적을 미워하는 거룩하고 동일한 증오 등 차이가 없다. 우리는 3세기의 초대교회 신앙인들이 종교적 이유들 때문에 군복무를 했었다는 반론이 오늘날에도 여전히 통용되고 있지 않은가 자문해보았다. 이교도 문명을 설명하고 유지해주었던 외부적 의례들에서만 이교도 문명을 유추하는 문제를 일으키기 때문에 생긴 자문이다. 이교도 문명은 사람에 대한 총체적 영향이다. 그 때문에 이교도 문명은 기독교에 아주 위험스러운 경쟁자다.

전쟁이 종교와 하나가 되고, 전쟁이 의례와 종교적 감성 속에 녹아들어가는 것이 그리스도 당대에만 국한되지 않는다. 현실 속에서는 전쟁은 처음부터 조직화된 제도로서 신성시됐다. 태초부터, 각 민족은 자기 혹은 자신들의 신(dieux)들을 가졌다. 전쟁은 마치 그들이 숭배하는 신들 사이의 싸움처럼 인식됐고, 그래서 전쟁터로 백성을 내몰았다. 군대의 승리는 자신들이 숭배하는 신들의 우월성을 확고하게 만들었다. 전쟁의 모든 발전과정에는 종교적 행위가 수반됐다. 사람들은 전쟁을 벌이기 전에 신들에게 물었고, 신의 노여움을 푸는 제사를 드려 화해하려고 노력했다. 사람들은 제사, 여럿이 줄지어 걷는 행렬, 향연, 찬양, 주문과 신의 저주 등을 더 많이 만들었다. 더욱이 군대는 축제의 행렬과 같은 모양으로 원정을 떠났다. 흔히 군대는 부대의 사기를 진작시키기 위해 민족 신의 상을 가지고 이동했다. 이것은 부대를 전투에 참전시키고, 승리를 가져오는 데 의무를 지우기 위해서였다. 사제들은 놀랍도록 화려한 문양으로 치장하고, 때때로 성스러운 나팔을 불어대는 부대와 함께 했다. 전투에 승리했을 때도 의례를 다시 행했고, 은혜로운 행위들의 희생을 통해 신성함이 드러난 것을 감사했다. 전투를 끝마치기 위한 요란스런 시가행진도 있었다. 사람들은 눈을 뽑아버린 죄인들을 사슬로 엮어 행진했고, 목이 잘린 사람들을 끌고 행진했다. 사람들은 성전 안에서 커다란 예식을 치르거나 대성당에서 미사를 드리는 것으로 축제를 마감했다. 고대 이스라엘 역시 알고 있었던 이러한 전쟁의 신성화를 주목해야 한다.

사회학자들은 이런 종교적 축제의 특성이 전쟁이란 현상에 원천적으로 해를 끼쳤음을 상기시킨다. 가스통 부툴(Gaston Bouthoul)[1]에 의하면, 축제는 매우 중요한 사회적 기능을 수행한다. 그는 축제의 사회적 기능에 대하여 다섯 가지 근본적 측면을 묘사한바 있다. 단순히 열거하는 것으로 축제에 대한 진실이 전쟁에 대한 진실과 같다는 것을 알 수 있으리라 본다. 어떤 면에서는 전쟁에 대한 진실은 매 축제마다 가장 웅대하고, 열광적으로 나타난다.

우선 축제는 흩어져 있던 구성원들을 하나로 모으면서 사회적 그룹의 응집을 확실히 하려는 목적을 가지고 있다. 강력한 집단 감정을 통한 구성원 통합이 축제의 목적이다. 두 번째 특성으로서 축제는 경제적으로 하나도 남김없이 다 써버리기 위한 의식(rite)이고, 희죽거리며 입신한 상태에서 파괴하는 의식(rite)이다. 사실 축제 중에 사람들은 그들이 수고하여 모은 모든 재산을 술에 취해 탕진한다. 세 번째 특징으로, 축제는 모든 사회적 강제와 도덕적 규제를 풀어버린다. 축제가 시작되면, 신에게 바치는 헌주들이 넘쳐나고, 성

---

1) Gaston Bouthoul, *Les guerres: éléments de polémologie*. Paris: Payot, 1951.

적 행위가 모든 타부와 도덕적 금기로부터 자유로워진다. 결국, 로마의 루페르칼리아제(Lupercalia, 다산과 풍요의 신 루페르쿠스를 기리는 축제)에서처럼, 노예들이 그들의 주인들에게 명령할 지경에까지 이른다. 축제는 성스러운 광기나 혹은 접신한 상태로 폭력이나 남용을 강화할 수 있는 어떤 것이 드러나는 집단적 흥분 상태의 의식(rite)이다. 마찬가지로 네 번째 특징으로, 축제는 사회의 집단적 최면상태에 들어가지 못하는 사람들에 대한 증오를 들어내는 장이다. 그래서 마침내 다섯 번째 특징으로서 축제는 참여자들이 상상할 수 없는 피곤함도 견뎌내고, 근원적 체념으로 그들에게 가해진 매질과 신체적 손상도 견뎌낼 정도로 육체적 마비상태에 빠지게 한다. 이를테면, 이슬람 수도승들은 주술이 계속되는 동안 그들의 허리와 팔에 칼질을 하면서 제자리 돌기를 멈추지 않는다. 그들이 피로로 녹초가 되어 쓰러질 때까지 이러한 행동을 계속한다. 아프리카 사람들은 북을 치는 동안 춤을 추고 뛰어오른다. 아프리카 사람들의 이러한 행동은 힘이 완전히 소진될 때까지 이어진다.

전쟁터에서나 볼 수 있는 이러한 특성들이 나타나는 걸 보면, 전쟁은 최고의 축제라고 말할 수 있다. 축제와 전쟁이 같은 종류라는 것은 현역병 입영 대상 젊은이들의 행동을 설명하는 것이면 충분하다.[1] '봉 푸흐 레 피(bons pour les filles, 징집 대상자, 젊은 여인들에게 쓸모 있는 녀석)'들은 스스로의 전통이 마련한 축제에 참여한

---

1) 병역의무(모든 18세 이상의 젊은이들에게 병역의 의무가 있고, 이들을 부름 받은자들'les appelés'이라 부른다)는 병역법 시행령(1965년)이 이래로 시행됐다, 1997년 10월 28일 시라크 대통령의 제안에 의해 폐지됐다. 현재는 모병제로 대체됐다.

다.[1] 그러나 이것은 시작일 뿐이다. 이러한 행동은 이교도적 축제 문화이다.

전쟁에 대한 이교도적 특성을 엄밀한 의미에서 생각하면 기념 의례 이상으로 더 나갔다는 것을 알 수 있다. 어쩌면 로마 군대에 있었던 의식을 통한 이교도적 행위에 너무 집착한 나머지 본질을 놓친 게 아닐까. 무엇보다도 비기독교적인 것은 전쟁 그 자체다.

2. 전쟁에 대한 그리스 로마의 이교도 문화

모든 이교도 문화(paganisme)의 정점은 여과 없이 발산하는 육체적 본성에 사람을 굴종시키는 것이다. 고대 시기엔 본능의 발산이 신성하고 영광인 것처럼 찬양 고무됐다. 예를 들어 사냥의 신 디안느(Diane), 술 취한 주신 바쿠스(Bacchus), 성의 신 에로스(Eros)와 비너스(Vénus), 물욕의 신 맘몬(Mammon), 폭력의 신 몰록(Moloch), 전쟁의 신 마르스(Mars) 등이 있다. 비록 서양 문명이 기독교 광택으로 빛난다 해도, 이러한 신들은 여전히 어디서나 들려지고 숭배되고 있다. 믿지 못하겠다면, 단지 영화관에만 가보아도 알 수 있다.

전쟁의 신은 인간을 깃털 장식의 화려함에 빠져들게 한다. 인간의 투쟁적 본성에 복종하는 것이 영광이며 스스로를 영화롭게 하는 것이라는 환각을 일으킨다. 투쟁적 본성이 무엇보다 영예롭다는 강력한 마취다. 그러나 단연코 그렇지 않다. 투쟁적 본성은 인간의 본

---

1) 신체검사 당일, 징병 대상자는 마지막 군의관과 대화가 끝나면 'Bons pour les Filles'가 굵고 붉은 글씨로 새겨진 메달과 유리로 된 술이 들어 있는 지팡이를 받는다. 이들은 이후 여러 날 동안 술과 여자로 시간을 보내며 성인이 되는 것을 기념한다.-역주

성들 중 하나일 뿐이며, 성서에서 육(chair)이라 부르는 것 중에 하나다. 하여 투쟁적 본성에 대해 부끄러움을 가질 필요는 없다. 성욕이나 식욕과 별단 다르지 않기 때문이다. 또한 사람 안의 이런 본성들은 중립적이다. 그러나 불행하게도 인간은 아주 쉽게 끔찍한 왜곡 속으로 빨려 들어갈 수도 있다. 인간은 자신의 본성이 폭정에 이용되지 못하게 할 때 그리고 본성을 정확히 다스리는 법을 알 때 스스로 영광스러울 수 있다. 인간의 본능에 다다르기 위해 적용한 방법들이 목적이 되는 한, 가치 있는 교육과 문명은 있을 수 없다. 이교도 문화는 우리 안의 '냉정'을 부추겨 본능을 채워 자기만족으로 향하게 유도하고, 감각적 충동에 우리를 맡기라고 고무한다. 욕망을 자극하고 지배하는 하나의 우상이 실제로 만들어진다는 점에서 본능에 대한 찬양은 이교도 문화의 정점이다.

전쟁의 이교도 문화와 관련된 모든 예술은 단지 투쟁적 본능을 가장 영광스러운 미사여구로 꾸미면서 찬양하는 것으로 돼 있다. 당연히, 그렇게 활용당한 예술은 수천 가지 빠져나갈 수 없는 명목과 셀 수 없는 거짓말로 사람을 혼돈스럽게 하여 싸움의 본능을 만든다. 일례로, 언제나 그랬듯이, 병사들의 무기는 이들의 마음속에서 삼중의 위험한 충동을 만들어낸다. 첫째 위엄을 부리고 싶은 대담함. 무모한 언행을 일삼고, 병사들의 개인적 인격을 허무하게 하는 혼란스러운 운명을 받아들이게 한다. 둘째, 다른 측면에서 보면, 병사들의 무기가 이웃을 향할 때 두려움에서 촉발된 존경과 조심스러움을 불러일으킨다. 그래서 이웃집 사람들의 복종을 끌어낸다. 셋째, 여인들을 시켜 '병사들이 영웅이다.'라는 신념을 강제적으로 칭송하게 한다. 무기가 지닌 삼중의 심리적 의도이다. 마찬가지로 군복 소매 끝의 계급, 금도금, 메달, 훈장 리본, 금 치장된 장신구와 군복에 붙인 부대 마크는 군사 문화의 물질적 만족에 기뻐하는 유치함을 극단적으로 보여준다. 그렇게 현란하게 현혹시키는 것은 군과 관련된 일 안에 존재하는 부끄러움과 죽음의 음산함을 없애려는 목적에서이다. 술에 취한 듯이 사람들을 속이기 위한 목적인 것이다. 또한 마찬가지로 인간의 양심을 교란하기 위해, 그리고 사람들의 슬픈 현실에 가면을 씌울 목적으로 위대함, 명예, 영웅주의, 미덕, 영광(특히 이 단어는 근본적으로 종교적 범주에 속하므로 중요하다), 승리, 용감무쌍함 등을 말해왔다. 그것은 전쟁의 신 마르스가 가치 없는 일을 위해 남자들을 황금 회오리바람으로 유혹하면서 훈련시킨 것이다!

마르스는 희생자들을 사로잡고 정신없게 하는 것을 잘 알고 있었다. 전쟁의 신 마르스는 위풍당당하고 요란한 행렬, 심장을 뛰게 하는 선동적 음악, 흥분과 고통을 격앙시키는 교묘한 수단들을 이용해 인간을 현혹한다. 과거의 화려했던 환상에 빠뜨리고, 두려움과 신비적 무아의 상태로 전율시키고, 신에 대한 두려움을 이용해 인간을 완전히 장악한다. 전쟁의 신 마르스의 매혹적 팡파르 소리는 사람들을 전대미문의 집단적 열광 속에 합일시키고 공동의 열기 속에 녹아들어가게 하기 위해 그들의 가족 전통에서, 개인적 판단에서, 그들의 정치 종교적 믿음에서 단절시킨다. 이어서 사람들을 숨 가쁘고 몽롱한 상태에 들게 만든다. 이교도 문화의 신은 사람을 단번에 전혀 다른 세계, 그러니까 과거의 영웅들과 민족 신들에 의해 다스려지던 그런 세계로 이동시켰다. 그 신은 인간이 늘 해보고 싶었던 영광스럽고 무질서한 다른 삶으로 요동치게 했다. 정확히 말해 에로스, 바쿠스와 맘몬처럼 살고 싶어 한다. 마르스는 사람들이 자기 자신을 잃어버리게 하는 데 완벽하게 성공했다. 그래서 인간들은 크든 작든 사랑, 술 취함, 돈에 목마른 자로 그리고 노예로 남게 됐다.

남자들은 자원해서 (죽음을 연상시키는 모험들을 제외하고) 그들의 병영에서의 좋은 추억과 전쟁의 무용담을 자랑하듯이 이야기한다. 전쟁의 신 마르스에 넋을 잃는 것과 사랑의 신 에로스에게 넋을 잃는 것은 거의 피할 수 없이 함께 가기 때문에 기억하고 싶지 않은 추억은 남겨두지 않는다. 전쟁이 즉각적으로 인간에게 실행했던 이상하고 비도덕적 행위와 강제를 모두가 불평하는 것만은 아니다. 대규모 무기 거래자로부터 소소한 죽은 시체로부터 물건을 훔치는 강도에 이르기까지 모든 전쟁의 수혜자들은 은밀하게 자신들에게 허락된 돈이 되는 일에 모여든다. 전쟁의 신 마르스는 그런 현실과 거리가 먼 곳에서 자라나는 신이 아니다. 그는 바로 거기서 태어난 신이다.

그러한 이교도 문화의 찬양 고무에서 연유하는 원칙들 가운데 하나는 내적인 자유의 감성에 있다. 사실 이교도 문명의 찬양 고무에 넘어간 남자는 즉각적으로 자유의지를 따라 받아들인다. 이교도 문화의 증진은 남성에게 모든 전통적 강제들로부터 당당하게 자유를 행사하게 한다. 다시 말해 조상들의 금기들은 무너져 내리고, 다른 종교적 영향력은 사리진다. 그렇게 이방신에 의해 점령당하면, 사람은 서둘러 도덕을 짓밟는다. 이방신을 믿는 자들에게는 모든 것이 허락된다. 기독교적 자유에 대한 끔찍스러운 패러디다. 농촌에서 극소수의 사람들은 신중함을 고수하고 있다. 그러나 대다수의 사람들은 그들의 두려움과 슬픔을 술로 잊으려 한다. 많은 사람들은 약탈과 외설적인 짓에 몰두한다. 먹고 마시자, 왜냐하면 내일 우리는 죽을 것이라 생각하기 때문이다. 이것이 사람들의 생각이다. 스스로를 다스리던 채찍과 헌신이 이상한 방법으로 나란히 이웃할 때, 언제나 가장 비열한 악습들이 병영을 복구하는 데 이용됐다. 왜냐하면 이웃에 해를 가하는 것을 선호하기 때문이다. 왜 병영에서 다시 사람을 배려해야 하는가? 그것은 이웃이 자기 자신이어서가 아닌가?

병사가 양심의 가책을 느끼는 일들이 일어난다. 단지 군인으로의 삶에 내재된 거의 대부분에 해당하는 문란한 행위와 낙담 때문만은 아니다. 그의 손에 묻은 피 때문에 이런 일이 일어난다. 병사는 죄의식을 느낀다. 몇몇의 오래된 의견에 따르면, 전쟁의 신 마르스는 그렇게 사기가 떨어진 병사에게 원기를 되찾아 주고, 그를 도의적이고 운명적 불확실성 속으로 밀어 넣는다. 거기엔 거짓된 신들이 넘쳐나고 모든 도덕적 요청들과 모든 신성한 훈계들이 흔들리는 곳이다. "사람들이 말하기를, 너는 어떤 것도 할 수 없다. 그곳은 항상 그랬다. 과거의 가장 위대한 인간들은 너처럼 더러운 손을 가졌었다. 특별히, 너는 책임자도 아니지 않은가? 차라리 너는 사건들의 희생자다. 게다가 너는 양손에 민족의 운명을 쥐고 있는 초인이다. 권리와 문명의 승리가 너에게 달렸다. 너는 전쟁의 지엽적인 작은 일 때문에 멈추지 마라! 조국을 위한 제단 위에 놓인 너의 희생이 인류의 발전에 기여했다는 것을 생각하라." 이러한 궤변으로 인해 잘못 알고, 많은 우상에 의해 현혹당하고, 적을 전멸시킬 수 있는 권한을 가진 것으로 인해 마치 초인이 됐다고 우쭐해 하는 병사는 그제야 양심의 가책으로부터 벗어나 마음을 달랜다. 병사는 위선 속에 안주한다. 병사는 내일 정면의 '테러리스트'를 향해 일제사격 하는 것을 자연스럽고 영광으로 여길 것이다. 혹은 '적들'의 소굴로 여겨지는 도시를 폭탄으로 밀어버리는 것을 자연스럽고 영광스럽다고 여길 것이다.

때때로, 병사의 이성은 그러한 대량학살(holocauste)의 유용성에 대해 머뭇거린다. 대량 살상, 무너진 집과 마을들, 황폐화된 밭, 시체더미, 극한으로 치닫고 축적되는 증오, 대규모의 도적 떼로 자라난 다음 세대, 이 모든 것들이 최종적으로 어떤 것들에 복무한단 말인가? 국민, 정의, 기독교 문명이 진정으로 거기에서 얻을 것이 있는가? 분쟁 해결의 방법으로써 전쟁이 성공적이거나 효율적이라는 것을 증명하는 것이 가능한가? 관대할 수 없는 이러한 의심을 앞에 두고 이교도적 신은 자신에 대한 무조건적 신앙을 요구한다. 국가적 재난 이후 이교도의 신은 사람들에게 행복한 시대 즉, '국가의 밝은 미래'가 열릴 것을 신뢰하라 강요한다. 정확히 모든 이교도 문명 안에서처럼, 평화와 불과 피의 묵시적 재앙 너머에 있는 자유에 대한 황금시대를 약속한다. 그러나 여기서 믿어야 하는 어떤 것이 있기는 한가?

전쟁의 신 마르스의 정교한 조작은 여전히 더 발전한다. 이교도적

신이 전쟁의 끔찍함을 영웅 서사시의 서두로 부드럽게 꾸밀 줄 알
뿐만 아니라, 종교적 의미를 전쟁의 참혹함에 부여하는 것에도 힘
들이지 않고 성공한다. 더욱이 종교적 의미는 우리 각 사람에 잠들
어 있던 이교도의 마음을 깨어나게 한다. 피가 흐르는 희생에 대한
매우 종교적인 이념으로, 해방적 대량학살에서 오는 화려한 영화로
움으로, 매우 숭고한 이유를 위해 전쟁터에서 쏟은 피의 신비함으
로…, 이렇게 종교적 의미는 호전적 본성으로 갈 이유를 가진 사람
들을 설득하는 데 성공했다. 그리고 모든 이교도 문화는 투쟁적 본
성(대량 학살 등)에 대한 사람들의 의심을 종교적 의미로 치환해 스
스로를 정당화하고 영광되게 하는 데로 인도했다. 술의 신 바쿠스,
돈의 신 맘몬, 육체적 사랑의 신 에로스도 이처럼 행한다.

　이러한 이교도의 모든 문화는 공통된 하나의 교조를 가지고 있
다. 다시 말해 신이 말하면, 모든 것을 신에게 희생시킬 필요가 있
다. 전혀 인정받지 못했고 가치도 지니지 못한 그의 양심마저도 말
이다. 또한 국가의 명예가 달렸을 때 그 지역에 살아 있는 힘들, 예
를 들어 젊은이들, 도시의 인구, 도시와 마을, 산업, 도덕과 존재 자
체를 포함한 모든 것을 희생시킨다. 모든 것은 전쟁의 신 마르스 제
단의 불 위로 던져지고, 모든 것은 격렬히 타오르는 큰 불에 의해 날
아가 버린다. 전쟁에 대한 종교적 혼동 속에서 그리고 화염에 싸인
폐허와 여기 저기 흩어진 시체들 사이에서, 군대는 이제 이교도들
의 신들 가운데 가장 잔인한 전쟁의 신 마르스에게 제물을 바친다.

　자, 마르스의 승리를 보자. 그는 승리의 폭풍 속에서 인구 전체뿐
아니라 항상 그의 사악한 행렬을 형성하는 다른 세 개의 다신교를

훈련시키고 동원한다. 에로스, 바쿠스, 맘몬. 그래서 에로스와 바쿠스와 맘몬은 전란이 더 격렬해지도록 부추겨 마르스의 황폐화 전략을 돕는다. 결과적으로 마르스의 승리에 공헌한다. 그러므로 마르스는 모든 것으로부터 도움을 받고, 자기의 영광을 위해 모든 것을 이용한다. 용기 있는 행동과 비굴한 행동, 충성과 배신, 정복의 기쁨과 마음 깊은 곳의 불안, 가장 순수한 사랑과 가장 불쾌한 매춘, 구별된 사람들의 섬세함과 정의에 대한 난폭함, 가장 경이로운 공평과 가장 치사스러운 사리사욕, 진실과 거짓, 경건과 앙심 깊은 증오 등 총체적으로 연관된 인간에 의해 모든 것은 열광적이며 저항할 수 없는 그릇된 판단으로 귀결됐다. 예수 그리스도를 제외하고 모두가 그런 죄를 범했다.

3. 전쟁의 신 마르스 vs 예수

예수의 십자가 위에서의 죽음은 다른 것들과 마찬가지로 이교도 문화도 정복했다. 예수의 부활로 절망의 운명주의들은 부정됐다. 예수는 평안하게 전쟁의 신 마르스에게 '아니'라고 말했다. 예수는 정확하게 로마와 그리스 신의 주장에 반박하는 언어를 구사했다.

전쟁의 신 마르스는 사람들을 설득했다. 설득은 사람을 압도하는 가장 강력한 것이었고, 가장 잔인한 것이었다. 그러나 예수는 우리가 그의 십자가의 승리를 믿기를 소망했다.

• 마르스는 각 사람이 자신의 투쟁적 본성에 굴복해 그것으로 영

광을 삼도록 압박을 가했다. 그러나 예수는 사람들을 살아계신 하느님에게 복종하여 영광을 돌리도록 우리를 초대했다.

• 마르스는 은혜가 없는 운명적 생각 속에서 사람들을 가장 나쁜 것에 몸을 맡기도록 유혹했다. 그러나 예수는 평온하게 그를 믿는 자들에게 진실한 삶을 주시겠다고 선포했다.

• 마르스는 사람들에게 그들 능력 밖에 있는 것들에 대해 난폭한 본성을 제어할 수 없는 힘을 사용해서라도 가질 수 있다고 꿈꾸게 했다. 그러나 예수는 제자들에게 전적인 타자 즉, 죄인에게 말을 거는 인격적 하느님과 마주한 평온함 속에서 자기 초월을 가져다주었다.

• 마르스가 전투가 진행되는 순간에 논의가 필요치 않은 총체적 복종을 요구했다면, 예수는 위기의 시간이라 하더라도 우리의 존재의 전 구간에 논의가 필요치 않은 총체적 복종을 요구했다.

• 마르스는 사람들에게 모든 것을 희생할 것을 요구했다. 왜냐하면 그는 그들에게 자신만이 사건들을 지도할 수 있다고 설득했기 때문이다. 그러나 예수는 우리에게 모든 것은 하느님에게 속했다고 알려주신다. 왜냐하면 하느님은 인간이 파괴하는 것과는 다르게 모든 것을 보전하고 소생시키기 때문이다.

• 마르스는 자신이 황폐화시켰던 방화와 살육의 얼굴을 뒤로하고 평화와 행복의 황금시대를 약속한다. 그러나 예수는 우리를 하느님에만 의존하는 나라의 도래를 기대하면서 순종과 사랑 안에서 평온히 사는 것에 초대한다.

• 마르스는 선은 악에 대한 응징으로부터 나온다고 주장한바 있

다. 예수는 반대로 악을 선으로 이겨낼 필요가 있다고 표명했다.

• 마르스는 영웅들에게 하느님의 피조물들에 대한 대규모 학살에 고분고분 참여할 때 영광을 약속했다. 예수는 우리가 그의 고유한 영광에서 기쁨을 누리도록 초대했다. 그것은 그의 영광이 특별하게 선한 사마리아인들의 진정한 사랑의 가장 작은 선행 안에서 나타난 것과 같다.

• 마르스는 형제들을 짓이기면서 생명을 바쳤던 사람들의 '남성적' 용기를 찬양 고무했다. 예수는 형제들에게 봉사하기 위해 생명을 주었던 사람들의 겸손한 용기를 칭찬했다.

• 마르스는 그의 가장 용감한 추종자들에게 전쟁의 '십자가'를 지도록 강요했다. 그러나 예수는 우리에게 그의 십자가를 보도록 했다. 그 이상은 없다.

진실로, 그리스 로마의 이교도 문화와 복음 사이에 어떤 타협도 가능하지 않다. 때문에 몹시 당황한 그리스 로마의 이교도 신은 자신을 숨기고 능숙하게 위장했다. 그리고는 예수 그리스도의 교회 안으로 은밀하게 들어왔다. 그 결과 기독교인들의 마음이 이미 전쟁의 신 마르스의 강력한 지배에 넘어가게 됐고, 분별없는 기독교인은 그들의 구원자 전쟁의 신에 대한 찬양과 승리를 찬양하기를 지속했다. 그것은 그들에게 부가된 책임이다. (분별없는) 기독교인은 진정으로 예수 그리스도를 사랑했다. 하지만 그들은 교회 안에서 조국을 위해 그들의 생명을 바치기로 했던 이들의 이름에 맹세했다. (분별없는) 기독교인들은 그리스도를 영광으로 여겼으나, 노병의 깃발들이 그들의 제단을 향할 때 속임을 당했다. 그들은 그리스도를 설교하지만, 그들의 조국의 확장과 그들의 영웅적 수호자들의 희생을 영화롭게 여겼다. 그들은 기독교 예배와 성서를 귀히 여기지만, 그들의 목회자들이 애국적 의식과 병사들의 시가행진 기념하기 위해 혹은 군목들이 목회자 가운을 입었을 때보다 제복을 입은 채로 설교하기 위해 공적 연단에 모습을 드러낼 때 더 만족스러워 했다. 그들은 그들의 목회자가 지닌 영적 품성을 존경한다. 그러나 목회자들이 레지옹 도뇌르 훈장(1802년 나폴레옹 1세가 제정한 국가 훈장)이나 십자무공 훈장을 가지고 있는 것 또한 불편해하지 않는다.

그들은 이웃을 사랑하라고 가르치나, 병역의 의무를 주문하고 그것을 거부한 사람들을 수치스럽게 여겼다.[1] 그들은 평화를 위한 기도를 드리지만, 어떤 상황이든지, 어디에서든지, 어느 누구에 대항해서든지, 어떤 무기를 사용해서든지 그것이 국가의 명령인 한 전쟁을 치를 준비를 갖추었다. 그들은 진정으로 하느님에게 순종할 것과 모든 것들에 대해 하느님의 뜻을 행하기로 약속 했다. 그러나 그들은 또한 군대의 뜻이 하느님의 뜻에 반대되는 것을 명령하는 순간에 조차도 그것을 행하는 것에 대하여 불평하지 않았다. 그들은 하느님과 맘몬을 섬길 수 없다고 말했으나, 의식적으로 각각의 영역 안에서 하느님과 전쟁의 신 마르스를 섬겼다.

그래서 전쟁의 신 마르스는 부드럽게 승리했고, 더욱이 맘몬은 마르스의 승리 안에서 크게 이득을 얻지 않았는가! 따라서 전쟁의

---

1) 양심적 병역 거부자들은 이 책이 처음 출판되던 1965년 그 순간에도 소외받고 있었다.

신 마르스는 자신이 선택한 날에 기독교인들의 수동적 복종이 있을 줄 알았다. 그는 예수 그리스도의 영주권을 조롱 섞어 비웃었다. 왜냐하면 그의 제자들이 이미 거의 마르스 앞에서 무릎을 꿇었고, 한 번의 제스처로 마르스는 모든 제자들을 부끄러움에, 그리고 한 번 더 십자가에 못 박힌 신성에 대한 혼동에 일꾼으로 동원할 수 있기 때문이다.

교회가 스스로 각성하지 않고, 그 정부(情夫)인 전쟁 신과 민족 신과의 관계를 끊지 않고 그의 첫 사랑으로 돌아오지 않으면 우리는 분별없는 기독교인일 수밖에 없다.

2부

진실한 현실주의와 거짓된 현실주의

여기까지 다다른 독자라면 "평화주의 입장이 바람직하다는 것을 알게 될 것이다. 그러나 그것은 이상적이다."라고 말할 법하다. 통탄스럽게도 현실은 너무 다르다. 다시 말해 공격을 받는다면, 잘 방어해야만 한다. 우리는 폭력이 통치하는 거친 세상에 산다고 할 수 있다. 그러므로 우리는 현실주의자들이 될 필요가 있다!

그러나 누가 현실주의자인가? 마키아벨리인가? 아니면 예수인가?

'제단에 예물을 드리려 할 때에 너에게 원한을 품고 있는 형제가 생각나거든 그 예물을 제단 앞에 두고 먼저 그를 찾아가 화해하고 나서 돌아와 예물을 드려라. 누가 너를 고소하여 그와 함께 법정으로 갈 때에는 도중에서 얼른 화해하여라. 그렇지 않으면 고소하는 사람이 너를 재판관에게 넘기고 재판관은 형리에게 내주어 감옥에 가둘 것이다. 분명히 말해둔다. 네가 마지막 한 푼까지 다 갚기 전에는 결코 거기에서 풀려 나오지 못할 것이다.'(마 5:23-26)라고 예수가 말했을 때 예수는 이상주의자였는가?

만약 프랑스가 1945년 12월 이전에 인도차이나[1]에서 그리고 1945년 11월 이전에 알제리에서 이러한 이상주의에 신뢰를 가졌더라면, 우리가 각 사람이 알고 있는 참담한 결과를 알았겠는가? 그리고 만약 연합국 정부들이 1930년 이전 독일 국민과[2] 연관된 것에서 예수의 교훈을 따랐더라면, 히틀러의 끔찍한 비극을 피할 수 있지 않았을까? 요컨대, 복음의 어리석음은 인간의 지혜(고전 1:25) 보다 어쩌면 더 현명했다. 그래서 예수는 어쩌면 유일하게 진실한 현실주의자이다.

---

1) 프랑스 군과 베트민 전선(le Front du Viêt-minh)에 반대했던 인도차이나 전쟁은 베트남, 라오스, 캄보디아의 독립으로 귀결되기 전 1946년에서 1954년까지 지속됐다. 이 전쟁으로 10만 명 이상이 희생되었을 것이다.[N.d.E]

2) 라세르는 여기서 제1차 세계대전의 끝을 맺었던 1919년 6월 28일에 서명된 베르사유 조약을 암시하고 있다. 그러나 독일 국민에게 가했던 굴욕 때문에 베르사유 조약은 원한, 복수, 그리고 1933년 1월 히틀러의 권력 장악을 위한 정치경제적 조건들의 형성에 기여했다.[N.d.E]

1장

기독교인과 국가(Le chrétien et l'état) [1]

1. 모든 권위들에 복종하라

기독교인은 공권력에 대해 특별히 어떤 신앙적 태도를 지니고 있을까? 우리는 윤리적 태도가 없는 것이 정말 두렵다. 우리는 대부분의 기독교인에게서 비신앙인들과 정확히 동일한 태도를 발견했다. 먼저, 정부에 늘 동의하고 국가에 신뢰를 가지며 오로지 한 가지것만을 욕망하는 맹목적인 태도가 있다. 맹목적 복종은 모두를 통치하기 위해 점점 더 강화됐다. 다른 한편으로 '비판적' 태도가 있다. 그런 비판적 태도는 정부에 결코 동의하지 않는다. 국가로부터오는 모든 것을 의심하고, 국민들의 가장 큰 선을 위하여 최소한의국가를 바란다. 첫 번째 태도를 갖는 사람들을 우파, 그리고 두 번

---

1) 저자가 국가를 소문자로 쓰고 있는 것을 주목하라. '2절 국가 이데올로기'에 이에 대한 설명이 나온다.

째 태도를 갖는 사람들을 좌파라고 생각할 수 있다. 그러나 그렇지 않다. 우리는 최근 몇 년 전에 국가에 대해 매우 비판적이었던 우파 사람들을 보았다. 그들은 군대의 전복[1]과 공화국 대통령의 암살을 조직했었다.[2] 또 다른 경우로, 프랑스 동부의 알자스로렌 지방의 좌파 사람들은 그들의 정부에 대하여 매우 맹목적이었다. 빛이 발한 진실은 사람들이 국가가 그들의 재산을 보호해줄 것이라고 평가하는 한 그들은 맹목적이다. 그리고 국가가 그들의 재산을 위협한다고 느낄 때 그들은 아주 비판적으로 변한다. 기독교인 대부분이 그 안에 있다. 그래서 슬프다.

국가를 맞대 놓고 기독교인의 정당한 태도는 어떤 것이어야 할까? 성서에 물음을 던지면서 답을 구할 뿐이다.

신약성서를 펼치는 순간부터 몹시 놀랄 것이다. 우선 권위에 복종하라는 맹목적인 본문을 발견할 수 있다. (하느님으로부터 내려온 권위에 복종하십시오. 롬 13장) 그리고 비판적 본문 또한 어렵지 않게 찾을 수 있다. (요한계시록 13장은 결코 옹호하고 복종할 수 없는 두 짐승을 세속적 권위에 빗대고 있다.) 그렇다면 신약성서의 이런 모순은 신약성서 저자들의 편견이 가미된, 다시 말하면 그들이

---

1) 1961년 4월 22일 알제리 무장폭동이 일어났다. 무장폭동은 지역 드골주의자 정부의 전복을 목적으로 했던 군사쿠데타였고, 알제리 독립의 준비였다. 퇴역한 장군 샬(Challe), 주오드(Jouhaud), 젤르(Zeller)가 살랑(Salan) 장군과 뜻을 함께 했다. 이들은 알제리에서 공수부대의 지원으로 권력을 탈취했다. 쿠데타 주역들은 거대 도시에서 역시 권력을 취할 것이라 위협했고, 드골의 요청을 따라 4월 26일 무기를 내려놓으면서 종결됐다.

2) OAS(Organisation Armée Secrète, 비밀군사조직)의 초기 극우 행동주의자들의 다수의 테러는 드골을 겨냥했다. 1961년 9월 8일 퐁 쉬르 센느(Point-sur-Seine)에서, 1962년 8월 22일 프티 클라마(Petit-Clamart)에서, 그리고 1964년 8월 24일 툴롱(Toulon)의 몽 파롱(mont Faron)에서 테러가 있었다.[N.d.E]

로마제국에 박해를 받았느냐 그렇지 않았느냐에 따라 변화된 입장을 기록한 것이라 말할 수 있을까? 그것은 사태를 지나치게 단순하게 보는 것이고 복음적 입장의 독창성을 놓치는 것이다.

사실 그보다 더 미묘한 차이를 고려해 표현됐다. '권위에 복종하십시오.'라고 말했던 사도 바울은 또한 '우리가 권위에 대항하여 싸워야만 한다.'(엡 6:12)고 썼다. 또 다른 미묘한 차이가 드러나는 것으로, '재판관은 여러분의 이익을 위해서 일하는 하느님의 심부름꾼입니다.'(롬 13:4)에서 재판관은 하느님의 종으로 표현돼 있고, 고린도전서 6장 1절과 9절에서 '불공정한' 심판에 대해 말했던 예수의 평가를 (문자 그대로 '불의한', 눅 18:6) 다시 취하면서, 불의한 사람에게 재판관 자격을 부여하기를 주저하지 않았다. 베드로와 바울은 기독교인들에게 권력기관에 복종하고 황제와 총독에게 순종하기를 권면했다.(벧전 2:13, 딛 3:1) 그러나 베드로와 요한은 그들의 시대 정치적 기구와 마주해서(산헤드린, Sanhédrin) 공공연하게 대항했다. '사람에게 복종하는 것보다 하느님께 복종해야 한다.'(행 4:19, 5:29) 그리고 그들은 당당하게 불복종했다.(행 5:42) 바울과 베드로는 왕들을 공경하라고 부탁했다.(롬 13:7, 벧전 2:17) 그러나 예수는 헤롯왕을 '여우'로 취급했고(눅 13:32), 그에게 복종하기를 거부했다.(눅 23:9) 이러한 미묘한 차이를 드러내는 예를 더 들 수 있다. 그러나 위에 언급된 이중성은 복음을 듣는 순간부터 더 이상 박해가 있는가 없는가의 상황에 맞지 않는다. 기독교는 마니교의 이원론에 한정될 수 없다.

공권력을 향한 기독교도의 태도를 구별 짓는 핵심적 표현은 '여러분은 복종 하십시오.'이다. 이 표현이 신약성서 안에서 여러 번 되풀이 됐다. 어떻게 그러한 복종을 이해해야만 하는가? 다른 여러 본문 속에서 남편에 대한 아내의, 부모에 대한 자녀의, 주인에 대한 노예의, 영적 지도자에 대한 신자들의 복종이 마찬가지로 요구된바 있다. 그러므로 권위를 가진 이들을 향한 개인의 관계를 특징짓는 기독교인의 일반적 삶의 양태의 문제다. 그러나 어떤 누구도 순종이 이론의 여지가 없는 복종에 적용된다고 결코 생각지 않는다. 아내들은 단지 선하고 올바른 것들 안에서 그들의 남편에 순종해야 한다. 우리의 낡은 결혼 의식을 따라서 복종하는 것은 아니다. 만약 아버지가 아들에게 도둑질하러 가라고 명령한다면, 어머니가 딸에게 가서 매춘을 하라고 한다면, 아들은 아버지에게 복종해서는 안 되고 딸도 그 어머니에게 복종해서는 안 된다. 주인들의 지시들이 하느님의 뜻에 어긋난다면, 노예들도 그들의 주인에게 복종해서는 안 된다. 그러한 이유에서 베드로전서 2장 전체는 종들이 주인에게 복종하기를 권면하면서 암묵적으로 이들이 수긍할 수 없는 지시에 불복종하는 것을 칭찬하고 있다. 그 결과 그들은 호되게 처벌을 받았다. '억울하게 고통을 당하더라도 하느님이 계신 것을 생각하며 괴로움을 참으면 그것은 아름다운 일입니다. … 선한 것을 행하기 위해 참으면 하느님의 축복을 받습니다.'(벧전 2:19-20) 달리 말해, 권력기구에 순종하는 것이 항상 하느님에게 순종하는 것보다 우선할 수 없다. 그것은 당연한 일이다.

　그러므로 권력에 대해 그 권력기구가 어떤 것이 되었든지 순종은 본질적으로 존중받을 태도이다. 순종은 권위의 옳은 방향에서 분명히 이용 가능할 수 있고, 권위의 복종에 하나의 조치로써 적용될 수 있다. 단 권위가 하느님의 뜻에 반대되는 어떤 명령도 내리지 않는다는 조건에서 있을 수 있는 일이다. 권위가 하느님의 뜻에 반대되는 경우 안에서, 순종은 불복종을 요구한다. 그것은 여전히 명령을 실행하는 자가 이를 지시하는 자만큼 비천해지는 명령의 공범이 되기를 예의 바르고 단호하게 거부함으로써 주인을 존경하는 것이기 때문이다. 권위에 대한 기독교적 순종은 그러므로 분명한 통찰의 힘 즉, 위로부터 내려진 명령과 공권력이 설립한 법률에 대한 비판 정신의 지속적 사용을 요구한다. 분명히 일반적으로 기독교인은 복종할 것이다. 다행스럽게도 아주 자주 사람들의 지혜와 하느님의 지혜와 일치되는 것으로 결정되기 때문이다. 그러나 어떤 경우엔 아주 비극적일 수 있는데, 그때 기독교인은 사람에게 복종하기보다 차라리 하느님에게 복종해야 한다. 그 결과 분쟁을 피할 수 없을지도 모른다. 그러나 건강할 것이다.

그러므로 기독교인은 국가에 대해 때로는 복종을 할 것이지만, 때로는 비판적이어야 한다. 기독교인은 항상 국가의 대표자들을 존경할 것이고, 그들을 향해 쏟아지는 조직적 비방의 모든 태도를 경계할 것이다. 칼뱅이 잘 설명했던 것과 같이 하느님의 주권이 위협받지 않는 한, 기독교인은 국가의 대표자들에게 복종할 준비가 돼 있다. 그러나 만약 기독교인을 하느님에게 불순종하게 하고, 예수 그리스도의 공동체로부터 분리시키는 명령을 기독교인에게 내린다면, 그는 복종하기를 거부할 것이다. 이렇게 우리는 위에서 언급했던 국가에 대한 지지와 대립의 다양한 성서 인용의 모순을 해소했다.

기독교의 실질적 변증은 명백히 바울의 서신 디도서 3장 1-2절 안에서 재발견되는 것 같다. 사도 바울은 먼저 여기서 기독교적 복종의 일반적 원칙을 강조했다. '통치자들과 지배자들에게 순종할 것을 상기하십시오.' 이어서 초대교회 공동체 안에서 자주 그러했듯이, 바울의 독자들은 바울이 로마의 정치 지배자들에 대해 독립적이고 무례한 태도로 일관했던 것을 알고 있다. 그런데 바울은 갑자스럽게 우파적 입장으로 방향을 바꾸면서 '복종'하라고 주장했다. 그것을 통해, 바울은 자신의 의도를 분명히 알렸다. 예수 그리스도의 주권을 믿는 것은 세속의 왕들을 모욕하는 것을 의미하지 않는다. 그들에게 잘 복종해야 하기 때문이다. 그러나 바울이 '복종하다(obéir)'라는 동사를 썼을 때 (그가 정치 지도자들에게 복종할 것을 요청했던 신약성서의 유일한 구절이다), 그는 권위의 남용과 시민들의 무책임한 비도덕성이 통용되는 것을 보고 곧 위험의 문이 열릴 것이라 깨달았다. 그렇기 때문에 화급히 좌편으로 방향을 바꾸면서 그는 '언제나 착한 일을 할 수 있는 백성이 되라.'라는 말을 첨가했다. 여기서 디도서 3장 1절의 문장 구성요소는 '복종'이란 단어가 지닌 조건적 복종을 미묘하게 표현하기 위해 취해졌다. 마치 바울이 '선한 행위가 이루어진다는 조건에서 복종한다.'라고 쓴 것처럼 말이다. 달리 말해, 기독교인은 선을 행하기 위해서만 복종해야 한다. 그것은 상식이었다. 국가의 대표자들에게 언제나 복종할 필요가 있다는 것을 지지하는 사람들은 신약성서를 잘못 읽은 것이다.

순종 때문에 지배자들을 찬양할 수도 혐오할 수도 없으며, 그들을 좋아하고 싶지도 않고 의심하고 싶지도 않은 시민의 태도를 이해할 필요가 있다. 왜냐하면 예수 그리스도만이 주님이시기 때문이다. 공권력에 대면해서 기독교인의 유보적이고 비판적인 지지는 그 자체로 메아리가 되거나, 개인적 차원과 교회의 집단적 차원에서 하느님이 기대하는 것으로 변형됐다. 그것은 솔직하고 통찰력 있는 대화이다. 여기서 국가 권력의 한계와 하느님의 요구들을 두려움 없이 상기시킬 수 있다.

2. 국가 이데올로기 만들기

'국가(état)'란 말은 비교적 최근에 생긴 추상 개념이다. 수 세기에 걸쳐 기독교인은 왕, 군주, 최고위 행정관, 권력기관 등을 국가로 이해했다. 마치 왕이나 군주의 위세가 되었든, 아니면 그들이 죄인이라 하더라도 인간 존재를 위해 국가가 필요하다고 여겼다. 그러나 대문자 'É'로 바꾸어 놓으면서 국가(État)라는 단어는 보통명사가 됐다. 이러한 잘못된 관습이 기독교의 메시지를 왜곡시켰다. 적어도 잘못된 관습은 기독교의 무의식적인 왜곡의 결과가 아니겠는가? 조금은 중요한 사실이 있다. 수 세기에 걸쳐 사람들은 국가(état)라는 추상적 단어에 빗대어 정치권력들에 대해 말했다.

성서 안에 단지 약간의 추상적 개념이 있을 뿐이다. 국가의 추상적 개념에 대한 부정적 견해는 성서적이지 않은 이데올로기적 이론 때문이다. 이 이데올로기의 출현을 인정하는 것에서부터 부정적 견해가 생겨났다. 예를 들어보자. 계시록은 천년통치에 대해 많은 말을 하고 있다. 그러나 '밀레니엄'에 대해 말하는 순간부터, 성서적 메시지와 아무런 관련도 없는 어떤 이론 속으로 들어가게 된다. 마찬가지로, 성서는 이 땅 위에 여러 인종과 다른 민족들이 있다는 것을 무시하지 않고 필요한 경우 이들을 언급했다. 그러나 인종이나 혹은 민족을 말하는 순간부터 땅 위에는 성서적 교훈에 전적으로 배치되는 인종차별적이며 민족주의적인 그리스 로마의 이교도 문명을 만나게 된다. 동일한 위험이 정확하게 보통명사가 된 국가 개념에서 재발견되고 있다.

어떤 종류의 것이 되었든 간에 거의 신적인 실체(hypostase, 이 추상적 개념은 현실 저편 혹은 현실 너머의 어떤 것에서 취한 것이다)를 인간적 현실에 부여하는 순간부터, 이미 사람들은 우상숭배로 들어가게 되어 많은 것을 희생시키는 우상을 제단 위에 올려놓아 숭배하기 시작한다. 이처럼 신적 실체란 추상개념이 사람들 위에 군림하면서 더 이상 사람들은 하느님의 법에 복종하지 않는다. 신약성서가 이러한 유혹의 위험에 경계를 표한 것은 놀라운 일이다. 이 위험을 자주 기록한 것은 요한계시록뿐만이 아니다. 다른 본문들이 말하는 것을 보는 것이 좋을 듯싶다. 베드로전서의 저자는 로마서를 알고 있었다. 이것은 주석가들도 인정하는 바이다. 베드로전서 2장 13-17절, '여러분은 인간이 세운 모든 제도에 복종하십시오. 그것이 주님을 위하는 것입니다. 황제는 주권자이니 그에게 복종하고, 총독은 황제의 임명을 받은 사람으로서 악인을 처벌하고 선인을 표창하는 사람이니 그에게도 복종해야 합니다. 선한 일을 하여 어리석은 자들의 무지한 입을 막는 것이 하느님의 뜻입니다. 여러분은 자유인답게 사십시오. 그러나 악을 행하는 구실로 자유를 남용해서는 안 됩니다. 여러분은 하느님을 섬기는 종입니다. 모든 사람을 존경하고 형제들을 사랑하며 하느님을 두려워하고 황제를 존경하십시오.'에서 저자가 권위들에 대하여 말할 당시 로마서 13장의 한 문장을 사용했다. 그러나 베드로전서의 저자는 사도바울에 의해 사용됐던 본질적인 한 주제를 변형시켰다. 그것이 의도적이지 않았을까 의심할 뿐이다. 로마서 13장 1절 '누구나 자기를 지배하는 권위(exousiaï)에 복종해야 합니다.'라고 말했다면, 베드로는 '여러분은 인간이 세운 모든 제도(ktisis)에 복종하십시오.'라고 말했다. 성서의 어떤 것들은 여전히 '모든 권위'로 번역했다. 전혀 정직하지 못한 해석이다. 그리스 개념에 의하면 같은 것이 아니기 때문이다. 그러므로 베드로에 의해 사용됐던 단어 제도(ktisis)는 성서 도처에서 하나의 피조물 즉, 하느님에 의해 창조됐던 것을 지시하기 위해 사용됐다.

베드로가 '권위'라는 단어를 '제도'라는 단어로 대체했을 당시는 신약성서의 가장 후기에 해당하는 시기다. 그가 정치적 권위들을 이상화시키려는 시대적 경향성과 그리스도인을 향해 유입해 들어오려는 우상화 작업에 저항하기 위해 의도적으로 단어를 바꾸었다고 생각하는 것은 자연스러운 해석일 것이다. 베드로는 왕들과 법관들 역시 하느님의 피조물이고 다른 사람과 마찬가지로 죄인이란 사실을 사람들이 알기를 원했다. 베드로는 그리스도인들이 왕과 법관을 추상적이고 집단적인 우상으로 만드는 문제의 심각성에 대해 알기를 원했고, 어떤 경우에도 그리스도인들이 이 점에 대해 특별한 윤리를 구상해서는 안 된다는 것을 알기를 원했다. 더욱이 사도 바울 자신도 제한적으로 권위를 대하는 신앙인의 태도와 비폭력 윤리를 두 문단(로마서 13장) 사이에 삽입했다. 이렇게 사랑의 원리에 끼워 넣으면서 바울은, 기독교 정치윤리가 부분적이고 자율적인 규율을 세우기 위해 완벽하게 기독교 윤리로부터 분리됐을 때, 콘스탄티누스주의적 승리로 가는 빗나감을 사전에 예방하려 했다. 기독교 정치윤리로 받아들여지는 많은 것이 사도들이 원했던 것들에 정확히 반대된다.

국가의 이상화는 루소주의의 정반대이다. 루소(Jean Jacques Rousseau)는 개인은 본성에 따라 근본적으로 선량하고, 개인을 타락하게 하는 것은 사회라고 말했다. 반대로 국가를 이상적으로 만드는 이론에서 개인은 본성에 따라 근본적으로 악하다. 그래서 본질적으로 선한 국가는 개인의 악한 경향성들과 악한 습관들로부터 개인을 보호하기 위해서 존재한다. 그러나 두 경우 모두에서 동일하게 인간 본성의 총체성에 대한 근원적 타락을 부인하는 반 성서적 이상주의가 발견된다. 국가를 이상화시키는 사람들은 '인간은 매우 악독해서 올바르게 살도록 지도하기 위해서는 매를 들 어떤 존재가 필요하다.'고 말한다. 그러나 그들은 매를 든 사람 역시 다른 인간들만큼 악독하고 어쩌면 그가 매를 독점하고 있기 때문에 더 악독하다는 것을 잊어버린 것 같다.

어떻게 기독교인(수가 많을 뿐 아니라 우파다)은 국가를 영광스럽게 여기는 데까지 이르렀는가? 구약성서가 이스라엘의 왕이든 아니면 다른 왕이 되었든 간에 왕들의 죄를 고발할 때, 이것만 읽어도 충분히 그들의 악독함을 알 수 있지 않은가? 신약성서 안에서 헤롯과 빌라도와 산헤드린은 정말 유대인을 잘 지도했는가? 오랫동안 교회가 이 질문에 대해 성서의 건강한 현실주의를 포기하다시피 했다는 것을 인정하지 않으면, 현대신학 안에서 확인된 국가에 대한 충격적인 이데올로기 작업을 이해할 수 없다. 성서의 건강한 현실주의는 인간에게서 모든 환상 즉, 본래적으로 무죄한 것은 존재할 수 없음을 지적한다. 그것이 이런저런 인간 제도가 되었다 하더라도 죄의 상태에 놓여 있다는 것을 알아야 한다.

사실, 국가는 매우 인간적인 하나의 제도다. 다른 많은 제도들보다 더 큰 사탄의 영역이기도 하다. 각종 로비와 가장 비열하고, 가장 진정성 없는 압력 단체들에서 유래했던 상충되는 욕망에 관한 모든 것에서 쏟아져 나온 불안의 산물이 국가다. 마르크스주의자들의 표현을 빌리면 국가는 특별한 계급이나 권력의 손안에 있는 억압의 도구다. 인간의 다른 모든 제도들처럼, 국가는 언제나 스스로를 부패시킨다. 예를 들어 법원은 이론적으로 정의로 판결해야만 한다. 그러나 실제적으로 법정은 특정 계급이나 가문의 편을 든다. 마찬가지로 이론적으론 제도로서의 교회는 사람들을 그리스도에게 이끌어야만 한다. 교회의 실제적 기구들은 사람들에게 아주 자주 혐오감을 준다. 사람들은 국가가 정의롭기를 기대한다. 그러나 이런 기대는 어처구니없는 이상주의다. 히틀러가 보장한 인류의 행복이 무엇이었는지를 반추하는 것만으로도 충분하다.

기독교인들에 의해 작성된 다음 문장을 읽어보라. '국가는 혼동된 사회를 보호하고, 질서를 보장하고 평화를 유지한다. 국가는 특수한 이해들을 저지하고, 누구도 면제될 수 없는 규율을 유지한다. 국가는 소수자들과 억압당하는 자들을 보호한다. …' 사람들은 이런 선전 때문에 몽상에 잠긴다. 그렇지만 국가에 대한 이런 명제는 현실에도 반대되고 이상주의자들에게도 반대된다. 국가 질서는 단지 전쟁을 하고, 혼란스럽게 하는 무질서일 뿐이다, 그렇지 않으면 국가라 할 수 없지 않은가? 압제에 신음하는 사람들은 결코 보호받은 적이 없다. 그들이 국가를 무릎 꿇게 할 만큼 충분한 힘을 가졌을 때조차도 그랬다. 국가와 관련된 주제에서 기독교 사상은 일반적으로 전혀 바라지 않던 이상주의 속에 빠졌다. 그것은 위험스러운 광기다. 진정한 그레코-로만식 이교도주의이다. 국가에 불복종하라는 기독교적 의무는 침묵을 강요당하거나 아주 작은 부분으로 취급받았다는 사실은 놀라운 일이 아니다. 우상화된 국가가 그것을 요청했기 때문이다.

3. 국가에 대한 복종의 기준(롬 13장)

기독교인은 스스로 했던 일과 어떤 지시에 의해 했던 일에 대해서도 책임을 져야 한다. 교회의 발전을 가로막았던 가장 끔찍한 증거가 기독교인들이 범한 범죄 속에 있다. 기독교인은 통치자의 명령을 수행하면서 여러 범죄를 저질렀다. 범죄의 순간에도 많은 기독교인들은 그나마 양심에 가책을 느꼈기에 명예가 지켜졌고 피해가 멈추었다고 생각했다. 그것은 잘못된 생각이다. 불륜을 저지른 남편이 양심을 가책을 느꼈기 때문에 아내의 명예가 지켜지고 피해가 사라지는 것은 아니다. 양심의 가책이 불륜에 의한 심각한 파국을 멈추게 한 것은 더욱 아니다. 사람에 대한 모욕은 전혀 감소하지 않았고, 거짓 증언은 제한받지도 않았다. 콘스탄티누스 이래로 셀 수 없이 많은 기독교인들이 정부와 국가 원수로부터 받은 비도덕적 혹은 범죄적 명령에 복종했다. 예를 들어, 독일 기독교인들의 다수는 이런저런 방식으로 히틀러의 범죄에 가담했다. 프랑스 기독교인들은 어떠한가? 알제리에서의 행동을 상기해보라. 그렇다면 국가 명령의 비도덕적 범죄적 성격이 어디에서 시작되는지 어떻게 알 수 있을까? 어느 지점까지 복종해야 하는지, 그리고 비록 우리가 지불해야 할 대가가 고통스럽다 하더라도 무엇에 불복종해야 하는지 알 수 있는 기준은 무엇일까?

이점을 명심하자. 사람들이 '정치 도덕은 일상 도덕과 다르다.'는 전제를 제시하는 순간부터 복잡하고 풀기 어려운 문제가 도출된다. 단지 정당화하거나 정죄하는 구별만 있을 뿐이다. 관습적으로 기독교인은 정치적 삶의 범주에서 요구되는 도덕의 기준은 교회적 삶을 인도하는 사람들의 사사로운 도덕적 기준과 다르다는 윤리원칙에서 출발한다. 기독교인은 정치적 행위들의 합법성(licéité)을 판단하는 데 어떤 기준도 갖지 않으려고 한다. 정치와 종교를 분리한 것이다. 그렇기 때문에 많은 기독교인이 고문과 원자폭탄까지 정당화하는 것을 볼 수 있었다. 복음적 도덕 명령을 인정하지 않는다면 무엇이 문제되겠는가? 만약 신약성서를 덮어버린다면, 고문이나 수소폭탄이 목적 달성을 위해 용인되지 않을 이유가 무엇인가?

시민적 차원에서의 선(bien)이 사사로운 삶을 위해 용인된 선(bien admis)과 다르다는 원칙은 어디에서 취해졌는가? 그리고 예수 그리스도가 일상 도덕만 명령했지 정치 도덕을 명령한 것이 아니라고 누가 그러는가?

로마서 13장으로 다시 돌아와 보자.

a) 이 본문 안에서 우리가 드러내야 할 첫 번째 사실은 특수한 관계로 엮인 하느님에게 속한 정치적 권위들이다. '하느님께서 주시지 않은 권위는 하나도 없고 세상의 모든 권위는 다 하느님께서 세워주신 것입니다.'(1절) 비록 두 번째 절이 난해하고 모호하다 할지라도 정치적 권력들이 하느님의 계획 속에 있었다는 것, 그래서 결과적으로 야훼의 증인들이 주장하는 것과 같이 국가가 하느님의 통치가 아닌 사탄의 통치에 놓여있다는 것에 동의할 수 없는 것에는 변함이 없다. 그렇다면 하느님과 국가 사이의 관계를 어떻게 이해해야 하는가?

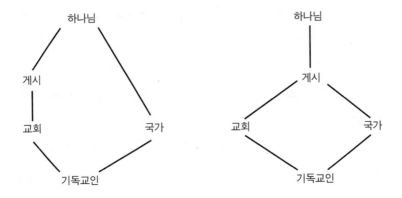

앞의 두 그림은 이 관계를 분명히 보여준다. 왼쪽 그림은 교회의 전통적 입장이고, 오른쪽 그림은 복음적 입장이다.

왼쪽 그림을 보면 기독교인은 교회의 권고들이 하느님의 계시에 일치하는 하는 한 교회에 복종해야 한다. 마찬가지로 예수 그리스도 안에서 그리고 성서 속에서 발견되는 계시에도 복종해야 한다. 본래 이 계시는 기독교적 시각에서 볼 때 하느님의 뜻에 대한 설명이다. 더욱이 기독교인은 하느님이 세운 국가에도 복종해야 하고, 계시를 통하지 않은 상태에서 창조주를 직접적으로 드러내야 한다. 이 점이 엄밀히 말해 수상쩍고 논쟁적인 부분이다. 하느님이 자신의 말씀이 아닌 다른 방법으로 정치 권위들을 창조했다는 것이 가능하기는 한가? 계시의 테두리 밖에서 정치권력들이 창조했던 것은 무엇인가? 국가가 예수 그리스도 안의 계시를 드러내지 않고, 그리스도의 권위와 통치에도 복종하지도 않으면서 자기 혼자서 유지되는 제도가 되었다는 것은 무슨 의미인가?

오른쪽 그림은 복음적 정당성을 보여준다. 바울은 구속사적 관점에서 하느님이 원치 않고, 왕의 왕이신 주님의 권위에 복종하지도 않고, 말할 권리와 마음에 드는 것을 명령할 힘을 가진 권위를 구상하지 않았다. 이런 권위는 궁극적으로 계시에 대해 자율적이며 거리두기를 할 것이기 때문이다. 우리는 이러한 자율성을 옹호할 수 없다. 권력은 예수 그리스도의 주인 됨과 성서의 최고 권위에 대한 근본적 선포를 무시한다. 권력은 국가와 새로운 것으로부터 한 위격을 만들었다. 이 위격은 자기 자신의 고유한 규범과 권위를 가지고 있다. 그러므로 만일 국가가 계시의 하느님이 아닌 어떤 신(dieu)

에게 (그런 신에 대해 아는바가 전혀 없음에도) 귀속된다면, 국가가 사실 자기 자신에게로 혹은 마귀들에게 넘어간 것으로 보인다. 그것은 우리가 고발했던 이교도들의 우상숭배다. 만약 국가 권력보다 낮은 곳에서 신도가 진실한 하느님과 권력 자체를 구별 짓는다면, 그것은 계시의 중재를 통해서 통과될 때 가능할 뿐이다. 그래서 신자는 국가의 요구들을 하느님의 말씀이 지시하는 것과 대조하면서 판단하고 평가해야 한다. 단지 국가로부터 받은 명령들이 성서 기록의 요구에 반대되지 않는다는 범위 안에서 국가에 복종할 뿐이다. 보라! 놀랍게도 우리의 문제를 제한하고 단순화시키는 것이 국가에 대한 복종이다. 그래서 그때부터 유일한 기독교 윤리, 신약성서의 윤리가 세워졌고, 서로 상이한 기독교 윤리와 국가 윤리는 둘이 아닌 하나가 되었을 것이다.

b) 로마서 13장 안에서 설명할 필요가 있는 두 번째 요소는 '통치자는 하느님의 종이다.'(4절)라는 구절이다. 바울이 여기서 명료하게 통치자(archonte, 고대 그리스 폴리스 지배자)에 대해 말했을지라도, 국가 공무원의 합당한 자격과 특히 국가 지도자들에게 요구되는 품성은 종의 마음이다. 통치자는 하느님의 심부름꾼이기 때문이다. 결과적으로 통치자를 존경하고 그에게 복종할 필요가 있다. 그러나 만약 통치자가 하느님의 종이라면 통치자 자신이 먼저 그의 임무 중에 하느님께 복종해야만 한다. 바로 이것이 바울의 의도였음을 잊어서는 안 된다.

이렇게 통치자는 하느님께 봉사하고 있다. 그는 마치 자신의 공무적 삶 속에서와 같이 자신의 사적인 삶 속에서도 하느님의 뜻을 존중해야만 한다. 그리고 자신이 책임을 지고 있는 사회 속에서 하느님의 뜻을 보전하는 일에 신경 써야 한다. 이것은 그렇게 많은 콘스탄티누스주의 기독교인들이 일반적으로 국가의 통치자에게 동의했던 자율성과는 정말 거리가 먼 통치자의 자율성이다. 여기서 교회 바깥의 통치가 어떤 일도 바꾸지 못한다는 것이 문제이고, 국가 지도자가 신자인지는 중요하지 않다. 오히려 하느님의 말씀에 의하면 통치자는 하느님의 권위를 위임받은 자다. 그는 하느님의 뜻에 복종해야 하고 그의 권위 아래 있는 시민들을 하느님의 뜻에 복종하도록 인도해야 한다. 그러나 많은 통치자들은 하느님의 뜻과 하느님의 말씀을 알지도 못하지 않았을까? 따라서 엄밀히 말해 통치자에게 이것을 알려주는 것은 교회의 예언자적 사명이다! 국가에 하느님의 법을 회상시켜줄 보다 효율적인 방법은 하느님의 법에 반대되는 명령에 복종하기를 거부하는 것이다.

'통치자는 하느님의 종이다.'라는 바울의 언급은 전적으로 혁명적이다. 왜냐하면 바울의 말은 국가가 하는 모든 일에 문제를 제기하고 있기 때문이다. 사실, 통치자는 어떤 신(dieu)에게도 봉사하지 않는다. 바울에 의하면 통치자는 그리스도 안에서 그리고 그리스도의 선포 속에 드러난 하느님의 사역자다. 교회는 어떤 것이 하느님의 뜻인지 밝혀내는 일을 하고, 통치자에게 하느님의 뜻을 선포해야 한다. 더욱이 교회는 용기와 독립성을 가지고 국가에 하느님의 뜻을 알려주어야 한다.

특별히 교회는 하느님 편에 서서 통치자에게 말해야 한다. '악을 악으로 갚지 말고 선으로 악을 이겨내십시오.'(롬 12:17, 21) 통치자는 분명히 흉악범을 처벌해야 한다. 그러나 하느님은 이것을 위해 선으로 악을 이기는 처벌, 교육적 차원의 처벌을 이용하시기를 원하신다. 선으로 악을 이기는 처벌이 예수 그리스도의 뜻이며, 선으로 악을 이기는 처벌은 이미 사형제도 거부를 목표로 삼고 있지 않은가? 어쨌든, 선으로 악을 이기는 것은 '눈에는 눈, 이에는 이'와 같은 동해보복법에 의해 고취됐거나 혹은 복수의 정신에 의해 고무된 모든 형벌의 형식을 거부한다. 어떤 경우들에서는(엡 6:4) 벌하는 것이 분명히 좋다. 그러나 모든 처벌이 반드시 선은 아니다.

c) 사람들은 '통치자는 (국가의 선을 위해) 하느님의 종이다.'로 해석해서 받아들인다. 그러나 그것은 바울의 생각을 흔드는 정확하지 않은 자의적 해석이다. 현실에선 서로 다른 두 보완물이 있어야 한다. '국가의 선을 위해'보다 차라리 '선한 관점에서, 시민의 동의로' 하느님의 종이 되었다라고 해석할 필요가 있을 것이다. 이러면 선의 관점에서 통치자는 하느님의 사역자가 된다. 통치자는 또한 선에 대한 임무를 수행해야 하고, 선을 지키고 승리를 보증해야 한다. 그래서 통치자에 대해 논하는 모든 본문들이 선과 악이란 단어를 강조하고, 선을 행하는 이들과 악인들을 언급했던 것이다. 의심의 여지도 없이, 우리는 이러한 해석에서 국가에 대하여 기독교적 어떤 원칙을 세우기 위한 근본적 요인 하나를 얻을 수 있다.

그러나 어떤 선에 대해 말할 것인가? 국가 스스로 선에 대해 규정할 의무를 지니고 있는가? 바울이 그렇게 말했다고 주장하는 것은 어불성설이다! 여기서 다시 바울이 그런 근거 없는 선에 대해 말했을 리 없다는 것을 밝히는 바이다. 왜냐하면 성서의 계시가 선의 기원이 되지도 않거니와 규범이 되지도 않기 때문이다. 바울은 휴머니즘적 철학자가 아니라 기독교 신학자다. 그리고 만약 하느님이 도시 안에서 통치자에게 선을 지키고 악을 쫓아내라는 임무를 맡겨 주었다면, 통치자는 예수 그리스도의 복음을 따라 정립될 선과 악에 대한 관념 속에서만 행동해야 할 것이다. 바울은 그리스도의 권위에 복종하지 않는 하느님의 통치자(ministre)를 상상할 수 없었을 것이다.(예수께서는 이렇게 대답하셨다. '네가 하늘에서 권한을 받지 않았다면 나를 어떻게도 할 수 없을 것이다. 그러므로 나를 너에게 넘겨준 사람의 죄가 더 크다.'(요 19:11)

국가의 자율성과 같이 이중적 도덕이 배제되면 알 수 있는 일이다. 사람들은 하느님의 말씀이 교회와 국가에 정확하게 같은 것을 말하지 않는다는 것에 주목했다. 그들은 교회의 사역자와 국가의 장관이 서로 뒤섞여서는 안 된다고 생각했다. 교회의 사역자와 국가의 장관의 행위의 장과 방법이 다르기 때문이다. 그러나 교회를 위한 것처럼 국가를 위해서 각자 일하는 것이 중요하고 성서적 계시가 규정내린 대로 일하는 것이 중요하다. 그리고 그리스도가 보기에 좋은 방법을 통해 자기의 영역에서 각자 자신의 일을 할 필요가 있다. 즉, 교회는 교회대로 국가는 국가대로. 예를 들어 교회의 대표와 다르게 세속 통치자는 범법자를 벌해야 한다. 반면에 교회 대표는 복음의 눈에 비쳐 나쁘지 않은 방법으로 그를 처벌할 뿐이다. 그렇게 로마서 13장 4절은 일명 '필연적인 일원론 정신(정교일치)'을 보호한다. 그렇지만 콘스탄티누스적 그리스도교는 너무 쉽게 일원론적 원칙으로부터 벗어났다.

성서는 하느님 보시기에 선한 것과 악한 것을 충분히 설명했다. 특히 십계명은 가장 기본적인 기준이다. 이러한 이유로 예수와 바울은 계명의 준수를 요구한다.(마 19:18, 롬 13:9) 단 기독교인은 하느님 보시기에 국가가 정말 악한 것을 공격했을 때, 악하지 않은 방법들을 통해서 공격했을 때, 이 두 경우에만 국가에 협력할 뿐이다. 그러나 불행하게도 늘 이런 경우만 있는 것은 아니며, 그 경우도 아주 드물다.

하느님은 통치자를 포함한 사람이 선으로 악을 극복하는 것을 바라신다. 이것을 부인하는 것은 바울이 로마서 13장에서 말했던 선과 12장에서 언급하고 선 사이에 다름이 있음을 인정하는 것과 같다. 그렇다면 어떻게 서로 다른 두 선이 있을 수 있을까? 이런 다름은 본문에서 인정되지 않는다. 만약 바울이 말의 형식을 신중하게 다루었다면, 통치자는 흉악범의 경범죄와 중범죄에 대해 '복음에 따른 선'과 '율법의 완성으로서 사랑'으로 처벌해야 할 것이다. 하느님이 원하셨던 것은 이것이 아닐까. 어떤 경우에도 이웃에 악을 행해서는 안 되기 때문이다.(롬 13:10) 예를 들어 법관이 사형을 선고했을 때, 따지고 보면 법관이 이웃에게 악을 행한 것은 아닌가?(막 3:4)

사람들은 비기독교인 법관들이 복음적 개념의 선에 복종하도록 강제해서는 안 된다고 말할 것이다. 이것이 '강제'인가? 분명히 아니다. 힘에 의한 것은 더욱 아니다! 단지 강제가 아닌 초대이고, 힘에 의한 것이 아닌 당위다. 그래서 법관들이 하느님을 모욕했다 해도 실상 그들이 하느님의 종으로서의 일이 작아지는 것은 아니다.

최소한 이방 재판관에 대해 엄격하게 말했던 로마서 13장은 이방 재판관에게 복종하라고 요구했다. 어쩌면 헤롯왕은 이스라엘 하느님의 뜻을 철저하게 모욕했을 것이다. 그러나 그는 세례 요한에게 호의적이었다. 세례 요한은 그가 왕으로서 간음한 상태로 사는 것이 옳지 않다는 것을 상기시킨 인물이다. 만약 헤롯이 선지자를 감옥에 가두는 것 대신에 헤로디아를 처가로 돌려보냈다 하더라도, 그가 하느님에게 돌아왔다고 말할 수 없었을 것이다. 단지 그가 하느님의 통치자로서 너무도 단순하게 하느님에게 복종했을 뿐이라고 말할 것이다. 모든 문제는 우리가 정말로 선의 관점에서 통치자가 하느님의 종이라고 믿는지 그렇지 않은지를 아는 것에 달렸다.

d) 로마서 13장 4절에 '소이(σοι, soï)'라는 작은 단어가 있다. '소이'는 '당신을 위해(pour toi)' 혹은 '당신의 은혜로(en ta faveur)'로 번역돼야 할 말이다. 예를 들면 바울은 통치자가 은혜를 입은 사람(en faveur de l'homme)이기에 하느님의 종이라고 강조했다. 그래서 통치자는 모든 사람의 선을 위해 일해야만 한다. 왜냐하면 사람이 국가를 위해 사는 것이 아니라 국가가 사람의 선을 위해 헌신해야 하기 때문이다. 그러므로 복음은 국가를 사람에 앞세우는 전체주의와 양립할 수 없다. 이스라엘의 목자들은 양떼들을 희생시켜가며 자기 몸만 돌보았다. 그러나 그들이 목자로서 할 일은 양떼를 보호하고, 기름지고 건강하게 살찌우며, 흥겹게 풀을 뜯게 하는 것이다.(겔 34장)

확실히 통치자는 악행을 저지르는 자들을 벌주고, 다른 선량한 사람들을 해치거나 죽이지 못하게 해야 한다. 이런 이유에서 국가의 억압적인 행위가 일어난다.(롬 13: 3-4) 그러나 로마서 본문에 의하면 국가의 징벌적 행위는 파괴자로서가 아니라, 종으로서의 통치자에게 허용됐을 뿐이다. 다르게 말한다면, 국가는 시민 모두를 위해서 그리고 국가로부터 징벌을 받았거나 받게 될 잠재적 범법자를 위해서도 선을 찾는 데 노력해야 한다. 어떤 누구도, 심지어 적군 병사라 해도, 이 '당신을 위해'에서 배척당하는 것을 느껴서는 안 된다. 통치자의 억압하는 역할은 그래서 늘 교육적이어야 할 것이고, 사형 명령은 그의 역할에 해당되지 않는다. 다른 사람들의 선에 봉사하는 통치자는 어떤 사람을 희생시켜서는 안 되고, 모두의 진정한 선을 위한 일에 종사해야 한다. 통치자는 몇몇 사람들을 위해서 하느님이 자신에게 맡겨주신 책무를 저버려서는 안 된다. 비록 그가 차고 있는 검이 사형을 암시하고 있다 하더라도, 그는 살인을 해서는 안 된다. 로마의 판사는 결코 칼을 가지고 임무를 수행하지 않았다. 그의 칼은 단지 법률적 권위의 표상(signe)이었을 뿐이다. 바울이 통치자가 찬 칼에서 극형을 생각했다고 볼 이유가 전혀 없다.[1]

'당신을 위해'라는 단어로 다시 돌아오면, 사형을 정당화시키기 위해 혹은 전쟁마저도 합법화시키기 위해 로마서 13장을 망설이지 않고 상기시키는 사람들을 경계해야 한다. 이들은 생각 없이 '당신을 위해'라는 단어를 마치 바울이 적과 범죄자는 소외시키고, 우리

---

1) 다음의 요청 때문에 이 본문(롬 13장)이 필요했다. a) 바울은 통치자가 칼을 드는 것을 암시한 것으로 보아, 통치자를 인정할 필요가 있었을 것이다. b) 바울이 칼을 드는 것을 인정했기 때문에, 그는 살해 용도의 칼 또한 인정할 필요가 있었을 것이다. c) 바울은 이교도 통치자에 의한 칼의 사용을 인정했기 때문에 기독교 통치자에게 역시 칼의 사용을 인정할 필요가 있었을 것이다.

들 가운데 특정한 어떤 이들을 위해 쓴 것으로 해석한다. 그러나 이러한 제한적인 해석은 오용된 것이다. 바울은 '당신을 위해'를 글로 써서, 그 독자가 누구이건 간에 보냈다. 하느님의 말씀에, 통치자는 모두의 종이 돼야 한다. 그러므로 사람을 죽이는 일에 위임받은 권력을 사용해서는 안 된다.

지금까지 기독교인들이 국가에 대항하여 불복종할 수 있는 요소들은 어떤 것들인지 살펴보았다. 그리고 불복종 요소들을 보다 구체적으로 명시해 공권력에 대하여 교회의 예언자적 사역이 어떤 것이 되어야 하는지도 생각해보았다.

2장
국가와 폭력

1. 폴 리쾨르의 주장(thèse)

폭력에 의지하지 않는다면 국가의 강요와 강제권 실행에 복종할 사람이 있겠는가? 이런 의문은 현실감이 없다. 이 문제에 대해 답을 찾아보도록 하자. 개신교 종교 철학자 폴 리쾨르(Paul Ricoeur)는 《역사와 진실》에서 '국가와 폭력'의 문제를 다루었다. 그가 다루었던 것은 사람들이 해결하고 싶어 했던 문제이기도 했다. '국가와 폭력'이란 주제에 관한 강연이 1957년 제네바에서 있었고, 그 내용이 존 크녹스 출판사(Foyer John Knox)에서 재출간됐다.[1]

리쾨르는 군더더기 없이 간명하고, 흔들리지 않는 사상의 독자성이 배어든 명료한 화법을 사용하여 기독교인의 양심에 따른 복음적

---

[1] "État et violence"란 제목의 폴 리쾨르의 강연은 《역사와 진실》 안에 수록됐다. Paul Ricoeur, *Histoire et vérité*. Paris : Seuil, 1955, p246-259.[N.d.E]

사랑과 회피할 수 없는 폭력 행사 사이에 존재하는 변증법적 대립을 통해서 국가와 폭력의 문제를 밝히고 싶어 했다. 사람들은 리쾨르가 국가의 요구에 맞추려고 성서적 자료들의 방향전환을 시도하지 않은 점, 복음에 국가적 요구들을 일치시키려는 의도를 모른 척하거나 축소하려 하지 않은 점에 대해 존경을 표했다. 이것은 놀라운 일이다. 우리는 그가 취한 성서에 대한 정직한 충실성과 정치 질서의 문제들에 대면한 명철함의 이중적 배려에 경의를 표한다. 아는 바와 같이 성서는 계시를 변조하고 정신적 몰입 속으로 도피하는 것을 받아들이지 않는다. 이《국가와 폭력》책자는 폭력 문제에 대한 중요한 논리를 제시했다.

리쾨르는 국가가 특수한 집단들과는 다르게 마치 정당하게 보이는 폭력을 사용하는 사실로부터 출발한다. 범죄인을 처벌한 경우 폭력을 사용하는 것에 대한 정당함은 논란의 여지가 없다. 아주 간단한 편이다. 그러나 이러한 처벌이 이미 복음이 가르치는 사랑과 양립할 수 없다고 리쾨르는 첨언하고 있지 않은가? 리쾨르는 용서하는 사랑의 교훈과 인류를 보존하기 위해 처벌하는 정의의 교훈 사이의 대립이 드러나고 있음을 지적했다. 이 대립은 기독교인에게 혼란스럽다. 그러나 둘 모두 인류에게 유익하고 성서에 의해서도 비준된 것이다. 기독교인들에게 불편한 것은 (일단 그들은 국가와 굳게 결속되어 있다) 국가가 사랑의 복음적 윤리에 만족해하지 않고 더 나아가려 한다는 점이다.

사랑과 폭력 사이의 대립은 전쟁이 일어난 경우 비극이다. 만약 국가가 '살인하지 말라(Tu ne tueras point)'는 십계명에 복종할 수 있었다면, 사랑과 정의에 대한 두 교훈은 실천 속에서 서로 양립할 수 있었을 것이다. 그래서 만약 사랑의 통치 쪽에서 볼 때 국가의 처벌적 기능은 여전히 이상한 것이라고 기독교인들이 생각한다면, 살인을 집행하지 않으면 않을수록 가능한 오랫동안 국가의 처벌적 기능은 사랑의 교훈과 양립할 수 있는 것이다. 그러나 바로 이러한 이유로 국가는 살인을 지나칠 수 없다. 형 집행자는 살인을 마치 국가의 창설과 존속의 조건처럼 생각하여 형을 집행해야 하고, 양심적 병역 거부자는 전쟁에 참여하기를 부정해야 하는 순간부터 자신들이 혜택을 입은 국가의 물리적 존재를 보존하기 위한 공동의 노력에 참여하기를 부인해서는 안 된다. 어떻게 할 것인가? 리쾨르는 전쟁에 대한 위선적이고 그릇된 모습을 들추어냈고, 전쟁에 대해 호도하는 사이비 정당화 이론들을 바로 세웠다. 그러나 여전히 기독교인들이 커다란 숙제를 안고 있다. 그것은 국가의 존속을 위해 총을 들고 싸우고자 하는 욕망과 사랑의 법에 충실하여 자기 구원적 증언을 따르며 살고 싶은 욕망 사이에서 이러지도 저러지도 못하는 것이다. 두 번째로는 기독교인들이 자신들의 무장투쟁의 거부 때문에 국가가 위기 상태에 빠졌을 때 과연 아무것도 하지 않을 수 있는가 하는 문제다.

결론적으로 리쾨르는 두 개의 해결책이 스스로 '절망의 윤리'라 불렀던 데서 풀어지는 것을 보여주었다. 다시 말해 이런 경우든 저런 경우든 기독교인은 죄인이다. 그의 순종은 잘못이 된다. 국가가 존속하려면 병사는 사랑의 법을 배신해야 하고, 양심적 병역 거부자는 예수 그리스도의 증언을 따르기 위해 국가를 배신해야 한다.

단번에 말해보자. 이 강연의 모든 성서적 부분은 훌륭하고 나무랄 것 없이 보였다. 우리는 리쾨르가 상기시킨 다양한 성서 본문들과 그의 기탄없는 분석에 동의한다. 그러나 그는 철학자다. 그래서 그의 발표 구성은 철학적 타당성의 주장들에 기초를 두고 있고, 성서가 아닌 몇몇 단어들이 큰 역할을 하는 개인적 연구의 성과에 기초를 두고 있다. 우리가 이러한 강연의 결론에서 취할 것은 (우리의 눈에는 너무 도식적으로 보이지만) 그 철학적 토대다.

2. 사랑과 정의

어쩌면 철학자 리쾨르는 자신의 주제 발표가 사람들의 눈길을 사로잡고, 보다 세련돼 보이게 하기 위해 발표의 방향 전환에 대한 유혹을 받았을 것이다. 다시 말해 철학자의 바람과 현실 사이의 괴리 때문에 모순과 병행관계가 만들어진다. 종국에는 이 모순과의 병행관계가 독자들의 동조와 더불어 위험을 만들어낸다. 리쾨르는 강연 첫 부분에서 이것에 대한 강한 인상을 남겨놓았다. 즉, 한편에선 처벌하는 정의와 다른 한편에서는 용서하는 사랑 사이의 확고부동한 모순이 발견된 것이다.(État et violence, p7) 다시 말해 기독교인들은 (리쾨르가 끝에 가서 설명하게 될) 이른바 '절망의 윤리' 사이의 선택만 가졌을 뿐이다. 정의를 희생하면서 사랑하거나, 사랑을 희생하면서 정의를 실현하는 것이 기독교인에게 주어진 선택이다.

확실히 그렇긴 하다. 그러나 전제가 신뢰할 만한가? 처벌이 반드시 사랑의 반대라는 것은 사실인가? 사람들은 이러한 가정을 정말 지지했는가? 성서는 '매를 아끼는 자는 아들을 미워함이라.'(잠 13:24)고 말하고 있지 않은가? 영원하신 분이 이스라엘을 벌했을 때, 선택된 그의 백성을 향한 사랑을 거둬들인 것인가? 진정한 정의의 궁극적 기원을 '긍휼히 여김' 속에서 보아야 하지 않을까? 뛰어난 경제학자 프랑수아 페루(François Perroux)[1]는 최근 사회는 용서 없이 존속할 수 없고, 용서는 사회계약의 뿌리라고 썼다. 리쾨르는 십자가 안에서 사랑과 정의의 통합에 대해 최상의 것들로 아름답게 말했다. 아무튼 그가 이론의 여지가 없는 대전제에서 출발했다는 것에는 변함이 없다.

리쾨르가 사랑에 대한 지나치게 감상적인 개념과 정의에 대해 너무 형식주의적 개념을 가지고 있다고 생각할 수 있지 않을까? 이렇게 생각하면 리쾨르가 사랑과 정의를 서로 대립시켰다고 쉽게 추론할 수 있다. 그러나 현실은 현실이다. 사실 사랑 없는 정의는 있을 수 없다. 정의 없는 사랑 역시 있을 수 없다. 사람들은 사랑과 정의를 분리할 수 없다는 사실을 잘 알고 있다. 사랑 없는 정의는 비인간적이며 끔찍스럽다. 또한 정의 없는 사랑 역시 무기력하기 짝이 없는 무능일 것이다. 시민사회 안에서 징계는 단순히 필요만을 의미하지 않는다. 그것은 가정과 교회의 삶 속에서 (예를 들어 파문이나 교의적 선택들 속에서 권한이 없는 징계) 역시 필요하다. 역으로, 형벌에 대한 사면이나 철회가 있었다. 그러나 이것들은 사랑이 아니라 비열한 짓이거나 우민정치의 뒷거래다.

---

1) 프랑수아 페루(1903~1987), 프랑스 경제학자, 콜레쥬 드 프랑스 교수, 1944년 수학과 경제학 적용 기관 창설(ISMEA : Institution de science mathématiques et économiques appliquées)

문제가 되는 것은 결국 바로 양심적 병역 거부자 때문이다. 이들은 사랑을 위해서보다 정의를 위한 싸움에 적극적이다. 만약 양심적 병역 거부자가 대규모 학살에 가담하기를 거부한다면, 그것은 단지 그리스도와의 연합을 위한 사랑을 가지고 있는 사람으로 남고 싶어서이거나 그리스도의 증인이 되고 싶은 것 때문만은 아니다. 조직적인 살해가 그에게는 정의롭지 못한 거악(巨惡)으로 보였기 때문이다. 따라서 여성들과 어린이들을 죽이라는 명령은 정의롭지 못한 것이다. 불쌍한 병사들 자신도 정의롭지 못하게 된다. 병사들이 범한 유일한 과오는 그들의 책임자에게 복종하는 것 외에 다르게 행동하는 것을 알지 못한다는 점이다. 반대로 병사는 명령 속에서 일해야 하고, 항상 정의를 위한다는 것은 어떤 불확실한 단언처럼 보인다. 우리는 히틀러의 병사들이나 혹은 알제리, 수에즈(Suez)[1]에서의 프랑스 병사들이 정의를 위해서가 아니라 정의롭지 못한 일을 위해 전투를 벌였다고 생각하는 이들에 속한다. 그래서 어떻다는 것인가?

요컨대 사태를 너무 단순화시킬 필요는 없다. 정부가 자신의 입장에 정당성을 부여하기 위해 "나의 입장이 정의롭다."라고 말한다고 정의로워지는 것은 아니다. 그러나 리쾨르의 강연을 살펴보면, 그는 군인이 항상 정의를 위해 싸우고 있다고 생각하게 했다. 왜냐하면 군인은 국가의 존속을 위해 싸우고 있기 때문이다. 이처럼 어떤 국가 원수도 범죄를 저지르는 병사들의 도움을 받지는 않을 것

---

1) 이집트 대통령 나세르(1956년 7월 26일)가 수에즈운하를 국유화한 이후 이스라엘, 영국, 프랑스는 군사적으로 운하의 북부 지역을 점령했다. 그러나 소련과 미국의 개입에 대한 두려움은 군사작전의 중단을 유도했고, 이어서 점령 부대들은 철군했다.[N.d.E]

이다! 그러나 적어도 우리가 말할 수 있는 것은 주저하지 않고 정의라고 말할 만한 이유가 있어 군대가 전투에 참여했던 적은 지극히 드물다는 것이다. 전쟁에 적용되는 방법에 대해서 말하자면, 언제 정당한 적이 있었던가? 당연히 방법들 역시 목적만큼이나 중요하다. 그럼에도 군사적 폭력은 정의의 승리보다 더 강력한 승리의 확보를 중요하게 여긴다. 병사들의 고생을 정의의 노고로 동일화시키는 것은 정말로 기만이다. 이른바 모순이라고 말하는 사랑과 정의라는 이 두 주제가 서로 상충되기 때문에 폭력에 대한 처벌이 정의와 동일시 될 수는 없고, 용서를 사랑과 유사한 것이라 할 수도 없다. 역으로 우리가 만약 사랑에서 정의를 분리할 수 있다면 더 이상 두 개념을 하나로 생각할 수 없을 것이다.

3. 국가와 살인

리쾨르는 "국가는 스스로의 존재, 생존, 그리고 우선적으로 자신의 건국 조건으로써 살인을 늘 염두에 두고 있다."(État et violence, p13)고 주장한다. 달리 말하면 살인의 집행은 필연적이며, 국가에 없어서는 안 될 요소다. 리쾨르는 이러한 단언을 정당화시키기 위해 마키아벨리로 설명했다. 마키아벨리를 근거로 삼은 것은 좀 실망스럽다. 왜냐하면 '살인'이란 현상이 자주 '국가' 때문에 일어나고 있는 것은 논란의 여지가 없기 때문이다. 그러나 만약 리쾨르가 주저하지 않고 국가와 살인의 공존에 대한 해석 즉, 고의적 살인 덕택에 국가가 존속할 수 있다는 주장을 펼친다면, 이에 반해 국가는 살인을 막기 위해 존재하는 것이기에 '살인을 저지르고도 국가가 존속한다.'는 주장에 의문을 갖지 않겠는가? 어쨌든 살인을 저지르고도 국가가 존속하고 있고, 그것이 현실이다. 그것이 아니라면 리쾨르가 생각하고 싶지 않은 현실의 다른 어떤 한 측면을 보여주는 것이다. 현실은 여기서도 역설적이기 때문이다.

살인을 저지르고도 국가가 존속할 수 있다는 가정에 따르면, 살인은 분명히 국가를 지속시키는 한 요소다. 그러나 살인이 국가를 세우는 데 도움을 주었던 만큼 분명하게 파괴하는 일도 수행했다는 관점에서 보면, 늘 국가 자신에게 해롭고 위협적인 것이 살인이다. 알렉산더, 나폴레옹, 히틀러 등(이들은 과도한 폭력 때문에 그들 자신의 제국을 붕괴시켰다)을 예로 들 필요도 없다. 1945년 크리스마스(베트남의 민족적 저항이 있기 3주 전)에 프랑스의 해군의 하이퐁(Haiphong) 시 공중폭격 때문에 인도차이나 총독부가 위태로워졌다.[1] 그런데도 자기 자신을 죽이는 폭력을 지지하란 말인가? 튀니지의 프랑스 총독부는 캡 봉(Cap Bon)에서의 군경 수색들 때문에 붕괴됐고, 모로코의 총독부는 그랑드 카리에르(Grandes Carrières) 시의 학살 때문에 무너지지 않았는가? 그리고 1945년 알제리에서의 총독부 붕괴는 세티프(Sétif)의 잔혹한 대량학살 때문이 아닌가?[2] 더욱이 어떤 국가가 살인에 의해 세워졌을 때에는, 쿠데타 혹은 이전

---

1) 1946년 2월 20일. (라세르가 잘못 기억함) 프랑스 함대와 전투기는 관세분쟁을 빌미로 베트남의 제일 항구 하이퐁(Haïphong) 시를 폭격했다. 당시 탈식민지에 대한 평화적 협상이 있었으나, 이 폭격으로 협상이 단절됐다.

2) 1945년 5월 8일, 알제리 서쪽에 위치한 세티프(Sétif)는 피로 진압된 민중봉기의 전형이다. 죽은 사람이 6,000에서 15,000명에 달했다.

독재자 암살이 문제됐다. 이러한 국가는 통치를 시작하기도 전에 또 다른 쿠데타로 아니면 다른 암살로 무너지는 것을 흔하게 보여주었다. 성서와 역사는 우리에게 셀 수 없는 증거들을 보여주고 있다. 반대로 다윗은 살인으로 통치를 시작해서는 안 된다는 것을 알았다. (삼상 24장) 그러나 부하 장수 우리아(Uriah)의 아내를 빼앗기 위해 우리아를 죽이는 사건은 결국 그의 왕국을 잔혹한 내전에 빠뜨렸고, 그 내전에서 다윗은 기적적으로 살아남았다.(삼하 11장)

그러므로 살인으로 국가의 존속을 보장할 수 있다고 믿으면서 국가적 차원의 살상이 벌어질 때, 살인은 국가가 짊어진 책임으로써 정의와 질서를 파괴하는 데 공헌할 뿐만 아니라 사회를 황폐화시킨다. 이것을 지지한다는 것은 말도 안 되는 일이다. 독자들에게 아놀드 토인비의《전쟁과 문명》을 읽어볼 것을 제안한다.[1] 이 책을 통해 국가적 살해 행위가 결코 만족스러운 결과를 가져오지 않았다는 것을 확인할 수 있을 것이다.

여기서 살인 덕분에 국가가 존속했다는 주장을 돌아보았고, 결코 작지 않은 모든 역설적인 현실에서 리쾨르에게 재접근했다. 살인과 국가 사이의 병존에 대한 그의 분석은 충분하지 못했다. 국가가 주도한 살인은 늘 국가에게 유익이라는 주장으로부터 출발하는 일은 너무 쉽다.

잘 아는 바와 같이, 국가적 살상의 잔혹성과 난폭함은 적들을 겁먹게 하고, 마비시키고, 사기를 꺾고, 완전히 소멸시키는 데 일조한

---

1) Arnold Joseph Toynbee(1889~1975). *War and civilisation*, New York, Oxford University Press, 1950, trad. Guerre et Civilisation, Paris, Gallimard, 1953. 라세르가 지적한 본문은 1954년 프랑스 번역본의 235쪽.

다는 것을 인정한다. 좋든 나쁘든 가장 큰 선을 위하고, 민족의 불행을 피하기 위해 살인은 확실히 국가 존속에 공헌하는 것이 있다. 그러나 바로 질문의 다른 면을 생각해봐야 할 필요가 있지 않을까? 이러한 잔혹성과 난폭함 자체가 점차적으로 인간의 올바른 것에 대한 도덕적 근거를 잃어버리게 한다는 것을 인정할 필요가 있지 않을까? 그리고 국가적 살해가 대다수 국민 속에서 퍼져가는 불편함, 분노, 음험한 화, 시민정신의 후퇴, 위험스러운 두려움(왜냐하면 엄청난 폭력을 행사하므로), 그리고 끝으로 국가의 존재와 존속을 직접적으로 위협하는 반란 등을 촉발시키는 것을 인정해야 하지 않을까? 피를 흘리게 했던 폭군들에 대해 들어보지 못했는가?

그들은 마치 바티스타(Battista)나 혹은 디엠(Diêm)[1]처럼 추방당하고 암살되는 것으로 끝마쳤기에 그들의 정권도 무너졌다.

극단적 경우로 갈 것 없이, 대중적 파업이나 시위가 있을 때 공공질서 보장을 명목으로 한 공권력의 개입을 생각해보라. 공권력의 개입이 공공질서를 회복시키고 유지하는 데 얼마나 공헌을 했는가? 반대로 경찰이 개입하지 않고, 강제진압 때문에 사태가 폭력적이며 피를 흘리는 싸움으로 변질되지 않았다면, 평화적 시위들은 어떤 유감스러운 분쟁도 촉발시키지 않았을 것이다. 그런데 경찰의 물리력은 시의적절하지 않게 개입하거나, 잘 계산된 냉소로 사람들의 감정을 격앙시켰다.

공공질서란 명목은 국가가 저지른 폭력들의 성공을 역사에서 긍

---

[1] 느고 딘 디엠(Ngô Dinh Diêm, 1901~1963)의 1955년 쿠데타 이후 남베트남 공화국의 대통령은 1963년에 암살당했다.[N.d.E]

정적이고 우호적인 요소로 보는 것만큼이나 인간의 역사에 대한 분석을 단순화시키는 일이다. 어쩌면 국가가 범한 살인에 대한 '보호자' 효과와 그들의 원칙을 깨뜨리고 유해하고 파괴적인 효과 사이에서 어떤 것이 더 빨리 영향을 미치는지 말하는 편이 더 좋을지도 모른다. 제2차 세계대전 당시 반독일 무장지하단체 마키(Maquis), 알제리의 무장지하단체 그리고 다른 무장 단체들, 이들이 결사체를 이룰 수 있던 것도 원칙적으로 탄압의 잔인성이 때문이 아니고 무엇인가? 사회 공동체 안에서 살인이 혜택이 되는 항독소이지, 치명적이고 부패시키는 독이 될 수 없다는 것만을 믿기 위해선 정말로 긍정주의자가 되어야만 할 것이다. 그래서 다시 위험스러운 이상주의에서 증거를 만들었다. 이 이상주의는 인간에 대한 성서의 현실적 가르침과 양립할 수 없는 것이다. 상반되는 한 이미지를 취했을 때, 국가가 집행하는 폭력은 심각하고 조심스러우며 위험하기까지 한 사태임에 분명하다. 국가는 마치 폭력행사를 의약품처럼 여겨왔다. 의약품들은 적당한 양을 먹을 때 효험이 있으나, 처방 용량을 초과했을 때 위험스럽고 파괴적일 수 있다. 우리는 여기서부터 진정한 현실을 구분하기 시작할 뿐이다.

리쾨르는 강연의 결론부에서 양심적 병역 거부가 국가에 대한 배신을 감당해야 한다고 주장했다. 왜냐하면 집총을 거부하는 양심적 병역 거부자는 "자신의 국가에 대한 물리적 실존적 운명에 대해 무관심하기 때문이다."(État et violence, p16) 이러한 죄 있음의 판단은 조금은 성급한 것이 아닐까? 왜냐하면 살인집행이 필연적으로 국가에 이득이 된다는 생각이 매우 의심스럽기 때문이다. 리쾨르는 현실의 다른 측면을 전혀 고려하지 않고 단순한 가정에 근거해 그의 판단을 정립했다. 그러나 국가가 조직한 살인들이 인간 사회 모두의 조화를 위한 것이고, 늘 유용하고 수호적일 경우에만 배신에 대하여 말해야 한다고 생각된다.

4. 군사적 방어

리쾨르의 주장에서 두 개의 다른 철학적 전제를 파악해야 하지만 이 두 전제는 처음부터 동의하기 어려운 것이다. 우선 무기를 사용한다는 것은 국가가 조직된 살인을 집행한다는 것을 의미하는데, 리쾨르는 국가의 무기 사용이 스스로를 방어하는 데 얼마나 효율적인 방법이었는지에 대해 전혀 의심하지 않았다. 그래서 그는 조직된 살인이 국가를 보호하는 만족스러운 방법이라고 인정했다. 마치 자위권 차원에서 무기를 들었던 국가들이 침략자를 격퇴하는 데 성공했던 것처럼, 또 그런 국가들이 무기 덕택에 위협으로부터 벗어나는 데 성공했던 것처럼 말이다. 국가가 방어를 목적으로 무기를 들었을 때, 일반적으로 파괴를 촉발하지는 않는다. 그러나 최소한 국민, 영토 그리고 국가 자체에 대한 파괴는 부분적으로라도 일어난다. 1940년 5월을 생각해보자.[1] 전쟁을 주제로 긍정주의와 이상주의적 믿음의 예들을 뒤이어 살펴볼 것이고, 그러한 예들에서 생각해야만 할 것을 언급할 것이다. 그러나 우선 리쾨르가 '군사적

---

1) 1940년 5월, 프랑스를 겨냥한 독일의 침공은 3주 만에 승리로 끝났다. 6월 22일 서명된 휴전에서, 국회는 페탱(Pétain) 총사령관에게 모든 권력을 이양했다. 그로서 제3공화국이 끝났다. 보르도(Bordeaux) 시에 임시적으로 정부를 세웠고, 이어서 비시(Vichy)로 옮겼다. [N.d.E]

폭력이 국가를 방어하는 데 효율적인 방법이다.'라는 것에 대해 증명하지도 않은 채 '병역 거부자들은 국가의 배신자들'이라고 정죄한 것에 주목할 것이다. 그가 정죄한 논고에 중요한 어떤 요인이 빠졌기 때문이다.

더욱이 리쾨르는 군사적 방법들이 국가와 민족을 보전하기 위한 유일한 수단이라고 생각했다. 그러나 그것은 여전히 증명이 필요한 일이다! 윌리엄 펜[1], 브라차[2], 롱동[3], 간디[4], 마틴 루터 킹[5] 등은 이런 주장에 대한 적극적인 반대의 모습을 보여주기도 했다.

인류는 아직까지 비군사적 방어에 대한 어떤 결정적인 경험도 하지 못했다. 그렇다고 군사적 방어가 유일하게 효율적이라는 것을 증명해주는 것은 아니다. 오히려 비군사적 방어의 결정적 경험이

---

1) 퀘이커 공동체인 주요 인물인 윌리엄 펜(William Penne, 1644~1718)은 1682년에 필라델피아와 펜실베니아 이름을 딴 이주민 집단을 설립했다. 1세기 동안 펜실베니아는 인디언 알곤퀸(Indiens Algonquins) 부족과 함께 사는 민주주의적이고 관용적인 공동체였다. Jeanne Henriette LOUIS et Jean-Olivier HÉRon, William Penn et les auakers. *Ils inventèrent le Nouveau Monde.* Paris: Gallimard (Découvertes, Philosophies et religions), 1990.[N.d.E]

2) 탐험가 피에르 브라차(Pierre Savorgnan de Brazza)는 1887년 식민지 콩고에서 검찰총장이 됐다. 사람들은 그의 평등사상에 대해 좋은 평가를 했다.[N.d.E]

3) 1930년대, 캉디도 마리아노 다 실바 롱동(Cândido Mariano da Silva Rondon, 1865~1958)은 브라질 정부에 의해 마투 그로수(Mato Grosso)와 리오 마데이라(Rio Madeira) 사이의 지역 개발 임무를 맡게 됐다. 그는 인디언들과이 교섭했고, 문명의 위협으로부디 인디언들을 보호하는 노력을 기울였다.[N.d.E]

4) 간디(Mohandas Karamchand Gandhi, 1869~1948)는 엄격한 비폭력 캠페인으로 인도를 1947년 독립으로 인도했다. 단식농성, 시민불복종, 비협력, 건설적 프로그램 등이 그의 투쟁 방식이었다. 1948년 1월 30일에 암살당했다.[N.d.E]

5) 미국 흑인 침례교 목사 마틴 루터 킹(Martin Luther King, 1929~1968)은 시민권 찬성운동의 수장이었다. 그는 1950년과 1960년 사이에 강력한 비폭력 캠페인을 이끌었고, 이 캠페인은 미국 남부의 주들에서 인종분리 정책을 철폐시켰다. 1964년 노벨평화상을 받았고, 1968년 4월 4일 암살당했다.[N.d.E]

일어나지 않았던 것만큼 어쩌면 사람들이 그런 일이 일어나기를 바라지 않았기 때문일지도 모른다. 너무 많은 사람들이 경제적으로 혹은 심리적으로 전쟁을 이용해 살아간다. 그러나 기독교인이 스스로 범죄적이고 반 기독교적이라고 판단했던 방법들에 굴복해야 하겠는가? 굴복의 이유도 별것이 아니다. 단지 범죄적이고 반 기독교적인 방법에 만족해하고 있고, 다른 방법을 찾지 않고 있기 때문이다. 만약 전염병이나 침략의 위협을 몰아내기 위해 국가가 인간의 희생을 계획했다면, 기독교인은 그 희생에 참여하는 것을 강제나 강요로 느낄 필요가 없단 말인가? 당연한 희생 계획이기에 리쾨르 당신은 정말로 전쟁이 상상적 차원에서 인간을 희생시키지 않는다고 장담하는가? "내가 보기에 멍청하고 범죄적인 방법과 나의 구원자로부터 나를 분리시키는 수단들을 실행하는 어떤 시도에 나 자신을 참여시키는 것은 양심적으로 불가능하다. 그렇지 않은가? 이런 사람이 배신의 책임을 져야 한다고 정말로 말할 수 있을까? 무엇보다도 싸움에 가담할 것을 제안했다면 다른 모든 방법들에 대한 제안은 왜 하지 않는가?" 이렇게 말하는 사람들을 정말로 배신자로 정죄할 수 있을까?

리쾨르가 주장하는 이른바 '절망의 윤리'는 필연적으로 모순되는 사랑과 정의 사이를 벌어지게 하는 콘스탄티누스주의적 도덕 자체다. 왜냐하면 콘스탄티누스주의적 도덕은 우선 두 주님을 모시기 때문이다. 콘스탄티누스적 기독교인들이 위치한 상황을 묘사하기 위해서 리쾨르가 적용했던 병행론도 두 주인을 섬길 것을 요청하는 이중성을 강조했다. 즉, 병사가 국가를 구하기 위해 그리스도를 배신하든가, 아니면 양심적 병역 거부자가 그리스도를 증거 하기 위해 국가를 배신하든가 해야 한다. 이런 주장을 통해 간접적으로 국가가 그리스도와 같이 커다란 주님이 되었다는 것을 인정하는 것이다. 만약 콘스탄티누스적 기독교인이 이러지도 저러지도 못하고 있다면, 그것은 그가 국가와 그리스도 사이에 양다리를 걸치고 있기 때문이다. 리쾨르의 '절망(détresse)'은 그가 국가와 그리스도 사이에서 선택에 이르지 못한 것에서 시작됐다. 그러므로 그에게 국가는 하나의 우상이 됐다. 국가는 더 이상 성서의 하느님의 법에 복종해야 하는 하느님의 대리 국가가 아니다. 복음의 윤리가 존재하지 않기 때문에 몰록(Moloch)의 국가가 됐다. 사람들은 예수 그리스도의 종으로 계속 복무하기를 원했다. 우리는 이곳으로 다시 돌아와 예수 그리스도가 주권자 되는 것을 재발견할 필요가 있다.

5. 강요와 폭력 사이의 임계점

어떤 강제권도 없고, 어떤 힘도 행사하지 않는 사회는 혼동과 자기파멸적 운명에 빠질 것이다. 전적인 무정부주의는 유토피아다. 그러나 강압이란 강력한 수단을 갖춘 국가에 의해 지배되는 사회도 때때로 끔찍스럽고 추악한 범죄를 범한다. 이용 가능한 권력을 마음대로 사용하는 국가가 되기 때문이다. 이것은 강제권을 행사하지 않는 사회가 자기파멸적 운명이라는 것만큼이나 자명하다. 우리는 역사 속에서 이러한 일을 너무 많이 보았다. 성서에 두 예가 있다. 베들레헴 성에서의 무고한 이들에 대한 학살(마 2:16)과 십자가 사건이다. 이 두 사건은 다음과 같은 결론으로 우리를 이끌었다. 물리적 강압을 행사하는 권력은 폭력적 한계를 넘어서지 않는다 해도 예의주시해야 한다. 한계를 넘어선 강제는 파괴자가 되기 때문에 더 이상 수호자라고 말할 수 없고, 오히려 혼동의 원천 자체가 되기 때문에 질서에 대한 보장도 기대할 수 없다. 이때부터 강제는 더 이상 정의를 보호하는 것이 아니라 반대로 부정의를 보호한다. 강제는 더 이상 범죄를 처벌하지 않고 범죄를 확대할 뿐이다. 신학자의 많은 잘못 가운데 가장 큰 잘못은 (리쾨르 자신도 피하지 못한 잘못이 있다) 다음 이론(thèse)에 스스로 만족하는 것이다. '국가는 힘을 사용하지 않을 수 없다.'에 대한 반대 이론을 잊어버렸을 때, '국가는 자주 힘을 남용한다.' 그리고 종합하려 노력도 하지 않고, '남용의 시작을 표시하는 한계가 어디에 있느냐?'고 도리어 묻는다.

어쩌면 다른 형식으로 같은 것을 말할 수 있다. 강도질을 강도질로 막는다. 이것은 강도질을 줄이는 것이 아니라 강도질을 확대시키고, 합법화시키는 것이며, 일반화시키고 제도화시키는 것이다. 이것에 대한 최고의 예는 알제리 전쟁이다. '1954년 12월 1일 유럽인을 학살한 것에 대한 보복으로 알제리 전쟁이 시작됐다.'는 (물론 반박할 만한 것이지만) 프랑스 측 주장을 인정해보자. 그것은 순전히 반인류적 범죄다. 이에 대한 알제리인의 저항은 반-범죄였고, 또 다른 학살의 원인이 됐다. 학살에서 학살로 이어졌고, 범죄에서 범죄로 이어지면서 범죄의 일반화가 일상이 됐다. 어떤 군 장성은 현기증을 느끼는 지점에까지 이르렀고, 프랑스 대통령은 범죄적 행위라 할 수 있었던 벤 벨라(Ben Bella)[1]와 아르구(Argoud)의 납치들을 비호하는 지경까지 이르렀다. 알제(Alger)시에서는 약탈이 일반화됐다. 무장 강도, 요인 암살, 폭탄 테러, 체제 전복 등이 그러하다.

우리는 '국가가 힘을 사용하지 않을 수 없다.'는 논리적 정답(théorème)을 거부하거나 반박할 수 있으리라고 생각하지 않는다. 그렇다면 어디에 정당한 폭력의 한계를 위치시켜야 할까? 합법적 강제와 비합법적 폭력 사이의 경계를 어디에 세워놓을 것인가? 의심의 여지없이 우리는 여기서 문제의 핵심을 만난다.

0부터 100까지 지시하는 바늘이 있는 압력계를 가정해보자. '0', 그것은 어떤 강압도 없는 사회적 상황이다. 국가도, 법원도, 공안경찰도, 법률도, 징계에도 강압이 사용되지 않는 상태다. 나는 이러한 상황을 이상적이라 생각한다. 우리 모두가 이러한 상황이 이상적이라는 평가에 동의할 것이라 생각한다. 또한 강제 수단을 가지고 있는 사람들이 생각하듯이 이러한 상황이 실현할 만하더라도 점점 더 나빠질 것이라고도 생각한다. '100', 그것은 국가가 너무도 심각하게 강압, 군과 경찰력을 남용해 절대 악과 악마적 파괴를 너무도 쉽게 범하는 사회적 상태다. 대량 살상, 죽음의 캠프, 원자폭탄 등이 실행되는 사회적 상황 말이다. 그렇다면 넘어서면 안 되는 것을 표시해주는 붉은 마크의 경계 구간을 어디로 해야 할까? 다시 말해, 한 사회의 최적의 상황이 악을 제압하기 위해 충분히 강력하고도 강압적 수단을 가졌으나, 악을 번성시키거나 가중시키지 않기 위해

---

[1] 1956년 10월 22일, 프랑스는 벤 벨라(Ahmed Ben Bella)와 다른 4명의 알제리 반군 지도자가 탄 비행기를 납치해 그들을 구속했다. 벤 벨라는 1962년에 풀려났고, 1963년에서 1965년 사이의 알제리공화국 대통령이 됐다.

서 충분히 자제하는 임계점은 어디인가?

'20과 30' 사이를 넘어서지 않는 임계점을 설정하자고 제안한다. 사실 생각한 것보다 훨씬 빠르게 임계점에 다다를 것이다. 임계점 이란 공권력을 실행하는 공무원들이 (그들이 경범죄를 범한 사람에 게도 물리적 힘을 가하고 있을 때라면) 범죄자의 인격을 존중하기 를 중단한 것이고, 그를 업신여기고 깔보기 시작하는 지점이다. 임 계점은 인간의 인격에 대한 존중이다. 엠마누엘 무니에(Emmanuel Mounier)[1]의 철학 속에 인간의 인격적, 법률적 그리고 사회적 존 중과 그 내용에 대한 모든 필요한 요소가 들어 있다. 교회는 신중하 게 유엔의 인권선언을 따르는 것이 좋다. 특히 인간존중 개념은 거 부할 수 없고, 견고한 성서적 근거를 가지고 있으며, 그것을 연구할 만한 충분한 가치가 있다.

경찰의 매우 유감스러운 공무수행을 '40'에 (이미 임계점을 넘어 섰지만) 위치시키고 싶다. 사람들은 경찰의 공무수행을 "무저항자 에 대한 폭력 행위(Passage à Tabac)"로 부르곤 했다. 의심할 것도 없 이 무저항자에게 폭력을 휘두르고, 폭력에 관용을 베풀고, 준엄하 게 처벌하는 대신에 눈감아주는 이들은 경찰의 폭력적 공무수행이 공적 영역에서 경찰과 사법경찰에 대해 유익한 경외(공포)감을 고 취시키는 데 기여한다고 보고 있다. 그러나 네 가지 이유 때문에 순 수하게 그 경외감을 사회 질서의 파괴로 생각한다.

1. 우선 아주 매우 심각한 일이다. 아직 용의자들이거나 혹은 범

---

1) 임마누엘 무니에, 《인격주의에 대한 글쓰기》, 《다시 태어나게 하는 것》. Emmanuel Mounier, *Écrits sur le personnalisme*, Paris; Seuil, 2000; Refaire la renaissance. Paris: Seuil, 2000.[N.d.E]

죄인으로 추정되는 의심 수준에 있는 사람들이 판결이 있기 전에, 그리고 누명을 벗을 기회를 가지지도 못한 상태에서 처벌되기 때문이다.

2. 다음으로 아주 심각하고 해로운 일이다. 육체적 처벌이 법에 의해 철폐되었음에도 실행되는 것은 이유가 있다. 육체적 처벌의 실행이 마치 법의 보증인 것처럼 여기는 사람들에 의해 용인됐거나 진행됐기 때문이다.

3. 그리고 사회에는 놀라운 일이다. 비공식적으로 말하자면, 경찰들은 벌 받지 않을 것이라는 전제 하에 폭력적 행위를 하는 비열함을 보여주었다. 이를 테면, 3~4명의 경찰들이 스스로를 방어할 수 없을 뿐만 아니라 방어권 자체도 갖지 못한 불행한 사람을 주먹으로 때리고 짓밟는다. 이러한 비열함은 경찰 자체가 초래한 도덕적 저하이며 사회 전체를 타락시키는 요소다.

4. 끝으로 '무저항자에 대한 폭력 행위'는 고약한 마지막 결론에 이르고 있다. 그것은 공포를 증가시켜 시민정신을 파괴시키는 데 동참하는 것이다. 시민들은 무저항자가 겪은 물리적 폭력을 자신이 당하지 않기 위해 반대파 정당 가입을 회피하고, 권력에 비판적인 의견을 드러내는 것을 회피하며, 최종적으로 개인적 입장을 가지는 것도 꺼려한다. 이렇게 무저항자에 대한 폭력은 시민적 무기력을 촉발한다. 사실 시민들 가운데 많은 수의 사람들이 말썽이 생기는 것을 원치 않아 공적인 일에 대해 무관심해 한다. 경찰 손에 들어가 하루를 잃어버리지 않기 위해서라면 이것을 이해하라.

'60'에 고문을 위치시키자. 크건 작건 자연적으로 발생한 경찰의 폭력에 대해 지금까지 말한 모든 것이 여전히 사실이다. 하물며 비인간적인 행위로서의 고문에 대해서는 말해 무엇 하겠는가? 무저항자에 대한 폭력 행위는 몇몇의 정상참작을 엄격하게 내세울 수는 있다. 경찰들은 그들의 희생자에게 분노나 두려움을 쏟아 부을 수 있다. 무저항자에 대한 폭력이 끝나고 난 이후, 혐의를 받은 무저항자는 때때로 아주 거만할 수 있고 혹은 엄하게 다스려야 할 만큼 위협적일 수도 있다. 그렇다고 경찰들의 폭력이 해명되는 것은 아니다. 단지 혐오스럽고, 절대적으로 해로운 경찰의 직무수행을 객관적으로 평가하려고 노력할 뿐이다. 그러나 고문과 관련해서 정상참작은 있을 수 없다.

부상과 고통 때문에 희생자를 죽음에 이르게까지 하는 육체적 정신적인 극심한 고통의 문제이기 때문이다. 고문은 매우 자주 죽음으로 이어진다. 고문이 서서히 괴롭혀 죽이는 교묘한 살인이란 것은 분명히 증명됐다. 일반적으로 희생자가 완전히 녹초가 되거나 실신했을 때, 고문은 잠시 중단된다. 그러나 뾰족한 침으로 찌르거나 아니면 그런 도움 없이도 희생자가 다시 의식을 되찾으면 고문은 다시 시작된다. 고문의 기술은 희생자를 죽음 직전으로 끌고 가는 것들로 구성돼 있다. 분명한 것은 고문의 희생자가 모든 것을 말하지 않을 수 없는 두려움에 빠지게 된다는 사실이다. 그래서 매주 자주 그가 충분하게 말했을 때조차 난폭하게 하든지 미리 대비하려는 목적에서든지 고문을 끝까지 행한다. 그러므로 고문은 한 개인이 국가로부터 권리 차원에서 기대할 수 있는 존중과 보호에 정확히 반대되는 것을 대표한다.

고문하는 사람 또한 심리적 피폐함이 적지 않다. 수치심과 양심의 가책에서 오는 정신적 외상뿐만 아니라, 자기 자신 속에서 종교를 말하지 않기 위해 생명에 대한 존중하는 마음, 타자에 대한 존중하는 마음, 그리고 인간에 대한 존중, 도덕에 대한 존중 모두를 파괴한다. 필연적으로 고문을 했던 사람은, 그것이 단 한 번뿐이었다 해도, 스스로를 정당화하고 싶어 한다. 그 결과 그는 파렴치하고 실망스러운 이론들을 내세운다. 그는 그가 했던 것에 대한 어떤 형태의 도덕적 합의에 의해 죄 있다 판결되지 않는 한 목적이 수단을 정당화시켜주었기 때문에 단지 짐승 같은 사람이 될 뿐이다. 현재 프랑스에 위험하고 강력범죄자와 같은 개인들과 고칠 수 없을 정도로 난폭한 사람도 많이 있다. 이것은 알제리에서 대규모로 고문이 실행된 결과다. 특히 유감스럽게도 경찰 조직 가운데 난폭한 사람들을 흔히 찾아볼 수 있다. 많은 난폭한 이들이 순수하지 않아도 되는 경찰에 은신하고 있기 때문이다.

물론 고문을 정당화하는 사람들은 복음의 계획 위에 자리 잡고 있는 것이 아니라 편의주의 영토 위에 있는 것이다. 그것은 그들의 말처럼 후회스러운 직무수행이지만 고문을 하는 직무수행이 자백을 받아 내거나 정보를 얻기 위해 어쩔 수 없는 경우일 수 있다. 그렇다 해도 대다수의 법관들은 고문에 의해 얻게 된 자백에 매우 상대적인 신뢰만 보인다. 더욱이 고문에 대한 정당화를 방편으로 내세우는 것은 경찰이나 법원 쪽에서 볼 때 자신의 무능력이나 나태함을 인정하는 것이다. 만약 자기의 임무를 용이하게 하는 것 때문에 정말 필요했다는 논거라면 어떤 일에 종사하든지 서투른 솜씨, 부정직한 것, 불성실함, 그리고 범죄조차도 정당화할 수 있었을 것이다. 목적이 방법을 정당화한다는 원칙이 용인된다면, 그리고 자신의 업무를 용이하게 할 권리를 인정해 준다면, 성직자조차 그의 사역 속에서 범죄를 범할 수 있다는 말이 된다. 현실 속에서는, 고문은 악마적이고 수긍할 수 없는 직무수행이다. 그럼에도 법률 보호를 소명으로서 여기는 많은 법률가들이 고문에 관대하게 관용을 베풀거나 혹은 고문과 같은 범죄에 대해 눈감아주었다. 법률가들이 이렇게 정의감을 너무 적게 가지고 있다는 사실은 경악스러운 일이다. 경찰이나 직업군인들이 (그들이 고문을 자행했음에도) 면죄부를 받았다는 것은 비통한 일이다. 의심할 것도 없이 고문을 용인하는 나라는 야만을 행사하는 것이고. 또한 도덕을 타락시키는 것이다.

전쟁 때는 얻어야 할 정보가 고문의 구실이 될 수 있다. 때때로 진실하게 처리하기 어려운 경우가 있다는 것을 인정한다. 그러나 모든 직업 속에 난처한 경우들이 있다. 군인의 영광은 어떤 경우에도 범해서는 안 되는 범죄를 범하지 않을 때 군인에게 돌아간다. 국제협약에 의해 금지된 직무수행들 가운데 포로들에 대한 고문은 엄격하게 금지됐다. 만일 당신이 고문을 수행한 당사자라면, 최악으로 여기는 나치당원과 당신을 구별하는 것은 무엇인가? 파렴치한 이론들을 개방적으로 수용하는 것과 혹은 가증스러운 위선에 빠지게 하는 것 사이에서 당신은 더 이상 선택의 여지가 없다.

고문집행이 아니고서도 직무수행을 가능하게 하는 해결책들이 있다. 고문집행은 늘 편의주의적 해결책이다. 고문은 늘 왜곡된 관점의 정부조치에 활기를 불어넣고, 장기간에 걸친 사회의 현실적

이익을 존중하지 않는 악랄한 계산이다. 예를 들어 마수(Massu) 장군은 고문을 산업화하면서, 알제(Alger)시 전투에서 승리했다. 그 승리의 결과로 한동안 테러리스트의 테러행위가 실질적으로 사라졌다는 것 또한 사실이다. 그러나 마수 장군은 알제시 전투엔 승리했으나, 그는 알제리를 잃었다. 이러한 더러운 잔혹성 때문에 분개하고 겁에 질린 상태의 알제리 민중은 민족해방전선(FLN)의 편에 섰다. 그러므로 고문과 관련한 이 현실주의를 더 이상 자랑하지 않기를 바란다. 고문은 히틀러에게도 프랑스의 히틀러 아류들에게도 좋은 결과를 가져다주지 않았다는 결과들은 충분히 설득력이 있다.

사형집행을 '80'에 위치시키자. 사형집행은 다음 장에서 다시 논하겠다. 끝으로 전쟁의 자리는 '100'이다. 이것은 절대 악이다. 사람들은 학살과 파괴를 일상으로 저지르고, 국가적 그리고 기계적 범죄는 어떤 유의 집단적 잔혹함의 광기가 되고, 하느님의 뜻과 각 사람들의 이익들이 총체적으로 무시되고 짓밟히는 그런 절대 악이 된다. 호기심 많은 일로, 호전적 이교도주의가 너무도 쉽게 추종자들의 마음을 사로잡는다. 더 많은 이들이 타락하게 될 것이고, 독자들 가운데도 있을지 모르겠다. (그렇게 많은 '영웅적 덕목'을 근원으로 한) 전쟁을 압력계의 가장 끝에 위치시켰다. 그곳은 터질 위험이 있는 곳이다. 왜냐하면 하느님의 분노를 더 이상 촉발할 수 없기 때문이다. 그곳은 터질 위험이 있는 곳으로써 하느님의 분노가 촉발되는 곳이다. 우리는 이러한 전쟁이 일어나는 순간 충격에 사로잡히는 이들을 위해 기도할 것이다.

3장

사형제도

1. 십자가

a) 어떻게 오늘날의 기독교인은 하느님의 아들이 최고형을 받았던 십자가 사건을 상기하지도 않은 채 사형에 대해 말할 수 있을까? 이 사건은 하느님 아들의 내면에서도 치욕적이었다. 그러나 믿음은 이 사건에서 어떤 필연을 알게 해준다. 사람의 아들로서 역사적 예수는 최악의 모욕을 감내하는 것이 필요했다. 그래서 마치 솥단지에 넣으려고 닭의 목을 냉혹하게 비틀었던 것처럼 그가 죽임을 당했다. 그것은 어쩔 수 없는 필연이었다. 예수는 자기 자신이 먼저 인간적 파멸의 가장 깊은 심연으로 내려가지 않고서는 우리의 구원자가 될 수 없었다. 그가 우리를 그곳에서 되찾기 위해 오셨기 때문이다. 그렇기 때문에 하느님의 아들은 그의 하늘 아버지로부터 총체적으로 분리되어야 할 필요가 있었다. '나의 하느님, 나의 하느님,

어찌하여 나를 버리셨나이까?'(마 27:46)

또한 예수는 인간으로부터 완전히 구분되고, 그들에 의해 가장 잔혹한 방식으로 버려졌어야 했다. 인간의 오만한 폭력에 의해 완전히 사라졌어야 할 필요가 있었다. 그것은 우리의 구원에 필연이었다. 그러나 이 구원이 십자가 사건의 끔찍함에서 어떤 것도 경감시키지 못했다. 끔찍한 것은 예수를 정죄해서 그의 신성을 유지하지 못하게 했다는 점이다. (군중들은 예수의 사형집행을 실행에 옮겼다!) 그리고 그를 죄인의 상태로 만들었다. (군중들은 예수를 죄수 취급했다!) 우리가 스스로를 이런 스캔들에 자리 잡게 하는 어떤 편리함 속에는 불경건이 도사리고 있다. 즉, 인간이 예수에게 사형을 선고했다. 이상주의적 경향이 여기서도 다시 나타나는데, 그것은 십자가 사건이 당시의 역사적이고 사회학적인 콘텍스트에서 분리됐기 때문이다. 다시 말하면 예수 그리스도는 경건했으나 인간적 현실로부터 단절된 하나의 추상개념이 된 것이다. 예수는 의도적으로 참혹하게 체형(体刑) 당하는 것을 보여주면서, 죄에 대한 법의 가혹한 속박이 그의 육체에 가해지는 사태를 향해 스스로를 옮겨놓았다. 예수는 아벨의 시대 이후로 모든 인간의 역사에 기록된 모든 사형수, 살해된 모든 이, 학살당한 사람, 짓밟힌 사람들과 자신이 동일화되기를 원했다. 그는 특별히 사형수의 처지에 함께 놓이기를 원했다. 왜냐하면 사형수는 모든 것보다 더 불행한 희생자이기 때문이다. 곧 죽게 될 것이라는 확실성은 사형수를 끝없는 절망에 빠지게 했다. 예수 자신도 이 절망을 겟세마네에서 알았다. '아버지, 아버지께서는 하시고자만 하시면 무엇이든 다 하실 수 있으시니 이 잔을 저에게서 거두어주소서.'(마 26:39) 이런 종류의 완만하고 차갑게 굳어가는 최후의 순간이 야기한 고뇌는 견디기 힘든 고통 속에서 천천히 죽어가는 중환자의 고뇌보다 더 참혹하다. 중환자는 친구들의 보살핌과 방문이 있다. 중환자는 마지막 순간에 다시 차가워진다해도 따뜻하고 생기 있는 친구들의 손을 붙들고 있으면서 임종의 순간을 맞는다. 그러나 예수 그리스도의 고뇌는 자동차 사고로, 혹은 전쟁터에서, 혹은 공중폭격으로 죽은 이들의 최후보다 더 나쁘다. 왜냐하면 이런 죽음의 현장에서 모든 사람은 그들이 의식을 잃어버리는 순간에도 여전히 구원받기를 바라고 그곳에서 벗어날 수 있기를 소망하고 있기 때문이다. 혼자 무기도 없이 사자에게 공격을 받은 사람조차도 저항하고 자신의 방어 본능을 따르는 것에 만족한다.

그러나 사형수는 주변에 적들과 그를 포기한 사람만 있을 뿐이다. 아무도 그에게 손을 내밀지 않고, 어떤 좋아할 만한 현실도, 어떤 도피할 기회도 그에게는 없다. 오히려 그가 사라지게 될 것이라는 변하지 않는 확실성만 있을 뿐이다. 예수는 사형수와 같은 그런 상황에 처하기를 원했다. 그래서 예수는 상실의 가장 깊은 끝에서 우리를 찾으러오려고, 그리고 우리들 가운데 가장 불행한 처지로 있으려고 가장 절망한 사람들과 동일하게 되기를 원했다. 만약 예수가 사형수의 가장 비극적인 것들과 우리의 삶의 조건을 하나로 연합시키면서 사형수가 되기를 자청했다면, 이것은 우리에게 전율이다. 왜냐하면 사형수 안에서 최후 순간까지 함께 고통당하는 그리스도의 현존이 구분되기 때문이다. 기독교인은 이러한 관점에서 사형제도 문제에 접근해야지, 법률적이고 사회적인 냉혹한 익명의 사변으로 의해서 접근해서는 안 된다.

b) 그렇다면 사람들은 어떻게 자기들의 구원자를 죽이는 일을 감행한 것인가? 예수는 법률에 따라 정식 법정이 정한 사형선고를 받았다. 인간적 정의가 예수에게 적용됐다. 그러므로 여기서 우리는 어떤 명백한 부정의가 정의의 이름으로 저질러진 것을 확인할 수 있다. 총독 빌라도는 자신이 세 번에 걸쳐 무죄라고 선포했던 사람에 대해 사형을 선고하지 않았던가! 이것은 인간적 정의에 대한 가장 현실적인 세상을 보여준다. 물론 빌라도가 법관들 가운데 최고였다고 생각할 어떤 이유도 없다. 그렇다고 그가 다른 이들보다 최악이었다고 볼 이유는 더더욱 없다. 그래서 만약 한 법관(당시 빌라도는 실질적으로 능력을 인정받는 자였다)이 이러한 실수를 범할 수 있다면, 이런 인간의 판결을 완전히 신뢰할 수는 없다. 이것이 무엇을 의미하는가? 판관의 손을 거치지 않을 수 없음은 분명하다. 그러나 너무 쉽게 과오를 범할 수 있는 한 사람 혹은 한 재판관 손에 사형과 같이 중차대한 사건을 맡기는 것은 신중하지도 합리적이지도 않다. 언제든지 징역으로 되돌릴 수 있어야 하지 사형집행으로 가서는 안 된다.

당시 빌라도는 예수가 실질적으로 로마의 지배에 어떤 정치적 위험도 되지 못한다는 것을 아주 잘 이해한 것으로 보인다. 그런데 왜 그는 왜 법정 최고형을 선고했을까? 대답은 간단하다. 빌라도가 예수에 대항해 흥분한 군중의 압력과 대제사장들에 양보했기 때문이다. 그리고 동시에 유대 사람들은 빌라도에게 일종의 협박을 했다.(요

19:12) 오늘날에도 여전히 아주 자주 정의가 압력 단체들의 압력과 정부 자체에 의해 영향을 받는 일이 있지 않은가? 정의는 언제나 많든 적든 계급에 의해, 그리고 정당에 의해, 때때로 인종에 의한 어떤 하나의 정의이지 않았는가? 이것이 법관에게 의심스럽고, 결정적이고 돌이킬 수 없는 형벌인 사형만큼은 선고하게 해서는 안된다고 평가하는 이유다.

2. 십자가 옆의 두 번째 강도(눅 23:43)

시선을 가볍게 오른편으로 돌려보자. 예수 옆에서 죽어가고 있는 다른 사형수를 볼 수 있다. 교리적 해석은 그를 '선한 강도'라 불렀다. 그렇기는 하지만 우리는 새로운 모순을 그 두 번째 강도의 경우에서 확인했다. 빌라도는 그에게 사형을 선고했다. 그러나 예수는 그에게 최초로 천국의 문을 열어주었다.(눅 23:43) 인간의 법원은 그에게 사형을 언도했으나, 하느님의 법원은 그를 총체적으로 무죄석방했다. 인간적 정의가 정말로 하느님의 정의와 합일되기를 소망할 뿐이다. 이것이 너무 지나친 요구일 수도 있다. 그래도 그렇게 되었으면 한다. 인간의 법과 하느님의 법이 상반된다는 것은 자명하다. 그런데도 인간적 정의는 어떤 사람에게 자기 형제들을 판단할 권리를 주고, 그것을 정당화(justification)했다. 성서는 곳곳에서 이웃을 판단하지 말라고 권고하고 있다. 인간적 정의는 하느님의 정의를 담아낸 표상(signe)일 뿐이어서 상대적이고 잠정적인 활동에서 신성한 정의를 생각해야만 한다.

여기서 우리는 인간들에 의해 부과된 징벌들이 결코 돌이킬 수 없거나 절대적이지 않다는 것을 알게 된다. 인간적 정의는 단지 일시적이고 상대적인 것에 머무는 동안에 최후의 심판을 기다리며 땅 위에 약간의 질서를 세우고, 훼손을 제한하고, 인류에게 선과 악에 대한 자기의 길을 추구하게 하는 것 말고 다른 소망이 없다는 것을 보여준다. 그러나 인간의 법관들이 사형선고 권리를 차지했던 순간부터, 그들은 하느님의 종으로서의 사역에 허락된 한계를 교만하게 넘어섰다. 다시 말해 하느님만이 그의 피조물에 대한 생명과 죽음의 권리고 가지고 있다. 그러나 법관들은 이 사실을 무시하고 그 권한을 취한 것이다. 한계는 또 다른 이유에서도 넘어서게 된다. 구금이 어떤 행위에 대한 징계라면, 사형은 어떤 사람 자체를 총체적으로 해롭거나 교화될 수 없는 존재로 판단한다. 필연적으로 이러한 판단 속에는 교만하고 옹호할 수 없는 의도가 들어 있다. 사형 판결을 내리는 판관은 더 이상 하느님에게 봉사하지 않는다. 감옥은 합법적 강제의 틀로 남아있다. 그러나 사형은 사람 자체에 대한, 그리고 인간 자체를 소멸시키기 위한 폭력이다. 그래서 하느님은 죄인의 죽음을 원하는 것이 아니라, 회개하여 살기를 원하신 것이다.(겔 18:23)

3. 간음한 여인(요 8:1-11)

간음하다 잡혀온 여인 앞에서 예수는 그의 대적자들게 대답했다. "너희 중에 누구든지 죄 없는 사람이 먼저 저 여자를 돌로 쳐라." 그는 이렇게 말함으로써 명시적인 사형의 합법성을 확인시켰다. 그러면서 예수는 실질적으로 사형이 적용 불가능한 것이라는 점 또한 확인시켜주었다. 이렇게 예수는 함정을 피했다. 예수는 간음한 여인을 정죄하는 것과 율법을 어기는 것 중 하나에 대한 선택을 강요받았다. 어느 쪽을 선택하든 예수 자신이 누군가를 죄 있다고 판결해야 했다. 왜냐하면 유대인의 시선에서는 예수가 간음한 여인을 정죄하는 것 자체가 예수의 패배를 의미하기 때문이었다. 사실 율법학자는 이 여인을 용서하지 않았지만, 역으로 예수의 손에 피를 묻히고자 했다. 동시에 예수가 율법에 대해 반대하는 것도 (율법에 반대하는 것은 죽음에 해당할 만큼 큰 신성모독이었다) 용인하지 않았을 것이다. 그런데 예수가 기발하게 율법학자나 바리새파 사람들이 간음한 여인을 죽이는 것을 금지시키면서 모세의 율법도 재확인시켜주었다.

이처럼 예수는 사형에 대한 합법성을 확인시켜주었을 뿐만 아니라 모세의 율법에 정말로 동의했다. 그러니 '죄의 대가는 죽음이다.'(롬 6:23) 그러나 예수는 즉각적으로 새로운 법률 조항을 소개했다. 오직 죄 없는 사람만이 다른 이의 죄를 징계하라. 한 죄수가 다른 죄수에게 끔찍한 형벌을 내리는 것은 정말 공정하지 못한 것이다. 사형을 선고하고 집행하기 위해서는 절대적으로 죄 없이 순수해야 할 필요가 있다. 앞서 언급한 예수의 발언으로 볼 때, 예수는 판사의 기능에 대한 합법성과 인간 법원의 적법성을 문제로 삼지 않았다. 예수가 부정했던 것은 사형 자체에 대한 합법성이다. 왜냐하면 판사 자신이 죄인이기 때문에 사형을 선고하고 집행하기엔 자격에 문제가 있다. 하느님만이 생명과 죽음을 관할할 수 있다.

이 정도에서 만족할 수 있다. 즉, 죽음의 형벌은 이론적으로 적법하다는 것을 인정한다. 그러나 예수의 가르침대로 상식이 가득한 법 조항에 따른 직무집행 속에서 사형선고가 불가능하다는 것 또한 인정한다. 예수의 물음에 누구도 반론을 들이밀지 못하고 그 자리를 떠났다. 여기서 새로운 의문이 들것이다. 예수 자신은 죄가 없었기 때문에 그 여인을 정죄할 수도 있었다. 예수가 그녀를 정죄했어야 한다고도 말할 수 있다. 이것은 예수의 논리 속에 이미 포함돼 있었다. 알다시피 인간의 정의에 대한 상대성 너머의 절대성 속에서 그 여인은 정말 죽음을 받아 마땅했기 때문이다. 그런데도 예수는 그녀를 정죄하지 않았다.

a) 어쩌면 예수의 태도가 최초의 설명일 것이다. '내가 율법이나 예언서의 말씀을 없애러 온 줄로 생각하지 마라. 없애러 온 것이 아니라 오히려 완성하러 왔다.'(마 5:17) 예수는 그 여인을 정죄하는 것을 거부하면서 율법을 완성했다. 예수가 율법의 진정한 의미와 진실한 관문을 드러냈다. 지금 땅 위에 그리스도의 탄생과 점점 다가오고 있는 그의 희생으로 사형 제도를 폐지하는 새로운 법체계가 시작됐다. 예수는 율법적 요구 앞에서 회피하지 않았다. 오히려 이제부터 예수의 삶과 죽음은 율법적 요구의 완수이며, 피를 흘리는 사형집행은 율법적 요구가 아닐 뿐만 아니라 이제부터 무가치하고 유효기간도 지났음을 이해시키려 했다.

예수는 모세의 율법을 침해하지 않았다. 구약성서를 읽을 때 특히나 우리를 부끄럽게 했던 사형제도에 대한 다수의 위협들에 대한 진실한 의미는 종말론적 의미였다. 만약 이스라엘 민족이 공공연히 하느님의 뜻을 대수롭지 않게 여겼다면, 모세의 율법은 이러한 모든 위협들을 통해 심판의 날에 이스라엘 민족에게 있을 징벌에 대해 경고였다. 위협의 상태로 남아있든지 아니면 집행되었든지 구약성서의 죽음의 형벌들은 최후의 심판의 표상(signe)이었다. 그러나 오로지 구약의 언약 속에서만 발견되는 임시적 징표들이 문제였다. 더 이상 표상이 필요치 않았다. 왜냐하면 예수 자신에 대한 사형 언도는 궁극적 심판의 표식으로서 충분하고도 남는다. 실제로 인간이 하느님의 아들을 정죄하는 것보다 더 참혹한 심판의 표상을 상상할 수 있겠는가? 예수에게 언도된 사형이 모든 구약의 징벌적 표상을 온전하게 완수했다. 그러므로 이제 사형이 우리를 복종하게 했던 징벌적 위협이 아니라 예수 그리스도의 고통에 대한 생생한 기억이 된다. 이제부터 상대적이고 신중하게 내린 감옥살이 판결만으로도 하느님 앞에서 인간의 행위들을 보고하는 데 충분하다.

예수의 강림 이래로 인간의 생과 사의 심판은 예수를 기다리는 데 있다. 생과 사의 심판은 부활하신 그리스도에게 위임된 것이다. "그는 그곳에서 산 자와 죽은 자를 심판하기 위해 다시 오실 것이다." 어떻게 우리가 예수의 심판을 감히 예상할 수 있겠는가? 단지 우리는 그리스도의 결정을 따르는 것이 필요하다. 이렇듯 사형은 기독교인에게 시대착오적 판결이다. 사형이 절대적 징벌이지 상대적이고 일시적인 것이 아니기 때문이다. 하나의 표상도 아니고 비상식적인 기대도 아닌 사형은 인간이 조물주의 결정을 속단해 앞서가는 것이며, 그리스도의 심판의 자리를 절취하는 불경스런 행위다. 어떤 사람의 사형집행에 동의하는 것은, 그것이 어떤 것이 되었든지, 영광 가운데 오실 그리스도의 재림을 부인하는 것이다.

b) 예수가 모세의 율법을 완성한 것은 또 다른 방식의 판결이다. 구약의 언약에서는 죄인의 피만이 인간의 과오를 씻어낼 수 있었다. 모든 사람이 구약의 언약에 근거하여 사형판결을 받게 됐다. 그러나 예수의 은총 가운데, 하느님이 그의 백성에게 은혜를 베풀었다. 사람들은 자신의 죄를 희생제의(犧牲祭儀)로 바쳐진 동물에게 전가시킬 수 있었다. 희생제단 위에 뿌려진 동물의 피는 죄인의 피를 대신했고, 하느님의 용서를 받게 해주었다. 이스라엘 민족에게 희생제의는 중요한 것이었다. 그럼에도 이스라엘 전통에서 보면 간음한 여인의 과오는 희생제의로 돌려놓기에는 너무도 중대한 죄였다. 주지하다시피 밧세바에 대한 다윗의 간음은 자신의 아들의 죽음으로 대가를 치렀다.(삼하 12:20)

이런 맥락에서 예수는 골고다 제단 위에서 곧 죽게 될 것을 알았고, 그곳에서 간음의 현장에서 붙들려 온 여인을 포함해 모든 인류의 죄를 대속할 것이라는 것도 알았다. 여인의 잘못을 사하고 간음의 죄를 속죄한 것은 십자가 위에 뿌려진 예수의 피다. 더 이상 그녀는 죽음의 형벌을 감내해야 할 필요가 없다. 만약 그녀가 죽음의 형벌을 당한다면, 그것은 십자가를 의미 없게 만드는 것이다. 그리스도가 인간의 죄를 대속하려고 강림한 순간부터 죽음의 형벌은 더 이상 적용될만한 것이 못된다. 사형은 무효가 됐고, 더 이상 의미를 가지지 못한다.

죽음 속의 희생들에 주목해보자. 이제 어떤 교회도 희생제의를 지키지 않는다. 믿을 수 없을 만큼 다양한 기독교 종파들이 있음에도, 그리고 이 종파들 속의 어떤 사람들이 정말로 어처구니없는 믿음을 주장했다 해도, 어떤 형태의 희생제를 지키는 공동체는 존재하지 않는다. 이것이 핵심이다. 거의 모든 기독교 교파들이 십자가의 희생을 완전하게 받아들임으로써 모든 희생제를 폐했고 쓸모없게 만들었다. 이것을 망각한 기독교인은 없다. 그러나 십자가 사건으로 모든 희생제를 폐지했음에도 여전히 사형 제도를 유지해야 한다고 주장하는 기독교인들이 있다. 여기에 아연실색케 하는 모순이 있다.

예수는 이 여인을 정죄하지 않으면서 어떤 형태로도 율법을 어기지 않았다. 예수는 양심적으로 율법을 존중했다. 왜냐하면 예수의 죽음은 모든 희생제들에 의한 번제를 끝맺었기 때문이다. 여인의 간음죄를 온전하게 속죄해주는 것은 바로 예수 자신의 희생이다. 예수가 율법을 완수했다는 것을 지지할 수도 있다. 이런저런 범죄에 대해 사형을 규정했던 모세 율법의 모든 본문들은 어느 날 하느님 스스로를 대속의 어린양으로 내어주는 예언적 본문들로 바뀌었다. 이렇게 그리스도의 희생은 세상을 구속했다. 예수는 간음한 여인을 정죄하지 않으면서 간단히 말했다. 하느님의 언약들이 이루어질 시간이 됐다. 이제부터 그리스도의 죽음이 구원하는 유일한 죽음이다.

사형 집행에 동의하거나, 그것에 참여하는 순간, 혹은 단지 사형에 대한 지지자라도 그는 더 이상 진정한 의미의 기독교인이 아니다. 예수가 십자가 위에서 사람들의 죄를 대속했다는 것을 믿지 않기 때문이다. 기독교인에게 사형은 시대착오적이며, 무가치하고, 신성모독이다.

4. 통치자의 칼(롬 13:4)

로마서 13장 4절을 자세히 들여다보자. 바울은 이 본문에서 통치자의 칼에 대해 말했다. 분명히 독자들은 법관의 칼에 반대했던 우리의 바람을 저버렸다. 왜냐하면 독자들이 바울이 사형 자체를 포함한 국가의 폭력을 정당화했다고 생각하기 때문이다. 많은 사람들은 "여러분이 잘못을 저지를 때에는 두려워해야 합니다. 판관이 공연히 칼을 차고 있는 것이 아닙니다."라고 로마서에 기록했을 때 바울이 사형제도를 지지한다고 생각했다. 이것을 어떻게 설명해야 하는가? 바울이 텍스트에서 사형집행에 대한 형식적 암시를 하고 있는가?

정황(contexte)은 이미 우리에게 사형집행의 암시가 없다는 것을 짐작케 한다. 바울은 그들이 세금을 낼 필요가 있다고 주장했고, 두려움을 가지고 권력을 존중해야 한다고 주장했다.(6-7절) 그러나 본문 전체 속에서 볼 때, 그 편지의 독자가 되는 로마의 기독교인들이 어떤 심각한 범법행위 혹은 그들에게 최고의 형량을 부과할 수 있는 어떤 강력범죄도 저질러서는 안 된다는 권면임을 알 수 있다.

바울의 문장에 사형에 대한 설명적 암시가 있기는 한가? 사람들이 알기로, 로마제국의 판관은 빠짐없이 체형을 명령했으나 자신이 직접 체형을 실행하지는 않았다. 채찍질하거나 죄인들에게 체벌을 가했던 이는 하급관리들이었다.(마 27:26-31, 행 16:22, 35, 22:24, 29) 다른 한 편으로 한 시민이 명예로운 범죄로 사형을 언도받는 매우 드문 경우만 빼고 하급관리들은 언제나 도끼를 이용해 형을 집행했다. 이 명예로운 범죄로 인한 사형의 경우에만 칼로 참수할 수 있는 권한이 주어졌다. 여기서 하급관리들의 페소(faisceau, 한 묶음)를 상기하자. 페소는 도끼 주변을 가느다란 막대들로 엮은 도끼집이다. 노예들과 순례자들로 구성된 초대교회 안에는 아주 적은 시민들이 있었을 뿐이다. 만약 바울이 서신을 통해 사형을 암시하기를 원했다면, 그는 "두려워하라. 왜냐하면 집행관이 공연히 도끼를 가지고 있지 않기 때문이다."라고 기록했어야 했다. 판관의 칼에 대해 말했던 바울의 문장을 해석하는 것은 마치 그가 집행자의 도끼에 대해 말했던 것처럼 오해를 불러일으키고, 약간은 억지스럽고 약간은 편향적인 주석으로 보인다. 사람들은 그들이 본문에서 보고 싶은 것을 본문 안에서 찾는다.

그러나 결국에는 칼이 언급됐던 순간부터 국가의 사법조직에 의한 살인적 폭력이 정말 문제라고 말할 것이다. 바울이 그것을 증명하지 않았는가! 칼은 그래서 이러한 폭력의 상징이다. 단지 상징에 대한 이러한 관념이 우리를 불편하게 한다. 자연적으로 바울이 언급했던 칼에서 국가에 의해 인명이 위해당할 수 있는 폭력의 상징을 보았다면, 폭력을 고양시키려는 모든 철학을 이해할 수 있을 것이다. 또한 하늘의 뜻은 아니지만 대법관의 칼에 대한 바울의 유일한 언급 덕택에 모든 폭력을 빠르게 정당화시킬 수 있었다는 것도 이해할 수 있다. 하지만 우리를 불편하게 하는 것은 성서가 눈에 보이는 증거에 의해 역사(役事)하지 상징들에 의해 역사하지 않는다는 점이다. 요한계시록 외의 성서 속에는 아주 작은 약간의 상징이 있을 뿐이다. 당연히 필요한 폭력을 영광된 것으로 만들면서, 그리고 칼을 주인의 한 부분으로 만들면서 모든 것을 기독교 사회학의 영역으로 편입시키는 것은 철학자에게 매우 강력한 유혹일 것이다! 그러나 성서는 철학 책이 아니다.

여기서 로마서 13장에 대한 해석을 선택해야 한다. 즉, 바울이 판사의 검에서 피가 흐르는 폭력의 상징을 보았고, 그렇게 많이 가지고 있기를 원했던 폭력에 대해 바울 자신이 모든 현실주의적 철학에 동조했다. 이러한 해석을 선택하든지, 아니면 바울이 아주 단순하게 판사의 검에서 다스리는 자의 권위와 권력의 표상을 보았다는 해석을 선택하든지 해야 한다. 두 번째 경우를 따르면, 사형을 조금도 암시하지 않은 채 "조심해라. 그는 너를 준엄하게 벌줄 방법들을 가지고 있다."라고 아주 평범하게 말하고 싶었을 것이다. 독자는 우리의 선호도가 두 번째 해석에 있다는 것을 이해했을 것이다. 왜냐하면 상징의 철학적 개념에 대해 신뢰하지 않기 때문이다. 상징의 철학적 개념은 바울의 생각을 왜곡시킨다. 또한 두 번째 가정은 간단한 상식에도 부합한다. 바울의 어조는 친밀한 권면의 어조이지, 내가 알지 못하는 어떤 난해한 신비에 대한 철학적 입문이 아니다.

바울 사도가 통치자가 차고 있는 칼을 작은 일이 아니라고 인정했다고 사람들은 말할 것이다. 이것에 대해 바울 사도가 칼을 차는 것에 반대하지 않았다는 사실보다, 그가 말하는 데 더 신중했다는 것에 주목해야 한다. 말의 섬세한 의미 차이가 실제로 존재한다. 하여간 바울이 인정했던 것은 통치자의 처벌 직무이지, 직무에 대한 방법이 아니다. 바울은 형벌의 윤리적 합법성을 선포하지 않았다. 그는 단지 로마의 기독교인들에게 법관은 하느님에 의해 악을 행했던 사람들을 처벌하는 임무를 맡았다는 것을 상기시켰고, 법관이 차고 있는 칼은 처벌할 수 있는 그들의 힘의 표시라는 것을 알려주었다. 그러나 바울은 절대로 사형에 대한 사회학적 합법성을 말하지 않았다.

더욱이 여기서 바울은 분명히 로마의 이교도 재판관에 대해 말하고 있다. 결단코 기독교 판관에 대해 말했다고 속단해서는 안 된다. 그가 기독교 판관에 대해 말했는가? 이 문제가 그의 정신에서 제기된 문제라고 가정할 때, 그것은 의심스럽다. 이교도 재판관이 차고 있던 칼에 대한 친숙한 비유로 논리를 만들면서 필연적 폭력의 필요성에 대한 기독교 윤리를 정립하려는 것은 매우 당혹스럽다. 이런 이론의 기본적인 논거는 다음과 같다 : 이교도 재판관은 칼을 이용할 수 있는 권리를 가지고 있고, 기독교 재판관 역시 같은 권한을 가지고 있기 때문에 칼을 이용하는 것이 문제될 것이 없다. 그러나 폭력의 필요성과 칼의 착용을 동일한 것으로 보는 이런 사고는 순전히 소피스트적 궤변이다. 전제가 틀렸고, 중간 매개도 없으며, 결론도 틀렸다.

이러한 이성적 추론이 단지 철학적 궤변이라는 것은 자명하다. 더욱이 올바른 기독교 윤리가 아니라 율법주의를 배경으로 하고 있다. 실상은 바울 사도의 글쓰기에 기대어 하나의 사도적 허가나 묵인을 받아내는 것에서, 사람과 그리스도의 사역에 어떠한 연결도 없는 일반법을 만들어냈다. 이 일반법은 스스로 혼자서 도출된 것이고, 언제나 믿음이나 믿음의 대상이었던 그리스도에 근거를 두지 않았음에도 자동적으로 유효하게 됐다. 하나의 성서 구절 위에 하나의 도덕을 세우는 것은 인정할 수 없는 율법주의를 구성하는 것이다.

이점에 대해 결론짓기 위해서, 우리는 다시 바울 사도가 집중한 태도(기독교인들이면 정치적 권위들을 향해 지녀야만 하는 태도)에 대한 몇몇 성서 구절들이 두 단락 사이에 삽입되었다는 것을 알아야 한다. 이때 두 단락은 기독교 윤리가 엄격한 비폭력 윤리임을 분명하게 보여주었다. 거기에 악에 선으로 대답해야 할 유일한 문제가 있고, 이웃에게 악을 행하지 말아야 할 문제도 있고, 특별하게 살인하지 말아야 할 문제도 있다.(롬 13:9) 우리는 이교도 재판관의 칼에서 이러한 유일하고 불행스러운 작은 암시를 이용해 현실의 의미를 비틀어버린 이후 충격적으로 전복시키고 또 모든 복음적 윤리를 산산 조각내었던 전통적인 콘스탄티누스주의 신학을 알고 있다. 마치 이교도의 칼의 암시만으로도 바울이 로마서 12~13장 전체 속에서 기독교인들에게 구체화했던 모든 것을 거부하고 소멸시켰다. 이것은 우리가 보기에 도를 넘어서는 부당함이다.

5. 사형을 일벌백계로 삼음

독자들 가운데 어떤 이들은 사회질서를 지키는 데 사형이 필요하다고 지지할 것이다. 교회 역시 이런 세속적 규범과 편견 때문에 사형제도를 지지하는 경우가 있다. 그러나 최고 형, 사형의 필요성을 증명할 수 있는가? 또 증명한 경우가 현실에 있기는 한가?

여기서는 사형제도 철폐[1)]에 대한 긍정적 입장을 가지고 그것을 원용(援用)했던 모든 사회학적 논쟁들에 답하지는 않을 것이다. 사실 현실주의자는 사형제도 폐지의 정당성을 인정하지 않는다. 그런데 한 명의 무고한 사람에게 사형을 집행할 위험성이 상존하고 있고, 사형판결을 받은 이들의 대부분이 어쩌면 사회에 의해 교정될수 있을지도 모를 일이다. 그럼에도 현실주의자는 제도의 폐해로 발생하는 희생을 염두에 두지 않는다. 오히려 국가나 부자들의 이익에만 사로잡힌 경우들이 대부분이다.

이번 논의에서는 사형제도를 통한 본보기 삼기에 대한 문제에 집중할 것이다. 왜냐하면 사형제도를 유지시키는 데 힘을 실어주는 유일한 논리가 본보기 삼기 외에 아무것도 없기 때문이다. 사형은 사람들 가운데 범죄가 일어나기 전 범죄자가 경각심을 갖게 하는데 목적이 있다. 따라서 사형제도가 폐지되면 범죄 행위가 증가할 것이라 주장한다. 이러한 생각은 그 자체로 말이 안 되고, 몇몇 경우에만 유효할 것이다.

알려진 바대로 이른 아침 교도소 안마당에서 참수형이 공개적으로 집행된다. 이것은 역으로 사형제도의 존속을 주장하는 이들이 본보기 삼음에 대해 신뢰하지 않는다는 증거다. 만약 사형집행이

---

1) 프랑스는 1980년 9월 30일 당시 법무부 장관이었던 로베르 바딘터(Robert Badinter)의 제안에 따라 사형제도를 프랑스에서 철폐했다. 그렇다고 라세르가 여기서 주장하고 있는 사형집행 문제가 현재 상황이 아니라는 것은 아니다. 사형에 관한 논쟁은 여전히 대부분의 나라에서 요란스러운 행동으로 존속하고 있다.[N.d.E]

범죄율을 감소시키는 결과를 가지고 있다고 한다면 사형제도를 철폐한 나라와 존속시키고 있는 나라들의 범죄발생률에 차이가 있어야 한다. 그러나 그런 보고는 어디에도 없다. 사형제도의 유용성에 대한 주장은 단지 논리에 지나지 않는다는 것을 보여주는 것이다.

범죄에 대해 의심해야 하는 것은 심리적 영역에서이다. 진정으로 계획된 범죄는 적다. 대부분의 경우, 범죄자들은 다양한 정념들의 충격 아래 일어난다. 즉 분노, 시기, 광기, 술 취함, 두려움 등이다. 이러한 감정들은 이성이 전혀 작동하지 않는 과잉흥분 상태에서 일어난다. 이와같은 상황에서, 법정 최고형에 대한 두려움이 범죄를 멈추는 데 도움을 줄 것이라는 희망은 완전히 비현실적이다. 이성이 작동하지 않음을 기억해야 한다. 잔혹범죄에 대해 말하자면, 대부분의 사람들은 잘 알고 있거나 혹은 잔혹범죄를 저지르지 않을 것이다. 그들이 잔혹범죄에 대해 모든 필요한 예방조치가 취해지고 있다고 생각하기 때문이다. 그도 아니면, 그들의 사건이 중재재판소에 오게 됐을 때, 범죄의 희생자가 너무 많은 피해를 입었다는 것을 너무도 잘 알고 있기 때문이다. 사형제도 속에 적용된 죽음의 위협은 두 경우에서 작동하지 않는다.

단두대의 두려움이 범죄 모의자의 실행을 중단시킬 것이라는 생각은 사람들이 자기 보존본능에 근거한 것이다. 그러나 각 사람에게 파괴본능 역시 있다는 것을 잊어버린다. 타자에 대한 파괴 혹은 자기 자신에 대한 파괴의 문제가 되고, 파괴본능이 보존본능보다 훨씬 더 강력하다. 이에 대한 증거로서 자살이 자주 일어나고 있고, 특히 어떤 젊은 여인이 그녀의 어린 아이들을 자신의 죽음에 연루시키는 가슴 아픈 경우도 자주 일어나고 있다. 그래서 보호본능만을 염두에 둔 결정을 하면서 판단착오를 범하게 된다. 게다가 사형언도는 진정시키고 흥분을 멈추게 하는 것이 아니라, 오히려 격앙되게 하는 역할을 수행한다는 점에 유의해야 한다. 예를 들어 언론에 시시콜콜 보도되는 중대범죄자가 때론 영웅으로 인식되고, 평범한 사람을 범죄자로 전진시킬 수도 있다. 또 어떤 이는 특별한 누군가가 되는 유일한 방법으로 자살을 택하기도 한다. 마찬가지로 단두대에 대한 두려움을 가지고 있지 않다는 것을 증명하고 싶어 하는 심리처럼, 무능한 사람으로 취급받는다는 두려움이 어떤 이들을 범죄의 극한으로 몰고 갈 수 있다.

사형은 현실적으로 비인간적이고 원시적인 관습이다. 사형은 미개 사회의 합리성 없는 감정에 속한 것이다. 그것은 때때로 병자를 죽임으로서 병을 없앴을 수 있다는 믿음에 근거를 두고 있다. 게다가 우리는 사형이 죄에 선행할 뿐만 아니라 다른 이유로 죄를 유발한다고 생각한다. 국가가 죄수에 형을 집행했을 때, 국가는 죄를 범한 죄인이 살만한 자격을 가지고 있지 않다고 공개적으로 포고한다. 그렇기 때문에 그를 죽인다. 그러나 같은 논리를 범죄자 자신이 말하고 있다. 범죄자는 희생자가 살 자격이 없다고 말한다. 그리고 이제 단두대 앞의 범죄자는 스스로에게 살 자격이 없다고 말해야 한다. 이 이상함은 무엇인가? 그리고 범죄자를 제거할 때 사회에 도움이 되는 것은 무엇인가? 국가가 행하는 형 집행을 개인 역시 자주 이용한다. 국가가 정당하다면 힘을 가진 개인도 정당하다고 생각하기 때문이다. 국가가 본보기 삼고자 했던 것을 개인도 그리했다는 말이다. 국가는 야만적 관습을 유지하면서 국가를 불편하게 하는 사람들을 죽이는 것으로 사람들의 야만적 품행을 장려하고 정당화하고 있다.

이제 이번 장의 결론을 내자. 사형집행은 인간을 신뢰하지 않는 극단의 징벌이다. 그것은 고문이나 강간보다 끔찍한 최악의 폭력이다. 고문기술자는 여전히 그의 희생자와 어떤 종류의 대화를 유지했고, 시스템적으로 희생자를 죽이는 것을 목표로 하지는 않는다. 강간하는 범죄자는 그의 희생자를 가증스럽게 이용하지만 자신의 짐승 같은 본능이 수그러들었을 때 희생자를 죽이려고 노력하지 않으며, 가치를 떨어뜨리려 하지도 않는다. 그는 때때로 매우 정중하게 희생자 곁에서 사과를 한다. 그러나 사형은 근본적으로 인간을 경멸하는 것이다. 까뮈(Albert Camus)의 표현을 빌리면, 한 사람을 둘로 자르는 것, 혹은 사람을 여과기에 통과시키는 것은 마치 우리가 직접 우리 눈으로 그것을 보았던 것처럼[1] 순전히 인간에 대한 경멸의 행위다. 그래서 국가가 경멸의 본보기를 인간에게 가하는 것은 매우 위험스럽다. 끈기 있게 기독교인은 여기서 '사랑만이 인간의 문제들을 해결할 수 있다.'고 되풀이해서 말해야 한다.

---

1) 라세르는 여기서 간결하게 트라우마적 경험을 암시했다. 그는 나치점령이 끝나고 해방된 프랑스의 모뵈즈(Maubeuge)에서 목사로 일할 때 독일에 부역한 자들을 위해 국선변호사와 같은 역할을 했다. 그때 그는 그들의 사형집행을 강제적으로 참관해야만 했다.

4장

전쟁에 대한 짧은 역사 이야기

'전쟁'이란 말에는 매우 다른 현실이 포함돼 있다.

전쟁에 대한 역사 발전 속에서 서로 다른 현실을 구별하려는 시도는 무용한 일이 아니다. 전쟁 현상의 과도한 이상화 때문에 우리가 희생자가 되지 않기 위해서, 그리고 전쟁 현상이 기독교 신앙에 배치된다는 점에서 이러한 구분은 필요하다.

전쟁 발전과정의 4단계는 역사의 장면 위에서 연속적으로 나타났고, 한 번도 완전히 사라졌던 적이 없다. 지구의 저개발 지역이라 부르는 어떤 곳에서만 전쟁이 없었을 뿐이다.

여기서 묘사하게 될 4개의 연속된 이야기는 일종의 푸가(fuga)와 같다. 이들 이야기들 가운데 각각의 것은 전쟁 현상에서 정말 특별한 모습을 보여줄 것이다.

1. 라치아(razzia, 약탈)

라치아(약탈)은 역사 이전에 출현했고, 인류가 알고 있던 첫 번째 형태의 전쟁이다. 한 마을이나 한 부족이 다른 마을이나 여행자의 마차를 강탈하기 위해 떠나는 난폭한 유혈 원정과 관련이 있다. 마을 사람이나 한 부족이 원정을 떠나게 된 것도 따지고 보면 배고픔과 필요 때문이었다. 이 원정대는 다른 마을 혹은 여행자의 소떼와 여자들 그리고 비축된 식량들과 때때로 우물을 빼앗기 위해 공격했다. 때로는 복수를 위한 원정이기도 했다. 구약성서의 첫 번째 부분은 이러한 원정에 관한 이야기로 풍부하다. 약탈에 대한 가장 고전적 예들 가운데 하나는 사무엘상 30장 안의 시글락(Tsiklag) 사건이다.

약탈은 아주 초보적이고 원시적인 폭력이었다. 미리 계획하는 것은 매우 상대적이고 때로는 의미도 없었다. 작전은 직업적 군인들에 의해서가 아니라 당시 상황을 비추어 보면 무장을 했던 농부 혹은 양치기에 의해 수행됐다.(창 14:14) 사막의 길 위에서 강탈하는 것 혹은 큰길에서 떼강도가 역마차를 습격하는 것, 혹은 은행에서 무장 강도짓을 하는 것은 마치 아프리카의 커다란 맹수가(이 야수들은 배가 고플 때 공격을 하고 그들이 포식했을 때 평화롭게 늘어져 있다) 공격하는 것과 유사했다. 이러한 약탈은 아주 야만적이고 노골적이었다. 저항하는 사람들은 죽임을 당했다. 죄책감 없이 이러한 일이 이루어졌다. 뒤따르는 전쟁의 유형과 비교할 때, 이런 종류의 공격은 일종의 천진난만함이다. 약탈의 특성은 가능한 가장 최소한으로 재물을 파괴했다는 점이다. 왜냐하면 자신들이 이 재물을 사유화하고 싶어 했기 때문이다. 그래서 가축, 음식, 기대했던 전리품 등의 모든 것을 귀하게 여겼다. 특히 약탈자는 여성과 아이들을 그들의 첩이나 종으로 삼고 싶어 했기 때문에 귀하게 여겼다. 복수를 위한 원정이 아니라면, 여성과 아이들은 노예로 만들었고 이런 의미에서 죄수들 역시 소중한 자산으로 여겼다.

요약하자면, 약탈은 소규모로 그리고 자연발생적으로 일어났던 작은 전쟁이었다. 이 전쟁은 어떤 도덕적 혹은 종교적 정당성도 필요치 않았다. 전쟁이 끝났을 때, 사람들은 더 이상 어디에서도 이것에 대해 생각하지 않았다. 이것은 사회 속에서 약탈이 인간의 자연적 활동임을 보여주었다. 물론 사람들은 공격받는 것에 대한 두려움으로 스스로에 대한 경계를 늦추지 않았다. 사냥술처럼 무기 조작 훈련을 했던 이들도 있다. 그러나 이런 싸움은 산업적 기반도 없고, 특수화된 계급도 없고, 이론도 없는 천박한 현상이었다.

2. 민족전쟁

왕조와 국가의 출현과 함께 새로운 유형의 전쟁이 역사에 등장한다. 구약성서에서 보면 다윗과 솔로몬이 그 전형이다. 다윗과 솔로몬은 변화를 주도했고, 이스라엘의 첫 번째 군대를 창설했다. 국가의 군대는 빠르게 민족적 범주 안에서 강력한 계급제도를 만들었다. 전쟁의 기술은 약탈에서 보이는 즉흥적인 것을 이어받았다. 책략은 마키아벨리적이고, 전술과 기술이 발전했다. 마을과 수확물 불태우기, 독약으로 우물물 오염시키기, 포위 공격, 강력한 집중화기, 보복 등과 같은 말살과 파괴 행위는 악마적이었다. 최초의 전쟁 산업의 출현을 목격하는 순간이다. 군 제복이 만들어 졌고, 그렇게 많은 이스라엘 예언자들이 큰소리로 반대했던 기병대가 만들어졌다. 전쟁이 띠고 있는 새로운 국면이다. 군대의 화려한 퍼레이드와 군대의식이 잠재적 적들을 동요케 하고 백성에게 신뢰를 줄 목적으로 제도화 됐다. 군사 퍼레이드 이후 백성들은 그들의 군대를 믿어야만 했다. 잘 꾸려진 전쟁 산업들이다. 전쟁을 일으키는 동기는 약탈에서 보다 덜 평범하고 덜 세속적이었다. 전쟁 지도자 자신의 영광, 권력, 야망과 승리의 도취 등이 전쟁의 동기가 됐다. 분쟁의 경제적 원인이 사라진 것은 아니다. 그러나 분쟁의 동원 이유가 이제는 명예, 지배, 제국이라는 추상적 이념들이다. 전쟁 지도자가 명예와 지배 그리고 제국을 위해 전쟁을 일으킬 때, 법은 그들 존재의 일부를 인정해주었다. 전쟁이 일종의 대규모 스포츠가 됐고, 엄청난 오락거리가 된 것이다. 어떤 원정출정은 아무 의미 없는 동기로 일어났고, 상처 난 자존심 때문에 일어나기도 했다. 그러나 안타깝게도 전쟁의 성격을 규정하는 악순환 즉, 폭력은 끝없는 폭력을 부르는 현상이 나타났고, 각 사람이 이웃을 부숴버리고 싶다고 느끼는 것에서 무기를 들기 시작했다. 특별히 민족전쟁에 대한 네 가지 특징적 관점을 살펴보자.

a) 전쟁은 우선 남자들의 일로서 전사들은 적들을 패주시키려고 노력해야 한다. 군대는 적들에 맞서야 하고, 병사들은 가차 없이 상대를 죽여야 한다. 그러나 그들은 민간인을 공격해서는 안 된다. 최소한 조직적으로 그렇게 해서는 안 된다. 물론 병사들이 성인은 아

니다. 병사는 병사일 뿐이고 도둑은 도둑이 뿐이다. 전쟁이란 특수한 상황 속에서 그래도 민간인의 대량 학살은 드물었다. 대량학살은 파렴치한 짓이고 책임을 물을 수 없기에 그렇다. 본래, 포위당한 마을이 버티다가 끝내 침략자에 항복하면, 침략자는 그들의 분노를 민간인에게 쏟아 놓고 양민 학살로 그들의 분노를 풀어버린다. 이런 행위는 장교들의 형식적 명령에서보다 그들의 암묵적 묵인 하에 더 많이 일어났다. 어쨌든 전쟁의 궁극의 목적은 적의 군대를 섬멸하는 것이거나 군대의 병사들을 패주시키는 데 있었다. 시민들은 파괴되어야 할 대상이라기보다 잠재적 노획물로 인식됐다.

b) 항상 두 진영 사이에 유동적 경계라 할 수 있는 전선이 존재했다. 전투병들이 전선을 지키고 있는 한, 그들은 자신들의 여성들과 자녀들이 모든 불행으로부터 보호되고 있다고 알고 있었다. 그러나 전쟁은 분명하고 명료한 비극일 수밖에 없다. 왜냐하면 전투병은 전진하거나 후퇴해야만 하고, 그들이 적의 도시와 지방을 점령해야만 하고, 아니면 지키고 있던 도시와 지방을 적에게 양보해야만 했기 때문이다. 이렇게 말할 수 있을지 모르겠으나 전쟁의 규칙은 상대적으로 간단하고 정직했다.

c) 전쟁에 대한 정해진 도덕이 세워졌다. 당연히 이 도덕은 복음적 도덕과 아무런 연관도 없다! 그러나 조금은 스포츠의 '허리 아래 때리기 금지조항'에서처럼 자기에게 전쟁의 규칙들을 의무로 부과하는 것이 되어야 했다. 최악의 사태와 불필요한 잔혹성을 막으려 노력해야 했고, 암묵적 협정들은 싸움의 잔혹행위를 제한하고 있다. 군인의 명예 개념이 생겨났다. 진실한 장교가 범해서는 안 되

는 비열한 행동들이 이런 명예 개념에 속했다. 전쟁에 대한 이러한 도덕성은 매우 위선적일 수 있다. 아무도 위선적인 전쟁도덕에 대해 의심하지 않을 것이다. 그러나 전쟁의 도덕은 존재했고 진지하게 받아들여야 했다. 직업 군인은 그것에 부합하도록 노력해야 했다. 어쩌면 직업군인은 전쟁의 도덕을 진지하게 받아들였을 것이다. 전쟁의 도덕이 죄책감의 억압에서 그들을 풀어주었을 것이다. 어쩌면 군인들은 적들에 의해 더 인간적으로 대우받을 것이라는 계산으로 전쟁의 도덕을 진지하게 준수했을 수도 있다. 어쨌든 군인으로서의 명예로 인해 전투병은 자신을 자랑스럽게 여겼다. 때때로 전투병 수칙 속에 어떤 위대한 것이 있다고 고백할 필요가 있었다.

중세교회는 전투를 방해할 수 있는 실질적 대책으로써 전쟁에 대한 도덕화에 기여했다. 특히 중세교회는 일주일에 4일까지 전투를 중단시켰던 하느님의 휴전과 기사도 정신으로 도덕화를 수행했다. 중세교회의 도덕화의 목적은 영주들이 도덕률을 존중하는 도덕의 전사가 돼야지 큰길의 도적떼가 돼서는 안 된다는 격려이다. 수 세기에 걸쳐 전쟁을 인간답게 만들려 하는 새로운 노력과 전쟁 속에서 일어나는 잔혹한 행위를 제한하려는 노력이 목격됐다. 앙리 뒤낭의 적십자[1], 제네바협약[2], 헤이그 국제법정[3]은 그것에 대한 가

---

[1] 스위스 박애주의자 앙리 뒤낭((Jean-Henri Dunant, 1828~1910)은 적십자의 기원이다. 인도주의적 성격의 적십자는 1863년 전쟁의 부상병들을 구제하기 위해 설립됐다. 1901년 노벨평화상을 수상했다.[N.d.E]

[2] 14개국 대표들이 모였을 때, 제네바의 첫 번째 컨퍼런스(1863~1864)는 전쟁부상자들에 관한 최초의 협약을 수용했다. 협약은 나중에 전쟁 포로에 대한 협약과 전쟁 중 민간인 보호 등을 보완했다.[N.d.E]

[3] 네덜란드 헤이그에 위치하고 9년 임기로 선출된 15개 회원으로 구성돼 1945년 창설된 헤이

장 최근의 사례들이다. 야만적 무지를 넘어서고 제거하는 것은 어려운 일이다. 그렇다고 해도 장교들은 존중하고 순종해야 할 계급이 되었고, 장교들은 그들의 직업에 대해 자랑스러워 할 수 있었다. 참으로 놀라운 일이 아닐 수 없다.

d) 전쟁은 종교적 사역이 됐다. 마치 위에서 살펴본 것처럼 전투병의 폭력이 낡고 근본적인 이교도주의에 상응하기 때문만이 아니라, 사회학적으로 전쟁이 빠짐없이 치러야 할 종교적 의식으로 포장된 하나의 종교적 현상이 됐기 때문이다. 고대 이스라엘은 전쟁에 대한 신성화에서 벗어날 수 없었다. 교회도 기사들을 위한 의식과 같은 다수의 의식을 행했다는 점에서 마찬가지다. 군종 목사는 오늘날 전쟁의 신성화에 대한 그리고 교회의 이교도화에 대해 가장 잘 보여주는 충격적인 제도다.

3. 총체적 전쟁

게르니카(Guernica)[1]로 말하자면, 1937년 전쟁은 새로운 국면으로 전환됐다. 최초로 부대의 책임자의 정식 명령 아래, 일단의 군대가 스스로를 방어할 수도 없는 비공격적인 민간인을 공격했다. 스페인 작은 마을의 장날, 독일 폭격기 비행중대는 민족주의자 부대의 괴멸을 목표로 군중 위에 폭탄을 투하했다. 폭격으로 1400명이

그국제사법재판소는 (1998년 국제형사재판소가 됨) 국가들 사이의 분쟁을 판결하고, 전쟁범죄와 반 휴머니즘적 범죄의 주모자들에 대한 형벌을 선고한다.[N.d.E]

[1] 1937년 4월 26일, 시민전쟁 동안 스페인의 작은 도시 게르니카를 거점으로 활동하던 프랑코(Franco) 장군이 이끄는 민족주의 부대는 독일 공군에 의해 폭격을 받았다.[N.d.E]

사망했다. 이때부터 무차별 군중을 향한 무기 사용이 더 늘었다. 과거는 잊어버렸다. 자연발생적인 새로운 변형이 전혀 새로운 방식의 전쟁을 출현시켰다. 거의 같은 시기 이탈리아인들은 에티오피아에서, 일본인들은 만주에서 폭격을 감행했다. 그리고 모든 국가들이 너나 할 것 없이 그렇게 할 준비를 했다. 게르니카는 단지 하나의 테스트일 뿐이다.

게르니카는 새로운 전투에 대한 단순한 실험일 뿐이었다. 당시 누구도 이런 식의 전투 변화를 이해하지 못했다. 교회는 비전투 요원에 대한 폭격에 아무런 항의도 하지 않았다. 기독교인 장성들은 누구도 자신의 직업에 회의를 갖고 사직하지 않았다. 아무도 사태를 명료하게 보지 못했고, 누구도 어떤 말도 하지 않았다. 모두가 동의한 것이다. 때문에 많은 이들이 그들의 공모적 침묵에 대해 매우 비싼 대가를 치렀다. 2년 뒤 폴란드는 게르니카와 같은 처지에 놓였다. 다음은 프랑스, 벨기에, 네덜란드 등 유럽 전역과 다른 지역들이 화염과 피로 물들었다.

왜 새로운 유형의 전쟁이 문제가 될까? 민족전쟁에 대한 특성 대부분이 사라졌다. 폭격과 낙하산부대가 죽음과 파괴를 확산했기 때문에 더 이상 전선의 개념은 없다. 어느 누구도 이제부터 안전한 피난처에 있다고 할 수 없다. 전쟁이 더 이상 남자들끼리 해결해야 할 일이 아니다. 왜냐하면 전쟁 영웅들은 다른 무엇보다도 우선하여 군중과 여성 그리고 아이들을 공격해야 했기 때문이다. 죽임당한 시민들이 군대의 영웅에게 죄책감을 느끼게 했다. 병사들은 더 이상 집에 있는 시민들을 보호하기 위해 노력하는 것이 아니라, 매 순간 시민과 뒤섞인 군인들을 색출하기 위해 노력해야 했다. 이런 이유로 동맹국 영국이 대담하게 프랑스 도심을 폭격할 수 있었던 것이다.[1] 전쟁의 산업적 측면이 전쟁의 종교적 측면을 약화시키는 경향을 보였다. 왜냐하면 이제 전쟁은 대대적인 규모로 적들에게 파괴를 일으켜야 할 산업화된 거대기업이 됐기 때문이다. 군목들은 폭격 이전과 이후에도 계속해서 기도했다. 그러나 개인에게 기도는 오직 생존의 문제일 뿐이다. 국가는 이익의 확대에 안달하는 기업가들을 위해 어디든지 융단폭격을 쏟아 부었다. 용기와 투지를 전사의 가치로 삼을 전쟁은 더 이상 존재하지 않는다. 힘 있는 기업가들 사이의 대립이 전쟁이다. 경제적으로 가장 강력한 사람이 전쟁에 승리하게 됐다.

무엇보다도 민족전쟁에 문제가 되는 것은 군인의 도덕성 상실이다. 우리는 이 도덕성이 얼마나 빈약하고 불안정한 것인지 말한바 있다. 하지만 군인의 도덕성은 숭고함을 지닌 현실이었고, 그것의 근원적 원칙 가운데 하나가 '가능한 한 시민의 생명을 존중해야만 한다'는 것이다. 그러나 게르니카에서 비-전투원에 대한 존중의 원칙을 냉소적으로 어겼던 바로 그 순간부터 전사들의 빈약한 도덕성이 트럼프 카드로 세운 성처럼 무너져 내렸다. 군인의 명예라 불릴 만한 어떤 것도 남아 있지 않다.

더 이상 아무것도 없다. 아무런 규칙도 어떤 제한도 지켜지지 않았다. 그래서 거의 사라졌던 파렴치한 직무수행들이 일반화됐다.

---

1) 일례로 영국 공군은 1944년 9월 한 주 동안 매일 밤 아브르(Havre) 도심을 폭격했다. 도시는 85% 가량 파괴됐고, 5천명의 프랑스 시민이 죽었다. 도시 외곽에 그룹으로 모인 독일 병사들은 9명의 희생자들을 슬퍼할 뿐이었다.[N.d.E]

고문, 포로들의 총살, 마을 전체의 몰살, 집단 보복, 거대 주거 밀집지역의 총체적 파괴, 어떤 임무에서는 20만 명의 사상자가 하루 밤에 났을 정도다. 양민학살이 전적으로 산업화됐고, 명예나 도덕의 어떤 흔적도 산업화에 남아있지 않았다. 명예나 도덕과 같은 말들은 더 이상 의미도 없다. 전투병은 이제 그에게 허락된 방법으로 모든 것을 했고, 도덕이나 종교의 눈치도 보지 않았다. 즉각적인 이익을 주는 정치적 고려사항이 유일하게 대량살상 무기를 사용하는 이유였다. 예를 들어, 어떤 공장들은 전혀 피해를 입지 않았다. 왜냐하면 그곳에 이익이 있어 몇몇 능력 있는 자들이 부서지지 않기를 바랐기 때문이다. 도덕이 있어서가 아니다. (여기서 몇몇 인기 있는 철학자들이 이러한 사태들을 정당화시키기 위해 재갈을 물리려 했었다는 것에 주목해라).

오랫동안 우리는 비열하고 수용할 수 없는 히틀러의 나치즘에만 이러한 어처구니없고 타락한 전쟁의 책임이 있다고 믿었다. 통탄스럽게 프랑스는 알제리에서 나치와 다를 바 없었다. 특별히 히틀러에게 책임을 돌릴 필요가 없었다. 차라리 우리 서구 사회의 기술과 산업의 발전에 책임을 전가하거나 우리 시대의 도덕적 타락에 책임을 묻는 것이 더 타당하다.

전쟁으로 인해 모든 가면이 벗겨졌다. 군대는 자국의 권력투쟁을 위한 도구가 됐고, 노동자들의 파업을 제압하거나 국민적 저항을 진압하기 위해 부끄러움 없이 군대가 동원됐다. 게다가 군대는 같은 나라 사람(공산주의자들, 좌파의 사람들, 반군국주의자들, 반체제인사들)을 무력화시키는 데도 이용됐다. 군대가 그들을 체포하고, 집단수용소에 가두고, 만약 그들이 저항한다면 말살시키는 일을 했다. 이렇듯 시민을 향한 현대의 전쟁은 '정당한 전쟁론'의 훌륭한 도덕과는 아무런 공통점도 없다.

4. 핵전쟁

네 번째 전쟁의 유형, 핵전쟁이 새롭게 등장했다. 핵전쟁은 1945년 8월 히로시마와 나가사키에서 시작됐다. 재래식 폭탄도 강력했지만 새로 등장한 핵폭탄은 상상 이상이었다. 새로운 유형의 전쟁 시대에 진입했음을 뜻하는 것이다. 많은 이들은 이렇게 변화된 현실을 납득하지 못한다. 더욱이 상황을 통제할 능력이 군인에게 있는 것 같지도 않다.

핵무기는 돌덩이와 쇠공을 쏘기 위한 투석기를 대체하는데 그쳤던 대포 화약의 출현과는 비교할 수 없을 정도로 인류에게 큰 위협이다.

- 핵무기의 파괴력은 반경 10km에서 20km에 이른다. 이러한 파괴력은 가장 큰 재래식 폭탄(단지 반경 100m에 피해를 줄 수 있다)과 어떤 공통부분도 없다. 또한 핵폭발 이후 여파는 여러 달, 여러 해 동안 지속된다. 왜냐하면 방사능 낙진의 치명적 위험이 상당기간 동안 유지되기 때문이다.
- 핵무기는 개인뿐만 아니라 종(race) 자체를 공격한다. 아는 바와 같이 이러한 무기들이 생명체들을 재생산하는 세포들의 변

이를 야기하기 때문이다.

- 핵무기는 더 이상 정당화될 수 없다. 왜냐하면 핵무기 사용으로 어떤 것을 이론적으로 바꾸려 했던 국가를 완전히 파괴하기 때문이다. 그 결과 핵무기 사용은 더 이상 정치에 속한 것이 아니라 허무주의에 속한 것이다.

- 끝으로, 과거의 전쟁이 하느님의 피조물들을 (때때로 산업화 규모로) 파괴하는 것이라면, 신무기들은 하느님의 창조 자체를 위협 하고, 최소한 땅의 피조물들을 위협한다. 왜냐하면 신무기들은 광활한 면적의 모든 생명체들을 파괴할 수 있기 때문이다.

여기서 전쟁의 비인간적 측면을 상기시키는 일이 필요하다. 돌아보면, 미국인들은 16기의 폴라리스(Polaris) 잠수함 발사 탄도미사일을 갖춘 30여대의 잠수함 운용했다. 각각의 잠수함들은 두 번에 걸친 세계대전 동안 모든 전장에서 사용된 총 폭발을 넘어서는 엄청난 파괴력을 보유하고 있다. 또한 환각성 박테리아와 화학 무기도 언급해야 할 것이다.

하지만 이렇게 끔찍한 핵전쟁은 결코 일어나지 않을 것이란 낙관론을 경계해야 한다. 낙관론자들은 인간이 미치지 않았고, 하느님이 핵전쟁을 허락지 않았다고 주장한다. 이스라엘의 예언자 시대로부터 하느님은 예루살렘이 파괴 되는 것을 허락지 않으셨다고 말하면서 백성을 안심시키던 거짓 선지자들이 있었다. 실제로 무장을 하는 것이 항상 어떤 분쟁을 일으켰다는 것을 역사가 증명했다. 왜냐하면 양쪽에서 가장 끔찍스러운 무기의 축적이 증가된 긴장을 촉발시켰고 늘 천둥번개와 같이 섬광을 내는 것으로 결론이 났기 때문이다. 때문에 무조건적 낙관론보다는 더욱 확고한 반전주의가 필요하다.

사실은 1차 세계핵전쟁이 (생존자가 없다면 마지막 전쟁이 될 수 있을 위험이다) 다음의 네 가지 이유로 당장 발발할 수 있다.

a) 적대자들은 서로 포탄이나 전술핵미사일을 포함해 점점 더 강력한 무기들을 사용하기 시작하면서, 그리고 종국에는 가장 커다란 폭탄을 사용하면서 핵전쟁으로 변할 수 있다.

b) 핵전쟁이 우연이나 사고로 (기술적 화재 혹은 단지 한 개인의 갑작스런 광기나 술 취함), 전격적으로 일어날 수도 있다.

c) 큰 나라 정부들이 소수의 민족주의자들, 극도로 흥분된 사람들과 히스테리를 부리는 이들의 이런저런 압력에 의해 무력화된 시기에 처하지 않을 것이라는 어떤 보장도 없다. 쿠바 위기 당시 이런 일이 벌어졌던 것처럼 소수의 사람들이 정부에 요구한 바 있다.[1]

d) 냉전[2]의 매우 심각한 새로운 위기 속에서, 몇몇 참모장은 상대방이 그들보다 유리한 주도권을 가지는 것을 방해할 목적으로 예방적 차원의 공격을 가하여 핵 폭풍을 일으킬 수 있다. 군 참

---

1) 1962년 8월 쿠바의 미사일 위기는 미국과 소련 사이의 커다란 외교적 마찰의 원인을 제공했다. 소련 당국은 그들의 동맹국 쿠바에 위치한 군사기지에 핵탄두 설치했다. 그러나 케네디 대통령과 미국 정부는 그들의 측면에 근접한 핵탄두의 존재를 수용하지 않았다. 흐루쇼프(Khrouchtchev)가 미사일을 철수를 수용했지만, 제3차 세계대전 직전까지 갔었다.[N.d.E]

2) '냉전'은 생생한 외교적 긴장의 한 시대를 지칭한다. 그 시대는 1950년대부터 1980년대까지 미국과 소련의 두 초강대국 사이에 유지됐다. 이 두 나라는 서로 직접적으로 대항했고, 광적인 무기 경쟁을 벌였다. 서로 적극적으로 스파이를 침투시켰고, 군사적 분쟁에 가담한 그들의 동맹국에 실질적인 군사적 도움을 제공했다.[N.d.E]

모장들이 이러한 위험에 사로잡히지 않을 것이라는 보장은 어디에도 없다. 케네디(Kennedy)[1]와 흐루쇼프[2]가 우리에게 경고했다. 이 둘 사이의 긴장은 아주 연약한 실에 매달려 있는 데모클레스(Damoclès)의 칼이 우리의 머리 위에서 멈추어 있는 것과 같다.

4번째 유형의 전쟁, 핵전쟁으로 인해 국가방어란 생각 자체가 의미를 잃었다. 군대는 더 이상 어떤 사물에 관심을 가지지 않는다. 가능한 한 빠르게 파괴해야 한다. (그것은 순간의 문제다!) 그리고 가능한 한 완벽하게 (앙갚음을 감소하기 위해서라도) 적국과 그 국민을 파괴해야 한다. 이제 군대는 사람들의 '방어'를 위해 '핵 억제력'을 고려한다. 이렇게 산업의 커다란 환희를 위해서, 수십억의 국가적 예산이 단지 파괴자의 장난감 제작에 지불됐다.

군대는 기술적이고 악마적인 놀이에 열중했다. 이 놀이는 근본적으로 공격적이다. 몇몇 핵 방공호가 여럿 있다. 그러나 핵 방공호는 전투병과 정부가 사용하도록 미리 결정해 놓았다. 민족전쟁에서 병사들이 여성과 아이들을 보호하는 전선에서 싸웠다면, 오늘날 군인들은 홀로코스트에 바쳐진 여성과 아이들의 후방 지하 80m 전략 미사일 발사기지 방공호 속으로 대피한다. 최악은 군대가 장비와 핵무기들을 축적하는 사건으로 핵 재앙에 자신을 끌어 들이는 것이다. 국방부 장관을 이제 집단 자살 장관이나 완전한 전멸 장관으로 불러야만 한다.

---

1) 존 F. 케네디(1917~1963)는 1961년 1월부터 1963년 12월 22일 암살당하기까지 미국의 대통령이었다.

2) 니키타 세르게이에비치 흐루쇼프(1894~1971)는 1953년부터 1964년까지 소련 공산당 제1서기가 됐고, 1958년부터 1964년까지 각료회의의 의장을 지냈다.[N.d.E]

5. 전쟁에 관여하는 신학

그동안에 전쟁 문제에 대해 말했던 대부분의 신학자들은 전쟁을 정당화하는 관례적 문구를 냉정하게 반복할 뿐이었다. 6세기 혹은 8세기에 중세의 도덕론자와 아우구스티누스(Saint Augustin)의 중개로 로마의 법률가에 의해서 이러한 상투어가 공포됐다. 특별히 키케로(Cicéron)가 최초로 공들여 만든 '정당한 전쟁' 개념이 그렇다. 아무도 20세기 이전 전쟁과 오늘날의 전쟁 사이의 차이를 본 것 같지 않다.

고대의 양심 문제의 결의론적(決疑論的)인 의도는 선했다. 의심할 것도 없이 분쟁의 빈도를 감소시키고 공포와 파멸을 제한하기를 원했다. 하지만 방법은 더 선했었는가? 정확하게 나폴레옹(Napoléon)부터 매춘과 그 피해를 법으로 제정하면서 제한하려 했던 것과 같이 중세교회는 '정당한 전쟁'의 조건을 법으로 제정하면서 전쟁의 참화를 제한하려 했다. 아우구스티누스 이후 셀 수 없이 많은 도덕론자들이 전쟁에 대한 이론과 윤리를 공들여 만들었다. 그러나 매춘 제한 때 보다 전쟁의 제한은 큰 성공을 거두지 못했다. 범죄적 전쟁을 법률로 규제하면서 역설적으로 범죄를 정당화 하는 문을 열어주었고 독재적이고 흔들리지 않는 전능한 전쟁의 제도를 만들었다.

그렇기 때문에 '정당한 전쟁' 이론과 '정당방위' 이론을 의심하는 것이다. 처음에는 전쟁과 폭력을 제한하고 싶었다. 하지만 제한하기 위해서는 정의롭지 못한 이들을 금지시킬 수 있도록 몇몇 것들에 정당성을 부여할 필요가 있었다. 초기에 정당한 것을 허용했기 때문에 정당한 특성을 명확히 보여주면서 정당한 전쟁과 정당방위를 합법으로 만들 필요가 있었다. 일단 범죄에 대한 어떤 한 측면의 합법성을 부분적으로 인정하고 선포하면, 상황의 절박함 때문에 적법성이 총체적 범죄로 전이되는 것은 막을 수 없다. 그 때문에 많은 신학자들이 핵폭탄도 정당화했다. 실제로는 사람들은 신학자에게 정당화하지 않을 것을 요구했다. 결과적으로는 교회들이 모든 것의 공모자가 됐다. 콘스탄티누스의 기독교 안에서 약간의 보좌 신부만이 폭력에 공모된 모든 것을 거부했을 뿐이었다.

유효기간이 지난 이런 낡은 '정당한 전쟁' 이론들을《땅 위의 평화(Pacem in Terris)》[1]에서 언급조차 하지 않았던 요한 23세(Jean XXⅢ)를 존중하자. 여기서 왜 그가 낡고 유효하지 않은 '정당한 전쟁' 이론과 '정당방위' 이론을 포기했는지 말할 필요가 있다.

a) 공격전쟁과 방어전쟁에 대한 고전적 분류는 부적절하고 시대에 뒤진 것으로 보인다. 왜냐하면 어떤 사람도 결코 침략이 무엇인지에 대해 만족할 만한 개념을 주지 못하기 때문이다. 실상 서로 싸우는 모든 이들은 자신들이 스스로를 방어한다고 늘 강변한다. (어쩌면 약탈의 시대를 제외하고) 독일인들이 폴란드를 공격했을 당시, 독일인은 자기들을 위협하는 포위망을 없애버린다는 명분을 들었다. 그리고 영국과 프랑스인들이 수에즈 운하를 공격했을 때, 그들은 상업의 자유를 보호한다는 명분을 내세웠다. 알제리 전쟁 중,

---

1) 교황 회칙 Pacem in terris (땅위에 평화)이 1963년 교황 요한 23세에 의해 바티칸 회의 도중 작성됐다. 교황 회칙은 군비축소의 길에 착수하는 국가들을 열렬히 격려했다.[N.d.E]

알제리인과 프랑스인은 서로서로 그들이 비열한 침략자에 대항해 방어한다고 믿었다. 기독교 신학은 자기의 입장만 옳다는 어린애 같은 행동의 이런 정당논리를 다시 취해서는 안 된다. 어찌되었건 이런 이론은 회개치 않은 이상주의이다.

b) 정당방위 개념은 실상 매우 다른 두 생각에 의해 지지받았다. 첫 번째 생각으로, 공격 받은 사람은 적대자의 주먹질로부터 팔이나 방패를 대신해 어떤 물건을 자신과 적대자 사이에 놓으면서 혹은 도망을 가면서 자신을 보호할 권리를 가져야 한다. 이런 생각이 문제될 것은 없다. 예수와 사도들은 그들을 죽이고 싶어 했던 이들에게서 도망가는 것을 주저하지 않았다.(행 9:25) 그러나 다른 한편의 생각으로서 당신을 위협하는 개인을 죽일 권리이다. 물론 이러한 권리는 예방적 살인이 문제가 된다. 정당방위 개념은 이 두 생각에 근거해 구상됐다.

만약 이러한 관념을 집단적 차원으로 바꾼다면 똑같은 이중의 생각이 들것이다. 우리는 공격당했다는 생각이 들면 (사람들은 늘 공격받는다) 자기 방어할 권리, 자기의 물리적 존재를 보호할 권리를 가진다. 이때 방법은 문제가 되지 않는다. 부정할 수 없는 일이다. 그리고 다른 한편으로 공격당했다는 생각은 예방적 차원에서 조직된 학살로 자기를 방어한다. 효율적 관점보다 도덕적 관점에서 더 많은 이의가 있는 지점이다. 달리 말해, 정당방위 원칙은 완전무결한 목적의 보호 아래 문제가 될 방법을 당당히 행사 하므로 매우 교묘하다. 그러나 목적이 방법을 정당화시킬 수 있는가? 사람들이 눈속임으로 문제를 풀려고 하는 한 문제는 더 심각해질 것이다.

c) '정당한 전쟁' 관념은 이교도적 기원을 두고 있다. 그렇게 나란히 적은 두 용어들(정당-전쟁)은 누구든지 복음의 메시지를 신중하게 받아들인 이들에게 타협할 수 없는 모순인 것 같다. '정당한 간음'에 대해 말하는 것과 무엇이 다른가? 요컨대 중세의 도덕주의자들은 전쟁이 정당하도록 조건들을 채우기 위한 연구를 하면서 즐기고 있었다. 다음의 9개 개념 어디에서도 복음을 암시하는 것이 없음에 주목하게 될 것이다. 게다가 우리는 실제로 현실에서는 아래의 조건들을 만족될 수 없다는 것을 알고 있다. 이점에서 '정당한 전쟁'은 이상주의의 영역에 속해 있다. 여기서 '정당한 전쟁'의 조건들을 상기할 필요가 있다. 예를 들어 스트라트만(R. P. Stratmann)의 방책들을 보자.

• 전쟁의 원인은 싸우는 국가들 중 단지 어느 한쪽에 의해서만 심각하게 부정의가 일어났어야 한다.
• 심각하고 명백한 도덕적 범죄가 한쪽에 의해 저질러졌을 때, 물리적 부정의는 충분하지 않다. 이러한 범죄에 대한 의심할 수 없는 증거가 제시되어야만 한다.
• 전쟁을 피할 수 없어야만 한다. 즉, 평화적 화해의 시도들이 신중하게 이끌어졌고, 최대한의 노력을 했음에도 실패했을 경우이다.
• 적절한 균형이 실수와 처벌 방법 사이에 존재해야 한다. 잘못의 정도를 넘어서는 처벌 조치를 적용하는 것은 부정의하고 금지되어야 한다.
• 정의로운 측면의 성공적인 도덕적 확신이 존재할 필요가 있다.

• 전쟁을 대비하는 국가의 선이 전쟁을 끌고 가는 악보다 더 많아야 한다.

• 전쟁으로 이르게 하는 방식이 적법한 것이어야 한다. 즉, 방식이 정의와 사랑의 경계를 지켜야만 한다.

• 마치 모든 기독교적 중립성과 같이 전쟁에 직접적으로 관여되지 않은 국가들을 연관시키는 것은 피할 필요가 있다.

• 전쟁선포는 국가의 합법적인 권력기관에 의해 포고되어야만 한다.

싸움하는 두 편 가운데 한쪽 편이 위의 모든 조건들을 충족시켜 전쟁에 찬성하게 하고, 그래서 전쟁을 벌이는 것이 정의롭다는 것을 신중하게 확인할 수 있었던 전쟁이란 어떤 것인가? 그런데 스트라트만의 이론에 따르면 전쟁은 일단 모든 조건들이 충족됐을 경우에만 정당할 뿐이다. 이러한 양심적 결의론에 대한 기술이 아무리 상반된 해석의 여지가 각각의 조건들 안에 있다 해도 소용없다. 각 사람 앞에서 항상 약간은 주저할 수 있을지도 모른다. 그래도 이런 이론을 오늘날 적용할 수 없는 것임에는 변함이 없다. '정당한 전쟁' 이론이 약탈의 시대에는 유효했을 것이다. 그것은 약탈의 습성을 버리지 못한 영주들이 하나의 성(château)에서 다른 성을 빼앗고자 싸움을 벌이던 시절에 몇몇 유용성을 가질 수 있었을 것이다. 그러나 오늘날 이러한 조건들 가운데 어떤 것도 (어쩌면 마지막 것만 제외하고) 더 이상 충족될 수 없을 것이다.

어쨌든 단호하게 어떤 정부에 "너희가 시작한 전쟁은 정의롭지 못하다!"고 말하고, 전쟁 참여를 거부한 교회와 기독교인 즉, 정당한 전쟁을 주장하는 정부에 반대하는 그런 영적 권위를 우리가 본 적이 있는가? '정당한 전쟁' 이론은 우리에게 어떤 이익도 내놓지 못했다. 우리는 이상주의자들에게 전쟁할 권리를 넘겼다.

한 마디만 더하자면, 정당한 전쟁에 대한 이론은 기독교인이 합법적으로 전쟁을 할 수 있는 경우들이 있다는 전제 위에 세워졌다. 하지만 그와 같은 원칙 확인은 정확하게 증명될 필요가 있는 것이지 단순히 반복될 필요는 없다. 그러므로 '정당한 전쟁' 이론은 우리에게 문제 해결의 어떤 조치도 되지 못한다.[1]

---

1) 이른바 '최소한의 악'이란 고전적 논리를 논하는 것은 유용하지 않다. 소기의 성과에 대한 기회주의적 사변이 문제이지 이루어야 할 행위에 대한 반성이 문제는 아니다. 왜냐하면 이루어야 할 행위는 예수 그리스도로부터 유래했고, 그의 영광을 위한 것이기 때문이다. 최소한의 악을 인정하는 윤리는 무신론적 윤리라 해도 과언이 아니다. 신약성서 안에서 그것에 대한 일례만 있을 뿐이다. 가야바(Caïphe)의 대화(요 11:50).

5장
진정한 국가방어를 위하여

국가방어란 주제에 대해 제기할 문제는 한두 가지가 아니다. 사실 국가는 스스로를 방어하겠다는 자기 약속도 지키지 못하고 있다. 때문에 군대가 국가의 방어를 보장한다는 주장을 무한 반복하기보다는 군대와 국가방위에 대해 성역 없는 비판의 목소리를 내야 한다.

이번 장에서는 우리는 효율성의 관점에서 폭력의 사용이 국가를 제대로 방어했는가에 대한 엄격한 판단을 하도록 하겠다. 군대가 폭력을 사용하고도 국가방어를 제대로 하지 못한 것은 확실하다. 이 점에 대한 분명한 비판이 있어야 한다. 즉, 복음의 신실한 믿음 위에선 교회는 즉각적으로 초대교회의 자리로 돌아가야 한다. 교회는 군복무와 모든 군대와의 협력을 거절해야만 한다. 또한 교회는 비폭력적 제도 수립을 요청해야 한다. 이것들이 선의를 가지고 비폭력적 방법의 실현에 참여해야 한다는 우리의 주장이 기대하는 것들이다. 하지만 이런 기대에도 많은 사람들은 여전히 군사시스템을 포기하는 데 주저할 것이다. 많은 이들이 복음적 측면의 이상을 잘 알고 있음에도 이런 이상이 실현될 수 없을 것이라 생각한다. 때문에 실제적 폭력에 의한 안보와 현실주의가 필요하다고 믿고 있고, 여전히 군대의 유용성을 믿는다. 이번 장은 이런 믿음의 허구를 비판하는 것에 할애하겠다. 뿐만 아니라 전쟁의 신 마르스의 기만에 대해서도 밝히겠다.

1. 국가방어에 대한 허구적 특성

바울 6세(Paul VI)는 1964년 8월 26일 평화를 위한 요청에서 "평화는 대량 살상무기의 가공할 위력 위에 세워질 것이라는 헛된 관념이 다시 등장하는 것을 보았다."라고 썼다. 그의 말은 군사적 방어의 허망한 특성을 단적으로 보여준 것이다.

a) 지난 수백 년 동안, 프랑스는 다섯 번 침공을 받았다. 네 번은 프랑스 군대가 완전히 패배했다. 즉, 1870년, 1940년, 프랑스령 인도차이나와 알제리에서 국가의 영토를 수호하지 못했다. 영토를 수호할 능력이 없었다. 1914년 다섯 번째 침공에서만 프랑스군은 독일의 공격을 저지하는 데 성공했을 뿐이었다. 그나마도 자체적으로 방어할 능력이 부족했던 프랑스는 영토를 수호했다고 말하지만 북동부 지방(알자스)을 지키기 위해 미군의 도움이 절실히 필요했다.

북동부 지역들은 벨기에가 그랬듯이 말로 다 할 수 없는 방식으로 황폐화됐다. 실제적으로 독일은 파괴되지 않았다. 영국도 피해를 입지 않았다. 프랑스 영토만 초토화되었으므로 프랑스 군이 나라를 보호하는 데 무능했다고 말할 수 있다. 프랑스 군이 광범위하게 국가를 지킨 것이 아니라 오히려 황폐화시키는 데 기여했다. 프랑스제 포탄들이 독일에서 날아온 포탄들만큼 프랑스 영토를 파괴했기 때문이다. 여기서 군대를 통해 나라 혹은 도시를 방어하는 것은 무너진 건물이 보여주듯이 황폐화와 완전한 파괴라는 사실을 분명히 말해야 한다. 사람들은 너무 쉽게 군대의 방어가 결국 파괴였다는 사실을 잊어버린다. 반대로 지난 마지막 전쟁 당시, 예를 들어 파리는 파괴되지 않았다. 놀랍게도 1944년에서와 같이 1940년에는 '방어'하지 않아 오히려 파리가 보전됐다. '방어했던' 지역은 역으로 여지없이 황폐화됐다.

어쩌면 마른전투의 승리[1]로 군대가 피해를 줄였고, 나라의 5분의 4를 보호했고, 독일군의 파리로의 진격을 실제로 멈추게 했다고 사람들은 말할 것이다. 그러나 정말 침략에 대한 이런 전술적 저지를 (독일군은 기동전에서 진지전으로의 갑작스런 변화를 취했던 것을 고려해야 함에도) 프랑스 군대의 공로로 인정할 수 있을까? 이 부분에서 프랑스 군의 공로는 오히려 의심받는다. 우리 선조의 용기, 갈리에니(Gallieni)의 '파리의 택시'들 그리고 레임스(Reims)의 샴페인이 어쩌면 부분적으로 마른의 첫 번째 승리를 설명해줄 수 있을지도 모른다. 그러나 '파리의 택시들'과 레임스의 샴페인은 전

---

[1] 마른(Marne) 전투를 지휘하던 조프르(Joffre) 장군은 파리를 지키던 갈리에니(Gallieni) 장군과 연합 작전을 펼쳤다. 1914년 9월 갈리에니는 증원군을 마른으로 보내기 위해 파리의 택시를 징발했다. 조프르와 갈리에니의 연합작전이 독일의 침공을 저지했고, 몰트케(Moltke) 장군을 파리에서 철수하도록 강제했다.

쟁의 성격이 기동전에서 진지전으로 갑작스럽게 변한 것을 설명하지 못한다. 전쟁 양상의 변화가 프랑스군 전투병의 공로로 설명되어서는 안 된다. 물론 프랑스 군의 공적을 추호도 부정하고 싶지는 않다. 단지 대치하고 있던 두 군대가 새로운 두 무기(대포와 기관총)를 사용했고, 이 두 신무기의 사용은 더 이상 어떤 사람도 전진할 수 없을 정도로 너무나 효과적이었다는 사실에 의해 전쟁의 양상이 변한 것을 설명한다.

우리는 십자포화로 쏟아 부을 수 있는 기관총이 장애물을 만들었던 것에 대하여 말하고 싶고, '탄막사격(집중포화)'을 가할 수 있는 대포들이 효율적으로 모든 부대들의 이동을 방해했다는 것에 대하여 말하고 싶다. 이 두 신무기 때문에 프랑스 군은 더 이상 실제적 공격을 가할 수 없었다. 물론 산더미같이 쌓인 프랑스 군의 시체들이 그 자리에서 널려 있었고, 이 시체들은 실질적 공격을 봉쇄했다. 우리의 선조들이 4년 동안 끔찍스럽고 비인간적인 참호전을 경험한 것이다. 이때 미국의 원군과 특히 전투가 벌어지는 전장의 아주 가까이서 적의 기관총 진지들을 파괴했었던 최초의 돌격 탱크들의 출현이 절실히 필요했다. 기동전이 승리를 거두기 위해선 탱크를 가지고 있었던 이들이 유리했다. 이런 의미에서 독일군은 전투 기갑사단으로 조정할 필요가 있었는데도 끈질기게 체펠린(Zeppelin)[1] 비행기구를 이용하는 것으로 전쟁을 치루는 커다란 실수를 저질렀다.

---

1) 체펠린 백작의 제안에 따라 만들어진 체펠린은 제1차 세계대전 중에 독일군대에 의해 이용된 비행기구다.[N.d.E]

국가의 4/5가 피해를 입지 않았고, 마지막 다섯 번째 지역만 고통과 파괴를 겪었다는 사실에 대한 책임을 프랑스군이 능동적 행위를 하지 않았다는 데서 찾는 것은 신중치 못하다. 프랑스군이 적극적으로 싸워 독일군을 밀어냈어야 한다는 고정관념은 전투 기술의 차원에서 생각할 필요가 있다. 즉, 4년 동안 기관총과 돌격 탱크의 출현으로 인해 전통적 전쟁개념은 근본적으로 사라졌다. 기술적인 이유들 때문이다. 불행히 무너진 건물과 대량 살상은 줄어들지 않았다. 수없이 많은 마을들과 도시들이 무너졌고, 북동부 지역(다섯 번째 지역)의 프랑스 국민만이 전쟁에 대한 비용을 지불했다. 프랑스가 총체적으로 공격을 받았던 다섯 번의 경우를 비추어 볼 때 프랑스 군대는 나라를 보호하는 데 무능했었다는 것은 분명하다. 반대로 프랑스군은 이탈리아, 크림반도, 멕시코, 통킹, 마다가스카르, 사하라 남단의 블랙 아프리카와 북아프리카에서 으시대면서 산책을 즐기고 있었다.

b) 프랑스군이 (전혀 타당해 보이지 않지만) 용감했기 때문에 사태가 악화되지 않았다고 자조 섞인 말을 할 수 있을까? 만약 지난 수백 년의 역사를 훑어본다면, 곳곳에서 동일한 현상 즉, 이웃 나라에 대항하여 아주 잘 준비한 군사적 능력은 거의 틀림없이 공격에 성공했었다는 것을 거듭하여 발견할 것이다. 물론 더 겸손하게 항구적 현상에 대해 말해보자면, 잘 준비된 군사적 공격이 초래할 파괴력은 적어도 수백km의 삶의 공간을 초토화시켰고, 여러 해 동안 못쓰게 했을 뿐 성공이라 할 것이 못된다.

우리는 지난 세기 중 침략군들을 국경선에서 저지시키거나 단번에 혼란에 빠뜨리는 성공적 힘의 사용을 보지 못했다. 몇몇 프랑스 부대들이 1939년 가을 지크프리트(Siegfried)[1] 전선에서 격돌하여 격퇴 당했던 사건은 용기가 사태의 악화를 막지 못한 좋은 사례가 될 것이다. 어느 누구도 프랑스군이 당시 독일에 확실한 공격을 준비하여 실행했다고 편들어주지 않을 것이다. 독일 영토 안에서 일어났던 몇몇 전투들은 무엇보다도 프랑스가 폴란드를 구하기 위해 왔다는 환상을 심어줄 목적 하에 벌인 전투였다. 용기가 사태의 악화를 막지 못한 또 다른 예로, 만약 1940년 이탈리아 침공을 받았던 그리스가 이탈리아군을 1941년에 쫓아냈었다면, 그리스는 몇 달 뒤 독일군의 총체적 침공을 받지 않았을 것이다.

어쩌면 사람들은 스탈린그라드의 경우를 들어 폭력으로 사태의 악화를 막을 수 있다고 반박할 것이다. 그러나 러시아인들의 최종 승리를 총체적으로 설명하는 여러 요인들에 주목해야 한다. 우선 러시아인들은 국가의 영토를 방어하는 대신에 대다수의 붉은 군대를 독일의 침공에 앞서 철수시켰다. 조금은 나폴레옹의 시대와 동일한 전술인 것 같다. 러시아 영토의 광대한 영역을 고의적으로 적에게 넘겨주었고, 이 광대한 지역이 끔찍스런 폐허로 변했기 때문에 원주민이 말로 다 할 수 없는 파괴의 고통을 고스란히 감내했었다. 러시아군은 방어하기를 거부하면서 인내를 갖고 자신들이 공격적 반격을 가할 수 있는 순간까지 기다렸다. 그들의 전술이 오히려

---

1) 지크프리트선(ligne Siegfried)은 요새화된 시스템이다. 이 시스템은 히틀러의 명령으로 1936년에 수립되었고, 룩셈부르크에서 스위스 국경까지를 잇고 있다. 프랑스군은 1939년 9월에 공격하기를 그만두었다. 독일군은 지크프리트선을 1944년 9월부터 1945년 2월까지 유지했다. 지크프리트선은 1945년 3월 미군에 의해 제거됐다.

선의를 가지고 비폭력적 방법의 실현에 참여해야 한다는 우리의 주장을 확인시켜주고 있다. 러시아군이 자국의 영토가 대규모로 붕괴되어도 자국의 영토를 지키거나 보호하지 않았다.

다른 요인으로 독일군은 기술적으로 경이로운 무기를 가지고 있음에도 실제로 중앙 러시아의 살을 에는 추위와 싸울 준비가 되어 있지 못했다. 많은 군사 전문가들은, 독일군조차도, 히틀러가 자신의 군대를 러시아의 혹한의 사막에서 내버려 두면서 자멸하게 하고 함정에 빠지게 하는 몹시 경솔한 판단을 내렸다고 생각했다. 오판의 결과로, 만약 독일군의 공격이 완전히 힘이 빠져버리고 무산되는 것으로 끝나버렸다면, 이 지역의 매우 특별한 기후 덕을 보았다거나 붉은 군대가 전술을 잘 사용했다는 것에 승리의 요인을 찾을 수 있다. 그러나 그렇게 보아서는 안 된다. 우리가 여기서 주장하고 싶은 것은 기후의 예외적 혹독함이 전쟁의 승패에 결정적 역할을 했다는 결론이 아니다. 모든 지역들에서 기후적 요인이 적용될 것이라는 판단은 잘못된 추론이다. 만약 혹독한 기후가 승패에 결정적 역할을 했다면 그 자연적 혜택을 볼 나라는 캐나다뿐이라고 주장할 수 있을 것이다.

차라리 스탈린그라드 비극의 순간에 독일군은 자신의 군대를 광대한 면적의 여러 나라에 흩어 놓았다고 말해야 더 설득력이 있을 것이다. 노르웨이의 북극지대에서 시작하여 튀니지를 통과하여 리비아까지 이르고, 브레스트에서 시작하여 스탈린그라드에까지 독일군은 분산되어 있었다. 그것은 세로 5000km, 가로 3500km에 걸친 엄청난 면적이다. 유럽은 실제로 독일군이 점령한 총면적에 포함돼 있다. 독일군은 세계 곳곳에서 무장 항독지하단체와 충돌하거나 연합군의 상륙 위협에 대처해야 했다. 달리 말하면, 스탈린그라드에서는 다른 사회학적 법칙이 작동됐다. 이른바 다른 상수 즉, 모든 제국은 자기 힘의 한계를 가지고 있고 자기 고유의 영토보다 20배 더 넓혀진 영토를 정복하고 지배할 힘을 가지고 있지 않다는 주장이다. 결과적으로 개념이야 어떻든지 간에, 스탈린그라드 전투에서 러시아의 승리에 대한 논리를 끌어내는데 있어 어떤 침공이든지 이를 저지하고 물리칠 수 있다는 결론은 궤변일 것이다. 그 점에 대해, 스탈린그라드의 경우는 전적으로 예외이지만 그렇다고 선의를 가지고 비폭력적 방법의 실현에 참여해야 한다는 주장을 약화시키지도 않는다.

　사람들이 우리에게 주의를 기울이라고 한 것은 일본군이 진주만 미군을 공격했지만, 그들이 패배했다는 사실이다. 우선 일본은 엄밀한 의미에서 미국의 영토를 침공하지 못했다. 이것은 전혀 다른 경우이다. 어쨌든 진주만 공격 이후, 일본은 아시아의 남동지역의 전체를 묶는 엄청난 영토를 정복했다. 그들은 그곳에서 강력하게 자리를 잡았고 여러 해 동안 이 지역을 지배했다. 우리의 주제를 위해 일본 군사력의 몰락에 대해 말하자면, 그들의 패배는 1945년 두 발의 원자폭탄에 의해 놀라울 정도로 빨리 앞당겨졌다. 또한 예상치 못한 신무기의 출현이 사태에 개입되었기 때문에 일본이 몰락한 것이다. 트루먼(Harry S. Truman) 대통령은 원자폭탄이 50만 명의 생명을 지켜줄 것이라 확인시키면서 이러한 무기사용을 정당화했다. 아마, 그가 조금은 과장했던 것 같다. 아무튼 원자폭탄이 없었다면,

일본은 독일의 패망에도 아주 긴 시간 동안 계속 싸움을 벌일 것이라는 데는 변함이 없다. 그러므로 미군이 신속하게 일본의 진주만 기지 공격에 대처했다고 말할 수 없다.

c) 그래서 어떤 이들은 단지 두 강대국만이 서로 얼굴을 붉히고 싸우는 경우는 생각할 필요가 없다고 말할 것이다. 군사적 동맹이 흔하게 있어왔기 때문이다. 군사적 방어 차원의 효율성 문제는 엄밀히 따지면 국가적 범주 안에서만 아니라 동맹국들이 약속한 불확실한 조력까지도 고려해야 한다. 이것이 동맹을 맺는 이유이다. 이러한 생각은 타당하다. 정말로 동맹국들이 개입해줄 것이라 믿음을 가질 수 있을까? 드골 장군은 동맹국이 도와줄 것이라는 것에 대해 의심했고, 프랑스 국민이 그것을 의심하도록 이끌었다. 모두가 아는 사실이다. 더욱이 사람들은 프랑스가 체코슬로바키아와 폴란드의 위기 상황에 어떻게 임했는지 기억하고 있다.[1] 어쨌든, 군사적 동맹이 우리의 문제를 크게 개선해주었는가? 1940년 독일이 프랑스를 침공했을 때, 그리고 1941년 러시아를 침공했을 때, 그렇게 많이 존중받던 동맹국들이 독일을 제재했던 적이 있었는가?

사람들은 말할 것이다. 물론, 1940년에 프랑스는 너무 빨리 독일에 패배했다. 하지만 동맹국들도 궁극적으로 마찬가지의 상황에 있지 않았었는가? 모두가 독일에 패배 당한 것이 맞다! 그러나 이것이 우리의 객관적 사실 즉, 군의 효율적 방어를 의심하는 것에 반대되

---

1) 독일이 1938년 9월 29일 뮌헨협약에 서명하면서 체코슬로바키아의 일부를 합병했다. 이듬해 1939년 9월 3월 독일은 체코슬로바키아를 전격적으로 침공했다. 1939년 8월 23일, 폴란드 영토를 분할하기 위해 독일-소비에트 간 조약이 맺어졌을 당시, 프랑스는 외교-안보적 무기력함을 여실히 보여주었다.[N.d.E]

는 것은 아니다. 그래도 독일은 모든 나라를 침략하여 점령했다. 독일군의 모든 공격행위들은 (기지에서 3000km나 떨어져있어 보급 문제로 패배한 이집트 공격을 제외하고) 성공했다고 말할 수 있다. 어떤 군대도 독일군에 대항하여 효율적으로 자기의 영토를 지킬 수 없었다. 미국과 영국이 결국 몇몇 다른 열강의 협조로 독일군을 무찔렀다. 하지만 독일은 이 두 나라가 반(反)독일 공격을 일으켰던 강대국들인데도 실질적으로 영국과 미국을 침략하려 하지 않았다. 그래서 독일군에 대항하는 미국과 영국의 공격들이 완벽히 성공할 수 있었다. 독일군은 그들의 모든 공격을 승리로 이끌었으나 정작 반(反)독일을 일으켰던 저항에 대처할 방어 능력이 없었다. 이 모든 것은 군사적 방어가 효율적이지 않다는 주장을 확인시켜줄 뿐이다.

런던 전투를 상기해보자.[1] 영국 항공기들이 런던 상공에서 어려운 방어 전투를 성공적으로 이끌었다. 그러나 침공이라 부를만한 것을 격퇴시켰는가에 대해서는 생각해보아야 한다. 영국 영토로의 진정한 대규모 상륙 시도 자체가 없었다. 근거 없이 마치 그런 일이 일어날 수 있을 것처럼 상상하여 영국이 방어전을 치를 것이라 생각하는 것은 잘못이다. 만약 독일군의 대규모 상륙 시도가 일어나지 않았었다면, 그것이 필연적으로 실패할 운명이었었기 때문은 아니다. 독일 장성들의 대부분은 덩케르크(Dunkerque) 전투 직후 도버해협을 뛰어넘고 싶어 했다. 히틀러가 상륙작전에 반대했고, 그

---

1) 런던 전투는 독일 공군에 의해 주도 되었던 항공 전투로서, 1940년 7월 10일부터 1941년 7월까지의 대 영국 항공단과 영국의 수도 런던 공격에 대한 일련의 항공 작전들을 말한다. 대공 방어의 효율성과 영국 전투기의 기술적 우월성이 루프트바페(Luftwaffe, 독일공군)에 패배를 안겨주었다.[N.d.E]

것은 다른 이야기이다.

어떤 이들은 말할 것이다 : 좋다. 공격행위는 일반적으로 대가를 치러야 한다. 연합국이 전쟁을 일으키지는 않았으나 끝내 전쟁의 승자는 연합국이라는 것에는 변함이 없다. 방어전쟁을 옹호하는 이러한 생각에 우리의 대답은 이렇다 : 스탈린그라드에서 러시아의 승리에 대한 유용성이 어떻든 간에, 연합국이 그들의 공격 덕택으로 전쟁을 이긴 것이지 방어적 전투 덕택은 아니다. 더욱이 최초 핵폭탄을 제조해야만 했던 독일의 과학자들은 의식적으로 히틀러가 핵폭탄의 가공할만한 무기 덕에 전쟁을 이기는 것을 원치 않았을 것이다. 만약 독일의 과학자가 연구에 태업(sabotage) 했던 것이 사실이라면, 연합군이 지나치게 최후의 승리를 뽐낼 필요는 없다. 방어전쟁이 효과적이란 것은 다시 한 번 생각해보아야 한다. 오늘날 군대는 산업적인 것들과 지식 산업에 의존하고 있다. 그래서 군대는 겸손해야만 한다.

이런저런 의미 속에서 우리가 독자들에게 주의를 요구했던 객관적 사실에 의해 핵무기를 사용할 수 있었다면 상황은 바뀌지 않았을까? 우리는 연합국의 승리가 확실하다고 생각지 않는다. 핵공격에 의해 개시된 공격은 이를 사용하는 이들에게 이길 승산을 높일 것이다. 방어자들에게 기대할 수 있는 모든 것은 그들의 나라가 핵폭풍 아래 쓸려나간 이후에도 그들이 여전히 침략자가 지닌 수단을 제거할 수 있고 효과적으로 공격하려는 침략자의 의욕을 제압하기에 충분한 반격의 가능성이 있다는 것이다. 이런 경우에, 일단 불행히도 시신들은 장례도 없이 십중팔구는 버려질 것이다. 그리고 어쨌든 공격을 받은 나라의 군대는 나라를 보호할 수 없었을 것이라는 것은 분명해 보인다.

d) 여기까지 우리가 논한 것은 새로운 것도 아니고 독창적인 것도 아니다. 오랫동안 군사기술의 이론가들은 일종의 딜레마에 부딪혔다. 방어적 전투태세는 도덕적이지만 전투의 우위를 보장하지 않는다. 공격적 원정은 이기는 것이나 비도덕적이다. 이러한 딜레마 때문에 왜 위대한 전술가들이 늘 자기들의 국경 밖에서 전쟁을 일으켰는지 설명하고 있다. 또한 부분적으로 왜 독일이 1918년, 그들의 영토가 위험에 처했을 때, 항복했는지 그리고 또다시 1944년 7월 다수의 독일 최고위 장교들이 히틀러 암살[1]을 시도했는지 설명하고 있다. 당시 최고위 독일 장교들은 전쟁이 이제부터는 방어적 양상으로 바뀌었기 때문에 무의미한 전쟁을 계속할 이유가 없었다. 그럼에도 히틀러는 방어전쟁을 계속하기를 원했다.

이제 우리가 주목했던 이런 종류의 법칙 즉, 공격 전쟁이 더 효과적이고 성공 가능성이 높다는 것에 대한 설명이 있어야겠다. 공격적 작전의 성공 이유들 가운데 하나가 작전 책임자는 자신에게 주

---

1) 1944년 7월 20일, 스타우펜베르크(Stauffenberg) 백작, 베르마흐트(Wehrmacht) 중령은 독일을 파탄으로 이끄는 전쟁의 종결을 위해 히틀러 제거를 시도했다. 발키리(Walkyrie)란 이름을 지닌 이 암살 음모는 루드비히 벡(Ludwig Beck) 장군의 제안을 따랐고 명망 있는 장교 집단에까지 전달됐다. 스타우펜베르크는 냅킨으로 싼 폭탄을 테이블 다리에 설치했다. 독재자 히틀러는 그의 협력자와 일상적 강연을 듣기 위해 폭탄이 설치된 테이블 주변에 모였다. 그리고 스타우펜베르크는 위급상황을 구실로 삼아 그 방에서 나왔다. 퓌러(Führer)의 측근들 가운데 하나는 우연하게 그 냅킨을 옮겨놓았고, 히틀러는 가벼운 부상을 입었을 뿐이었다. 실패로 끝난 이 음모는 보복이나 자살로 수천 명의 희생자를 낳았다. 디트리히 본회퍼(Dietrich Bonhoeffer, 라세르의 친구)는 당시 감옥에 있었다. 그러나 그의 집에서 시해음모에 관련된 문서들이 발견되었고, 그는 강제 이송됐다. 결국 1945년 4월 9일 죽임을 당했다.[N.d.E]

어진 정보에 따라 승리가 거의 확실시 될 때 일반적으로 공격을 고려한다. 이것은 어쩌면 군인의 명예에 기분 좋은 말은 아니다. 하지만 그게 사실인 것 같다. 다른 편에서 보면, 마치 스포츠에서처럼 물리적 싸움의 다른 형태들에서도 이길 승산이 높을 때 공격한다는 항구적인 법칙이 동일하게 확인된다는 것에 주목해야만 한다. 공격하는 자가 승리한다. 이것은 가장 거친 스포츠(복싱과 럭비)에서 그리고 가장 이론적인 스포츠(테니스와 하키)에서도 적용되는 사실이다. 서로 주먹싸움을 벌이고 있는 젊은 소년들을 보아도 같은 경향성이 발견된다. 의심할 것도 없이 폭력적 싸움을 특징 짓는 강렬한 법칙이 효율성에 있다. 두 번째로 확실한 공격 성공과 더불어 공격자가 상대 나라를 폭격하는 것과 초토화시키는 것을 주저하지 않는 한, 그 나라를 방어하는 모든 군대들은 방어를 위한 아군의 포탄도 자기 나라의 영토 위에 떨어질 수밖에 없다. 이처럼 동족을 죽이는 사건으로 인해 방어하는 군대는 부분적으로 수세로 몰리고 도덕적으로 난처하게 된다.

갑작스럽게 공격하는 선제공격에 의해 상대가 결코 따라잡을 수 없는 유리한 조건을 확보한다는 것이 방어 전쟁이 의미 없다고 생각하는 원칙적 이유이다. 공격자는 공격해야 할 정확한 지점을 선택했고, 최적의 순간을 선택했다. 그리고 이미 이러한 두 요인들이 공격자에게 견고한 우월성을 주었다. 총력전쟁은 전격적인 공격을 가하는 것으로 추가적 우세를 가져올 수도 있다. 즉, 모든 국토를 뒤집어엎는 정확히 계산된 폭격에 의해 사람들의 방어 능력은 치명적 손상을 입고, 혼란에 빠지고, 마비되고 그리고 방어 수행능력은 떨어지게 된다. 1940년 5월을 상기해보자. 핵무기 때문에 공격을 받은 나라는 더 끔찍한 상황에 놓였다.

그러므로 일종의 항구적 규칙이 있다는 것을 알 수 있다. 공격을 가한 나라는 기술적 사고만 없다면 거의 확실한 타격으로 정복하고 싶은 나라의 침공을 성공했다. 그럼에도 사람들은 계속해서 국가의 방어전쟁에 대해 말한다. 국가를 방어할 필연성을 반복하면서 군대의 장비 때문에 엄청난 비용이 지출돼도 방어전쟁을 정당화하여 계속 말한다. 이것을 반복적으로 듣는 것이 더 놀랍기만 하다. 어쩌면 그렇게 말하는 이들은 결코 현실화될 수 없는 그리스 신화의 키메라(죽을 자를 선택하는 괴수)를 추구하는 어쩔 수 없는 이상주의자가 아니겠는가? 침략자를 멈추게 할 가능성과 그들을 국경 밖으로 몰아낼 가능성이 있기는 하단 말인가? 어디에서 이러한 꿈을 이룰 수 있을까? 가까이서 한 번의 공격으로, 1940년 5월에 있었던 것처럼, 위대한 군대의 몰락을 목격한 이들은 때때로 묻게 된다 : 정말 국가방위라 불리는 것이 결과적으로 기가 막힌 사기와 유사하지 않은가? 왜냐하면 모든 이권상의 결탁이 국민의 부를 보호할 것을 약속하면서 그들의 사익을 따라 국민의 부를 탕진하기 위해 작동하기 때문이다. 실제로는 거대하고 엄청난 전쟁 준비 비용이 무엇을 위해 사용되는지 잘 알지 못한다. 마지노선(la Maginot)[1]

---

1) 마지노선(ligne Maginot)의 건설은 1930년에 국회의원 앙드레 마지노(André Maginot)의 제안으로 결정됐다. 마지노선은 프랑스의 북동쪽 국경선 방어강화시스템이다. 하지만, 벨기에의 반대로 마지노선은 프랑스와 벨기에의 국경에 설치되지 못했고, 그래서 1940년 히틀러 군대는 가볍게 우회했을 것이다. 변화하는 새로운 형태의 전쟁에 적응하지 못했으므로 마지노선은 제2차 세계대전 당시 기대했던 역할을 하지 못했다.[N.d.E]

이 유용했었는지 생각해보라. 그리고 아틀란티스의 방어벽(mur de l'Atlantique) [1]과 지크프리트선(ligne Siegfried)에 들인 비용에 비해 실제로 유용했었는가 생각해보라.

e) 그렇다면 군대는 무엇에 봉사했는가? 군대는 세 가지 일에 복무한다 : 이웃 나라에 가서 이웃 나라를 초토화시키고 복종시키기 위해 전쟁하러 간다. 물질적인 것, 장비, 옷, 음식을 군대에 제공하는 군수산업의 이익을 위해 (나는 여기에 매춘을 첨가한다) 전쟁하러 간다. 그리고 군에 저항하거나 많은 것을 요구하는 가난한 국민들을 진압하기 위해 전쟁하러 간다. 그러나 고백하기 곤란한 세 가지 목적만이 거기에 있는 것은 아니다. 마치 많은 이들이 생각하는 것처럼 군대가 외부로부터 침략해오는 가상의 허구적 공격에 대항하여 국가를 방어하는 데 봉사하는 것일까? 이제 남은 것은 우리의 많은 스위스 동지들이 했던 것과 같이 마음을 달래며 믿는 일뿐이고, 마지막 전투 이래로 우리가 공격받지 않았던 것이 우리의 군대 덕택이었다고 믿는 길뿐이다.

하지만 군대의 봉사에 대한 생각 자체가 널리 알려져 있다 하더라도 충분한 근거가 있는가? 관습적 맹신은 아닌가? '공격받지 않도록 아주 강력한 군대를 소유하자. 가공할만한 군사적 능력을 보유하여 침략의 위협으로부터 벗어나게 하자.'라고 말하는 것이 이론적으로 합리적인 것처럼 보인다. 이미 2000년 전 로마인들은 모든

---

1) 아틀란티스의 벽(mur de l'Atlantique)은 방어구조물들(요새화된 항구와 벙커)의 덩어리이다. 독일 점령군이 프랑스의 대서양쪽 해변에 영-미 상륙작전을 차단할 목적으로 이러한 방어구조물을 세웠다. 그래도 영-미 상륙작전은 1944년 6월 6일 아틀란티스의 벽 앞 영불해협(Manche)의 해변에서 개시됐다.[N.d.E]

시대의 군사적 신조가 되어버린 그들의 유명한 격언을 말한바 있다 : "만약 네가 평화를 원한다면, 전쟁을 준비하라." 하지만 내가 오래 전에 고생하여 읽었던 거의 모든 전쟁 이야기의 라틴 번역서들을 따라 판단을 내린다면, 로마인들이 말하는 방법 어디에서도 로마인들 자신에게 조차 성공하지 못한 것임을 인정해야만 한다. 오히려 전쟁의 신 마르스는 사람들을 현혹시키기 때문에 너무 교활하다. 대다수의 기독교인들도 온 마음으로 로마인들의 단호한 슬로건(네가 평화를 원한다면 전쟁을 준비하라)을 믿을 정도이다.

  하지만 만약 이런 논리가 정당했다면 그것에 대하여 지난 수백년의 역사를 훑어보면서 적합했는지 따져보아야만 할 것 같다. 역사에서 보면, 강대국들이 자주 약소국들의 연약함을 이용했다는 것이 관찰 된다. 다시 말해, 강대국이 약소국을 덮치고, 부수고, 정복했었다. 대부분의 전쟁이 가장 강력한 나라들 사이에 일어났었거나(1870, 1914, 1939) 혹은 서로 군사적 힘의 균형을 이루는 중간의 힘을 가진 나라들 사이에 일어났다. (예를 들어, 러일 전쟁, 중일 전쟁, 그리스-터키 전쟁, 이태리-그리스 전쟁, 이스라엘-아랍 전쟁 등) 만약 식민지 정복(프랑스에 적용되지 않았던 특별한 경우)과 세계 대전 중에 작은 나라들의 침공(식민지 정복전쟁이 없었다면 실제로 일어나지 않았을 침공)이 부차적으로 일어났다면, 그것은 아주 드문 경우이다. 강대국이 의도적으로 자신들의 법을 약소국에 강요하기 위해 약소국의 군사적 연약함을 이용하여 공격하는 일은 드물다. 1938년 무솔리니(Mussolini)군의 알바니아 점령을 제외하고, 확실한 경우를 보지 못했다. 사실 상대적으로 강한 나라가

예전에 자신들에게 속했던 영토를 침략하여 되찾는 경우와 다수의
민족들로 구성되었으나 임의의 방식으로 종주국에서 분리되어 약
소국이 된 경우들은 강대국의 법을 약소국에 강요했던 것은 예외
로 보아야 한다. 예를 들어 1866년 슐레스비히홀슈타인(Schleswig-
Holstein)주, 체코슬로바키아, 폴란드, 티베트, 고아(Goa) 등이 그런
경우였다. 그러므로 강대국이 약소국을 침략하는 것은 단지 침략당
한 나라들의 군사적 연약함을 이용하려는 것 말고 또 다른 이유가
있어서이다. 평화적 방법에 의해 정당성을 획득할 수 없을 때, 침략
자들은 스스로 정의를 그 자신 속에서 찾으려 한다. 그것은 로마의
격언에 타당함을 제공했던 유효하고 명백한 경우와 전혀 다른 것이
다. 지난 세기 전쟁의 대부분은 강대국이거나 혹은 중간의 힘을 지
닌 국가들 사이의 경쟁의 결과라 하는 편이 차라리 타당하다. 역사
는 군사적으로 열등하기 때문에 공격받을 것이라는 허구적 두려움
에 대한 확실한 근거를 보여주지 않는다.

　사실 (공격전쟁의 우위성을 부인하는 경향성을 보이는 것은 오
히려 현실에 대한 은폐이다) 한 국가가 강력한 군대를 소유하고 있
을 때 혹은 그 국가가 강력한 군대를 이용하고 싶은 유혹을 뿌리치
지 않을 때, 혹은 불안해하고 있는 다른 국가들에 불관용적 태도로
대처해야 한다는 의견이 높아졌을 때, 강력한 군대를 소유한 국가
는 싸우기 위한 변명거리를 찾는다. 그리고 아무리 강력한 군대라
할지라도 자신의 국가를 파괴하는 것은 피할 수 없는 운명임에도
전쟁 속으로 국가를 끌고 간다. 그 결과 강력한 군대일수록 전쟁을
할 더 많은 기회를 가진다고 사람들은 주장할 수 있다. 미국이 이

러한 많은 전쟁을 경험할 차례가 됐다. 끝으로 우리의 군대가 전쟁으로부터 우리를 보호하는가? 아니면 우리의 군대가 전쟁으로 우리를 이끌었는가? 두 질문 가운데 아마도 첫 번째 물음에서 진실이 드러나야만 한다, 그러나 경험과 역사는 정확히 두 번째 질문에 대답하고 있다. 지난 백 년 동안, 1860년부터 1960년까지, 프랑스 군대는 분명히 세계에서 최고들 가운데 하나였다. 그래서 소소한 식민지 파병은 계산하지 않더라도 14번의 전쟁을 일으켰다. 전쟁으로부터 보호받기 위해 군대를 염두에 두는 것, 그것은 정말 습관적 맹신과 같다. 존재하지 않는 가상의 위험에 대한 두려움 때문에 실질적 위험들을 일으킬 필요가 있을까. 그리고 기독교인들은 증거도 없는 고대 로마의 슬로건을 복음의 명료한 명령들보다 더 좋아할 이유가 없다.

2. 침략을 예방하다

1940년 여름의 비극적 사건들과 함께 살았던 이들은 또 다른 쓰라린 아픔을 겪어야 했다. 나라가 적에 의해 침략 당하면, 사람들은 전쟁이란 우발적 사건 속에서 아무것도 예견하지 못한다는 것을 알고 있다. 누구도 싸움을 계속하기 위해 무엇을 할 것인지 말하는 이가 없다는 것도 사람들은 알고 있다. 패배한 군대에 의해 버려진 국가는 고분고분히 침략자들에게 항복하는 것 외에 더 이상 아무것도 할 것이 없다. 준엄한 지시를 내리는 단 한 사람도 없었을 뿐만 아니라 어떤 조직도 꾸려져 있지 않았다. 일단의 프랑스인들이 런던에 임시정부를 꾸려야 했고, 라디오를 통해 낙심하고 용기를 잃은 국민에게 어떤 공식적 원조 없이도 저항 조직을 자연스럽게 만들도록 호소해야만 했다. 여러 달 동안 그리고 또 여러 해 동안 소수의 프랑스인들은 서로 모이는 데 노력을 기울였고, 지하조직망을 구축하는 데 힘을 쏟았으며, 돈과 무기를 찾으려 노력했고, 해야 할 것이 있다는 것을 발견하려 애를 썼다.

하지만 소위 국방부는 전쟁의 우발성을 예견했어야만 하지 않았나? 요컨대, 우리는 이미 두 번을 침략 받았다. 또다시 세 번째가 일어날 것을 예상하는 것이 합당하지 않은가? 군 장성은 전투개시에 앞서 전투를 이기거나 혹은 지는 경우에 대해 항상 그 자신이 행할 것을 예상해야만 하지 않은가? 우리의 군 수뇌부는 한 가지에만 관심을 갖고 있었던 것 같다. 그것은 양군 사이의 충돌이었다. 어처구니없이 우리의 군은 가장 불리한 북쪽의 우리의 동맹국들의 영토에서 싸우러 갔다. 질 것을 뻔히 알면서 싸우는 옥쇄전투 이후, 국가는 방어나 어떤 준비태세 없이 전투 개시 상태로 들어갔다. 우리는 왜 우발적 침략에 대해 아무것도 예상하지 못했는지 매번 질문을 던졌었다. 국가는 우리의 물음에 만약 패배를 예상했고, 주어진 명령을 이런 관점에서 예측했다면 그것이 국민들의 사기를 떨어뜨렸을 것이라고 대답했다. 이러한 설명은 항상 우리를 당황하게 만든다. 더 정확하게는, 설명이 우리를 부끄럽게 만들었다. 웬 이상한 현실주의인가?

질문을 하나 던져보자. 아는바와 같이, 만일 우리의 국가가 공격받을 처지에 있었다면, 우리는 적어도 침략 받을 아주 커다란 가능성에 놓인 것이기 때문에 군사적 충돌을 강조할 것이 아니라 단결된 국민적 저항을 강조하는 것이 더 신중한 태도가 아니겠는가? 우리의 영토에서 죽음과 파괴를 확대시키는 역할뿐인 옥쇄전투가 아니라, 적절하고 기술적이고 심리적인 국민의 준비를 목적으로 삼아야 하지 않았나? 우선 첫 도발에 졌기 때문에 패배를 잘 끊어내고 싶지 않은가? 그러면 패배 이후 지금 이 순간부터는 또 다른 도발에 이길 수 있도록 우리의 모든 노력을 두 번째 충돌에 집중하고 싶지 않았는가? 무엇보다 정말로 고려해야 할 것이 그런 것 아니겠는가? 그래서 무너진 건물들 가운데 흩어져 있는 시체들과 함께 싸우기보다 차라리 손상되지 않은 집안에 살아있는 사람들과 함께 침략자에 저항하는 편이 더 낫지 않았을까? 성서는 "죽은 사자보다 살아있는 개가 더 낫다."(전 9:4)고 말하지 않는가?

국가의 영토를 침략당하도록 내버려두는 것은 어떤 사람들에게는 의심할 것 없이 절대로 용납할 수 없는 일이다. 이것에 대해 우리는 예수와 사도들이 로마의 점령 아래 살았고, 그들은 빌라도의 수비대에 대항하여 무기를 드는 것을 선으로 판단하지 않았다고 대답하겠다. 예수와 사도들이 가치 있다고 생각하는 것들의 순서는 분명히 우리의 근대적 애국자들의 가치 순서와 같지 않다. 어떤 그리스도인에게 예수 그리스도를 부인하는 행동을 하게 하여 예수 그리스도를 배신하라는 것은 외국의 지배를 감내하는 것보다 더 끔찍한 것 아닌가? 어쨌든, 군대는 우리로 침공을 경험하지 않게 해줄 능력을 어디서도 명확하게 보여주지 못했다.

결정적으로 당당하게 밝힐 수 있는 목적과 관련하여, 우리는 무용한 군대를 없애는 것이 현명하고 그 자리를 비폭력적 저항운동조직으로 대체하는 것이 더 낳은 선택이라고 생각한다. 비폭력적 유형의 저항운동은 모두에게 (그들의 나이와 성별이 어떻든 간에) 요구된 일종의 최소한의 수동적 저항을 사용할 것이고, 비폭력에 반대하는 이들을 위해 살인을 배재한 저항운동을 전개할 것이다. 그리고 방어전투에 자신의 의지로 가입하는 이들에게 비폭력 저항운동을 전개할 것이다.

사실 우리가 주장했던 비폭력적 방법이 모두에게 부과될 수 없을 것 같다. 이러한 강요는 반대로 비폭력적 저항운동의 근본적 원칙에 반대될 것이다. 그리고 비폭력 투쟁은 완전히 찬동하는 사람들에만 즉, 개인적으로 그리고 영적으로 이런 유형의 삶과 투쟁을 수용했던 사람들에게만 가능할 것 같다. 그렇더라도 모든 시민들이 공감하고 동참할 부분은 있을 것이다. 수준을 달리하여 시민들 스스로 자유로운 선택에 따라 비폭력적 저항운동을 행하기로 결단한 성인은 태업 특공대[1]에 들어가야만 하든지 아니면 비폭력 특공대에 들어가야만 한다. 우리는 국방전투와 비폭력적 저항운동의 아주 다른 두 유형의 싸움이 상호 존중하면서 서로 협력할 것으로 생각한다. 그래서 비폭력적 저항운동가에게는 마치 국방전투 옹호자들이 비폭력적 저항운동을 배제했던 것처럼 살인은 싸움의 방법에서 배척될 것이다.

---

[1] 어떤 사람에게는 소스라치게 놀라움이 되는 사보타주(sabotage, 태업) 개념을 예수의 성전 정화에 적용했다. 예수는 성전 상인들의 짐승들을 흩어놓으시고 그들의 상과 돈을 뒤엎으셨다. 그들의 인격을 전적으로 존중했기 때문에 그들의 장사를 방해했다는 의미이다.

3. 비-군사적 방어

침략자들이 철수하는 것으로 끝낼 수 있도록, 비군사적 방어의 목적은 침략 국가에 가능한 한 많은 비용을 지불하게 하고, 통치하는 것의 어려움을 일깨워주는 데 있다. 만약 침략국에 부역하는 협력자(폭력으로 대응하는 사람)를 주둔지에서 찾는다면, 침략이 가해자에게 유용할 것이다. 비군사적 방어 하에서는 어떤 협력자도 찾지 못할 것이 틀림없다. 침략자가 주둔지에서 소정의 목표를 달성하기를 원했을 때만 침략이 일어난다. 그들이 어떤 목표도 달성하지 못하도록 모든 것을 예상할 필요가 있다. 만약 침략자가 점령지에서 원자재, 기계, 노예를 찾으러 왔다면, 침공은 상상해볼 수도 있다. 우선 이러한 모든 것들을 전혀 찾지 못하도록 모든 것을 예측할 필요가 있다. 만약 원자재, 기계, 노예를 발견했다면 그것들을 그들의 나라로 가져가지 못하게 해야 할 것이다. 만약 침략이 침략자의 자랑이 되었다면, 침략이 침략자의 사리사욕을 채우기 위한 행동이었다는 것을 알려야 한다. 그래서 침략이 자랑이 아닌 불명예가 되게 해야 한다. 이를 위해 먼저 모든 것은 비군사적 방어로 조직되었어야 할 필요가 있다. 하지만 어떤 경우가 되었든 간에 어떤 병사도 그리고 어떤 침략자의 기관원도 박해와 폭행 그리고 부상을 당해서는 안 되고 죽여서도 안 된다. 비군사적 방어의 목표는 침략자가 떠나는 순간까지 그들을 곤경에 빠뜨리고 꼼짝 못하게 하는 것이지, 침략자의 일이 성과를 내는 데 있지 않기 때문이다.

비군사적 방어는 투쟁에 대한 전혀 다른 개념이 될 것이다. 그런 개념은 국민에게 보충적 재교육을 필요로 한다. 지금까지 병사들에게 따지지 말고 무슨 명령이든지 행할 수 있도록 복종하는 것을 가르쳤다. 병사들의 복종이 범죄가 됐다. 병사들에게 부정직하고 정의롭지 못한 명령에 저항하도록 가르쳐야 하고, 병사들을 불복종 거부로 유도해야만 했다. 병사들이 명령들을 무조건적으로 실행하기 위해 자기의 양심을 제쳐두고 생각하는 습관을 갖게 했을 때, 어떤 위협에서도 병사들은 자기의 양심이 자신에게 말하는 것을 (복종하는 것을 거부하고 떠나라) 항상 생각하도록 습관 들게 해야 한다. 반면, 군사문화는 병사가 그의 상관으로부터 명령을 받은 순간부터 자신이 저지른 전쟁 범죄들에 대해 책임을 지지 않는다는 신화 위에 세워졌다. 병사들은 자신이 행했던 것에 대해 항상 책임이 있다는 것을 잘 알아야 한다. 오라두(Oradour)를 생각하라![1] 군사훈련이 병사들을 비인간화시키려고 할 때, 그들을 인간답게 만들어야만 하고, 그들에게 결국 어른들이 되는 것을 가르쳐야만 했다.

사람들은 이런 방법으로 침략자들이 사람들을 죽이는 것을 막을 수 있다면 손해가 없을 리가 없다고 말할 것이다. 분명히 희생이 없을 순 없다. 그러나 우리는 군사적 방어를 사용했던 경우보다 더 많은 사상자가 있을 것이라 생각지 않는다. 어쨌든 병사가 야만적인

---

1) 글란느 오라두(Oradour-sur-Glane)는 오트-비엔(Haute-Vienne)에 속한 자치도시이다. 1944년 6월 10일, 다스 라이히(Das Reich) SS기갑사단은 항독지하운동가들의 공격들에 대한 보복조치로 642명을 학살했다. 그중 245명의 여성과 207명의 어린이가 고의적 방화로 화염에 휩싸인 교회 안에서 죽었다. 알자스(Alsaciens)와 로렌(Lorrains)의 상당수 사람들은 SS기갑사단에 강제로 징집됐다. "시민들에게 권력에 불복종하기를 가르쳐야 하는"(p143) 위험함에 대해 질문을 던지기 위해, 라세르는 그의 책《전쟁과 복음》(p141~143)에서 그 비극을 상기시켰다.

사람이 되는 것, 그것은 그가 매순간마다 죽게 될 것이라는 두려움에 휩싸일 때이다. 죽음의 두려움이 사라지는 순간부터 병사는 문명화된 존재로 돌아올 수 있다. 침략군의 병사들이 복종했던 선전선동이 어떤 것이었든지 간에, 만약 그들이 점령지에서 누구도 자신들에게 악을 행하고 싶어 하지 않는다는 것을 인식한다면 침략군 병사들의 증오는 빠르게 약화될 것이다. 전투는 다른 국면을 맞았을 것이다. 1956년 부다페스트에서[1], 사람들이 러시아 병사들에게 총을 쏘지 않는 동안, 러시아 병사들은 오랫동안 부다페스트 시민과 관계가 좋았다. 우리는 추호도 러시아 병사의 선함에 대해 믿지 않는다. 확실히 침략군의 거만이 근본적 동기가 되었다고 생각한다. 이에 대해 만약 침략 받은 국민이 결코 폭력으로 반격하지 않았더라면 그리고 전 세계의 지지와 점령 부대의 연민을 혼동하지 않고 서로서로 끌어안았더라면, 침략 받은 국민을 계속해서 학살하는 것은 세계 여론의 엄중한 질타 때문에라도 불가능했을 것이다. 간디와 마틴 루터 킹 목사의 경험들이 충분히 이러한 점을 입증하는 것 같다.

사람들은 비군사적 방어를 조직화하는 것이 정말 어렵고, 그것은 너무 야심 차다고 말할 것이다. 그렇다면 "공격력은 조직하기 쉬운가? 너무 야심찬 것은 아닌가? 우리가 비용을 지불해야 한다는 것을 당신들은 잘 알고 있는가?"가 우리의 대답이다. 사람들은 지나치게 인간적 품성에 의지한 비군사적 저항의 방법은 효율적이지 못하

---

1) 1956년 10월 1일부터 있었던 헝가리 국민의 폭동과 임레 너지 의회(Conseil Imre Nagy) 대통령의 정치개혁은 소비에트 군대의 개입에 의해 부다페스트에서 궤멸됐다.

다고 말할 것이다. 이에 대한 우리의 대답은 "그렇다면 콘크리트 마지노선은 효율적이었는가?"이다. 1940년 5월에 프랑스 항공기는? 같은 해 6월에 프랑스 군대는? 우리는 이제 사람들이 다른 것을 시도하기를 제안한다. 어쨌든, 우리들 가운데 각자가 선택할 일이다. 하느님은 우리에게 지혜와 명철을 주시지 않았는가!

국가 방어를 보장하기 위한 비군사적 저항의 방법은 심각하게 부합하지 않는 점을 내포하고 있음은 사실이다. 일단 사람들이 공격자에게 복종하기를 거부하는 것을 배웠고, 그의 행위를 무력화시키는 것을 배웠다면, 비군사적 저항의 방법을 그들의 정부와 그들의 공무원들을 상대로 실행하는 것은 있을 법하다. 그것은 어떤 무정부를 초래할 것이다. 틀림없는 무정부 상태 때문에 현장의 책임자들은 본능적으로 자신들의 경향성이 어떤 것이었든지 비폭력적 방법에 반대한다. 정부와 공무원들은 모든 일에 권리를 승낙할 수밖에 없게 될까 그리고 부정의를 범할까 두려워한다. 그래서 반대하지 않으면 모든 것은 순식간에 총파업에 의해 혼란스러워질 것이라 생각한다. 그러나 우리는 이런 위험에 맞설만한 가치가 있다고 생각한다. 요컨대 만약 우리 가운데 권한을 가진 이들이 공정하고 나무랄 데 없는 방법으로 행동해야만 했다면, 그 나라가 잃어버릴 게 무엇이겠는가? 오늘날 시민들은 일반적으로 고위층에서 혹은 그들의 비호 아래 저지른 부당한 일과 스캔들 앞에서 너무 무능하다. 비폭력 교육이 있었다면 국민들은 즉시 그리고 효과적으로 대응했을 것이다. 인류는 그만한 대가를 치르고 성인의 나이에 다다를 뿐이다.

침략이나 체제 전복이 일어났던 경우, 어떻게 사태가 진행되었는가? 대중은 첫날부터 수동적 저항을 실천할 것이다. 치러야 할 대가가 어떤 것이었든지 간에 복종하기를 거부해야 했던 심각한 경우를 제외하고, 옆구리에 총구를 들이대는 침략군들에게 복종만 해야 했을 것이다. 그렇지 않으면 사람들은 점령군의 군부대와 경찰 소대를 증강하지 못하도록 더 이상 아무것도 하지 않는 것으로 점령군에게 대응해야 한다. 이상적인 것은 그 지역의 주민을 위해 서로 보초를 세우는 일이다.

침략자들에 대해 협조하지 않는 것은 그 형태가 대중이 원해서 만들어졌든지 아니면 자생적으로 형성되었든지 간에 집단적 배척으로 실행돼야 한다. 총파업이 점령군이 이용할 수 있는 모든 공적 혹은 사적 서비스에서 자동적으로 시작되고, 국민이 총파업으로 너무 고통당하지 않도록 모든 것은 사전에 조율되어야 한다. 결국 구체적이고 중요한 지점들에서 시민불복종 진영은 연속되는 저항의 물결로 사전에 세워지고 진전된 계획을 따라 행동을 개시해야 한다.

엄밀한 의미에서 여기서 비폭력적 저항에 대한 구체적 투쟁방법 속으로 들어갈 문제는 아니다. 우선 그것이 지금의 글쓰기 범위에서 벗어났기 때문이고, 다음으로 대적해야 할 상대가 누구든지 그들이 사용했던 폭력의 기술이 무엇이든지 날마다 변화는 상황들을 따라 판단해야 하고, 상대의 특성과 의도를 따라 비폭력을 고안할 필요가 있기 때문이다. 독자들은 비폭력적 투쟁방법의 물음에 집중한 풍부한 문헌을 참고하기를 바란다. 여기서는 이러한 투쟁의 방법을 영적인 방식에서 묘사하는 데 만족한다. 그래도 침략과 범법적 전복에 대한 우리의 진정한 투쟁 방법이 비폭력이라는 것을 잘 이해했을 것이다. 그리고 우리는 태업 명령을 고려했다. 태업 명령은 폭력의 사용 없이 강제수용이나 민족말살과 같은 범죄를 방해하고 적의 활동을 마비시키는 데 일종의 도움이 될 것이다. 이런 의미에서 태업도 이해되리라 본다.

비협조적 투쟁의 방어 결과는 무엇일까? 비협조적 투쟁이 국가적 계획에서 그렇게 많이 실현되지 않았다는 것은 있을 수 없는 일이다. 현재까지 간디와 마틴 루터 킹 목사의 비폭력 캠페인이 정부차원의 지원 없이도, 그리고 믿음직한 방법도 누리지도 못했지만, 소수의 사람들에 의해 실행된바 있다. 실제로 정부에 반대하여 진행된 사적인 시도이기 때문이다. 어쨌든, 군사적 방어의 결과들은 정말 통탄스럽기 그지없다. 마치 우리가 보았던 것처럼 군사적 방어는 비폭력보다 더 행하기 어렵기 때문이다.

무엇보다 어떤 도움이 외부에서 주어지지 않아도 비협조적 투쟁은 오래 갈 수 있다. 게다가 비협조적 투쟁에는 발전되지 않은 부분이 여전히 존재한다. 그 투쟁은 인간적일 것이고, 품격 있고 숭고할 것이다. 아마도 침략자는 선전선동의 지평 위에서 아주 급히 서둘러 레지스탕스의 심리적 방법과 경쟁하려고 노력할 수 있다. 실제로 점령부대를 위태롭게 하는 것은 폭력의 측면에서보다 차라리 비협조 투쟁의 측면에서이다. 투쟁은 빠르게 정치 투쟁이 됐을지도 모른다. 이런 의미에서, 국민의 저항 능력은 엄밀히 모든 관점에서 보아 국민의 높은 도덕적 응집력에 달려 있다.

만약 정부가 비참함, 빈민굴 일소, 부패 퇴치, 알코올 중독 퇴치 등의 운동을 벌인다면, 지금 이 순간부터 그의 군대에 수천억의 재정을 탕진했을 때보다 훨씬 효과적인 방법으로 국가의 보호를 보장했을 것이다. 만약 시민 각 사람이 자신의 나라에 소속된 것에 자긍심을 가진다면, 만약 부당한 것들이 거의 없게 줄어든다면, 만약 각 사람의 삶의 수준이 솔직하게 만족스럽다면, 만약 공동 재산을 유지하는 통일된 의지가 존재한다면 그리고 만약 이러한 문화유산이 정당하게 가치를 지닌다면, 그 민족은 자신의 독립을 유지해나갈 수 있다. 우리는 국민의 하나 된 해결책에 의해서 침략자를 무능하게 만들 수 있다고 생각한다. 그 해결책은 우리가 지시했던 의미들 가운데 형성되었고, 폭력 행사의 지평에서는 어떤 비용도 지불하게 하지 않겠다는 조건을 걸고 행동하는 진정한 방어의 어떤 것일 것이다. 군사적 시스템과 폭력의 문화로 모든 것을 악화시키는 대신에 진정한 해결책을 시작할 필요가 있다.

우리가 구상한 모든 것이 유토피아란 말인가? 아니다. 그것이야말로 진정한 현실주의이다. 그것이 예수 그리스도가 신중하게 취했던 개념이기 때문이다. 그리고 인류의 생존이 이런 가치에 있다. 그것은 우리가 (복음 때문에, 내 안에 믿지 않는 노회한 사람이 있음에도, 그리고 또한 아주 오래된 관습으로부터 궤멸될까 떨고 있기에) 믿기를 원하는 것의 최소한이다. 이런 길에 단호하게 가담하지 말라. 그것은 "그러나 너는, 생명을 선택하라, 네가 살 수 있도록."(신 30:19)

3부

근원적 전환

1장
평화주의의 기독론적 근거

많은 기독교인은 전쟁의 세상이 이교도적이고, 저주받고, 복음과 화합할 수 없다는데 일반적으로 동의한다. 그럼에도 기독교인은 어떤 살의를 품은 폭력이든 간에 그것에 참여하기를 거부할 것을 요구하는 평화주의의 정언적 결단에 대해 거의 '묻지 마!' 혐오감을 드러낸다. 기독교인이 지나치게 직관적으로 무기력하다거나 비순응주의적 입장을 표명하는 평화주의자의 주장을 싫어하는 것이 아니다. 그들 생각으로는 기독교인이 지나치게 순진한 평화주의자와 연관 되는 것이 불편하고, 기독교의 복음을 단순한 이념으로 만드는 것에 동의할 수 없는 것이고, 크거나 작게 정해진 절대원칙의 가치와 어디서나 그리고 모두에 의해 수용된 유효한 규칙에 반대하는 것에 연류되면 안 된다고 생각하는 것 같다. 다른 한편으로, 기독교인들은 어떤 기독교인도 죄 된 세상 속에서 결백한 상태에 다다를 수 없다고 믿어왔다. 현대의 많은 기독교인들의 교리는 '우리는 더

러운 손을 가졌다.'이다. 한마디로 말해, 도덕적 주제에 대한 자랑할
만한 모든 규칙을 내버릴 것을 권장했던 존재론적 철학의 영향 아
래 (우리가 철학을 전부 거절하는 것은 당치도 않다) 많은 신자들
은 너무 단순하게 "어떤 경우에도, 나는 사람을 죽이지 않는다."고
말하는 사람을 신중하다 생각지 않는다. 이제라도 비록 기독교인들
이 자신의 결혼 약속에 의해 맺어졌다는 것을 스스로 느끼지 못한
다 해도 그들이 "어떤 경우에도, 나는 나의 아내를 속이지 않겠다."
라고 말하는 것과 같이, 기독교인들이 신념의 윤리를 말하는 사람
을 신중하다고 생각해주길 바란다.

　실상 '평화주의자' 입장은 단호하다. 예를 들어 "살인하지 말라."
는 계명 위에 세워진 협소한 도덕주의에 기대어 평화주의를 주장한
다거나, 고정되고 순수한 어떤 권면에 기대어 힘을 쓸 때 마치 혼합
되지 않은 율법의 완성자로서 그리고 생명 경외의 실천가로서[1] 고
집을 부릴 때 비로소 평화주의를 구상할 수 있지 않겠는가? 현대의
기독교인들에 반대하여 우리는 평화주의의 진정한 근거를 (초대교
회 전통에서 말하기보다 더 거슬러 올라가) 역사적 그리스도의 제
자들 자체 안에서, 그리고 복음서들 안에서 묘사 되었던 사람들의
행위 속에서 찾을 수 있다고 생각한다. 폭력을 직면한 기독교인의
신실함은 전적으로 모든 형식적 율법주의를 넘어서야 한다. 그것이
이번 장에서 우리가 보여주려는 것이다.

---

1) 장 라세르는 알베르트 슈바이처(Albert Schweitzer, 1875~1965)의 윤리적 입장을 참고했다.
　　Albert Schweitzer, *Vivre. paroles pour une éthique du temps présent*. Paris : Albin Michel (Espaces libres),
　　1970; *Humanisme et mytique*. Paris : Albin Michel, 1995; *Une pure volonté de vie*. Paris: Van Dieren
　　éditeur (Petite bibliothèque théologique), 2002.[N.d.E]

이러한 주제에 대한 10개의 행동지침을 제안하기에 앞서 그리고 이것들에 대해 하나하나 논평하기에 앞서, 우리는 선결되어야 할 세 가지 주의 사항을 소개하겠다.

a) 우선 기독교의 도덕 즉, 믿음의 순종에 대한 규범적 설명이 있다. 복음서와 신약성서의 서신들 속에서 결론으로서 충분한 도덕적 권면들을 찾아보았다. 만약 예수와 사도들이 선을 믿었고, 그 시대 신앙인들에게 그들 고유의 유대 문명 안에서 삶이 만들어냈던 일상의 문제들에 대한 기독교적 답을 가지고 도덕적 권면의 방향을 알려주는 윤리를 제공할 능력이 있었다면, 교회는 오늘날에도 여전히 윤리 영역에서 오늘날의 신앙인들에게 던졌던 구체적 문제들에 대해서도 하나의 답을 제시해야만 한다.

b) 신약성서를 읽으면서, 어느 부분에서도 개인적 도덕과 집단적 도덕 사이의 (이른바 사적 도덕과 공적 혹은 시민적이라 주장된 도덕 사이) 경계선을 보지 못했다. 사적도덕과 공적도덕 사이에 균열이나 모순 없이 모든 것을 아우르는, 그러나 관점은 다중적인 순종과 신실함만이 있을 뿐이었다.

c) 신약성서에 의하면, 그리스도가 제자들에게 기대했던 복종은 건강하고, 일관성 있고, 동일하고, 정신적 제약이 없고, 이중성도 없었다. 그 복종은 예수가 "마음이 깨끗한 자는 복이 있나니."라고 말했을 때 요구한 것이다. 비유하자면, 마음이 깨끗한 자의 삶은 하나의 종소리만을 낸다. 그 소리는 마치 금이 간 종소리처럼 불투명하지 않다. 기독교인의 복종은 올곧고 정직하며 변함이 없다. 기독교인의 복종은 나비가 나는 것 같은 근대적 신학의 경향성과 아무런

관계도 없다. 다시 말해 현대신학은 늘 예상치 못한 기이한 방식으로 스스로의 자리를 바꾸었다. 물론 현대신학의 주제의 변화는 근거가 있다. 그러나 현대신학이 활기를 띠기 위해 끊임없이 현실을 외면했고, 아무것도 강조하지 않았다. 현대신학이 현실문제에 책임을 지지 않기 위한 것으로 볼 수밖에 없다. 현실문제에 대한 외면을 신약성서 안에서 찾지 못했다. 신약성서의 저자들은 완전히 엄밀하고 닫힌 도덕적 입장을 취했고, 선포했다. 자, 우리의 주장은 다음과 같다.

1. 그리스도가 우리를 구원했기 때문에 기독교의 도덕은 은혜의 행위에 대한 도덕이다

기독교 믿음의 출발 지점은 십자가의 현재에서 구원의 발견이다. 십자가로 우리가 하느님의 자녀들로 받아들여졌고, 용서받았으며, 인정되고 구원받았다. 우리가 위대한 구원의 약속을 기다리는 가운데 하늘 아버지와의 연합에 다시 부름 받은 것이다. 이것이 은혜이다. 초기 그리스도인의 첫 번째 관심은 구원에 대한 감사의 마음을 표현하는 데 있다. 그들의 일상의 삶 속에서 모든 것은 하느님을 위해서 존재했을 것이고, 하느님을 위해 존재해야만 했을 것이다. 그래서 초대교회 기독교인은 모든 것으로 하느님의 거저주신 은혜를 찬양했다. 은혜의 행위 속에서 살겠다고 하는 결단은 거저주심으로 넘쳐난 약혼의 기쁨에 비교할 수 있고, 이제부터 하느님의 약혼자가 되겠다는 기쁨의 대답 '네'를 들었기 때문에 기쁘다. 그리스도의 희생은 하느님이 우리에게 말하는 '승낙의 네'가 된다. 그러면 그리스도의 희생에 대한 우리의 구체적 행동은 하느님에게 감사하다는 말이 되어야 할 것이다.

그래서 사람들은 은혜의 행위가 기독교인의 삶의 근거이고 동시에 동기이고 목표라고 말한다. 은혜의 행위는 또한 기독교인의 변함없는 사랑에 대한 기준이다. 나는 내가 이루려고 했던 행위로 하느님에게 감사를 돌릴 수 있을까? 사실 내가 나의 복종에 대해 생각할 때 스스로에게 던진 첫 번째 물음이었다.

살인하면서 감사를 돌려드릴 수 있을까? 살인하는 것은 하느님의 피조물을 파괴하는 것이 아닐까? 또한 하느님은 우리들 가운데 각 사람을 찾고 있는데, 내가 죽인 그 사람의 마음속에서 이루어지고 있는 하느님의 은혜의 활동을 내가 훼손하는 것이 아닐까? 사람을 죽이는 행동은 그래서 결코 감사의 몸짓이 될 수 없을 것 아닌가? 군대의 대량 살상이 은혜의 행위로 이끌기보다 차라리 신성 모독적 행위로 이끄는 것이 아닐까? 나에게 살인은 결코 나를 구원해준 하느님을 향한 감사의 찬양이 될 수 없다고밖에 생각할 수 있지 않을까?

2. 기독교인의 도덕은 연합의 도덕이다. 그래서 그리스도가 우리를 사로잡았다

믿음에 대한 두 번째 운동은 그리스도의 사랑과 희생에 우리가 사로잡혔기에 구세주와의 연합 속에 머물고 싶다는 욕망과 요구이다.

마치 약혼녀에게 '긍정의 대답 예'를 받아낸 약혼자가 약혼녀와 함께 있고 싶은 것과 같고, 같이 있을 때 가장 큰 기쁨이 되는 것에 비유할 수 있다. 주님의 현존에 대한 경험은 신앙인에게는 호흡과 같다. 그리스도 안에 머무르는 것, 그의 말씀을 지키는 것 그리고 그의 계명을 지키는 것은 세 개의 요한적 표현으로서 기독교인의 복종에 대한 두 번째 운동적 관점을 묘사한 것이다. 다시 말해, 주님과의 연합으로부터 선한 행동을 하게 된다. 마치 포도덩굴이 포도나무에 붙어있는 것 같이 선한 행동도 그리스도와 연합되어 있는 것이 중요하다.

모든 복음은 우리에게 형제들과의 연합을 하늘 아버지와의 연합으로 알려주고 있다. 거기에 마치 경첩처럼 둘로 분리될 수 없는 것이 있다. 나를 신앙의 형제들과 분리시키고 동시에 나를 주님으로부터 떨어뜨리는 것은 있을 수 없다. 그렇기 때문에 예수가 주기도문 안에 "우리가 우리에게 잘못한 사람을 용서하여 준 것 같이"라는 독립절을 삽입한 것이다. 예수가 주기도문에서 가르쳤던 것에 대한 유일한 주석은 핵심으로 다시 돌아오기 위한 것이다 : "그러나 너희가 남의 잘못을 용서하지 않으면 아버지께서도 너희의 잘못을 용서하지 않으실 것이다."(마 6:15) 모든 복음은 하느님에게 받은 용서와 사랑을 내가 이웃에게 할 수밖에 없다고 나에게 경고하고 있다 : "내가 너에게 자비를 베푼 것처럼 너도 네 동료에게 자비를 베풀었어야 할 것이 아니냐?"(마 18:33)

분명히, 예수는 자신을 대적하는 적들이었다. 그러나 예수는 적들과 함께 하기를 거부하지 않았다. 비록 우리의 적들이 우리를 미워하고 학대했다 할지라도 우리는 선생 되신 예수처럼 우리의 열린 마음과 우정으로 적들을 보호해야만 한다. 그것이 바울이 말하고 싶었던 것이다 : "여러분의 힘으로 되는 일이라면 모든 사람과 평화롭게 지내십시오."(롬 18:33) 이렇게 나 자신이 모든 사람들과의 연합을, 그리고 특별히 나의 적들과의 연합까지 제공하고 유지하는 한에서만 나는 그리스도의 연합에 잇대어 있다.

살인하는 행위와 군복무는 필연적으로 내가 죽였던 이들로부터, 혹은 내가 죽일 준비를 하고 상대했던 이들로부터 그리스도의 연합과 사랑을 거두어들여야 가능한 일이 아니었던가? 결과적으로 살인하는 행위와 군복무는 예수 그리스도로부터 갑자기 나를 단절시키는 것이 아닌가? 병사의 경건한 마음은 허구적이지 않나? 하느님의 백성의 경건함이 잘못되었고, 하느님이 보시기에 가증스러웠다는 것을 보여주기 위하여 이사야는, 주의 백성이 살인을 저지르는데 주저하지 않는 순간에, "당신의 손은 피로 가득하다."고 소리쳤다.(사 1:10-15) 그리고 성 요한은 우리에게 똑같은 진실을 기억시켰다 : "살인자는 결코 영원한 생명을 누릴 수 없다."(요일 3:15) 말씀에 비추어 볼 때 기독교인이 병사가 될 수 있을까, 전쟁을 위해 일할 수 있을까, 그리고 그리스도의 연합에 머무를 수 있을까?

3. 십자가에 못 박힌 실재 때문에 기독교인의 순종은 대화의 순종이다

기독교의 믿음에 대한 세 번째 특성은 그리스도의 실재를 내 안에서 발견하게 했다. 그 결과 그리스도가 숨을 거두었던 십자가는 더 이상 과거의 먼 사건이 아니라 돌연 현대인인 나의 사건이 됐다. 예수는 나를 위해 죽어갔고, 나의 죄로 인해 그를 십자가에 못 박은 것은 바로 나였다. "내가 너를 위해 행한 것은 이것이다. 그가 나에게 말했다. 그리고 너는 나를 위해 무엇을 할 것인가?"를 묻는 대화가 십자가에 못 박음과 나 사이에 일어났다. 살아있는 개인적인 대화로부터 나의 믿음의 복종은 시작됐다. 그래서 예수 그리스도에게 순종하는 것이 불멸의 증언이 되었고, 나에게 말을 걸어오는 대화 속에서 십자가의 죽음이 일상의 발견이 되었으며, 성령의 영감 아래 내가 행해야 할 복종, 즉 예수가 나에게 행하기를 요구하는 것이 됐다. 예수가 나에게 대화의 동기를 부여했고, 그의 십자가의 부름이 나에게 따라가야 할 길을 인도하기에 충분했다. 여기서 도덕주의, 율법주의 그리고 주님 자신의 살아있는 말씀을 대체하고 싶어 했던 어떤 시스템도 예수와 나의 대화보다 중요하지 않다.

단지 죄가 매우 공고하게 우리 가운데 뿌리를 내리고 있어, 우리는 항상 그리스도의 말씀에 대하여 거리를 두고 육체의 충동이 되는 것만 하려는 위험에 처해있다. 불행히도 그 예들은 너무 많다. 세상에 어쩌겠는가! 죄에 매인바 되었기 때문에 우리는 그리스도가 우리에게 말씀하신 것을 우리가 믿는 것인지 조정하고 확인하기 위해서라도 신약성서가 절실히 필요하다. 또한 그렇기 때문에 '그리스도 안에 머무르다.'와 '그의 계명을 지키다.'(요 15장)라는 두 표현 형식들은 사실상 같은 말이다. 우리가 느끼는 대화는 현실에서는 그리스도, 기록된 예수의 말씀 그리고 나 사이의 3자간 대담이다. 성령으로 밝히 드러난 그의 말씀은 나를 모든 실수로부터 지켜줄 것이다. 어떤 기독교인이 감히 그리스도가 그에게 살인하라고 명령을 내렸다고 말할 수 있을까? 신약성서의 어떤 본문에서 이러한 신념을 확인시켜주는 근거를 찾을 수 있단 말인가? 그것이 하나라도 존재하는가?

4. 기독교인의 도덕은 비폭력적 도덕이다. 이로 인해 예수 그리스도가 십자가에 죽으셨다

십자가의 그림자가 나에게 드리우고, 나를 구원했던 십자가 앞에서 근본적 물음이 나에게 던져졌다 : 예수의 십자가에 죽음은 우연적이었고, 예상치 못했으며, 재앙적인 것이었고, 조금은 케네디 대통령의 죽음과 유사하고, 단번에 모든 것을 산산조각 냈던 일종의 재난이었는가? 그렇지 않으면 그리스도의 모든 사역에서 피할 수 없는 필연이었고, 그의 행위의 절정이었고, 구속 행위의 궁극이었는가? 나는 모든 기독교인들이 십자가 사건의 피할 수 없는 필연성이란 두 번째 해석을 받아들였다고 생각한다. 그렇다면 그것이 말하는 것은 무엇인가? 하느님과 인간 사이의 단절과 원수 됨의 극복을 위하여 예수는 오래 참는 사랑, 순종, 엄격한 신실함, 자기희생, 그리고 인간의 양심을 일깨우는 모든 것을 실행하기로 결정했다. 이것은 사람들이 예수의 커다란 사랑과 그가 짊어진 많은 고통, 그리고 사람들 자신의 죄와 광기와 반란의 광경 앞에서 자기 자신의 모습을 발견하게 하려는 것이었다. 그리고 사람들이 하느님의 용서를 받아들이고 하느님에게 돌아가기 위해 자기의 악한 속성들을 스스로 뽑아버리기로 결단하게 하기 위해서였다. 예수는 인간의 증오와 적대 그리고 악을 사랑과 선으로 상대하는 근원적 비폭력을 보여주었다.(롬 12:21) 이제 우리 차례이다. 우리의 적들을 비폭력의 사랑으로 상대해야 하지 않겠는가? 기독교인의 순종이 반드시 비폭력이어야만 한다고 생각지 않는가?

만약 폭력이 사랑에 반대되기 때문에 예수가 그것을 버렸다면, 나도 그에 이어서 폭력을 버려야 하지 않겠는가? 누구에게도 목적이 결코 방법을 정당화시키지 않고, 효율성이 결코 신실함을 대신해주지 못하기 때문이다. 우리 입장에서 보면, 폭력을 사용하는 것이 예수 그리스도의 십자가를 불신하는 것이 아니고 무엇이겠는가? 그리고 자기의 십자가 지기를 거부하는 것이 아니고 무엇이겠는가?

5. 그리스도가 부활했으므로 기독교의 도덕은 승리의 도덕이다

예수는 죄와 죽음에 대해 승리했다. 기독교인의 복종은 그리스도의 승리에 대한 선포뿐만 아니라 승리에 대한 열매가 될 것이고 하느님의 역사적 현현일 것이다. 마치 이스라엘이 골리앗을 이긴 다윗의 영광에 들어간 것과 같이 기독교인은 예수의 승리 안으로 들어갈 것이다.(삼상 17:25) 기독교인에게 유일한 문제는 예수의 승리를 믿는 데 있다. 믿음과 도덕 사이를 연결짓는 만큼 예수의 승리는 멋지다. 그러한 승리로부터 기독교의 복종이 생명을 얻고, 승리를 반영하고, 승리로 변환되는 한, 기독교의 복종은 정당하다. 내가 감히 말할 수 있다면, 기독교인의 삶 가운데 모든 것은 부활의 승리를 찬양하고 선포해야만 한다는 것일 것이다.

폭력! 이것도 그리스도의 승리와 다르지 않은 승리를 추구한다. 하지만 폭력을 통한 승리는 그리스도의 승리에 반대된다. 폭력들의 승리 즉, 유다의 승리, 대제사장들의 승리, 빌라도의 승리 등은 그리스도의 승리와 같을 수 없다. 성령의 승리도 아니고, 사랑의 승리는 더욱 아니다. 궤멸, 타자의 파괴에서 얻어진 영광을 쫓는 승리이기에 그렇다. 반면 비폭력적 승리는 적대자를 높이고, 자유하게 하며 그를 치유한다. 폭력을 통한 영광이 예수 그리스도의 승리에서 유출됐다는 것은 가능하지 않다. 기독교도인 어떤 군인이 그가 수고하여 얻은 승리를 부활 승리의 반영이고 메아리였다고 주장할 수 있었을까? 그가 승리의 증인이란 말인가? 차라리 예수 그리스도의 패배의 증인이라 해야 하지 않을까? 기독교도인 군인이 복음의 해방적 권능의 증인이겠는가, 아니면 회피할 수 없는 인간의 본성과 극복할 수 없는 세상의 운명에 대한 증인이겠는가?

6. 그리스도가 하늘로 올라가셨기에 기독교인들의 복종은 만왕의 왕에 대한 복종이다

그리스도는 하늘로 올라갔고, 전능하신 하느님의 우편에 앉아 계신다. 그렇기 때문에 그리스도가 통치하시고, 모두의 주님이 되셨다. 우리는 우리의 모든 생애 가운데 그리스도에게 복종해야 한다. 우리의 활동의 어떤 영역도 그와 동일할 수 없고, 그의 권위에서 벗어날 수도 없다. 이런 의미 속에서 그리스도는 우리의 전 존재를 다스리고 싶어한다. 그러나 이것은 사실 그 자체로(ipso facto) 기독교인들이 다른 절대적인 주인에게 복종할 수 없음을 말하지 않는가? 예수는 "아무도 두 주인을 섬길 수 없다."고 했다.(마 6:24) 군대는 의심의 여지없이 전체주의적 권력이고, 군대의 권력은 절대적이고 이견이 있을 수 없는 권위를 열망한다. 무엇보다도 군대의 권력은 다른 주인이다. 만약 기독교인에게 예수가 말한 것에 반대되는 명령을 내렸다면 예수 그리스도에게 '네'라고 응답한 사람이 다시 다른 주인 즉, 군대의 권력에게 '네'라고 말할 수 없지 않겠는가? 동시에, 우리 스스로 그리스도의 왕국에 들어가지 못하게 하고 그의 연합에서 끊어내는 명령에 복종한 것 아닌가?

폭력에 대한 무자비한 시스템 안으로 들어가거나 혹은 군대에 들어가는 기독교인이 예수 그리스도의 왕국에 대한 증인일 수 없지 않은가? 그렇지 않으면 그들이 그리스도가 하늘에 오르고 세상을 다스린다는 것을 믿지 않고 그들의 입장에서 폭력의 효율성과 군대의 권력을 선포했던 게 아닌가?

7. 그리스도가 우리를 교회와 하나로 만들었기 때문에 기독교인의 복종은 교회 안에서의 복종이다

성령에 의해 그리스도는 그의 몸 된 교회에 나를 심었고 접목시켰다. 그렇기 때문에 한 명의 기독교인을 위한 개인주의적 복종은 없다. 우리의 복종은 당연히 교회의 범위 안에 위치 정해지고, 우리

마음대로 그 자리에서 벗어날 수 없다. 우리의 복종은 교회의 복종을 설명하고 구체화한다. 우리의 증언이 정당하냐 아니면 불순하냐를 가지고 우리는 교회의 복종에 참여했다.

그러므로 교회는 두 개의 근원적 책무를 가지고 있다 : 하나는 교회 자체를 진리와 자비 속에 건설하는 것이고, 다른 하나는 세상을 복음화시키는 일이다. 그러나 만일 내가 기독교인을 죽인다면, 만일 내가 거룩한 목수가 건물에 일체화시킨 생명의 돌을 파괴한다면, 나는 내가 하는 일을 교회의 설립이라 주장할 수 있을까? 그리고 우리가 불신자들을 죽인다면, 그리고 거룩한 어부가 그의 그물 안에 모으고 있던 물고기들을 죽였다면, 우리가 한 일을 세계의 복음화라 주장할 수 있겠는가? 차라리 우리가 주님의 일에 태업을 하고 있다고 해야 하지 않을까? 우리는 두 개의 근원적 책무 안에서 그리스도의 몸의 단일성을 헝클어놓은 것이 아닌가?

우리를 폭력에 맡기는 것이 교회를 황폐화시키고 희화화시키는 일이다. 그 결과 주를 바라보고 있는 사람들을 어쩌면 선한 목자로부터 멀어지게 하는 것 아닌가? 주님에 대한 교회의 신실함이 다른 모든 목적보다 더 중요하지 않다는 것인가?

8. 복음을 따른 도덕은 증언의 도덕이다. 그렇게 때문에 그리스도가 우리를 파송했다

기독교인은 메시지를 들었고, 믿었고, 그것을 이제 다른 사람에게 전달해야만 하는 사람이다. 이제부터 기독교인은 타인을 위해 복된 소식을 주변에 알려주어 복음을 지킬 수 있을 뿐이다. 그렇지 않으면, 복된 소식은 손가락 사이에서 말라버린다. 그러므로 기독교인은 두 말씀 즉, 그에게 선포된 말과 그가 해야 할 말 사이에 서게 된다. 기독교인의 복종이 이러한 영적인 복음 전파의 필요를 설명한다. 그것은 내가 기독교인으로서 불가능한 순수성을 전혀 알지 못했다는 것에 대한 물음이 아니라 만일 내가 복음을 전하지 않는다면 나에게 화가 미칠 것이다!(고전 9:17)라는 물음이다. 기독교인은 자신의 구체적 삶으로 (정치적 혹은 시민적 참여를 포함해) 어떤 일이 있어도 전달해야만 했던 복된 소식을 가지고 있으며, 기독교인의 삶 속에서 모든 것은 이러한 복된 소식을 풍겨야 한다. 그리고 기독교인이 완수해야만 했던 '선'은 예수 그리스도 안에 있는 구원을 일상 가운데 선포하는 것이다.

폭력을 실행하면서 우리가 그리스도의 권능 혹은 나약함을 선포할 수 있는가? 포병의 일, 폭격기 조종사의 일, 참호 청소자의 일들 가운데 복된 소식은 어디에 있는가? 우리가 폭력의 길에 참여하면서 세상을 극복할 수 없는 불행한 운명들의 증인이 될 수 없지 않나? 그리고 예수 그리스도의 무가치성에 대한 증인이 될 수 없지 않는가?

9. 기독교인의 도덕은 희망의 도덕이다. 그리스도가 다시 올 것이기 때문이다

기독교인의 삶 속에서 모든 것은 예수 그리스도의 다시 오심과 재림에 대한 기다림을 연상시켜야 한다. 모든 행동이 예수 그리스도의 재림에 대한 관점에서 펼쳐질 필요가 있다. 그래서 전쟁을 하는 동안 사람들이 포로가 된 남편이 돌아올 것에 대한 기다림 속에서 살았던 여성들이 어떤 처지에 있었는지 보았던 것과 마찬가지로 사람들은 한 번 훑어보는 것으로 우리가 다시 오실 주님을 기다린다는 것을 알아차려야 했다. 이런 의미에서 기독교인의 복종은 종말론적 복종이다. 따라서 주님은 곧 산자와 죽은 자를 심판하기 위해 하늘로부터 올 것이다.

그러나 만약 진실한 재판을 주관하는 이가 주님이라면, 인간의 결정과 판단 그리고 인간의 가치조차도 모두 임시적이고, 상대적이고, 가변적이라고 결론지어야 하지 않겠는가? 그리스도 한 분만이 최후 결정권을 가졌다. 사람이 만든 것 중에 아무것도 결정적이고 절대적인 특성을 가졌다고 주장할만한 것이 없다. 그렇지 않으면, 사람들은 완전히 우상숭배를 한 것이다. 교회의 증언은 여기서 국가를 향해 국가 자체도 상대적이고 임시적이라는 것을 상기시켜야 한다. 국가가 최종적인 일들을 행할 권리가 없다는 것도 상기시켜야 한다. 이 세상의 형태는 사라지기 때문이다. 최종의 결정권자가 주님이라는 이유로 사형제도는 배척되어야 한다. 사실 사람들은 무엇이 신의 결정이 될지를 사형으로 속단한 것이다.

전쟁을 하는 것 역시 최후의 심판의 천사들인 양 처신하는 것이 아니겠는가? 그리고 신성한 수확의 날을 기다리지 않고 어리석게 뒤죽박죽 섞인 알곡과 가라지를 뽑아버리고 불태우는 것 아니겠는가?(마 13:30, 40) 기독교인 병사가 살인할 권리를 하느님으로부터 가로채면서 유일하게 따지는 이 세상의 현실이 그렇다는 증언 아닌가? 결과적으로 그리스도는 다시 오지 않을 것이라고 증언한 것 아닌가?

10. 기독교의 도덕은 자선의 도덕이다. 왜냐하면 그리스도가 우리를 사랑했고, 이 사랑이 우리를 서로서로 사랑하게 만들기 때문이다

사랑에 대하여 기독교인은 그의 이웃을 사랑할 뿐이다. 주님이 이웃을 사랑했다. 기독교인은 사랑의 대상이었던 다른 사람들에게 사랑의 영향을 미쳐야만 한다. 더 좋게는, 기독교인은 이웃의 마음속에서 그리고 이웃을 통하여 그리스도의 사랑 자체가 움직이도록 맡겨 놓아야 한다. 예수에 의하면, 우리의 적들을 사랑할 수 있는 우리의 능력이 형제애를 판단하는 시금석이다. "그러므로, 너희가 자기를 사랑하는 사람들만 사랑한다면 무슨 상을 받겠느냐?"(마 5:46) 그래서 원수를 사랑하고, 이들을 존중하고, 우리가 그들에 대해 책임을 공감하고, 그들과 대화를 유지할 수 있는 능력에 의해 우리의 복종에 대한 정당성은 드러난다. 우리의 양심에 솔직해지면 원수를 이해하라는 주님의 명령은 정말 어려운 일이다. 어쩌면 기독교인들이 원수 된 이들에게 먼저 그들의 행동이 변해야 한다고 말하는 것이 쉬운 일이다. 그러나 사랑은 기독교인의 삶에 처음이고 마지막 말이다. 자비는 믿음과 희망보다 여전히 더 큰 것이다.(고전 13:13)

복음서의 관점에서 보면 조직폭력의 시스템은 끔찍스럽다. 왜냐하면 폭력 시스템이 원수를 사랑하는 것은 더 이상 가능하지 않은 상황 속으로 우리를 끌고 가기 때문이다. 사랑하기를 중단하지 않고 살인하려 작정한 것은 기만이고 위선이다. 로마서 13장은 우리에게 "이웃을 사랑하는 사람은 이웃에게 해로운 일을 하지 않는다."와 '이웃을 사랑하라'를 상기시키고 있다. 특별히 사랑은 이웃을 죽이지 않는 것이다.(9-10절) 솔직해지자 : 폭력이 맹위를 떨칠 때, 대부분의 사람들은 대략 두 범주로 분리된다. 사랑하고 도와주는 사람의 범주와 진을 빼려고 노력하여 그 결과로 혐오하는 사람이 또 다른 범주이다. 기독교인들은 이러한 마니교도적 이분법적 변증 안으로 그리고 비인간적이고 너무 단순한 범주화 속으로 들어갈 수 없다. 가능하지 않은 일이다. 기독교인들은 모든 사람을 사랑해야 한다.

하지만 기독교 현실주의자인 당신들은 나에게 말할 것이다 : 우리 가족을 지켜야 할 필요가 있지 않은가? 우리 가족을 먼저 사랑해야만 하지 않은가? 그리고 가족을 사랑하는 것이 그들을 보호하는 것 아니냐? 분명히 그렇다! 그러나 어떤 방법을 사용해도 상관없다는 것은 아니다. 모든 문제가 거기에 있다. 기독교인도 가족을 보호하기 위해 노력을 경주해야 한다. 단지 폭력 행위자를 구원자와의 연합으로부터 분리시키지 않은 방법에 의해서만 그리고 주님의 이름을 망령되게 하지 않는 것으로만 할 수 있다. 기독교인들은 그들이 적용하는 방법들에 대하여 주의해야 할 절실한 때이다. 그래서 반기독교적 방법을 사용함으로써 그들의 가족을 방어하면서 그리고 암묵적으로 폭력을 사용하면서 자신들의 아내와 자녀를 보호하지 않았던 초대교회 교인을 비난하기를 멈추어야 할 대전환의 시기가 됐다. 초대교회 공동체원들이 사랑이 부족했단 말인가? 기독교 현실주의자인 당신들은 방법의 정당성을 알아야만 한다.

기독교 현실주의자가 폭력의 정당성(물론 방어적이다!)에 대한 시론을 소개할 수 있었다는 것에 주목해보자. 단지 가족을 보호해야 한다는 지점에서 기독교 현실주의자들은 폭력과 복음 사이의 연결점을 찾았다고 생각했다. 기독교 현실주의자는 모든 복음을 그들의 폭력 사용권(물론 정당한 이유로)을 유지하기 위해 용감하게 전복시켰다.

기독교 현실주의자의 이런 행위는 매우 유감스럽다. 이런 주장은 인정될 수 없다. 예수는 "원수를 사랑하고, 너희를 미워하는 사람들에게 선을 행하고, 너희를 박해하는 사람들을 위해 기도하여라."(마 5:44)고 말했다. 그리고 바울은 "아무에게도 악을 악으로 갚지 말고"(롬 12:17)라고 말했다. 우리에게 남은 일은 어떻게 폭력적 수단이 아닌 수단들로 우리의 것을 보호할 것인지 모두 함께 찾는 일이다. 분명히 폭력이 아닌 수단은 존재한다. 예를 들어, 최초의 복음은 교회가 감내했었던 견딜 수 없는 박해의 영광스러운 결과를 낳았다. 그러나 폭력은 없었다.

만약 사랑한다는 구실로 우리가 마치 이교도들과 같이 어디서나 희망 없는 폭력을 사용한다면, 우리는 어리석고 효과 없는 복음의 증인들이 될 것이다.

2장

복음적 태도로써 비폭력 투쟁

대다수의 기독교인은 마치 이교도들과 무신론자들처럼 폭력에 직면하여 하나의 결과뿐이라고 확신한다. 즉, 폭력을 제압하는 것이 가능하려면 더 강력한 역-폭력이 있어야 한다. 힘은 힘으로만 통제할 수 있다고 많은 기독교인이 말한다. 분명히 그들은 결코 난폭한 남편을 완벽하게 길들이는 데 성공했던 작고 선한 아내들을 만나보지도 못한 것 같다! 어쩌면 그들은 나폴레옹 1세가 칼을 이기는 것이 종국에 늘 정신이라고 말했던 것을 알지도 못하는 것 같다. 많은 기독교인이 침략자에 대항해 스스로를 방어하는 유일한 수단은 침략자와 전쟁하는 것이라 매우 신중하게 단언한다. 확실히 이러한 확신(혹은 미신?)을 국민 속에 유지하는 것이 이롭다고 생각하는 사람들이 너무 많다. 교묘한 선전은 항시적으로 인류 속에 전파되도록 그리고 병사들이 몇몇 사람에게 엄청나게 수익을 가져다주는 낡고 피로 물든 선례에서 벗어나지 못하도록 아주 많은 돈을 사용했다. 전쟁은 병사들의 최고의 축제라는 것을 잊어버리지 말자.

오늘날 전쟁의 수단들은 매우 파멸적이다. 그래서 우리는 문제제기를 한다. 어쩌면 인류 자체를 파멸시킬 위험이 있는 사람들을 여전히 사용하려 노력하기보다 차라리 정의롭지 못한 것과 범죄에 반대하는 다른 방법을 찾을 수 있다는 것을 인정하는 소수의 기독교도들이 대안적이다. 현실 속에서는 오래 전부터 폭력에 직면한 모든 종류의 태도들이 존재해왔다. 비폭력 투쟁을 규정하기 이전에 (사실 우리에게는 가장 복음에 부합하는 것으로 보이지만) 사람들이 폭력도 비폭력도 아닌 투쟁의 다른 형태들과 비폭력 투쟁을 혼동하지 않도록 우리는 우선 비폭력 투쟁이 아닌 것을 언급할 필요가 있다.

1. 비폭력이 아닌 것

a) 우선 부당함이나 범죄 앞에서 억지로 행함, 비겁함, 도주가 있다. 우리는 사람들의 연약함 때문에 자신들을 위한 다른 해결책을 보지 못하는 이들을 판단하고 싶지 않다. 그러나 각 사람은 폭력에 직면해 엄격하게 포기 되지 않고 결탁 되지도 않은 어떤 태도를 찾고 있는 우리의 문제제기의 대답이 억지로 행함, 비겁함, 도주일 수 없다는 데 동의할 것이다.

b) 무저항이 있다. 사람들이 아주 자주 비폭력과 혼동하는 것이다. 무저항이 수동적 포기는 더더욱 아니다. 그래서 무저항 안에는

도덕적 주장, 단념에 의한 거부가 있다. 때때로 무저항은 도덕적 주장과 체념 속에서 고상한 태도와 효율성을 만들기도 한다. 이러한 무저항은 이것을 실천하는 이들이 종교적 혹은 정치적 신념을 부인하지 않으면서 사형집행 교수대로 당당하게 걸어가 사형을 당하는 태도이다. 과거 많은 순교자들이 오랜 세기 동안 취했던 태도였고, 또한 권력이 눈감아준 유대인 탄압과 박해를 감내했던 이스라엘 민족의 태도였다. 만약 시민전쟁이 다시 발발했다면, 마치 1962년에 비앙협약 다음날 알제리 무슬림들에게서 보았던 것과 같이, 무저항은 때때로 지혜로운 정치가 될 것이다. 당시 알제리 무슬림들은 유럽 정착민들(알제리 정착 프랑스인) 편의 프랑스군을 다시 무너뜨리려고 반격을 가하지 않았고, 학살이 자행되게 내버려두었다.[1] 요약하자면, 무저항은 용기 있고, 숭고한 응전이다. 그러나 그것이 부당함에 반대하는 데 효과적인 방법이었을 것이라 말할 수 없다.

예수가 "악한 자를 대적하지 말라."(마 5:39)고 말했을 때, 그는 이러한 태도를 그의 제자들에게 명령하지 않았는가? 여기서 적용된 말씀은 차라리 대칭적이고 상호적인 반대의 이념을 전제했다. 그러므로 차라리 "그러나 나는 너희들에게 악한 자를 잽싸게 되 찌르지 말라고 말한다."로 번역할 필요가 있을 것이다. 즉, 대적자의 무기들에 동일한 무기로 응답할 필요가 없다는 것이다. 눈에는 눈으로가 아니다. 이에는 이로도 아니다. 대적자에게 그들의 방법과 다른 방법으로 응대하라는 것을 의미한다. 예수가 제안하는 다른 방법들

---

1) 라세르는 알제리 전쟁 동안 프랑스군 안에 모집된 무슬림 보충병 하르키(harki)를 암시했다. 이들 가운데 30,000에서 100,000명이 1962년 3월 19일의 정전 이후 학살된 것으로 보인다.[N.d.E]

은 다른 쪽 뺨을 돌려 대는 것, 보충의 사역을 행하는 것, 사람들이 우리에게 취한 것보다 더 많이 주는 것, 이런 것들이 정확하게 비폭력적 방법들이다. 이것에 대해선 차차 좀 더 자세히 살펴볼 것이다. 1933년에 이미 가톨릭 신학자 C. 바르타스(C. Barthas)는 "당신들은 악인에게 같은 것으로 반격하여 복수하지 말라."로 해석했었다.[1] 비록 우리의 성서 대부분이 유감스런 번역이라 하더라도, 여기서 예수가 특별하게 무저항을 권면했었다고 말할 수 없다. 예수는 전혀 다른 비폭력적 투쟁을 부탁했다.

c) 여전히 수동적 저항이 있다. 이 저항은 드러나지 않은 실제 위험에 매번 복종하기를 중단하면서 적의 행위에 제동을 걸고, 적을 끌어안으며, 적에게 일종의 무기력의 방법과 선전선동에 대한 바보스런 무관심한 방법 그리고 적을 웃음거리로 만들거나 의기소침하게 하는 모든 종류의 독특한 책략으로 복종하여 적을 마비시키려 해보는 것이다. 저항에 대한 이런 식의 방법적 특징은 실행하는 사람에게 커다란 개인적 위험을 무릅쓰게 하지 않는다. 그러나 이러한 수동적 저항은 주민이 선한 마음으로 압제자들에게 아무것도 하지 않기로 의견을 같이해야 효율성을 지닌다. 사실, 압제자가 경찰과 점령 부대들의 병력을 증가시켜 직접 감시와 모든 영역에서 항구적인 위협을 가하지 않으면 주민들로부터 아무것도 얻을 수 없다. 그래서 점령자의 국가 지배는 비용이 많이 들고 고약한 것이 되었을 것이다. 주민은 이런 순간부터 수동적 저항을 수행해야 할 것이다. 즉, 비폭력과 아무 관계가 없으나 모두에게 요구되었던 최소

---

1) Évangile et Nationalisme, p114.

한의 수동적 저항이다.

d) '살인을 행하지 않는 저항' 혹은 '존중할 만한 폭력'이 있다. 힘과 강제의 사용 앞에서 물러서는 것이 아니라 실제적 폭력이 자행되지 않도록 하는 투쟁 즉, 대적자의 병사들과 기관원을 결코 부상입히거나 죽이지 않고, 그들의 인격 자체에 반대하여 결코 힘을 사용하지 않는 투쟁을 말한다. 보이콧(boycott, 동맹거부), 파업, 총파업, 모든 종류의 태업이 존중할 만한 투쟁에 이용됐다. 이러한 투쟁들은 적 관료들의 몸을 해칠 위협이 없는 조건에서 이용 가능하다. 이렇게 커다란 위협과 살상이 일어날 수 있는 보복을 일으키면서 사람들은 침략자나 독재자를 무력화시키고 스스로 철수하지 않을 수 없게 하거나 아니면 스스로 포기하지 않을 수 없게 하려고 노력했다.

이러한 투쟁 방식의 저항은 아주 광범위한 영역에서 노동조합에 의해 이용됐다. 지난 세기에 폭력과 전쟁의 사용을 정상적이라 보는 많은 선한 기독교인들이 존중할 만한 폭력으로 인해 놀라워하고 부끄러워했다는 것은 이상한 일이다. 사실, 국가조직의 살인에 호의적으로 동의했던 콘스탄티누스주의 기독교인들의 눈에는 이상한 방식의 싸움이다. 폭력과 전쟁의 사용이 정상적인 규칙이기 때문이다. 하지만 폭력보다 더 인간적인 무한의 저항의 방식이 존중할 만한 폭력이다. 왜냐하면 그 저항의 방식이 적들의 인격에 해를 입히지 않으려고 노력하기 때문이고, 분쟁을 교정과 인간미 있는 분위기에서 지탱하는 데 기여하기 때문이다. 이러한 저항의 방식이 분쟁을 폭력적 분쟁들의 피할 수 없는 결과로써 잔혹함과 야만적 무지 속으로 들어가지 못하게 한다. 알제리를 보자. 그리고 난 후 많은 다른 예들을 보라. 존중할 만한 폭력은 고차원적 사람의 투쟁이지 야만적인 사람의 투쟁이 아니다. 이 투쟁이 세심하게 사전에 준비되었을 때, 그리고 특히 주민의 생계가 총파업이 오래 지속되어도 유지될 수 있다는 것이 예견되었을 때, 극적인 효과를 볼 수 있다.

그러나 살인을 행하지 않는 저항과 비폭력을 혼동해서는 안 된다. 왜냐하면 여전히 힘을 사용하고 있기 때문이고 적과 힘 대결을 벌이기 때문이다. 이러한 저항이 찾는 것은 적들의 감정들이 변화되지 않은 상태에서 적을 굴복시키는 것이다. 만약 적이 항복한다면, 그것은 적의 마음에 분노가 이는 것을 말한다. 마치 프랑스가 루르(Ruhr)에서 철수했을 때처럼 말이다.[1] 살인을 행하지 않는 저항들이 어쩌면 힘을 믿고 적에게 존경을 강요했을지 모른다. 그러나 적에게 사랑하게 할 수는 없다. 따라서 살인을 행하지 않는 저항은 일견 보아도 비합리적인 비폭력 투쟁의 야망이다.

e) 여기서 폭력투쟁을 묘사할 필요는 없다. 절망적이게도 폭력투쟁은 너무 알려졌다. 그리고 폭력투쟁이 유용하다고 주장하는 한, 우리는 그것에 대하여 이 책의 전 부분에 걸쳐 충분하게 비판했다. 그럼에도 왜 우리가 전쟁을 비폭력의 쪽에 즉, 부당함에 직면한 국

---

[1] 베르사유협약은 라인강 왼편 기슭을 동맹국들이 15년 동안(1920년부터) 점령하기로 했다. 쿠노(Cuno) 총통의 요청에 독일 노동자들은 그때 '살인을 행하지 않는 저항'(거리 시위, 파업, 사보타주)을 조직했다. 프랑스군은 기병대를 돌격시키면서 응전했다. 런던과 워싱턴은 루르(Ruhr)의 점령과 마찰을 보지 못했다. 그리고 1924년 12월에 프랑스와 벨기에의 마지막 부대가 철수했다.[N.d.E]

민이 수용할 수 있는 다양한 태도들의 나열 속에 위치시켰는지 설명하고 싶다. 비폭력은 확실히 전쟁보다 덜 야만적이고 덜 파괴적이지만 현실과 괴리돼 있다. 사실 폭력과 살상을 가하는 저항 속에서 사람들은 일종의 동의나 인정할 수 없는 부당함과 공모가 있다는 것을 인지했다. 사람들이 서로 같은 무기와 같은 비인간적이고 범죄적인 방법을 사용하기 때문이다.

학살과 파괴를 일삼았던 적들을 학살과 파괴로 격퇴하면서 사람들은 스스로 자신의 수준을 낮추었고 어떤 의미로는 그가 사용한 매우 끔찍스러운 방법들을 적법하게 만드는 계기가 됐다. 학살과 파괴의 피해자들이 동일한 가해자의 방법을 사용했기 때문이다. 요컨대, 폭력의 피해자가 폭력에 관여되면서 자기를 폭력적으로 만들어간 것이다. 어쩌면 피해자가 폭력을 가하고 싶었거나 아니면 공모자이기를 원했을지 모른다. 폭력이 일어난 첫날, 아마 가해자와 피해자가 있었을 것이다. 그러나 둘째 날부터 서로 전멸시키기 위해 쌍방 모두 비열한 수단을 사용하는 난폭한 사람만 있을 뿐이다. 사태의 추이에 의해 폭력의 수단은 점점 더 잔인하고 추악해 진다. 이쪽도 저쪽도 부하가 되려하지 않기 때문에 '군비'의 단계적 확대는 피할 수 없다. 크거나 작거나 산업화된 악마적 놀이를 조장하는 암살자만 있을 뿐이다. 유일하게 파괴와 죽음만이 그곳에서 확대된다.

그래서 마치 공격 받을 것을 의심하는 이들이 스스로 이러한 저주받은 게임과 지옥의 군대를 준비했었던 것처럼, 침략군이 공격하기로 결정했을 때 학살과 파괴의 수단을 사용하는 데 양심의 거리

낌은 없다. 알다시피 상대방 역시 같은 학살과 파괴의 수단을 사용할 준비가 되었기 때문이다. 우리를 방어하기 위해 준비한 신무기는 가상의 적 또한 무기를 마련하도록 추동하고 있으며, 적들이 자신들의 신무기를 사용하는 것에 정당성을 부여한다. 하지만 우리는 여기서 폭력은 폭력을 사용하는 사람을 타락시키는 반면 비폭력은 싸워야 할 적들조차 정신적으로 고양시키고 품위를 가지게 한다는 사실을 주장하고 싶다.

2. 비폭력적 투쟁

비폭력적 투쟁을 묘사하기 위해 8개의 특징적 협약을 구분할 것이다. 독자들은 여기서 비폭력에 관한 두 전형적인 성서 일화를 연결할 수 있을 것이다 : 엔게디(En Guédi) 동굴 속의 다윗 이야기(삼상 24장)와 엘리사와 아람 군대 이야기(왕하 6:8-23).

a) 비폭력적 투쟁은 살인죄와 살인범 사이의 분리에 근거하고 있다. 비폭력적 투쟁은 살인자를 비난하는 것이 아니라 살인하는 행위를 비난한다. 여기서 비폭력적 투쟁은 확실히 부당함과 부당함의 행위자를 동일화시키는 '폭력의 소아병'을 거부하고, 살인자들의 인격 자체를 해결하려 애쓰면서 살인을 도말하려 애쓴다. 간디(Gandhi)는 자주 살인죄와 살인범의 동일화에 대해 '사람들이 그 정치체제의 행위자들을 죽이면서 정치체제를 무너뜨릴 수 있다고 생각하는 환상을 가졌다.'고 말한 바 있다. 침략들에게 포사격을 할 때마다 침략자들의 전투의지는 더 고양됐다. 폭력이 침공, 부당함, 억

압을 제거하려 노력하는 것에 의한 투쟁 방법이었다면, 이런 악의 도구가 된 사람들에게 악으로 되갚지 않는 방법이 비폭력적 투쟁이다. 살인죄와 살인자를 구분하는 문제에 있어 폭력의 행위자들이 마치 크고 작은 비의지적 공모자로서 여겨지기 때문이다. 인도 말로 아힘사(ahimsa)는 해로움이 없음을 의미한다.

마찬가지로 예수가 항상 죄인으로부터 죄를 구분했던 것을 기억하자. 예수는 결코 죄인을 몰아붙이면서 죄를 도말하지 않았다. 회당 안에서, 예수는 상인들을 폭행하지 않고 그들의 거래를 비난했다. 예수는 악한 삶을 사는 이들을 모욕하지 않고 그들을 치료하고 구원했다. 예수가 바리새인들의 위선을 폭로했으나 그들에게 악을 행하지 않았다. 예수가 하느님에 대항하는 인간들의 반역을 비난했고 그 반역을 이겨냈으나 그들을 무찌르지 않았다. 또한 그들의 죄에서 벗어난 이들은 감사하며 예수에게 붙들렸다.

b) 비폭력적 투쟁 속에서 적들은 여전히 대화가 가능한 사람이다. 어쩌면 그것은 비폭력에 대한 내기일지도 모른다. 변함없이 비폭력주의자는 그의 적들에 속아서 악으로 끌려들어간 누군가를 보게 될 것이고, 적의 친구가 되려고 노력하는 어떤 이를 볼 것이기 때문이다. 여기서 다시 한 번 우리는 폭력에 대해 동의할 수 없는 극단에 서게 된다. 폭력은 출발부터 적들을 마치 기계식 분무기로 축출해야 할 해로운 짐승쯤으로 전제한다. 당신들은 파괴의 창을 든 병사들(doryphores)을 기억해야 한다.[1] 폭력적인 사람이 그의 적을 마

---

1) 히틀러는 유대인들을 없애야 할 감자잎벌레들에 비유했다. Adolf HITLER, *Mon combat* ("Mein Kampf", 1962). Paris: Nouvelles éd. Latines, 1934, p126, 308-316.[N.d.E]

치 자기와 비슷한 사람처럼 생각하기를 중단하는 순간부터 비인간
화의 과정이 시작된다. 그리고 폭력적인 사람은 다른 사람들을 죽
이면서 자기 자신도 도덕적으로 파괴하고 인정 없이 야만적인 사
람이 된다. 비폭력적 사람은 결코 사악해지지 않도록 노력하며, 타
락시키는 소용돌이 속으로 빨려 들어가지 않도록 노력한다. 그렇기
때문에 비폭력적 사람은 적들과의 관계 속에서 '나-그것'의 관계가
'나-당신'[1] 관계로 변화될 것을 주장한 것이다.

예수가 자신의 대적자들을 두려하지 않고, 아첨하지도 않고, 그들
모두에게 조용하게 말했을 때, 우리는 예수가 관계에 대한 예를 들
어주었다고 생각한다. 예수의 말이 비록 위선자 바리새파 사람들처
럼 긴장되고 약간은 견디기 힘들어도 그는 그들과 형제애적인 대화
를 유지했다. 예수가 서기관들과의 토론하고, 자신의 뺨을 때렸던
경비원에게 평안하게 말을 걸고, 속임 없이 그의 판사에게 말을 거
는 것, 그리고 그의 사형집행자를 위해 기도했던 것 등이 예수가 보
여준 관계의 예들이다. 요컨대, 예수는 자신의 적을 사람으로 상대
했다. 그는 비폭력의 사람이었다.

c) 비폭력적 행위의 근본적 성격은 대적자의 양심에 비폭력적 행
동을 요청한다는 사실이다. 비폭력주의자는 적들 스스로 공격의 부
당함을 발견하도록 인도하고, 그들 스스로 자유의지를 따라 공격을
포기하는 결정에 이르도록 유도해야 한다. 반면에 폭력은 (성폭력
을 포함해서) 타인을 자기 마음대로 굴복시키려 애쓰기 때문에 일

---

1) 라세르는 유대인 철학자 마틴 부버(1878~1965)의 생각을 참고했다. Martin Buber, *Je et Tu*,
Paris: Aubier (Bibliothèque philosophique), 1969.[N.d.E]

어난다. 폭력을 휘두르는 적들의 양심에 호소하는 것이 없는 곳에서, 비폭력에 대하여 말할 수 없다.

확실히 이런 의미 속에서 자기 자신의 양심이 말하는 것을 듣기 전에 편견, 분노, 자기의 정의와 자신의 이익에 사로잡히기 때문에 비폭력적 방법은 오래 걸린다. 간디는 영국에서 인도의 독립을 쟁취하기 위해 20년을 소비했고, 마틴 루터 킹은 승리를 보지 못한 채 10년간 투쟁했다.[1] 이런 의미에서 폭력이 때때로 보다 신속하고 보다 눈에 띄는 결과들을 가져왔다. 그러나 그것은 자주 허망한 결과를 낳았다. 실제로 힘에 정복당해 고통 속에 있는 사람은 이후로 보복을 생각한다. 폭력적 승리는 아주 약하며 미래의 분쟁을 내포하고 있다. 반면 비폭력은 곧바로 목표로 향한다. 즉, 대적자와의 화해를 향해 간다. 비폭력이 대적자에게 얻고 싶은 것은 화해의 가능성과 선한 마음에서의 동의다. 이렇게 간디의 인도인들은 영국인들과 우정을 유지했었다. 그러나 알제리와 프랑스 사이는 부분적으로 단절됐다. 어쩌면 두 나라의 단절이 복수하려는 알제리 국민의 이익에 부합하지 않을 수 있다. 비폭력은 대적자들이 양심을 가졌다는 것을 전제하고, 대적자의 몸과 정신 모두를 존중하면서 집중적으로 대적자들의 양심을 공격한다.

---

1) 라세르는 1965년 초를 말하고 있다. 마틴 루터 킹은 그 당시 그의 비폭력적 행위의 캠페인을 10년 동안 인도했고, 이때까지 지역적 성공만을 이루었다. (몽고메리시의 대중교통에서, 버밍햄의 공공장소 등에서 차별이 끝났다.) 시민권리 운동은 흑인 투표에 관한 법을 1965년 8월 7일 성취했다. 그것은 1963년에 워싱턴 행진과 1965년 몽고메리의 셀마 행진 이후였다. 마틴 루터 킹은 그 당시 더 가공할만한 투쟁 즉, 빈곤 해소와 베트남전쟁 중단 투쟁으로 선회했다. (특별히 이 두 경우를 연결했다.) 그는 투쟁에 실패했고, 1968년 4월 4일 암살당했다.[N.d.E]

예수가 그렇게 했다. 그의 설교, 그의 대화, 그의 침묵조차도 인간의 양심에 끈기 있게 호소했다. 이런 태도가 예수의 배려를 설명한다고 말할 수 있다. 예수와 대면이 있고난 이후, 경박한 풍습의 사마리아 여인은 자기의 도덕적 삶이 나빴다는 것을 발견했다.(요 4:29) 사람들의 재산을 훔쳤던 세리장 삭개오는 지나치게 징수한 것을 돌려주고 삶을 변화시키기로 결정했다.(눅 19:8) 뺨을 맞고 난 이후, 예수는 자신을 때렸던 경비병의 양심에 호소했다.(요 18:23) 예수는 대적자들과의 대화 속에서 양심에 호소하는 목표를 보존했다.(요 8:8-9, 마 21:24-26, 요 18:34, 37)

d) 비폭력적 행위는 필연적으로 대적자들의 법들에 구체적인 불복종을 전제로 한다. 법을 어기는 불복종을 통해 비폭력은 수동성과 무저항에 구별되고, 수동적 저항에서 조차 차별화된다. 비폭력은 사람들이 정의롭지 못한 법에 공공연하게 그리고 의도적으로 불복종하는 사건에 의해 실현된다. 공공연히 정의롭지 못한 법에 저항하는 시민불복종은 위협이나 빈정거림 없이 성취된다. 영국인들이 금지했음에도, 간디가 이끄는 인도인들은 대낮에 평화롭게 영국인들의 염전에 소금을 구하러 갔다.[1] 한편 미국의 흑인들은 조용하게 백인 전용 레스토랑들과 역 대합실에 들어갔다. 불복종을 통해 비폭력주의자는 자신의 상대에게 말한다. "나는 당신을 끝없이

---

1) 1930년 3월에 간디는 위대한 '소금 행진'을 시도했다. 각 마을 지나면서 그에게 합류한 수천 명의 인도인들과 함께 그는 영국의 소금생산에 대한 독점을 보호하는 금지를 이렇게 무시하면서 300km를 걸어 소금을 모으는 바다까지 갔다. 간디는 수천 명의 사람들과 체포됐다. 그러나 다른 사람들이 그들을 대체했고 폭력 없이 정부의 소금 저장소를 공격했다. 만 명 이상의 인도인들이 감옥에 갇혔다. 하지만 결론적으로 소금에 대한 법률들은 폐지됐다. Jean-Marie MULLER, Gandhi l'insurgé. L'épopée dela marche du sel, Paris: Albin Michel, 1997.[N.d.E]

존중한다. 그러나 당신의 요구 앞에서 나를 굽히는 것이 나 자신을 비천하게 할 것이다. 나 자신을 존중하는 것을 통해 나는 당신의 악한 법 아래 굴복하지 않을 것이다."

의도적으로 법을 어기는 방법을 통해, 비폭력주의자는 상대의 인격을 전혀 위협하지 않는다. 오히려 비폭력주의자가 원하는 것은 상대보다 상대방의 정의롭지 못한 법의 개정이라는 것을 잘 이해시키면서 상대의 양심에 호소하는 것이다. 그러면 상대는 더 이상 두려움에 떠는 것이 아니라 자신의 행위와 관련된 문제가 커다란 힘에 의해 자신에게 있다는 것을 알게 된다. 주민 전체가 비폭력적 방법을 사용했을 때, 비폭력적 방법은 일종의 놀랄만한 도덕적 압력을 상대에게 가한다. 그래서 비폭력주의자들의 평화적 불복종의 경우, 이 방법이 일으킬 위험으로서 유일한 분노는 상대가 자신을 정죄하는 양심에 반대하여 스스로를 방어하는 것 때문에 표출되는 스스로에 대한 분노이다. 그러므로 조용하게 반성하면서 대적하는 상대에게 생각할 시간을 주지 않을 이유가 없다.

예수는 일상에서 이러한 비폭력적 불복종을 실천했다. 예수의 소송이 진행 될 때, 우리는 예수가 재판관에게 세 번이나 대답하기를 거부한 것을 보았다. 왜냐하면 대답하는 것이 자신을 낮추어 재판관들의 계략 안으로 들어가는 것이기 때문이다.(마 26:63, 눅 23:9, 요 19:9) 마찬가지로, 예수는 종려주일날 아주 놀라운 모습으로 예루살렘에 입성했다. 예수는 예루살렘 성에서 유일한 주인이 되려는 로마 총독의 포부와 용맹한 메시아를 기다려 왔던 바리새인들의 확신에 공공연하게 거스르는 제스처를 보여주었다. 특별히 예수가 비폭력의 저항을 조직적으로 실천했다는 것을 알 수 있는 것은 안식일에 관련해서다. 복음서들은 예수가 공공연하게 지나칠 정도로 엄격한 해석과 맞서 싸우는 것을 보여주었다. 예수의 시대 랍비들이 법으로 휴식을 규정했다.(마 12:2, 13, 눅 13:14, 눅 14:4) 안식일에 대하여 말하는 것만큼 예수가 잘못된 삶을 살았던 사람들과 친하게 지낸 것에 대하여 말할 필요가 있다. 죄인과 친하게 지냈다는 것은 당시 가장 큰 도덕적 문제였다.(마 9:11, 요 4:27, 눅 19:7, 마 11:19) 하지만 건강하고 구원적인 불복종이었다. 예수는 이 일에 대해 비싼 대가를 지불했다.

e) 비폭력 투쟁의 다섯 번째 측면은 고통이다. 사람들이 분명히 고통 감수하기를 받아들였고, 고통이 대적자의 양심을 건드리는 최고의 방법이 될 것을 알아 고통을 감내하는 태도를 취하면서 대적자에게 맞섰다. 이러한 의미에서, 파업은 자주 비폭력 수단으로 활용됐다. 불복종의 경우, 비폭력주의자는 자신이 감옥에 수감되고 벌을 받게 될 것이라는 것을 알고 있다. 그러나 처벌이 있을 것이라는 것은 그의 계산된 행동이다. 비폭력주의자에게 고난이 가해지지 않으면, 그 불복종은 목표가 빠진 투쟁이고, 영향력도 미치지 못하고, 단지 장난기 있는 치기와 일종의 학생들의 소란 정도로 취급될 것이다. 그래서는 불복종이 대적자의 양심에 어떤 압력도 행사하지 못한다. 역으로 폭력의 현장으로 되돌아와 모든 고난을 감내할 준비가 되어 있는 군중을 보는 것은 커다란 충격이다. 예를 들어, 곤봉에 맞기, 개한테 물리기, 눈을 못 뜨게 하는 최루가스, 물대포 등이 있는 곳에서 군중은 물러서지 않는다. 왜냐하면 군중이 법을 어

기는 확고부동한 행동을 함으로써 부당한 법을 고칠 것을 당신들에게 요청하기 때문이다.

만약 비폭력주의자가 고난을 견딜 준비가 되어 있다면, 그리고 비폭력주의자가 대적자들에게 양심의 가책을 불러일으키는 데 성공할 수 있다면, 아마 마음의 고통을 제외한 어떤 대가를 치르고서라도 그는 대적자들에게 고통을 되돌려서는 안 된다. 그것이 아힘사(ahimsa, 해치지 않음)의 법이다. 간디의 유명한 말을 인용하면서 마틴 루터 킹 목사는 말했다 : "만약 피가 우리의 길에 흘러야만 한다면, 그것은 우리들의 것이어야 하지 어떤 경우에도 우리의 백인 형제들의 피가 되어서는 안 된다." 고통에 의연하게 자신을 내어주면서, 비폭력주의자는 상대에게 부끄러움을 일으키려 노력한다. 이것은 총체적으로 존중할 만한 것이 상대에게 남아 있다는 것을 전제 한다.

그것이 바로 예수 그리스도의 수난의 고통들을 이해하는 것이다. 예수는 자신을 기다리고 있는 힘든 고난을 기꺼이 받아들였다. 예수가 참았던 모든 잔인한 고통의 광경은 정확히 믿지 않는 이들의 마음을 감동시키는 것과 그들을 믿음으로 인도하는 것에 의해 끝난다. 이런 의미에서, 십자가는 가장 훌륭한 비폭력적 행위였고, 예수가 사람들에게 하느님에 반대하여 반역을 포기하라는 계속적인 요구였다. 그러므로 예수의 삶 속에서 모든 것은 그가 사람들의 요구 즉, 메시아가 그이기를 바랐던 것처럼 폭군적 메시아가 되어 달라는 요구에 따르고 싶어 하지 않았다고 기록했고,(요 6:15) 그래서 폭군적 메시아를 요구하는 사람들에게 불순종하면서 예수는 하느님에 순종하는 모두를 사랑했다. 그 결과 왕이 되기를 거부한 예수에 대해 입장을 바꾼 사람들은 가중된 잔인함으로 그를 죽였다. 이 광경은 사람들을 감동시키는 것으로 끝난다. 그때부터 감동받은 이들이 자신의 양심을 되찾고, 부끄러움을 갖게 되었고, 자기 자신을 싫어하게 되었고, 이어서 참회하고 개종하는 데 이르렀다. 비폭력이 이 사람에서 저 사람에 이르는 수평적 관계를 위한 방법의 적용이라고 말할 수 있다. 이것이 예수의 방법이었다. 하느님은 예수 그리스도 안에서 동일한 방법으로 자신과 인간들 사이의 수직적 관계를 재수립했다.

f) 비폭력적 투쟁은 항상 진리의 표적 아래 전개된다. 간디는 그것을 '사티아그라하(satyagraha)'라 불렀다. 즉, '진리의 힘'을 말한다. 비폭력적인 사람은 아무것도 비밀리에 행하지 않는다. 비폭력은 대낮에 사람들이 대적자의 지배에 반대할 것이라고 일반적으로 예고하면서 진행된다. 반면 폭력은 권모술수, 속임수와 거짓말과 떨어질 수 없다. 그렇기 때문에 폭력의 열매는 너무 쓰다. 하지만 비폭력은 사랑과 진리에 결합돼 있다. 대적자를 사랑하고 싶어서이고 끝내 적들에게 전하는 호소를 폭력을 사용하는 사람의 이해 속에서 그들의 신뢰를 얻기 위해서이다. 그렇기 때문에 아주 작은 진리 왜곡이라 해도 폭력의 사용자에게 불신과 두려움을 되살아나게 하고 양심의 소리 듣는 것을 방해하는 심각한 잘못이 될 것이다. 총체적 진실함 속에서 비폭력은 대적자들에게 숨김없이 사태를 보여준다. 비폭력적인 사람은 어쩌면 사람들이 생각하듯이 의심스러운 혼란을 야기하는 불량배가 아니다. 대적자들의 판단은 완전히 틀린 것

이다. 비폭력적인 사람이 평화적으로 항의하는 것에 반대하는 법이
야말로 어쩌면 정말로 정의롭지 못한 것은 아닐까?

"나는 오직 진리를 증언하려고 났으며 그 때문에 세상에 왔다."
(요 18:37)고 말했던 예수와 그 자신이 진리였다고 감히 선포하면
서 명백한 진리 가운데 살았고 행동했다는 것을 회상할 필요가 있
을까? 예수의 영적인 싸움은 진리 안에서 그리고 진리를 위한 싸움
이었다. 예수는 사탄이 거짓말의 근원이라고 우리에게 이미 예언
했다.(요 8:44)

g) 항상 같은 이유로 비폭력적 저항을 이끄는 사람은 겸손해야만
한다. 적들을 정죄하기 위해서이건 아니면 적들의 반대편에 서 있
는 자신을 정당화하기 위해서이건 비폭력적 저항의 실천가가 말했
던 모든 것은 자신의 정의와 관련된 거부 속에서만 대적자를 판단
하는 것이다. 그러나 비폭력주의자가 자신의 실수와 잘못을 인정하
는 데서 충실하게 시작한다면, 그는 형제애를 설명하는 데 적절한
환경을 마련할 수 있을 것이다. 어쨌든, 비폭력적 활동가는 적들이
자신의 양심의 소리를 들을 수 있게 도와야 한다. 간디와 마틴 루
터 킹은 투쟁 속에서 겸손과 진리에 대해 비폭력 실천가도 예외일
수 없는 이러한 정황을 드러내기 위해 계속해서 국민의 악습을 공
개적으로 고발하고 비판했다. 간디와 마틴 루터 킹은 실수와 잘못
을 인정하는 것에 의해 형제들이 그 이상으로 고양되고 도덕적으
로 성장한다고 보았다. 하지만 동시에 간디와 마틴 루터 킹은 신뢰
를 적에게 불어넣었고, 결정적으로 어떤 사람도 속여서는 안 된다
는 것을 인정하게 했다.

여기서 어려움은 자기 나라의 군대나 경찰의 잘못을 인정하게 하는 것만큼 비폭력주의자 자신의 잘못을 인정하게 하는 일이다. 비폭력주의자는 자신의 잘못을 깨닫지 못하기 때문에 협공을 당하는 것이다. 비폭력주의자가 적들의 불신을 넘어서려고 노력하는 동안, 같은 나라 사람은 이들을 배신자로 정죄한다. 예를 들어, 1946년부터 독일 교회들과 연합군 사이에 급박하게 설립된 대화 속에서 마르틴 니묄러[1]는 공개적으로 독일군에 의해 자행된 범죄들을 인정했다. 이에 대해 독일국민 가운데 많은 사람들은 연합국 편을 든 마르틴 니묄러를 여전히 용서하지 않았다. 그럼에도 비폭력주의자의 역지사지의 겸손은 배신자로 정죄되는 수치를 넘어서야 한다.

적들을 대면하여 예수의 겸양이 그들의 마음을 움직였다 : 거만도, 항의도, 예수 쪽에 분노의 놀람도 아니다. 예수는 계속해서 사랑하여 모든 것을 견디었다. 경비병이 그를 때렸을 때, 예수는 마치 한 친구가 다른 친구에게 말하는 것처럼 그에게 차분하게 말했다 : "만약 내가 한 말에 잘못이 있다면 어디 대보아라. 그러나 잘못이 없다면 어찌하여 나를 때리느냐?"(요 18:23) 예수는 어떤 순간에도 자

---

1) 1946년 1월 6일, 나치 정권에 영적인 저항을 벌였던 장본인 가운데 한 사람이 마르틴 니묄러(Martin Niemöller, 1892~1984)다. 니묄러는 1937년부터 1945년까지 집단수용소에 수감됐었다. 그는 고백교회(Eglise confessante)의 대표들 앞에서 '독일의 죄성에 대하여(De la culpabilité allemande)'란 제목으로 요한복음 4:9-14의 설교를 했다. 니묄러는 특별하게 말했다 : "만약 오늘날 내가 어쩌면 예전부터 알았던 한 유대인이 나에게 기독교인으로서 온다면, 나는 그에게 '친구여, 너의 앞에 내가 있다. 그러나 우리는 서로 만날 수 없다. 왜냐하면 죄가 우리를 갈라놓았기 때문이다. 나는 죄를 지었고, 우리 민족이 너의 민족과 너에 반대하여 죄를 지었다. 나는 하느님의 사랑을 위해 이 잘못의 대가를 너에게 지불해야만 하고, 우리를 다시 찾을 수 있도록 내게서 떠나라.'라는 말 외에 다르게 말할 수 없었을 것이다." Henry MOTTU (éd), *Confessions de foi réformées contemporaines, Genève*: Labor et Fides, 2000, p.90-91.[N.d.E]

기의 우월함으로 적을 분쇄하려 노력하지 않았다. 그의 희생이 더 설득력 있을 뿐이다.

h) 결론적으로, 비폭력적 행위는 원수를 사랑하는 것으로 구성됐다. 그것이 가장 어려운 일이다. 사랑하는 것은 원수에게서 선을 찾고, 도덕적으로 원수를 높이는 일을 하고, 원수의 진정한 이익에 신경 쓰는 것을 말한다. 간디는 영국인들이 인도인에게 했던 행동을 그들답지 못한 것이라 말했다. 그리고 간디는 영국인들의 선을 위하여 그들의 고결하고 충성스러움에 대한 평판을 훼손하는 실천을 포기시키는 데로 인도인을 이끌고 싶었다. 마찬가지로, 마틴 루터 킹 역시 인종분리 정책의 실행을 철폐시키는 일을 하면서도 인종분리 정책의 철폐가 미국인들의 민주주의적 이상이라 강조하기를 반복했고, 흑인들은 백인들이 진정으로 자기 자신이 되도록 돕고 백인들의 명예를 회복하도록 도와야 한다고 반복해 말했다. 이런 사랑은 대적자들을 예민하게 만들고 그들의 마음을 여는 강력한 지렛대가 된다.

원수를 사랑하는 모든 것이 여전히 예수 그리스도 안에서 분명한 진실이다. "너희는 원수를 사랑하여라. 너희를 미워하는 사람들에게 잘 해주고 너희를 저주하는 사람들을 축복해주어라. 그리고 너희를 학대하는 사람들을 위하여 기도해주어라."(눅 6:28) "누가 억지로 오 리를 가자고 하거든 십 리를 같이 가주어라."(마 5:41) 이 말을 들었을 때, 예수의 동향 사람들이 봉사에 동참했을까, 아니면 짐꾼을 필요로 하는 점령 부대의 군인들에게 짐을 날라주었을까? 예수 자신은 이러한 사랑을 적들에게 보여주었다. 예수는 보기에 수

상쩍고 속마음을 숨기는 한 바리새파 사람의 저녁식사 초대를 받아들였다.(눅 7:36) 그 바리세파 사람은 점령군의 악명 높은 부역자였기 때문에 미움을 받았던 세금 징수원들의 식사 초대에도 응했다.(눅 19:7, 마 9:10-13) 예수는 로마 백부장의 하인 하나를 고쳐주었다.(마 8:13) 겟세마네에서 자신을 공격하는 사람들 가운데 하나의 귀를 고쳐주었다.(눅 22:51) 예수는 자신의 사형집행인들을 용서해주었다. 왜냐하면 "그들은 자기가 하는 일을 모르고 있기 때문이다."(눅 23:34) 모든 복음은 적대자들조차도 사랑하라는 부름으로 가득 차 있다 : "너희가 자기를 사랑하는 사람들만 사랑한다면 무슨 상을 받겠느냐? 세리들도 그만큼은 하지 않느냐? 그러나 너희는 원수를 사랑하라."(마 5:46, 눅 6:35)

여기서 비폭력은 단지 일종의 투쟁 기술이 아닐 뿐 아니라 정신이고 삶의 유형이었다는 것을 구체화시킬 필요가 있다. 기독교인은 회심을 통해 비폭력 속으로 들어갈 뿐이다. 그렇게 사랑 안에 사는 것이 교회에서 조차 놀라운 개념이다.

이번 장의 결론을 말해야겠다. 우리는 모인 회중들 가운데 다음의 보편적 질문을 제기 한다 : "십자가를 지고, 어떻게 당신들이 군복무를 하게 되었는가? 어떻게 당신들은 십자가와 군복무를 연결시킬 것인가?" 그러면 커다란 연민을 가진 것으로 알려진 백부장은 "그것은 가장 어려운 일이다."라고 말하면서 나의 물음을 인정하지 않을 것이다. 같은 질문을 용감하게 인종주의에 반대해 투쟁했던 미국의 흑인이나 백인 비폭력주의자에게 했을 때, 그들은 주저하지 않고 대답한다 : "나는 이제 너희를 위하여 받는 괴로움을 기뻐하고 그리스도의 남은 고난을 그의 몸 된 교회를 위하여 내 육체에 채우노라."(골 1:24) 달리 말해, 우리가 묘사했던 모든 투쟁의 형태에서 엔젤 주교(Mgr Angel)가 말했던 것처럼 복음과 가장 근접한 것이 바로 비폭력이다. 우리가 보기에도 비폭력은 완전히 복음과 일치한다.

군인들이 신무기의 파괴력에 의한 공포에 사로잡혔던 시대에 교회가 군인들에게 할 수 있었던 가장 큰 서비스는 정의롭지 못한 것에 반대하기 위한 폭력의 무기들과 성격이 다른 무기가 있다는 것을 가르치는 것이 아니겠는가? 특별히 미국의 흑인 교회들의 경우에서처럼 비폭력 투쟁의 상세한 설명과 시험 속에서 교회가 어떤 개척자가 되어야만 하는 것 아닌가? 그렇게 하면 어쩌면 교회가 여전히 군인들의 폭력 사용에 관한 실제적 문제들에 전념하고 있고, 그들의 근원적 불안에 대해 제시해야 할 구체적이고 만족스런 대답을 가지고 있다는 것을 보여줄 수 있지 않겠는가.

3장
새로운 종교개혁을 위하여

1. 투옥된 기독교인들

　힘과 돈이 진정한 신이라는 사회적 요구들을 받아들인 기독교는 콘스탄티누스적인 세계 안에 있다. 그런데도 기독교인이 징역살이 하는 것은 이상한 일이고 주목받아야 할 일이다. 어떤 의미에서는 이해할 수 없다. 왜냐하면 교회와 공권력 사이의 좋은 합의가 이루어졌고, 이 둘 사이의 합의가 사회적 운동의 규칙이 되었기 때문이다. 국가는 교회를 인가해주었다. 예를 들어 일요일의 휴식과 축첩의 금지가 그렇다. 그리고 교회는 복음에 모순되었던 모든 종류의 공무 수행과 제도들에 찬동(아니면 무시)하면서 시대에 순응했다. 사람들은 성 매매, 알코올중독, 인종차별주의, 자본주의, 기근, 전쟁 등은 교회가 크게 걱정할 일이 아니라고 말할 수 있다. 교회는 사람들을 타락시키는 이러한 모든 재해들 가운데 그럭저럭 세워졌고,

교회는 위에 나열된 정의롭지 못한 것을 감지한 몇몇 사람들과는 별개로 주변에서 벌어지고 있는 잔혹한 행위를 저지른 편이 되었던 것 같다. 기독교인들이 이러한 파렴치한 행위를 범했을 때에도 교회는 많이 마음에 동요를 일으킨 것 같지 않다.

하지만 기독교 청년들이 군인이 되는 것을 거부한 것으로 인해 감옥에 갔을 때, 파렴치한 행위가 일어났다. 교회는 졸음에서 갑자기 깨어 놀라서 펄쩍 뛰었다. 성령이 교회에 말하는 한 교회는 혼란스런 상태에 빠지게 됐다. 교회는 그리스도와 사도들 역시 감옥에 있었던 것을 기억하고 있다. 최소한 교회의 구성원 가운데 일부는 신경을 써야 하고 성령이 교회들에게 말하는 것을 들으려 애써야 한다. 기독교 청년이 감옥에 가는 것이 계기가 되어 기독교인들은 복음을 충분히 신중하게 생각해야 한다. 그것이 단지 이상해서가 아니라 불편한 것이 되기 때문이다. 물론 기독교 청년의 구속은 여러 문제를 던진다. 이것은 교회와 세상이 더 이상 상호간에 불편하지 않기 위해 서로 충분하게 양자 간 합의된 양보에 의한 화친조약의 아주 좋은 균형을 위협한다. 기독교 청년의 구속은 세상에서 교회의 너그러운 적응현상 즉, 안심되고 평화적인 분위기를 다시 의심하게 한다. 양심적 병역 거부자들은 축제의 흥을 깨는 사람들이다. 어떤 의미에서는 양심적 병역 거부자들은 아주 불쾌하고 지긋지긋하다. 하지만 어떤 이들은 자신들의 행위 속에서 성령의 역사하심과 하늘로부터 내려온 부름을 따로 떼어내었다. 누가 알겠는가? 어쩌면 교회는 주변 세상에 의해 무력화되는 것을 방치했거나 혹은 차라리 통합되게 내버려두었다. 세상의 공모자가 된 덕택에 교회는 복음에 무감각한 사람들을 만들었다. 그러나 복음 때문에 사람들이 갑자기 고통을 느끼게 됐다. 그 놀라운 타협이 우연히 배반이 되었겠는가?

복음의 명령 때문에 감옥에 갇힌 매우 소수의 기독교인들이 있다. 최근까지 지극히 드문 일이었다. 공권력이 기독교인들을 '잘' 조종하기 위해 충분히 교회들을 길들였다. 교회와 대화는 없다. 하지만 복음에 순종하기 위해 감옥에 간 기독교인들이 있다는 사실, 거기에 진실이 있다. 감옥에 갇힌 기독교 청년들이 결코 엄격한 종교적 이유의 목적에서가 아니라 이웃사랑의 토대에서 비순응주의적 입장을 취했다는 데서 사람들은 충격을 받을 뿐이다.

그러면 우리시대에 누가 감옥에 갈까? 양심적 병역 거부자들이 간다. 확실히 그렇다! 뿐만 아니라 다닐로 돌치[1]는 실업자들에게 일을 주고 싶어 했기 때문에 감옥에 갔고, 앨버트 루툴리[2]는 남아프리카에서 흑인 형제들의 삶의 조건을 개선하고 싶어 했기 때문에 감옥에 갇혔다. 마틴 루터 킹과 그의 동행자들은 유색인종이 좋은 시민이 되는 것을 막는 시스템을 위협했기 때문에 감옥에 갔다. 에

---

1) 다닐로 돌치(Danilo Dolci, 1924~1997)는 1952년부터 시실리(Sicile)에서 비참한 삶의 구조에 저항하는 운동에 커다란 비폭력 운동을 전수했다. 당시 합법적이지 못한 행동이어서 그는 당국에 의해 체포 되었고 작업장은 금지 됐다. 특히 노동자들에 의해 자율적으로 관리되는 실업자들의 작업장이 금지됐다. James Mc NEISH, *Le combat de Danilo Dolci*. Paris: Stock, 1965.[N.d.E]

2) 남아프리카공화국 감리교 설교가 앨버트 루툴리(Albert John Luthuli, 1898~1967)는 1952년부터 죽는 날까지 아프리카 민족회의(Congrès national africain. ANC)의 의장이었다. 당시 그는 남아공의 인종차별 정책에 반대하여 엄격하게 비폭력적인 투쟁을 주도했다. 남아공 정부 당국에 의해 여러 번 구속되었고, 1960년에 아프리카 흑인으로서 첫 번째로 노벨평화상을 수상한 사람이다.[N.d.E]

티엔 마티오(Ethienne Mathiot)는 프랑스 경찰의 고문에서 벗어나도록 한 알제리 사람을 도왔기 때문에 감옥에 갔다. 그리고 여러 명의 목회자들이 알제리 독립을 위한 민족해방전선(FLN) 소속의 박해받은 이들을 도운 것으로 인해 감옥에 갔다. 이러한 경우들 가운데 어떤 것도 용의자들에 대한 종교적인 믿음을 이유로 유죄 판결을 받은 것이 아니다. 오히려 마치 사회가 그들을 버렸던 것처럼, 그리고 이런 분야에서 독창성은 용서받을 수 없는 것처럼, 이웃사랑에 대한 그들의 해석 방식에 문제가 있는 것처럼 보였다.

어쩌면 교회는 이러한 사실에 보다 더 신중했어야 했다. 왜냐하면 늘 사실과 달랐기 때문이다. 여러 세기 동안 초대교회 교인들은 그들의 종교적 믿음과 하느님에 대한 혹은 믿음에 대한 기독교적 개념으로 인해 감옥에 갇히고 화형당할 위험에 처했었다. 여러 세기 동안 종교의 질료로써 비순응주의 관념들을 좋게 생각하지 않았다. 그래서 이단적이고 무신론적 생각이 양심적 병역 거부자들을 즉각적으로 감옥과 중노동형에 혹은 죽음으로 인도한 것이다. 양심적 병역 거부자는 가장 기발한 영적인 이론들을 선포한 것이고, 마치 자유사상의 일인자처럼 가장 동정할 수 없고 때때로 가장 가증스러운 방식의 종교적 확신들을 비판한 사람이 양심적 병역 거부자일 것이다. 그들은 감옥에 갈 일을 한 것도 아니다. 그러나 만약 당신이 두 번째 계명(이웃사랑)과 관련해서 비순응주자라면, 그러면 안전한 곳으로 피하라! 크리스트-몽파베(Christ-Montfavet)의 제자들은 이 규칙을 확인시켜주는 일종의 예외다. 왜냐하면 크리스트-몽파베 신봉자들 가운데 어떤 이가 실제적으로 감옥에 갇혔다면, 그것은 그들이 설파했던 독트린들 때문이 아니라 바로 환자들의 정상적 치료를 거부했기 때문이다. 마찬가지로 여호와의 증인들은 군복무에 대한 그들의 거부 때문에만 감옥에 갔다. 다른 것들에는 거부하지 않는 문제를 가지고 있다.

이쯤 되면, 비순응주의의 새로운 시각에 기독교가 불관용으로 일관했던 태도에 설명이 필요하지 않을까. 중세와 르네상스 시대까지 사람들을 걱정시키는 핵심 문제는 개인적 구원의 문제였다. 어떻게 내가 하느님 앞에서 의롭게 될 수 있을까? 어떻게 구원되는가? 믿음은 무엇인가? 이것이 바로 그 시대의 사람들을 서로 싸우고 서로 몰살시키게 했던 근본적인 문제였다. 오늘날, 사람들을 사로잡고 괴롭히는 문제는 실제로 이웃에 대한 문제이다. 이웃은 인간의 삶에 대한 집단화로 방해가 됐다. 그래서 존경할 만한 사람들의 근심은 이제 다음과 같다 : 어떻게 사회를 교정할까? 어떻게 정의롭지 못함을 소멸시킬 것인가? 어떻게 그들 영혼의 파멸로부터 국민들을 구할까?

이런 현상은 우리의 교구들 내부에서 조차 확인되고 있다. 만약 설교자가 그의 설교를 어떻게 이웃사랑을 사회적 삶 속에 구체적으로 실현할 수 있을까에 대해 집중할 수 있다면, 설교를 듣는 교인들은 곧바로 주의를 기울이고, 긴장하고, 경계할 것이다. 다시 말해, 이웃사랑 설교 후 역풍이 불 것이다. 몇몇 사람들은 설교가 끝나기도 전에 밖으로 나갈 것이다. 목사는 어쩌면 나가는 길에 욕을 먹게 될 것이다. 그리고 몇몇 경건한 부인은 냉기어린 볼멘소리로 그에게 말할 것이다 : "목사님, 목사님은 설교단에서 정치할 권리가 없어요!" 물론 목사의 주장들이 비순응적일 때만 정치적으로 취급될 위험이 있다. 만약 그 목사가 군대나 자유기업에 대해 기분 좋은 주제로 말했다면, 볼멘소리를 했던 그 부인은 매우 기뻐했었을 거다. 하지만 이런 불편한 마찰은 설교가 믿음과 영혼의 구원에서 더 이상 벗어나지 않을 땐 결코 일어나지 않는다. 설교자가 이웃사랑에 대하여 말하는 것을 (슬프게도!) 회피하는 것은 신중함과 낙담 때문이다.

우리의 시대가 이제부터라도 하느님과 구원의 문제들을 하나의 개인주의적인 관점에서가 아니라 집단적인 관계 안에서 제기한다고 해서 이전 시대보다 덜 종교적이었던 것은 아니다. 우리는 우리의 조상들이 하느님을 더 잘 영화롭게 한다는 구실로 서로 억압하고 서로 파괴하는 데 시간을 쓰는 것에 충격을 받는다. 마찬가지로 우리는 우리와 동시대 사람들이 사회를 더 잘 조직하고 위기들로부터 해방시킨다는 구실로 서로서로 억압하고 몰살시키는 데 그들의 시간을 썼다는 것을 확인하는 것으로 또 한 번 놀랐다. 하느님의 사랑의 이름으로 서로를 죽이는 것보다 차라리 이웃사랑의 이름으로 서로를 죽이는 것이 더 낫지 않은가? 우리는 하느님의 사랑의 이름으로 서로 죽이는 것에 대해 의심한다. 환상을 위한 환상과 피 흘리는 싸움으로 얼룩진 두 시대는 그리스도의 제자들에 대한 완전한 배신을 드러냈다.

중세와 종교개혁의 시대에 인간의 영혼 구원을 위한 진실한 길의 탐구는 아주 불같이 격렬했었다. 그러나 많은 이들에게 개인적 구원의 문제들에 대한 만족을 줄만한 교회의 전통적 가르침이 불충분했다. 그래서 영혼 구원을 향한 노력은 소종파의 급속한 증가로 이어졌고, 다수의 가톨릭교회나 혹은 개신교 소종파 할 것 없이 순결을 강조했고, 개인적 경건의 갈구로 귀착됐다. 특별히 많은 가톨릭교회와 개신교 소종파들 모두는 많든 적든 일종의 표식처럼 영적 개인주의를 이용했다. 그래서 신비적 경험 자체가 당시 교회를 분할했다. 그러나 오늘날 우리는 균형 잡힌 현상을 다시 찾았다. 이웃사랑의 문제에 대해 교회의 가르침이 불충분하다는 평가에 불만스러운 사람들은 전체 기독교들 가운데 일부다. 이웃사랑의 요구에 불편을 느낀 이들은 공동체의 구원과 병들고 잃어버린 현실로서의 사회의 치료에[1] 대한 노력 때문에 교회에서 떨어져나갔다.

사람들은 근본적인 죄를 지은 사회를 구원하려 노력하는 마르크스주의 정당들을 보았다. 마르크스주의자는 인간에 의한 인간의 착취와 경제적 이익 조직에 의한 인간의 착취로부터 인간을 해방하려 했다. 한편으로는 다양한 파시즘들이 국가의 단일성을 보전하려 노력하는 동안에 외국인들, 분리주의자들과 비순응주의자들에 대한 폭압적 탄압이 있었다. 마르크스주의 정당과 다양한 파시즘 국가 서로서로는 어떤 의미에서는 그리스도가 인간에게 가져왔던 사회적 차원의 구원을 다시 취했던 그저 일종의 변형된 기독교 소종파들이다. 윌프레드 모노드(Wilfred Monod)는 메시아 없는 메시아

---

1) 사람들은 이 주제에서 우리 시대에 가톨릭교회를 둘로 찢는 위험들의 대부분이 믿음에 관련된 교리 주변이 아니라 이웃사랑의 개념 주위를 맴돌고 있다는 것에 주목할 것이다.(Le Sillon, l'Action Française, les prêtres-ouvriers, l'intégrisme et le progressisme) 마찬가지로, 개신교 사상의 진화는 제1차 세계대전 이후 교회 개념의 재발견에 의해 표출되었고, 제2차 세계대전 이후엔 세상의 현실에 대한 재발견을 통해 표출됐다. 사람들은 이제 현재, 계약, 대화, 분배, 공동체 등에 대하여 말한다.

신앙[1]을 말했다. 그러나 마르크스주의 정당과 다양한 파시즘 국가가 주류가 되어 또 하나의 새로운 불관용에 사로잡혔을 때, 그들은 진실한 기독교인들의 존재만을 지지했다. 물론 실제적으로 그들의 목표, 기준 그리고 행동 방법을 진실한 기독교인이 수용하는 범위 안에서만 지지했다. 마르크스주의 정당과 파시즘 국가 서로서로는 존중할 만한 강한 야심을 갖고 형제애를 유지하는 공동체의 창설을 이루었다. 그러나 마르크스주의 정당과 파시즘 국가의 커다란 실수는 너무 집단적 인간의 구원에 집착하여 인간 자체에 대한 이해를 잃어버린 데 있다. 또한 민족주의자들의 실수는 사랑의 폭력을 믿은 것이고, 사회적 차원의 구원을 위해 어렵지 않게 폭력적 방법을 선택한 것이다. 그 결과 민족주의자만이 전 세계에서 정의와 화합으로 사람들을 통치할 수 있다고 단정했고, 이를 증명하기 위해서 민족주의 이름 아래 사람들을 죽이고 파괴할 준비가 돼 있다. 그것은 여전히 끔찍한 일이다.

오늘날 우리의 교회들이 임해야 할 진정한 싸움이 사람들 가운데 진실한 사랑을 제정하는 데 전념을 다하는 것임을 알았을까? 예수 그리스도의 교회들이 부정의에 희생된 사람들의 비참함에 충분히 관심을 보이지 않았고, 정치사회적인 문제들에 대한 분명하고, 충격적이고, 용기 있는 설교가 있어야 한다는 것을 알지 못했다. 그

---

1) "L'Espérance chrétienne"(2 vol.;1899, 1901)과 "L'Evangile du Royaume"(1900)에서 목사 윌프레드 모노드(Wilfred Monod, 1867~1901)는 사회적 기독교의 역사적 외피를 보여주었고, 전통적 기독교(메시아 신앙 없이 메시아를 설교했다)와 사회주의(메시아 없는 메시아 신앙을 선포했다)의 통일성을 구현하기 위해 기독교의 진실한 메시아니즘에 대한 조건들을 규정했다.[N.d.E]

렇기 때문에 교회를 자극하고 동시에 두렵게 하는 커다란 정치적 운동들 즉, 마르크스주의와 파시즘이 일어났을 뿐이다. 교회는 왜 이것을 분별하지 못했을까? 사람들이 유감스럽게 여기는 것은 그렇게 많은 설교가들과 놀랄만한 신학자들, 재능 있는 많은 복음전도자들이 끝까지 경건주의와 갱생(새로 태어남)주의에 의해 표현된 개인주의적 복음 설교를 고수하는 것이다. 그래서 이들의 설교가 인류의 운명이 역동하는 역사지평 위에 더 이상 있을 수 없게 했다. 교회의 벽면을 장식했던 성서의 구절들 가운데 백에 열은 형제의 사랑에 관계된다는 것을 보는 일은 가슴 아픈 일이다. 우리는 연합의 테이블 뒤에 고딕체로 부조된 두 단어가 고정되어 있는 아름다운 지성소를 알고 있다. 그곳엔 '믿음'과 '소망'이 새겨져 있다. 그러나 세 번째 '사랑'은 거기에 없다. 셋 가운데 가장 큰 자비를 잊어버리지 않았나!

교회는 그리스도가 했던 것처럼 오늘날 이웃사랑의 구체적 적용 이후 일어날 문제들을 권위로, 용기와 너그러움으로 말해야 할 것이다. 그러나 교회들이 소심하고 마비된 것 같다. 방관자들은 유쾌했을지 모르나 영적 싸움에 참여하는 실수 때문에 교회들이 보잘 것 없고 인위적이며 현실에 비해 전적으로 의미 없는 분쟁에 빠진 것이다. 셀 수 없이 많은 기독교인들이 마치 근본적인 교리처럼 바보스런 슬로건을 반복했다. "교회는 정치적으로 행동해서는 안 된다!" 그렇기 때문에 오늘날 교회의 전정한 싸움이 이웃사랑의 지평 위에서 일어난 것이다. 교회가 사람들에게 효과적으로 집단적 삶의 문제를 푸는 데 도움이 되어 줄 때 교회는 자신의 권위를 다시 찾을 수 있을 것이다.

2. 우리 시대의 중심 문제

　선행했던 요점들은 왜 기독교인의 양심적 병역 거부가 얼마나 실제적이고 예언적인지 우리에게 이해하도록 도와주었다. 두 편으로 나누어진 비극적 세상의 범위에서 요약하면[1], 근심으로 가득 찬 세상은 정의와 평화의 길을 찾는 데 다다르지 못했고, 전쟁은 광범위한 면적 위의 곳곳에서 일어나며, 총력적 섬멸 전쟁이 매순간 발발할 충분한 위험은 고조돼 있다. 그렇기 때문에 두 진영 모두가 자신들만이 형제적 사랑의 비밀을 찾았다고 각각 주장한다. 그리고 두 진영 모두가 최강 군사력으로 서로를 파괴하는 데 집중하였다. 증오의 세상 범위에서 요약하면, 양심적 병역 거부자들이 평화를 말했다 : 개인(homme)을 존중하지 않고 인간(Homme)을 구원할 수 없다. 개인을 집단적 구원의 이데올로기에 희생시켜서는 안 된다. 아무리 이데올로기가 훌륭해도 말이다.

　사실 양심적 병역 거부자들은 거의 아무 말도 하지 않았다. 고작해야 몇 문장을 그들의 재판 가운데 말했을 뿐이다. 그러나 그들의 행위는 대단한 설득력이 있었다. 하느님을 사랑하는 것, 인류의 구원을 위해 일하는 것, 이 모든 것은 상당히 좋다. 그러나 먼저 사람을 사랑할 필요가 있고, 특별히 사람을 죽이지 말아야 한다. 사람

---

1) 1965년 국가들의 양극화의 시대 즉, 두 블록(자본주의와 공산주의)으로 분할된 세계와 선동에 의해서 그리고 각 진영에 속한 위성국가들에 의해서 서로 대치했던 냉전의 배경에서 미국과 소련을 가리킨다.

을 짓밟기 시작하면서 사랑을 이룰 수 없다. 양심적 병역 거부자들의 이러한 메시지가 내일의 세계에 대한 출산의 고통이라고 생각지 않는가? 동시에 교회의 증언에 대해 선봉적이라 할 수 있지 않은가? 하느님 편에서 오늘날의 인간에게 더 중요하게 말해야 할 어떤 것이 있지 않을까?

사태들을 더 근접해서 검사하면 우리는 양심적 병역 거부자들의 메시지에 대한 활동성과 타당성을 더 많이 발견할 것이다. 그것은 우리 시대의 모든 커다란 문제들의 핵심에 연계돼 있다.

a) 기독교적 관점에서 보면 19세기는 선교의 세기였다. 그러나 전 세계를 관통하는 기독교 선교의 이 엄청난 확장은 서양의 군국주의에 연루됐다. 선교사들이 아프리카와 아시아의 새로운 땅에 상륙했다. 선교사들은 때로는 약간의 시간적 차이를 두고 유럽의 군대 뒤를 따랐고, 때로는 앞장섰고, 어떤 때는 영토와 새로운 땅의 탐나는 부를 점령하러 가는 유럽의 군대와 동행했다. 원주민들은 명확하게 자기들을 지배하고 착취하러 온 사람들과 그리스도를 말하러 온 사람을 구분할 수 없었다. 선교가 식민지 탄압을 용이하게 했다는 정죄를 받는 짐스러운 끔찍스런 난관이 생겨났다. 그래서 유색인종은 유럽 사람의 지배, 서양문명 그리고 기독교인의 종교를 동시에 배척하는 경향을 띠었다. 만약 선교사들 모두가 군국주의와 어떤 타협도 허락지 않은 교회들에 의해서 파송된 양심적 거부자였다면, 그리고 만약 결과적으로 이러한 선교사들이 총체적으로 거리가 먼 새로운 영토에 범죄적 침략으로부터 결별할 수 있었다면, 유감스러운 혼동은 생겨나지 않았을 것이다.

설상가상으로 선교사들로부터 더 이상 서로 싸우지 말라고 가르침을 받은 원주민들이 이 선교사들이 유럽에서 전쟁을 했던 것을 알았을 때, 선교사들이 유럽인들의 전쟁에 참가시키기 위해 아프리카 사람들을 강제로 모집한 사실에 눈을 감고 모른 체 했을 때, 그리고 이러한 모든 이교도적 실행을 신학적으로 정당화했다는 것을 확인했을 때, 식민지 시민들은 깊고 처참한 도덕적 배신감을 느꼈을 것이다. 백인들에 대한 긍정적 평판이 위협받았을 뿐만 아니라 사랑의 복음에 대한 진리 역시 의심받게 됐다. 우리의 교회들이 진솔하게 초기 기독교 전승으로 돌아올 때에만 이 참담한 불명예가 복원될 것이다.

b) 우리의 세기는 복음전도의 세기이다. 금세기 초반의 여러 해에 걸쳐, 우리의 교회들은 유럽 시민들의 비기독교화와 서양문명의 세속화를 겪고 있다. 비기독교화와 세속화의 진행으로 다른 나라들 가운데 프랑스 역시 선교 대상국이 되었다고 결론 내려야 할 것이다. 그렇다면 왜 우리 국민들이 복음과 교회에 대하여 무관심하게 되었을까? 당신들은 사회적으로 불의와 전쟁 앞에서 교회의 침묵과 공모 때문에 완벽하게 사람들의 관심을 잃었다는 설명에 동의하지 않는가? 이 설명이 타당하다고 생각지 않는가? 성수를 허공에 뿌리는 성수채와 칼의 연합이 공고히 유지된다면, 시민들의 예배가 아름답게 진행되는 종교에 대해 회의나 무관심은 계속 존속될 것이다. 당신은 교회에 대한 회의나 무관심이 두렵지 않은가?

c) 20세기는 또한 에큐메니즘의 세기이다. 우리는 이 광활하고 심오한 운동으로 인해 즐겁다. 에큐메니즘은 기독교인들을 서로서

로 친밀하게 만들고, 서로를 더 잘 알게 하고, 어떻게 기독교인의 근원적 단일성을 재설립할 것인지 함께 연구하는 데 앞장서게 했다. 엄밀히 말해 이러한 교회 통합운동의 열매는 아마도 하느님 보시기에 교리적인 것만큼 중요하다는 자선의 발견이다. 우리는 자선의 중요성을 발견하면 할수록 더 기뻐한다. 에큐메니즘의 추구는 오늘날 많은 기독교인들을 열광하게 했고, 그 열광은 오늘날의 사람들이 이웃사랑을 통해 하느님을 찾는다는 우리의 견해를 확인시켜주었다.

에큐메니즘은 가톨릭 신자, 그리스 정교인 그리고 개신교인을 각자의 예전과 신학적 지혜로 서로 풍요롭게 만들었다. 이러한 에큐메니즘으로 충분할까? 만약 이 운동이 신중함을 유지하고 기독교인들 사이에 정당한 영적 단일성에 다다를 수 있게 한다면, 진정한 평화주의를 깨우쳐주어야만 하지 않을까? 다른 종교의 기독교 신자들은 아주 다양한 지평에서 왔고 그들의 믿음과 희망이 하나라는 것을 에큐메니즘 안에서 발견했다. 그렇다면 이들은 서로에 대항해서 결코 무기를 들지 않을 것을 공식적으로 약속하는 아주 합리적인 조약을 그들 사이에 맺어야 하지 않을까? 즉, 하느님과 인간에 대한 사랑(자비)에 서명하러 왔어야만 했다. 그리고 그들의 토론, 기도와 공동 연구가 있을 당시 종교인들이 무기사용금지 결정에 다다르지 못하고, 이들의 정부가 야만적으로 서로 죽일 것을 결정했을 때, 종교인들이 그 결정에 따를 가능성이 높고, 또한 에큐메니즘 지지자들이 양심적 병역 거부자가 되지 못한다면, 종교인들의 단일한 연구의 주장은 잘못된 목소리라고 해야 하지 않을까?

d) 우리의 세기는 또한 성서로 돌아가는 시기이다. 우리의 모든 고백들 속에서 성서를 재발견했고, 신자들의 일상적 삶을 성서로 풍부하게 하고 싶은 욕망을 가졌으며, 그리고 모든 신학적 사고를 신성한 텍스트들의 조직적 연구 위에 세워야겠다는 고민에 싸였다. 우리는 성서로 돌아가는 것에 진정으로 즐거울 뿐이다. 그러나 성서적 관점에서 논리적이고 신중하기 위해 결국 기독교인이 폭력과 전쟁에 참여하는 문제를 연구할 필요가 있지 않을까? 그리고 성서적 명령의 깨달음에 참여하는 문제도 연구할 필요가 있지 않을까? 기독교인들은 이러한 핵심적이고 두려운 문제들을 너무 인간적인 철학들의 범주에서 생각했고 아주 오래된 민족주의적 이교도의 기준에서만 판단했다. 교황 요한 23세는 이미 우리에게 기쁨을 주었고 소망을 심어주었다. 그의 서신 《땅 위에 평화(Pacem in terris)》가 의심스러운 정당방위와 정당한 전쟁 이념을 한 번도 언급하지 않아서이다. 바야흐로 폭력과 비폭력에 대한 성서적 윤리를 세워야 할 때가 된 것이 아닐까? 여기서 다시 양심적 거부자는 우리에게 복음이 말하는 것을 찾으라고 요구하면서 진실한 복음을 찾는 데 봉사하고 있다. 만약 기독교인의 삶에 중대한 부분이 성서의 통제에서 항상 벗어나 있다면, 계속해서 성서로 돌아가라고 양심적 거부자가 말하고 있는 게 아닌가?

e) 기독교인들에게만 관계되지 않는 폭력의 문제로 돌아오기 위하여, 우리가 보기에 폭력 사용의 제한요건들은 그 어느 때보다 더 중요할 것 같다. 최소한 반세기 전부터 점진적이고 통제된 군비축소에 대하여 말했다. 그러나 국방 예산의 증가는 멈추지 않았고, 무

기의 축적은 중단된 적이 없었다. 몇 년 전, 에큐메니컬 국제업무위원회는 폭탄의 파괴력을 10메가톤으로 한정해야 한다고 제안했다. 참으로 무용하리만큼 감동적인 제안이었다. 만약 10메가톤의 폭탄을 두 개 만든다면, 11메가톤의 파괴력을 가진 폭탄을 금지한들 무슨 소용이 있는가! 모두가 광적인 무기 경쟁을 끝낼 필요가 있음을 알고 있다. 그러면 어떻게 한계를 부과할까? 한 술꾼에게 절제를 부탁하는 것만큼 어리숙하여, 이제 술을 끊으라고 요청하는 것과 같지 않은가. 알코올중독 반대 투쟁을 벌이는 사람들은 술꾼들이 알코올이 첨가된 모든 음료를 완전히 포기할 경우에만 완전한 치료가 있을 뿐이라고 확인시켜주었다. 마찬가지로 우리는 국가들이 총체적으로 폭력의 사용을 단념하고 분쟁을 해결하기 위해 전혀 다른 방법을 수용할 때만이 전쟁을 피할 수 있다고 생각한다. 여기서 다시 양심적 거부자들의 항의와 증언이 유일하게 진실한 현실주의가 됨을 알 수 있다.

f) 세계교회협의회 활동에 대한 다른 또 하나의 예민한 문제는 정치권력이 원인이 되어 제기된 어느 선까지 복종할 것인가의 문제이다. 복종의 한계에 대한 문제는 시민들이 제기했다. 만약 독일 국민이 특별히 가톨릭 교인과 개신교 교인이 언제나 정치권력에 복종해야 한다는 단순하고 잘못된 이념을 교육받지 않았다면, 히틀러가 결코 전쟁의 참화와 황폐화를 유발하지 못했을 것이다. 모두가 이것을 인정했다. 항상 복종해야 한다는 점이 문제의 핵심이다. 이제 분명한 어떤 한계 상황에서 시민들이 그들의 수장에게 복종하기를 거부해야 하는지 알았을 경우와 복종하기를 거부하는 훈련이 되어

있을 경우에만 인류의 안전은 보장된다. 여기서 다시 양심적 거부자들은 모든 사람 앞에서 조용히 그리고 명료하게 복종하기를 거부하면서 예언자적 행동을 해야 할 것이다. 국가에 '노(no)'라고 말해야 할 여러 경우가 존재한다. 비록 양심적 거부자들이 지적하는 한계에 동의하지 않는다 하더라도 사람들은 넘어서는 안 되는 임계점의 필요성에 대해 동의할 것이다.

g) 그 어느 때보다도 우리의 시대를 지배하는 것은 목적과 수단의 문제이다. 지금의 시대는 동과 서의 멋진 이념들이 서로 위협하면서 대결하고 있고, 이러한 냉전의 시대에 대부분의 사람들(선전선동의 희생자들)은 인류에게 전개된 진정한 싸움이 자본주의와 공산주의 사이의 체제의 경쟁관계라는 것을 받아들이고 있다. 그리고 사상가들과 활동가들은 좌파와 우파의 두 진영의 이념에 대해 각자의 체제 우월성을 따지고 있다. 이에 비해, 양심적 거부자들은 침착하게 두 진영에 거리를 두고 말했다 : "아니다." 실제적 분쟁은 목적이 수단들을 정당화시키는데 있고, 믿는 이들과 그렇게 생각하지 않는 이들 사이에 수단의 정당화 문제를 논의하고 있다. 우리는 목적이 수단을 정당화한다고 생각지 않고, 각 사람의 삶이 가장 아름다운 이념들보다 더 큰 가치를 가지고 있다고 생각한다. 그게 아니면 차라리 동과 서의 이념들이 사랑의 마음으로 각 사람의 삶을 존중하는 것이 더 유익하지 않겠는가? 사람들을 격화시키는 분쟁의 일시적 혹은 외적인 긴급함이 어떠하든지 간에, 우리는 인간이 목적이 되어야 하는 것에 아직 더 절박함을 느낀다. 우리는 돈이 더 이상 왕 노릇할 수 없는 체제로 자본주의를 대체할 필요가 있다는 데

동의한다. 그러나 어떤 방법이라도 좋다는 것은 아니다. 우리의 행동을 숙고해야 하는 것은 인간에 대한 존중을 위해서이다.

h) 우리는 이미 말한바 있다 : 늘 분쟁들이 있어왔기 때문에, 오늘날 인류에게 할 수 있는 가장 큰 봉사는 폭력의 방법들과 다른 방법으로 정의롭지 못한 일에 대항해 투쟁하는 것을 가르치는 일이다. 인류의 존속은 그 만한 대가를 지불해야 한다. 여기서 다시 양심적 거부자들이 좁은 길 위에 서서 먼저 예언적으로 외쳐야 한다. 사람들은 양심적 거부자들이 다른 방법을 제안하지도 않으면서 폭력에 대한 방법들을 오로지 거부하는 데 그치고 있다고 비판하고, 양심적 거부자의 증언이 부정을 위한 부정이라 평가할 것이다. 어쩌면 사실일 수 있다. 오랫동안 양심적 거부자들은 감옥에 갇혔고, 갇힌 상태라는 총체적 불가능 속에서 군대의 방법들과 다른 방법의 실천을 내놓아야 했다. 그러나 양심적 거부자들이 다른 제안을 하지 않았다는 비난은 조금은 악의적 유머이다. 감옥에 갇혀 있으면 많은 것을 할 수 없다.

그럼에도 양심적 거부자들은 처음부터 군복무보다 더 효율적인 방법으로 평화를 보전하기 위해 공익근무(평화적 시민봉사)를 제안했다. 더욱이 1921년에 창설 되었던 국제시민봉사(le Service civil international)는 그런 목적 아래 제안됐다.[1] 양심적 거부자들이 국제

---

[1] 국제시민봉사단(Le Service civil international, SCI)은 군복무 대체를 제안하기 위해 스위스인 피에르 세르솔(Pierre Ceresole, 1879~1945)에 의해 설립된 조직이다. 이 조직은 혜택을 받지 못하는 지역과 분쟁 지역에서 건설과 재건을 지원했다. 첫 번째 현장은 1921년부터 베루둔(Verdun)이었고, 프랑스와 독일의 젊은이들이 모였다. 베르사유조약 서명이 있고 난 후 2년이라는 것과 같은 장소에서 불과 몇 년 전 프랑스의 360,000명과 독일의 335,000명이 서로 죽이었다는 상황을 고려한 대담한 시도였다. Hélène MONASTIER, *Pierre Ceresole, d'après sa*

시민봉사 조직 안에서 시민 정신과 평화의 염원을 실현했어야 했다. 가장 최근까지 양심적 거부자들은 자신의 체포를 기다리면서 자원봉사 현장에서 일하기 시작했다. 사람들은 양심적 거부자들의 상태 개선을 위한 투표를 했고, 마침내 양심적 거부자들이 평화적 방법들로 국가에 봉사할 수 있게 해주었다. 산불진화에 특화된 소방안전 영역에서 그들은 국가에 의무를 다했다. 물론 양심적 거부자들의 수는 너무 작았고, 물적 자원도 너무 없었고, 비군사적 방어 시스템을 조직하는 데 박해도 많았다. 그러나 거기서 양심적 거부자들의 예언자적 행위는 대체복무제로 가는 길을 명료하게 열어 놓았다. 이 순간부터 양심적 거부자들이 살인 없는 국가방어를 조직하는 데 전념했다.

3. 새로운 종교개혁을 향하여

세상 가운데 교회는 자신의 실재를 드러내는 방식에 문제를 드러냈고 그리스도의 복음에 신실했는가에 대한 문제도 보였다. 교회가 이젠 뼈아픈 각성을 해야 하는 목전에 와 있다. 우리가 지금까지 말한 모든 것은 이 사실을 느끼게 하는 것들이다. 마지막으로 지금이야말로 교회들이 폭력과 전쟁의 세상과 타협한 것을 회개해야 할 때이고 교회들이 결자해지하는 마음으로 설교와 지도를 수정해야 할 때다.

지난 세기에, 하느님께 외쳤던 엄청난 스캔들이 있었다. 노동자

correspondance. Neuchâtel: Editions de la Baconnière, 1960, p.36-37.[N.d.E]

들, 불쌍한 사람들이 가증스러운 방식으로 착취를 당했다. 성인 남성들은 하루에 13시간 혹은 14시간까지 일했다. 여성들은 유니폼을 입고 갱도로 내려갔고, 8세의 어린이들은 심지어 7살의 어린이들도 공장에 갔다. 그리고 주거 밀집 도시에서 유아 사망률은 90%에 다다랐다. 한 세기 동안 교회들이 죽어갔다. 교회들이 선교나 자선 사역 그리고 대각성 선교에 전념했다. 결과는 참혹했다. 통계에 의하면, 서방국가들의 노동 인구의 95%가 (어떤 이는 99%라고도 한다) 교회를 떠났다. 1963년 3월 프랑스 광부들의 파업이 일어났던 순간부터 아라스(évêque d'Arras)의 위이그스 주교(Mgr Huyghes)는 광부의 편에 섰다. 그러나 이러한 지지는 150년 늦은 결정이었다. 우리의 장로교회 안에는 너무 적은 노동자들이 있을 뿐이다. 아마 결정적일 것이다. 노동자들은 자신들의 착취에 무관심했던 교회에서 떠났다.

이미 복음과 반대되는 십자군 원정, 종교 전쟁들 그리고 종교재판은 유럽의 국민들 전체를 분노하게 했다. 20세기 들어 다른 엄청난 부끄러운 일들이 백일하에 드러났다. 다시 말해 수백만 명이 굶어 죽었던 반면, 부유한 국민들과 기독교 국민들은 동과 서 양쪽의 존경스러운 교회들의 승인 하에 전쟁하기 위한 부를 쏟아 부었고, 엄청난 비용이 드는 군대를 준비하는 데 사회적 부를 탕진했다. 교회들은 탄식했으나 전쟁 준비를 비난하진 않았다. 오히려 군대들에 용기를 불어넣었고 협력자로 남았다. 교회들이 계속 전쟁을 정당화시켜주었고 전쟁에 참여하기를 독려했다. 만약 다음 분쟁 이후에 생존자들이 있다면, 인류는 끔찍스러움과 역겨움에 고개를 흔들며 다시 교회에서 떠나갈 것이다. 이러한 이유로 우리는 묻고 싶다 : 이런 모든 죄를 짓지 않고 사는 사람들 가운데 누가 우리의 교구에 남아 있을까?

두 명의 예언자, 목사 마르틴 니묄러와 조지 맥레오드(George MacLeod)는 모두 용감하게 전쟁을 한 이후 평화 활동가가 된 이들이다. 이 둘은 새로운 종교개혁의 필요성에 대하여 말했다. 우리 역시 설교와 복종에 대한 철저한 개혁이 교회에서 단행되어야 할 때라고 생각한다. 개혁은 교회의 생과 사가 걸린 문제이지 종교개혁가들이 우리에게 물려주었던 복음에 대한 경이로운 재발견을 재검토하는 문제가 아니다. 종교개혁가들이 하느님의 사랑에 대해 말했던 것이 우리에게 결정적으로 나타났다. 하지만 그들의 이웃사랑의 가르침에 몇 가지 모순과 결함이 있다는 것도 털어놓아야 할 필요가 있다. 종교개혁가들은 아주 강하게 수직적인 주제 즉, 개인의 영혼 구원을 말했다. 수평적인 것에 관해서 사람들은 종교개혁가들을 신뢰할 수 없었다. 종교개혁가들의 손에 피가 묻어 있고 복음보다도 낡아빠진 결의론을 따랐기 때문이다.

보드와 사람들(Vaudois)과 위시트 사람들(Hussites) [1]의 선행 종교

---

1) 보드와 사람들은 피에르 발도(Pierre Valdo, 대략 1140~1206)에 의해 시작된 운동의 대표자들이다. 이들은 리용의 거부들로서 그리스도를 따르기 위해 그리고 복음의 설교에 헌신할 수 있도록 자신의 모든 재화를 팔고 가난 속에서 살았다. 이들은 박해를 받았으나 3세기 동안 알프스 깊은 계곡에서 신실한 공동체를 계속해갔다. 이러한 선행 종교개혁가들은 1532년 개신교 종교개혁에 재집결했다. 프라그 지역에 얀 우스(Jan Hus, 1371~1415) 또한 선행 종교개혁가이고, 그리스도의 가르침에 신실한 마음을 쓰는 사람이고, 이교도로 몰려 1415년 콘스탄스에서 화형이 집행됐다. 그의 죽음 이후 박해에도 위시트 사람들(Hussites)은 보엠므(Bohême)와 모라비(Moravie)에서 그의 공적을 추구했다.[N.d.E]

개혁은 솔직히 콘스탄티누스주의의 이교도와 종교개혁 이전을 단절했었던 것이 사실이다. 16세기의 재세례파의 한 분파[1]와 더 늦게 조지 폭스(George Fox)[2]도 마찬가지로 콘스탄티누스주의의 이교도와 단절했다. 그러나 루터와 칼뱅은 정신병자나 죄인에게 입히는 구속복을 그들의 교회에 입히고 감추었다. 그렇게 루터와 칼뱅은 종교개혁을 무산시켰다. 모든 것은 회복되어져야 할 것이다.

첫 번째 종교개혁은 제일 계명(하느님 사랑) 위에 세워졌고, 성서의 주권적 권위, 믿음에 의한 의인화, 성령의 내적인 증언과 만인사제설을 주장했다. 마찬가지로 새로운 종교개혁은 분리될 수 없는 두 축을 연결 보강하는 두 번째 계명에서 구상되어질 것이다. 다시 말해, 인간의 삶에 대한 총체성의 주인 되신 예수 그리스도의 재발견과 그의 각별한 품격 안에서 이웃사랑의 복원에서 구상될 것이다.

---

1) 재세례파들은 16세기 종교개혁의 급진적인 한 날개이다. 그들은 어린이들의 세례를 거부했고, 교회와 국가 사이의 모든 연결을 거부했다. 재세례파의 한 분파는 폭력을 사용했다.(Jan Matthijs, Melchior Hoffman, Royaume de Münster) 반면 다른 한 분파는 비폭력을 선택했다.(Menno Simons, mennonites)[N.d.E]

2) 조지 폭스(George Fox, 1624~1691)는 퀘이커 친구들의 모임 설립자다. 퀘이커는 비폭력 기독교 운동에 강하게 연계돼 있다. 그들은 세계 안에 평화와 정의에 호의적인 입장을 취했다. Jeanne-Henriette LOUIS, *La Société religieuse des Amis (Quakers)*. Turnhout: Brepols (Fils d'Abraham), 2005.[N.d.E]

결 론

결론

우리는 비극적 시대를 산다. 인류가 자기 파멸적 위치에 서 있어서다. 깊은 근심이 반성하는 모두에게 일어났다. 교회들에 대한 기독교인의 증언이 이러한 상황과 동일선상에 있지 않은가? 마치 그뤼네발트(Grünewald)가 그린 벽화의 세례 요한처럼 교회의 설교가 단호한 지침을 십자가에 달린 예수 그리스도를 향하고 있지 않은가? 그도 아니면, 교회의 설교가 사람들을 핵무기에 의한 공포의 균형으로 유도하는 것 아닌가?

우리는 진심으로 예수가 죽고 부활함으로써 악과 죽음에 대해 유일하고 진실하고 완벽하게 최후의 승리를 했다고 믿는다. 또한 예수가 마지막 때에 영광 가운데 다시 올 것을 믿는다. 그리고 그가 하느님의 나라를 이루는 순간 그의 세 번째 승리가 완전하게 성취될 것을 믿는다. 그러나 우리가 살고 있는 마지막 때, 서로 다투고 있는 이 두 번째 경기에서 무엇이 있을 것인가? 결정적이고 근본적인 순간에 그리스도의 몸에 대한 증언과 태도는 어떤 것일까? 사람들이 손에 쥐고 있는 무기로 정말 그리스도의 승리를 선포할 수 있을까? 사탄이 냉소를 지을 것이고, 사탄이 교회 자체를 죽음의 경기로 우리를 연루시켜 끌고 가는 데 성공했다는 것을 미리 알아 사탄의 의도를 물리쳐야 하지 않을까? 몹시 흥분하여 십자가에 달린 그리스도의 제자들이 사방에 더 흉악한 무기들을 늘 축적하고, 무기를 시험하는 일을 하고, 거의 모든 예수의 제자들이 인류 역사상 가장 조롱거리가 될 만한 놀라운 불꽃 속에서 서로를 끝내버릴 준비를 하고 있다면, 당신들의 귀에는 사탄의 터져 나오는 웃음소리가 들리지도 않는가? 사탄의 기뻐하는 모습이 보이지 않는가?

우리의 교회가 마지막까지 악마의 성공과 부활의 혼동에 기여해야 하는 것일까? 끝으로 만약 민중들, 인종들 그리고 계급들이 충돌하는 분쟁들 속에 무엇보다도 정치경제적인 이유가 있다면, 반대로 전쟁 자체에는 원칙적으로 심리적 이유가 있다. 우리는 열전에서 냉전을 분리시키는 국경을 말하고 싶고, 이 국경을 돌파하여 침공하는 것을 말하고 싶다. 사실, 국경을 침범하는 것은 특히 민족적이고 광적인 증오 속에서 너무 쉽게 격앙되는 애국심을 불러일으킨다. 이 심리적 감정 때문에 필요한 협상은 불가능하다. 그리고 이 맹목적 애국심이 군대를 영화롭게 하는 것이고 잠재적 황폐화를 일으키도록 준비된 군사력에 교만을 심어준다. 그래서 사람들은 극단적으로 위험스러운 협박의 방법으로써 군사력을 쉽게 이용한다. 우리의 교회는 조장된 사회적 조작들 가운데 민족주의가 되고 또 군국주의가 됐다. 교회의 설교가 조국에 대한 이교도적 이념들과 폭력의 필요성[1])들에 대한 당위적 이념들로 가득 차 있기 때문이다. 사탄의 최고의 기쁨을 위해, 교회가 끝까지 국가를 고무 찬양해야 하고 전쟁기술을 영광으로 여겨야 하는 것인가? 생명을 향한 유일한 길로서 차라리 주님의 십자가를 영광되게 해야만 하지 않는가?

교회들과 세상을 위해 그러나 무엇보다 교회를 위해 (이 모든 것에서 우리의 염려는 우선 정말 교회가 현재 그의 선교에 신실한지를 아는 것이다) 우리의 유일한 소망은 교회로부터 권한을 위임 받은 대표들이 교회가 오랫동안 사랑의 복음을 정말 배신했는지 준엄하게 선포하는 것이다. 참으로 슬픈 일이다! 교회는 분명하고 단호하게 말해야 할 때가 되었다 : "이제부터 어느 누구도 전쟁놀이에 더 이상 가담해서는 안 된다. 우리는 이제부터 우리의 말을 듣는 모두에게 전쟁과 그 준비에 대한 모든 참여에 거부할 것을 명령한다." 어쩌면 이 말 때문에 전 세계가 심리적 충격에 빠질지도 모른다. 어쩌면 교회의 수장들에게 단호할 이유를 제공했던 사람들은 당연히 존재해야만 하는 것을 보호하기 위해 군사적 방법이 아닌 다른 방법을 모색할지도 모른다. 어떤 경우에서든지 폭력에 가담하기를 거부하면서 우리의 교회가 복음적 사명에 신실할 것이라 생각한다. 솔직히 당신들은 다른 결말을 떠올리지 않겠는가?

우리의 소망이 가능할까? 우리의 교회들이 근원적 개혁을 수행할 것이라 상상할 수 있을까? 교회들이 공개적으로 그리고 또한 진

---

1) 앙굴렘 대성당(cathédrale d'Angoulême)의 주제단(主祭壇)은 헌정된 두 개의 상으로 둘러싸여 있다. 하나는 잔 다르크(Jeanne d'Arc)이고 다른 하나는 프랑스와 군대의 우두머리 성 안드레(Saint André)이다.

정어린 방식으로 참회할 능력이 있을까? 군복무가 의무[1]가 되었던 때부터 해마다 군복무나 전쟁에서 돌아온 이들 가운데 많은 이들이 군에서의 경험 때문에 심리적 충격을 받았고 트라우마를 겪고 있다. 그들은 사람들이 어떻게 복음과 전쟁을 일치시켰는지 보지 못했다. 사실 교회는 "의무를 행하라."고 사람들을 격려 고무하는 일을 했다. 교회가 해왔던 역할을 보는 것은 양심에 부끄러운 일이다. 그래서 많은 사람들이 '위선자'가 되는 두려움이나 '위선자'들과 섞이는 두려움 때문에 교회로부터 멀어졌다. 대부분의 젊은 이들이 교회를 떠났다. 복음과 전쟁 사이에서 괴로움을 느끼는 모순된 상황을 받아들이기에 그들의 양심은 너무 올바르고 격렬했다. 이것이 비극이다. 기독교인이 국가에 봉사하는 것과 살인적 폭력을 행사하는 것을 의무화하고 선하게 만든 이들에 의해 교회가 지배받은 것이다.

그렇다. 우리의 교회가 필요한 근본적 수정에 참여하기를 바라는 것은 기대할 수 없는 일이 됐다. 그렇기 때문에 교회의 근본적 개혁은 준엄한 참회와 진실한 내적 혁명을 전제로 한다. 남성들은 자신이 행한 것에 대해 거의 저항할 수 없는 자기 정당화를 가지고 있지 않은가? 자기 정당화야 말로 자기 자신을 황폐하게 하는 정말 잔인한 것이다! 하지만 우리가 보기에 하느님이 준엄한 참회와 진실한 내적 혁명을 원하는 것 같다.

이제 기독교 세계 위에 성령의 바람이 불기를 구하기 위해 무릎

---

1) 1965년에 군복무는 의무가 됐다. 이 책이 편집되던 시기다. 1997년 징병제 철폐 이후부터는 더 이상 의무가 아니다.[N.d.E]

끓는 일만이 남았다. 왜 하느님은 새로운 종교개혁을 불러일으키지 않으실까? 너무 늦지는 않았다. 그러나 새로운 종교개혁은 시급한 일이다.

부록

1. 3세기 기독교인들에게 금지된 직업들

2. 카이사르의 것은 카이사르에게, 하느님의 것은 하느님에게

3세기 기독교인들에게 금지된 직업들[1]

- 히폴리투스(Hippolytus of Rome)[2]

사람들에게 직업과 일에 대해 가르쳐주기 위해 경험을 요하는 일
들과 직업에 대한 조사가 이루어졌다.

- 어떤 사람이 매춘부를 보유한 집의 지배인이라면, 그가 그 일을
중단하거나 아니면 교회 공동체에서 그를 내보내야 한다.
- 어떤 사람이 조각가이거나 화가라면, 그가 우상을 만들지 못하

---

1) La tradition aposttolique(사도적 전승), § 16, *Début du IIIe siècle*. Paris: Cerf(Sources Chrétiennes),
1968.

2) 기원 후 170~235년경에 로마에서 활동했을 것으로 추정되는 인물. 지은 책으로는 최초의
성서주석인 《다니엘 주석》과 《아가서 주석》이 있으며, 그가 3세기에 쓴 것으로 알려진 이 내
용은 《사도적 전승(La tradition aposttolique)》에 나온다.

도록 가르쳐야 한다. 만약 그가 우상 만드는 일을 중단하기를 원치 않는다면, 그를 교회 공동체에서 내보내야 한다.

• 어떤 사람이 배우라면, 그리고 그가 연극 공연을 한다면, 그는 그 일을 중단해야 한다. 아니면 그를 교회 공동체에서 내보내야 한다.

• 어떤 사람이 어린이들에게 세속적 학문들을 교육한다면, 그가 가르치는 일을 중단하는 것이 좋다. 그러나 만약 일이 없다면, 그에게 그 일을 허락한다.

• 마찬가지로, 공공의 원형 경기장에 참여하는 사람과 안내하는 사람, 그리고 그곳에 구경하러 가는 사람은 그 행위를 중단해야 한다. 그래도 그가 계속 한다면, 그를 교회 공동체에서 내보내야 한다.

• 검투사 혹은 검투사들에게 싸움을 배운 사람이나 사냥에 종사하는 사람 그리고 검투사들의 경기에 종사하는 공적 사무원들은 그 일을 중단해야 한다. 그렇지 않으면 그들을 교회 공동체에서 내보내야 한다.

• 어떤 사람이 우상들의 신관이거나 우상들의 수호자라면, 그는 그 일을 중단해야 하고 그렇지 않으면 그를 교회 공동체에서 내보내야 한다.

• 사람들이 통치자 주변에 있는 병사에게 죽이지 말라고 말했을 때, 만약 병사가 명령을 받아들였다면, 병사는 그것을 행하지 말아야 한다. 만약 그가 명령을 수용하지 않는다면, 그를 교회 공동체에서 내보내야 한다.

• 칼의 권력을 소유한 사람(황제) 혹은 황제의 자주 빛 외투를 걸친 도시의 대법관은 그 일을 중단해야 한다. 그렇지 않으면 그를 교

회 공동체에서 내보내야 한다.

• 만약 어떤 세례 지망자나 혹은 신자가 군인이 되기를 원한다면, 그를 교회 공동체에서 내보내야 한다. 왜냐하면 그가 하느님을 업신여기기 때문이다.

• 몸을 파는 것을 업으로 하는 유녀(遊女), 남성 동성애자 혹은 말 할 수 없는 것을 하는 어떤 사람은 교회 공동체에서 내보내야 한다. 그가 부정하기 때문이다.

• 마술사도 교리문답에 통과될 수 없다. 마법사, 점성가, 점쟁이, 꿈 해몽가, 눈속임에 능수능란한 사람 혹은 부적 제작자는 자기의 일을 그만두어야 한다. 그렇지 않으면 그를 교회 공동체에서 내보내야 한다.

• 어떤 사람의 정부, 만약 그녀가 그의 노예였다면, 만약 그녀가 그의 자녀들을 양육했다면, 그리고 만약 그녀가 그 사람과만 관계를 가졌다면, 인정되어야 한다. 그렇지 않으면 그녀를 교회 공동체에서 내보내야 한다.

• 내연의 처를 가진 남자는 관계를 그만두어야 하고 법률에 따라 결혼해야 한다. 만약 그가 거절한다면, 그를 교회 공동체에서 내보내야 한다.

• 만약 우리가 누락한 것이 있다면, 당신 스스로 합당한 결정을 취하라. 우리 모두가 하느님의 영을 가지고 있기 때문이다.

카이사르의 것은 카이사르에게, 하느님의 것은 하느님에게[1]

1. 문제제기

만약 하느님이 허락한다면, 우리는 폭력의 주제에 대해 혹은 보다 정확히 인간의 폭력에 반대하는 것으로써 복음의 주제에 대해 몇 가지 성서적 묵상을 하도록 하겠다. 폭력의 문제가 현대의 사람들이 전념해야 할 최우선 과제라고 한다면, 기독교인으로서 우리는 확실히 복음이 폭력에 대해 어떻게 가르치는지 이해하려 노력해야 할 것이고, 그 노력은 무가치한 일이 아니다.

나는 청취자 여러분에게 복음서들 가운데 가장 유명한 본문에서 시작하기를 제안한다. 어쩌면 이 본문은 가장 많이 인용되고 언급

---

1) 이것은 라세르가 사망 1달 전인 1983년 10월에 라디오-푸르비에르(Radio-Fourvière)에서 강연했던 것이다. 각 강연은 약 10분 정도로 구성됐고, 5회에 걸쳐 진행됐다.[N.d.E]

되었을 것입니다. "카이사르의 것은 카이사르에게, 하느님의 것은 하느님에게." 이 말씀은 유대 민족의 몇몇 지도자들이 예수에게 물었던 것이고, 예수께서 그들에게 대답한 것이다. 폭력의 문제를 거론하기 위해, 내가 폭력을 명백하게 암시하지도 않는 본문을 취한 것에 어쩌면 여러분은 조금은 놀랐으리라 생각한다. 그렇지 않은가? 그러나 대부분의 사람들이 보기에 예수는 제자들에게 카이사르 즉, 국가와 일치되기를 명령했고, 또 그래야 한다고 말할 것이다. 결과적으로 '피의 세금'의 의무에 동의한 것처럼 군복무의 의무에 예수가 동의한 것이다. 만약 내가 세금의 문제를 군복무의 문제와 동일한 것으로 상기시킨다면, 분명히 나의 선택을 이해할 것이다.

사실, 많은 사람들은 예수의 말이 제자들에게 국가에 동조할 것을 가르친 것이라 생각했다. 다시 말해, 사람들은 예수가 국가의 일 특히 군복무와 '합법적' 폭력의 실행을 제자들에게 요청한 것으로 이해했다. 어쩌면, 이 본문에서 시작하는 것이 잘 된 일이다. 폭력의 일반적 문제를 잘 설정하도록 도움을 줄 것이기 때문이다.

그러나 나는 어쩌면 이러한 요청이 지나치지 않았는지 생각했다. 만약 여러분이 마가복음 12장을 펼치고 나의 설명을 따라온다면, 그리고 나의 주석을 듣는 동안 매순간 성서에서 발견되는 것을 참조한다면, 나는 마가복음 12장이 드러낸 사실이 여러분에게 상당히 흥미로울 것이라 생각한다. 그러면 여러분은 더 구체적이고 더 엄밀해질 것이다. 여러분도 알다시피, 복음서들의 이야기들을 통해서 예수의 인격에 접근하는 일은 언제나 흥미진진하다. 그리고 그의 입을 통해 배움을 시도하는 것이 우리가 기대했던 것이었다. 예수가 우리의 주인이어서가 아니겠는가?

그러면 함께 마가복음 12장 13절부터 17절까지를 읽어보자.

그들은 예수의 말씀을 트집 잡아 올가미를 씌우려고 바리새파와 헤로데 당원 몇 사람을 예수께 보냈다. 그 사람들은 예수께 와서 이렇게 물었다. "선생님, 선생님은 진실하시며 사람을 겉모양으로 판단하지 않으시기 때문에 아무도 꺼리시지 않고 하느님의 진리를 참되게 가르치시는 줄 압니다. 그런데 카이사르에게 세금을 바치는 것이 옳습니까? 옳지 않습니까? 바쳐야 합니까? 바치지 말아야 합니까?" 예수께서 그들의 교활한 속셈을 알아채시고 "왜 나의 속을 떠보는 거냐? 데나리온 한 닢을 가져다 보여다오." 하셨다. 그들이 돈을 가져오자 "이 초상과 글자가 누구의 것이냐?" 하고 물으셨다. 그들이 "카이사르의 것입니다." 하고 대답하자 "그러면 카이사르의 것은 카이사르에게 돌리고 하느님의 것은 하느님께 돌려라." 하고 말씀하셨다. 그들은 예수의 말씀을 듣고 경탄해 마지않았다.

이 본문은 아주 조금 중요함 점이 변화되어 다른 두 공관복음에서도 동일하게 묘사됐다. 이야기 전체를 마태복음 22장 15~22절, 그리고 누가복음 20장 20~26절에서 다시 볼 수 있다. 세 복음서들 사이에 그러한 일치는 상당히 드문 경우이다. 사람들은 거기서 결론을 끌어낼 수 있다. 즉, 그날 예수와 그의 대화 상대자들의 논쟁의 배후는 매우 중요했고 심각했다. 그리고 차이를 보이는 말씀들은 중대한 결과를 가져왔고, 청중은 매우 구체적으로 그것에 대한 기억을 가지고 있었다. 매우 구체적이라면, 예수가 죽고 난 이후 30년 혹은 40년이 지나 복음서들이 편집되었을 때 기독교인들이 이러한 에피소드에서 만든 이야기는 교회들이 뿌리를 내린 세계 곳곳에서 일치했다. 그러므로 우리 눈앞의 문서는 실제적으로 확실한 것이다.

여러분은 17절이 잘 보이는가? 나와 함께 읽어보자. "그러면 카이사르의 것은 카이사르에게 돌리고 하느님의 것은 하느님께 돌려라." 이 기념비적 문장은 세상과 하느님 사이의 분리 자체의 책임을 예수에게 돌리는 것처럼 보인다. 사실, 사람들은 한편으로 시민적 의무들과 다른 한편으로 종교적 의무들 사이 – '일시적' 영역(국가의 영역)과 '영적' 영역(교회의 영역) – 를 혹은 정치적 삶과 개인적 삶 사이를 분할했다. 달리 말해, 예수 자신은 우리에게 삶 가운데 두 영역의 의무를 행하라고 명령했다. 한편으로는 개인적이고 가족적이고 교회 공동체의 한 구성원으로서 우리의 활동과 관련된 모든 것에 대하여, 예수는 우리에게 하느님의 계명들과 복음의 요청들에 가능한 성실하게 복종할 것을 의무로 명령했다. 다른 한편으로는, 공적인 삶, 경제적이고 정치적인 삶에 관련된 모든 것들에 대해서, 기독교인의 의무는 국가의 요구들에 양심적으로 복종하는 것이다. 그리고 기독교인의 의무는 또한 특별히 우리의 성품을 자유로이 쓸 수 있게 하는 것이다. 국가가 우리를 군인으로서 필요로 했을 때, 그것이 좋은지 필요한지 판단하여 사람들은 마음껏 말할 수 있어야 한다. 이러한 공적 영역 안에서, 예수의 명령을 존중한다는 의미에서, 우리는 세금을 내야 할 필요가 있을 뿐만 아니라 또한 신중하게 (논의한 적도 없지만) '우리의 의무'라 부르는 것에 복종할 필요가 있다.

기독교인들의 삶을 서로 다른 두 영역으로 분리하는 방식은 복음으로 개종했다던 첫 번째 로마 황제 콘스탄티누스부터 시작됐다. 분리의 개념은 점점 더 부과됐고, 그 결과 오늘날 신자들의 거의 대부분은 일종의 이중적 삶 속에서 쉽게 살고 있다. 다시 말해, 개인적 삶의 사정에 대해선 하느님에 복종했으나, 정치로부터 발생한 문제들에 대해선 사람들은 논의할 것도 없이 국가의 명령에 그것이 어떤 것이 되었든지 복종했다. 그래서 사람들은 선한 양심으로 우연히 그의 이웃을 죽였다. 왜냐하면 이웃을 죽이는 것이 하느님과 관계가 없기 때문이다! 그것은 하느님의 영역에 속한 것이 아니다. "그러면 카이사르의 것은 카이사르에게 돌리고 하느님의 것은 하느님께 돌려라."는 예수의 말씀을 분리의 방식으로 이해하는 것은 마치 하느님 자신이 공동체의 치안 유지와 관련된 모든 것을 국가에 위임한 것으로 이해하는 것과 같다. 성과 속의 분리 개념을 사실상 모든 사람이 마음에 들어 했다. 정치적 책임을 가진 이들은 예수가 교회에 국가의 일들에 종사해서는 안 된다고 천명한 것을 보고 즐거워했고, 어떤 종교의 개입도 없이 국가만이 정치 사회적인 문제들을 해결할 책임이 있다고 선포한 것을 즐거워했다. 그것은 마치 어떤 이들이 주교들을 해고하는 일을 주저하지 않는 것과 같다. 그들은 만약 주교들이 복음의 빛에서 정치적 행위들을 판단하려 하면, '주교들을 해고하는 데' 망설이지 않았다. 다른 측면에서, 대부분의 기독교인은 예수 자신이 국가의 요구에 앞서 미리 자기 고유의 권력을 양도했던 것, 세속 권력에 대한 사임의사를 밝힌 것, 그것이 어떤 것이 되었든지, 그리고 또한 모든 분쟁을 정치 권위에 일임하는 것을 보고 기뻐했고, 이것을 자기 정당화로 삼았다. 이렇게 기독교인과 비기독교인 모두가 만족한 것이다. 더 이상 양심의 문제는 존재하지 않았다 : 국가의 명령들, 국가의 요구들, 가장 잔인한 것들, 가장 비인간적인 것 등(핵폭탄조차)은 복음의 요구들과 아무런 관계가 없다. 여러분의 의견이 그것 아닌가? 나의 말을 듣는 여러분은 어떤가? 여러분 자신에게 솔직하게 물어보라.

그러나 예수의 말씀에 대한 그러한 해석은 전통적으로 정당한가? 이러한 해석이 솔직한가? 우리는 절대적으로 명료하게 보려고 노력할 필요가 있다. 그것이 우리가 오늘 아침에 하려고 하는 것이다.

2. 상황

어제 우리의 대담 가운데 우리는 관습적으로 우리의 텍스트, "그러면 카이사르의 것은 카이사르에게 돌리고 하느님의 것은 하느님께 돌려라."에 대한 해석을 구분하려고 시도했다. 우리가 점검한 것은 많은 사람이 이 유명한 말씀에 대해 이해한 것이다. 많은 사람은 예수 자신이 종교적인 일들에 대해서는 하느님에게 복종하고, 사회 안에서 위기 사태에 관련된 모든 것에 대해서는 카이사르 즉, 국가에 복종할 것을 가르쳤다고 생각하는 것 같다.

그래서 조금 더 깊이 생각해보았다. 일시적인 것과 영적인 것의 아름다운 분리를 의심하는 우리의 비판 정신에 두 개의 심각한 문제가 생겨난다. 회피할 수 없는 첫 번째 반박 논거는 이렇다. 하느님의 통치 안에 인간의 삶의 영역이 있고, 하느님의 통치와 권위에서 벗어난 특별한 정치적인 영역이 따로 있다고 예수가 생각했다는 것이 가능하겠는가? 사람들의 중요한 활동 영역에서 자신의 말할 권리를 갖고 있지 않은 하느님, 그런 하느님이 정말 성서의 하느님이 될 수 있는가? 예수가 '하느님은 모든 것과 모든 우주와 땅 위의 모든 생명의 주인이 아니었다.'고 생각했다는 것이 가능한가? 구약성서를 통해 교육받은 예수가 '하느님은 개인들의 영혼만을 그리고 그의 자녀들의 인격적이고 사적인 삶만을 돌보신다.'고 생각했고 이해했다는 말인가? 예수가 땅 위의 모든 것이 하느님에게 속했다는 것을 믿지 않았다는 것을 상상할 수 있는가? 선지자 학개는 "은도 나의 것이요, 금도 나의 것이다. 만군의 야훼가 말한다."라고 말하지 않았는가?(학 2:8) 정치가(혹은 국가 자체)는 하느님에 비하여 자율적 존재가 될 것이라는 생각과 기독교인들은 어쨌든 엄격하게 하느님의 명령이 무엇이 되었던지 정치가에게 복종해야 한다는 생각, 그것이 정치가의 책임성이 특별한 범위 안에 있기만 하면, 이런 생각은 완전히 우리가 성서의 하느님으로부터 알고 있던 모든 것과 화합할 수 없지 않은가? 그래서 "카이사르의 것은 카이사르에게 돌리고….''라는 예수의 말씀은 우리의 시각에서는 당혹스럽고, 다의적이고, 이해하기에 그리고 인정하기에 힘들다.

어쨌든, 예수의 대답에 대한 전통적인 해석에 진지하게 두 번째 반박 논거를 제시할 수 있고 또 해야 한다. 사실 예수와 동시대 유대인들에게 카이사르는 그들의 나라를 군사력으로 점령하고 무자비하게 지배했던 끔찍스러운 폭군이었다는 것을 잊어서는 안 된다. 주의해야 한다! 예수 시대의 유대인에게 카이사르는 프랑스인에게 는 히틀러에 상당하는 말이다. 예수가 자기의 국민들이 몹시 미워 하고 경멸했던 점령군에게 노예 같은 복종을 권했던가? 예수가 점 령군에 부역하는 것을 정당화했는가? 예수가 배신자 페탱(Pétain)은 칭찬하고 드골은 정죄했단 말인가? 이 분문에 대한 전통적 해석이 만족스럽지 못하다는 것은 단순히 이러한 문제 제기로도 충분할 것 같다. 어딘가 분명히 잘못이 있다.

우리 생각으로는, 잘못된 해석은 상황에 대한 고려 없이 예수의 대답을 해석하는 데서 비롯되었을 것이다. 다시 말해, 모든 문단이 예수의 유명한 문장에 의해 종결됐기 때문에 오류가 생겨났다. 그 렇기 때문에 (서둘러 여러분의 성서를 찾아보고 마가복음 12장 13 절을 열어보라.) 나는 여러분에게 이 본문 전체를 다시 읽어주겠다. 모두가 이 이야기의 주제에 정말로 주의하기 바란다. 그러면 내가 마가복음 12장 13절부터 다시 읽겠다.

나는 마치 예수가 국가에 무조건적인 복종을 권고했었던 것인 양 본문을 해석하는 데로 이끌었던 근본적인 실수 즉, 문단 전체를 고 려하지 못한 오류는 우리가 믿는 것으로부터 제공되었던 것 같다. 사람들은 몇몇 중요한 위치의 유대인들이 예수에게 와서 존경이 우 러난 듯이 어려운 문제를 물었고, 이들과 대면하여 일종의 상담이 있었다고 생각한다. 약간은 학생이 존경을 가지고 교수에게 설명 을 요구하는 것과 유사한 것 같다. 그렇지 않다! 이들의 물음은 존 경의 자문이 아니었다. 예수를 파멸시키려고 겨냥한 교활한 함정이었다. 상황은 우리에게 그것을 분명히 말한다. 그러면 모든 해석이 달라진다!

형제들이여, 이제 나와 함께 본문을 다시 보자. 13절에서 복음서 기자는 "유대인들은 예수의 말씀을 트집 잡아 올가미를 씌우려고 바리새파와 헤로데 당원 몇 사람을 예수께 보냈다."고 엄밀하게 기록했다. 그리고 조금 더 내려가 15절에서 예수는 반문했다 : "왜 나의 속을 떠보는 거냐?"

분명하지 않은가? 마태복음 22장 15절의 병행 본문 안에, "바리새파 사람들은 물러가서 어떻게 하면 예수의 말씀을 트집 잡아 올가미를 씌울까 하고 궁리한 끝에"라 쓰여 있다. 그리고 마태는 우리에게 18절에서 "예수께서 그들의 간악한 속셈을 아시고 이 위선자들아, 어찌하여 나의 속을 떠보느냐."라고 말한다. 누가복음은 더 설명적이다 : "그래서 그들은 기회를 엿보다가 밀정들을 선량한 사람처럼 꾸며 예수께 보냈다. 그들은 예수의 말씀을 트집 잡아 사법권을 쥔 총독에게 넘겨서 처벌을 받게 하려는 것이었다." 좀 더 아래에 20장 23절에서 누가는 "예수께서는 그들의 간교한 속셈을 아시고 … 말씀하셨다."라고 쓰고 있다. 이후부터 사랑하는 청취자 여러분은 내가 생각하는 것에 동의하게 되리라 본다 : "카이사르의 것은 카이사르에게…." 이 문장에 어떤 함정이 있고 어떤 문제를 일으키는지 이해했다면, 무엇으로 이 함정이 구성되었는지 알아야 할 것이다. 그것은 내일 밝혀보도록 하겠다.

하지만 지금 이 순간에는 공관복음서의 세 본문을 살펴보며 어쩌면 덫에 걸렸을지도 모를 예수가 어떻게 매우 위험한 덫에서 벗어

낳는가에 주시해야 한다. 예상하기로 (왜냐하면 청취자 여러분에게 정말 수수께끼 문제이기 때문에) 예수 앞에 놓인 함정이 무엇으로 구성되었는지 추측하기 위해, 이 의심스러운 설전이 어떻게 끝이 났는지를 복음서를 따라서 보는 것 또한 중요하다. 세 복음서는 여전히 분명하고 통일되어 있다 : 우리의 주님은 단지 한 문장에 의해서라기보다 정확히는 우리가 여기서 공부하는 본문들로 훌륭하고 멋지게 그의 대적자들을 꺾어버렸다.

마가복음 12장 17절의 말씀을 보면 "그들은 예수의 말씀을 듣고 경탄해 마지않았다." 이 마지막 단어 경탄(étonnement)은 매우 강력하다, 경탄을 '악연실색(愕然失色, stupéfaction)'으로 번역할 수 있을 것이다. 바리새파 사람들은 확실히 예수의 짧고 명료한 반격을 기대하지 못했다. 예수가 그들의 입을 다물게 했다! 마태복음 22장 22절 역시 같은 것을 말했다 : "그들은 이 말씀을 듣고 경탄하면서 예수를 떠나갔다." '불쌍하게'를 첨가하고 싶다. 즉, 불쌍하게 예수를 떠나갔다. 하나 더, 누가복음은 더 명료하고 더 설명적이다. 누가복음 20장 26절에, "그들은 사람들 앞에서 예수의 말씀을 트집 잡지 못했을 뿐 아니라 그의 답변에 놀라 입을 다물고 말았다." 그러므로 의심할 것 없이 예수는 함정에 빠지지 않았다. 우리는 그가 "카이사르의 것은 카이사르에게…"라고 말했을 당시 그의 말씀의 정확한 의미를 발견하려 노력할 때 함정에 빠지지 않은 예수에 대해 알아야 한다.

청취자가 허락한다면 조심해야 할 단어가 하나 더 있다. 사람들은 스스로 혹시 우리의 복음서 속에 같은 주제를 다루었던 또 다른 본문이 있지 않을지에 대해 물어볼 수 있다. (혹은 예수의 시대 로마인들에 의해 요구된 세금 지불의 주제에 대해 물어보아야만 한다.) 그 물음은 우리가 본문을 이해하는 데 도움이 될 것이다. 물론 당연히 이틀 동안 우리가 환기했던 에피소드를 잘 암시하는 것 같은 본문이 있다. 누가는 며칠 뒤 예수의 소송에 어떤 증인이 예수를 비방하러 빌라도 앞에 왔다는 것을 이야기 했다 : "우리는 이 사람이 백성들에게 소란을 일으키도록 선동하며 카이사르에게 세금을 못 바치게 하고 자칭 그리스도요 왕이라고 하기에 붙잡아 왔습니다."하고 고발하기 시작했다.(눅 23:2) 당연히 우리는 정직하지 못한 고발이 잘 알려진 본문을 암시한다는 결정적 증거가 될 수 없다는 것을 안다. 하지만 지금까지 인용한 본문과 연관되었을 가능성은 매우 높다.

만약 우리의 추론처럼 개연성이 있는 경우였다면, 조금은 이중성을 가지고 본문을 해석할 수 있을 것이다 : "카이사르에게 돌리고…."는 마치 예수가 로마인들에게 세금을 내지 말라고 군중들을 선동했던 것으로 이해할 수도 있다. 그러나 이러한 유죄 판단은 부정직하다. 결국 예수의 말씀을 왜곡한 것이다. 그러나 예수의 유명한 대답이 어쩌면 이 사건에서 너무 멀리서 살고 있는 우리가 이해하는 데 그렇게 쉽지 않다는 것을 확인시켜주었다. 사실은 거기에 있어, 사람들이 하나의 의미 혹은 다른 의미 속에서 예수의 대답을 이용할 수 있었다. 지금이야 말로 우리가 만족스런 방법으로 그의 대답을 이해하는 데 접근해야 한다. 청취자 여러분, 그렇지 않은가. 내일 봅시다!

3. 올가미

우리가 충분히 배경설명을 해놓은 지금, 예루살렘 성전을 가득 메운 백성들 가운데 중요한 위치에 있는 인물들이 실제로는 무서운 함정이었던 '어려운 문제'를 들고 예수에게 접근했다. 우리는 마침내 예수를 겨냥한 올가미가 무엇으로 구성되었는지 확인해야 한다. 무엇으로 이 올가미가 구상되었을까? 이제 우리는 예수의 잘 알려진 대답을 이해하려 하는 핵심을 규명해야 할 필요가 있다.

여러분의 성서를 잡고 마가복음 12장 13절을 찾아보자. 내가 읽겠다 : 텍스트의 가장 위쪽을 보라.

첫 번째 분명한 힌트는 함정-문제를 예수에게 던졌던 적들이 (몇은 바리새파 인들이고 또 몇은 헤롯의 당원이었다) 예루살렘 성전 밖의 마당에 계셨던 예수를 향해 보내졌다는 점이다. 그 장소에서 사람들은 자유롭게 종교적인 문제들을 논의할 수 있었다. 바리새파와 헤롯 당원 두 그룹 사람의 연합은 그 자체로 기괴하다. 사실 바리새파와 헤롯 당원들은 체질적으로 서로서로를 혐오한다. 그들은 정치적 이념만큼 종교적 이념에 대해 서로 전혀 동의하지 않았다. 바리새파들은 모세의 율법에 매우 엄격한 충실한 신자이다. 그들은 율법에 대한 모든 종교적이고 예전적인 강령들을 자질구레한 일들에까지 적용하도록 압력을 가했다. 반대로 헤롯 당원들은 낡은 모세 율법으로부터 매우 자유로웠다. 그리스 로마 문명에 의해 깊은 영향을 받았고 매혹되었기 때문에, 헤롯 당원들은 근대적 이념의 소유자들이다. 정치적 관점에서 볼 때, 바리새파들은 매우 민족주의자들이었고, 백성에 대한 로마의 지배에 격렬한 반대자였다. 그들은 때때로 은밀하게 로마의 점령 부대들에 반대하여 집요하게 공격하는 작전들을 이끌었던 유대인 게릴라병(사람들은 그들을 열심당원〈Zélotes〉이라 불렀다)을 지지했다. 반면에, 헤롯 당원들은 이론의 여지없이 크든 작든 점령군에게 부역했던 이들이었다. 로마인들의 철수만이 바리새파 사람들의 구원이었다. 그러나 그것은 거의 불가능하게 보이는 일이었다. 반면 헤롯 당원들은 팔레스타인에 로마군의 주둔을 재검토하는 것 없이 로마인들과 통하는 것이 더 좋은 지혜라 생각했다. 우리는 프랑스에서 이런 유의 반대를 알고 있다.

바리새파와 헤롯 당원들은 한 치도 물러나지 않는 서로의 적이었다. 그들이 그날 서로 동의하여 예수를 함정에 빠뜨리려 왔다는 것은 이미 그 자체로 희한하고 폭로할 만한 사건이다. 마치 그들이 서로서로 예수에게 적대적이었던 것처럼, 예수는 그들에게 분위기를 깨는 사람이고, 반 로마 투쟁과 친 로마 협력 모두를 위태롭게 하는 종교혁명가였다.

그들은 예수에게 어느 편을 들 수밖에 없는 정치적 명령에 대한 문제를 던졌고, 이것으로 예수가 어떤 편에 속했는지 보여주고 예수의 정체를 드러내려 했다. 예수의 대답이 어떤 것이 되었든지 간에 시민들 가운데 상당수는 그의 대답에 불만을 품었을 것이다. 바리새파와 헤롯 당원들이 모두에게 바라던 것이다. 바리새파와 헤롯 당원들이 서로 너무도 다르다 하더라도 그들은 이스라엘의 공공의 여론 앞에서 예수의 권위를 떨어뜨리고, 만약 가능하다면 그 기회에 예수를 제거하려는 공동의 목표를 세웠다.

무엇으로 함정이 구성되었는지 추론하게 도와주는 이 이야기의 두 번째 힌트는 예수에게 애매함 없는 대답을 요구하는 그들의 공통된 주장이다. 마가복음에서 보여준 이러한 주장에 대해 주목해보자 : "그런데 카이사르에게 세금을 바치는 것이 옳습니까? 옳지 않습니까? 바쳐야 합니까? 바치지 말아야 합니까?"(막 12:14)

마태와 누가는 더 간결하다. 그러나 찬성과 반대에 대한 요구는 잘 표현됐다. "카이사르에게 세금을 바치는 것이 옳습니까? 옳지 않습니까?"(마 22:17, 눅 20:22) 임시적으로 협상을 맺은 공범자들은 감지하기 힘들거나 암시적인 대답을 원지 않았다. 그들은 예수가 그들로부터 벗어나는 것과 상관없이 '그렇다' 이거나 '아니다'만 필요했다.

이제 예수가 '그렇다'나 '아니다'로 대답했을 때 일어날 것을 추론해보자. 정말 조심하라! 만약 예수가 '그렇다'로 대답했다면, 바리새파 당원들은 즉각적으로 군중들을 향하여 돌아설 것이다. 그리고 의기양양하여 소리칠 것이다 : "예루살렘의 주민들 여러분, 여러분도 잘 듣지 않았나? 예수는 카이사르가 요청한 세금을 내는 것에 동의했다.

그는 그토록 오랜 기간 동안 우리를 고통스럽게 했던 이 빌어먹을 이방인들, 압제자들과 함께 한다. 그래서 그가 우리를 로마의 멍에 아래 꼼짝 못하게 하려고 항복에 찬성했다. 당신들이 막 들었듯이 그는 우리의 노예 상태가 계속되는 것에 찬성했는데, 어떻게 당신들은 감히 그를 진정한 유대인이라 생각하는가? 당신들 가운데 감히 누가 그가 이스라엘의 예언자라고 말하겠는가?" 이러한 담론은 단언컨대 끔찍스러운 여파를 일으켰을 것이다. 예수는 매우 반로마적인 공공의 여론 앞에서 좋은 평판을 잃게 될 것이다. 그리고 마치 메시아가 정치적 지도자 즉, 무력 사용하기를 두려워하는 해방자가 아닐 것이라 누구도 상상하지 못했듯이 예수는 결정적으로 권위를 상실하게 될 것이다. 사람들이 그의 지나가는 길에서 찾는 것은 무기를 사용하는 것 아닐까….

그러나 만약 예수가 '아니다'로 대답했다면, 바리새인들은 예수가 그들 지파를 빈정거리는 것을 봐야 하는 조금은 난처한 처지에 몰릴 수 있을 것이다. 그러나 그것은 헤롯 당원들에게는 기뻐서 춤을 출 일이다. 왜냐하면 헤롯 당원들은 예수를 모든 사람에게서 제거할 방법을 찾았기 때문이다. 헤롯 당원들은 이 사건을 빌라도에게 보고하려고 빌라도 법정으로 달려갔을 것이다. 그리고 분명하게 법을 집행하여, 빌라도는 예수를 최단기간 내에 체포했을 것이다. 로마인들은 그들에게 세금을 바치지 말라고 선동했던 이들한테 매우 엄격했다. 이렇게, 예수가 '그렇다' 혹은 '아니다'로 대답하는 것이 무엇이든지 간에, 그는 복구할 수 없을 정도로 타격을 입게 된다. 함정은 매우 교묘했고 악랄했다.

그래서 예수가 '예'도 아니고 '아니오'도 아닌 짧고 간결한 한 문장으로 대답했다. 그러나 덫이 쳐진 문제에 대한 진실한 대답이 됐다. 우리는 내일 어떻게 예수의 대답을 이해해야 하는지 볼 것이다. 하지만 지금은 우리가 그의 대답이 '예'도 '아니오'도 아니라는 것을 확인하는 것이 가능하다. 왜냐하면 예수가 함정에 빠지지 않았다는 것이 분명하기 때문이다, 이점이 중요하다.

예수의 문장에서 국가에 세금을 바쳐야 할 원칙의 정당성을 끄집어내는 것이 가능하다. 그리고 그의 문장에서 국가와 특별히 군복무에 복종하는 것과 관련된 모든 정당한 이유보다 더 강력한 반대이유를 끄집어내는 것도 가능하다. 예수의 대답이 원칙 위에 위치하는 것이 아니라 세상의 원칙보다 더 큰 살아계신 하느님과 그분의 요구들 앞에 위치하는 것을 보여주었기 때문에, 카이사르의 영역은 하느님의 영역 속에 포함된다. 카이사르의 영역이 하느님이 통치하는 범위의 내부 속에 조그마케 위치하고 있다.

4. 예수의 대답

예수의 유명한 말씀에 (카이사르의 것은 카이사르에게) 대한 성찰 속에서 우리는 난처한 모순에 부딪혔다. 한편으로는, 건성으로 강독하면, 예수가 카이사르에 내야 하는 세금 지불을 승인했던 것 같다. 그러나 다른 한편으로는, 우리는 예수가 세금을 내라고 말하고 싶어했다는 것은 불가능하다고 어제 보았다. 만약 예수가 카이사르에게 세금 낼 것을 말했다면, 그가 매우 위험스러운 올가미에 걸렸을 것이라는 것은 명확하다. 그러므로 이 이야기는 완벽하게 예수가 올가미에 걸리지 않았다는 것을 분명히 말하고 있다. 즉, 예수는 더 강한 이유에서 로마인들에 의해 강제된 세금과 총괄적으로 복종해야 하는 정치 권위의 정당화를 인정하고 싶지 않았다. 그러면 예수가 실제로 무엇을 말하고 싶어 했을까? 어떻게 우리가 그의 말을 이해해야 할까?

예수의 말씀에서 사람들이 틀렸다고 말할 수 있는 커다란 오류는 세금 지불의 정당화를 말할 때 상황에 대한 어떠한 고려도 없었다는 점이다. 문단 전체에 대한 고려가 있었어야 했다. 형제 여러분, 나는 여러분을 위해 다시 한 번 본문 전체를 읽어주겠다. 나를 따라 여러분의 성서를 서둘러 보라. 그리고 이 이야기의 모든 세부 묘사들에 매우 조심하자. 그러면 마가복음 12장 13-17절을 읽겠다.

나는 15절 "예수께서 그들의 교활한(hypocrisie) 속셈을 알아채시고….."을 다시 취했다. 문제가 되는 것은 정말 교활한 것이다. 바리새파와 헤롯 당원들은 양심의 문제로 고통을 받았고, 그들에게는 명예가 되고 상대에게 양심의 가책이 되는 것으로 인해 혼란스러웠다. 그러나 현실 속에서는 바리새파와 헤롯 당원들은 예수를 쓰러뜨리기 원했다. 그리고 이른바 그들의 양심의 고통은 예수를 패배시키려는 그들의 잔인한 의지를 은폐하기 위한 가면일 뿐이다. 사실, 그들 모두는 카이사르에게 세금을 지불했다.

여전히 15절 "데나리온 한 닢을 가져다 보여다오."를 보면, 예수는 쉽게 속아 넘어가지 않았다. 예수는 곧 바로 드리워진 함정을 반복했다. 그는 일반적 원칙의 수준으로 대답하면 안 된다는 것을 알았다. 그가 일반적 상식 수준에서 대답했다면, 그가 무엇이라 말하던 간에 함정에 빠질 것이라는 것을 알았다. 그래서 이해하기 상당히 어려운 것으로 그리고 약간의 유머로 예수는 구체적이고 실질적인 수준에서 비롯된 문제로 바꾸려 했다. 예수는 그들의 눈으로 그 유명한 로마의 데나리온(로마인들이 지불하기를 요구했던 작은 은

화 한 닢)을 보라고 요구했다.

이렇게 하면서, 이제 예수가 대적자들에게 역으로 함정을 드리웠다. 예루살렘 성전 안에서 왕의 초상화가 새겨진 모든 우상의 동전을 보이는 것이 형식적으로 금지되었다는 것을 형제 여러분은 알아야 한다. (여러분은 계명을 기억하고 있을 것이다 : "너는 너를 위한 조각상을 만들지 말라. 땅의 것들을 본떠서….") 무엇보다 이러한 초상화가 하나의 신이라 주장되는 왕의 것이었다면 더더욱 금지됐다. 바리새파 사람들은 결코 로마의 데나리온을 가지고 있지 않다. 그들은 결코 그들의 주머니 안에 부정하고 더럽혀지고 우상화된 동전을 가지고 모든 것을 말하기 위해 성전 안에 들어가지 않았을 것이다. 반대로, 헤롯 당원들은 우상의 동전을 가지고 있는 것에 대한 양심의 가책을 가지지 않았다. 그들은 다른 여러 동전과 별반 다르지 않게 사용했고 팔레스타인에 당시 통용되었던 다른 나라의 돈과 다르지 않게 보았다. 헤롯 당원들은 성전에 들어가기 전에 우상의 동전을 없애야 한다고 생각지도 않았다.

예수가 로마 데나리온을 보라고 요구했을 때, 바리새파 사람들은 물론 동요되지 않고 냉정을 유지했다. 다시 말해 분명히 그들 가운데 어떤 이도 로마 데나리온을 가지고 있지 않았다. 그러나 예수에게 질문하러 왔던 헤롯 당원의 작은 그룹 속에 멍청한 바보 하나가 있었다. 그리고 생각 없이 예수에게 로마 데나리온 하나를 보여주었다. 그 사람은 자신이 바보짓 한 것과 주머니 속의 이방인 동전 하나로 하느님의 율법을 모욕하는 정말 나쁜 유대인이 된다는 것을 알지 못했다. 성전의 한 가운데서 우상 숭배물 때문에 부끄러움을 느낀 군중 앞에서 그리고 깜짝 놀라 덜덜 떠는 공모자 바리새파 당원들 앞에서, 그가 주머니에서 불경스런 동전을 꺼내든 것이다.

청취자 여러분, 이 장면이 잘 보이는가? 보기에는 아무것도 아니고 하찮은 것 같은 요구이다. 그러나 예수는 이 요구로 단번에 상황을 반전시켰다. 예수는 대적자들 사이에 불화의 씨를 뿌렸고, 그들 모두를 깊은 곤경에 빠뜨렸다. 예수의 비판자들은 군중들 앞에서 그렇게 많은 성공을 거두었던 예수를 실제로는 나쁜 유대인이었다고 주장하려 했다. 불경스런 동전을 꺼내든 것은 바리새파 당원이 율법을 지키지 않았다는 것을 모두에게 확인시켜 주는 행동이었다. 사실 바리새파 당원들이 제일먼저 알았다. 그리고 그들이 예수에게 훈계할 권리가 없다는 것을 확인하는 순간이었다.

계속 읽어 봅시다. 여전히 17절이다 : "이 초상과 글자가 누구의 것이냐? 하고 물으셨다." 당황하여 그들은 대답했다 : "카이사르의 것입니다." 예수는 두 번째로 성전의 신성한 장소에서 어느 누구도 그곳에서 감히 발설하지 않았던 로마 황제의 이름을 그들 스스로 말하게 하는 데 성공했다. 점점 더 자멸해가고 있는 것이다! 바리새파와 헤롯 당원들 자신이 이미 자기들의 문제에 대답한 것을 예수가 방금 보여주었다. 그들이 이러한 불순하고 부끄럽게 하는 돈을 지참하고 있었기 때문이다. 그것은 로마인들의 주둔이 그들에게 그렇게 많은 불편을 주지 않았다는 것을 의미하지 않는가? 그렇게 하여 그들은 모두 카이사르에 동의하는 노예들이 됐다.

예수가 그래서 물어보았다 : "이 초상이 누구의 것이냐?" 초상은 그리스어로 '아이콘(eikôn)'이다. 이 말은 종교적 이미지에 대해 말하기 위해 만들어진 '아이콘(icône, 聖畵像)'이다. 그렇기 때문에 이 단어가 또한 성서에서 이용되었다 : 인간의 창조 순간에 하느님은 자신의 형상을 따라(à son image) 사람을 만들었다. 예수의 대답은 훨씬 더 분명해졌다. 이 작은 동전에 카이사르의 초상이 새겨졌느냐? 그러면, 그것은 너무 간단히 이 동전이(이 동전만) 카이사르의 것임을 보여준다. 왜냐하면 카이사르가 이것을 두드려 만들었기 때문이다. 이 동전은 카이사르의 재산이다. 그러나 여러분, 여러분은 하느님의 이미지를 따라서 창조되었다는 것을 잊지 말아라. 결과적으로 여러분의 몸과 재화들은 그분의 것이라는 것을 잊어서는 안 된다. 여러분은 창조주 하느님만을 위해 살아야 한다.

예수는 또한 물어보았다 : "이 글자가 누구의 것이냐?" 사람들은 예수가 사역하던 시대를 표기하는 데나리온들 가운데 하나를 발견했다. 데나리온 위의 요약된 글자는 황제의 프로필로 둘러싸였다. 그것은 이렇다 : "성스러운 아우구스테(Auguste)의 아들 티베르(Tibère). 신관의 왕." 이와 같은 글자는 분명히 유대인들에게는 끔찍스럽고 통탄할 만한 것이다. 동전에서 신(dieu)의 아들이라는 문제와 세상을 다스리는 사제들의 왕이라 주장하는 왕의 문제가 있다. 이러한 주장은 유대인들에게 절대적으로 끔찍하다. 그들에게는 하느님만이 세상의 주인이다. 어떤 사람도 신의 아들이라 주장할 수 없다. 예루살렘의 대제사장만이 '신관의 왕'이라는 직함을 가질 권한이 있다. 이렇게 예수는 하느님과 카이사르 사이의 절대적 차이를 잘 보여주었다.

그러나 예수의 말씀과 말씀이 내포하는 역 – 함정을 잘 이해하기 위해 고대의 사람들은 동전의 주인은 문자적으로 그리고 법률적으로 그 위에 자신의 초상화와 자신의 이름을 새겨 넣어 주조한 사람의 것이라 생각했다는 것을 알 필요가 있다. 동전에 새겨진 주인은 이것으로 공무원들과 병사들에게 임금을 지불하는 데 사용했다. 다음으로 동전에 새겨진 주인은 상거래에서 교환의 수단으로 동전이 이용 되는 것을 수용했다. 그러나 동전에 새겨진 주인이 각각의 동전의 법률적 소유주로 남아 있다. 이론적으로 매 순간 동전에 새겨진 주인은 동전을 요청하고 독점할 권리가 있다.

당시 예수의 대답의 의미는 완벽하게 명쾌하다 : "너희가 이 동전을 가지고 있는가? 너희가 때때로 이것을 이용하는가? 좋다. 나는 너희에게 이 데나리온이 법률적으로 카이사르에게 속한 것이고 그가 원하면 반대 없이 너희에게 이것을 요청할 권리가 있다는 것을 알려준다. 너희가 그것을 가지고 있다면 너희에게는 소용없는 물건이 아닌가? 어쨌든 너희가 그와 거래를 했다는 증거가 아니냐? 하지만 이것은 세상에서 그리고 너희에게서 하느님의 나라를 바꾸지 못한다."

추론이 조금은 예수가 바리새파와 헤롯 당원들에게 말했던 것과 같다 : "너희들은 이 저주받은 데나리온 때문에 근심했다. 혹시 이 은화를 로마에 바치면서 그들의 능력이 메시아의 도래를 방해하는 데 더 강력해지는 건 아닌지 의심하지 않았느냐? 너희들이 파리를 물속에 담그고 낙타를 삼키는 너희의 모습을 보지 못하였느냐? 너희가 악을 행하는 동안, 너희 앞에 하느님의 보내심을 받은 독생자가 있다. 그런데도 너희는 그를 인정하기를 원치 않았다. 너희가 장님이 아니란 말인가?"

5. 메시아

나는 여러분 가운데 대부분의 사람들이 (만약 여러분이 이 강연의 전부를 들어왔다면) 갑자기 예수의 유명한 말씀 : "카이사르의 것은 카이사르에게 돌리고 하느님의 것은 하느님께 돌려라." 때문에 실제로 생각했던 것보다 더 복잡하고 더 심오한 것을 발견하여 놀라고, 어리둥절하고, 어쩌면 충격을 받았을지 모른다고 생각했다. 우리는 이 문장을 더 잘 이해하려고 노력했다. 그러나 이 본문이 상기시키는 장면이 얼마나 실질적으로 비극적이었는가가 풀어야 할 숙제로 남아 있다.

사실 이 이야기 속에서 예수의 대적자들이 정말로 몰두하는 것은 로마인을 위한 세금의 적법성 문제가 아니라, 차라리 예수가 진실로 메시아인지 아는 문제였다는 것이 분명하다. 예수가 메시아라는 것은 바리새파와 헤롯 당원들에게는 받아들일 수 없는 일이다. 왜냐하면 주님의 행동은 전혀 유대 민족 모두가 다시 올 메시아로부터 형성한 관념에 부응하지 못하기 때문이다. 우리가 유대 민족의 역사에서 읽고 아는 바로 유대 민족은 우선 그들 민족의 정치 - 군사적 해방자가 아닌 메시아를 상상할 수 없었다. 하지만 예수의 영적 권위와 기적들 때문에 예수가 공동체 밖의 인물이었고, 분명히 예언자였다는 사실을 인정할 필요가 있다. 예수는 로마에 반대하여 전혀 군사적 혁명을 준비하지 않았다. 초반의 커다란 열광주의 에도 예수와 유대 민족의 많은 군중 사이에 틈이 점점 더 깊이 파였다. 결국에 가서 예수가 그 메시아였는가? 아니면 겁 많은 몽상가였는가? (오늘날 '유토피아를 꿈꾸는 사람'이라 말한다) 이러한 불안에 의해 분노했기 때문에, 예수가 차라리 사기꾼이라고 생각되었을 때 (왜냐하면 예수는 사람들이 메시아로 생각하는 전형에 전혀 상응하지 않았기 때문이다) 바리새파의 작은 그룹과 헤롯 당원들은 예수의 참 모습을 드러내기 위해 혹은 예수를 반 로마 폭동이나 무장 폭동에 강제로 가담시키기 위해 그에게 와서 의심스러운 함정을 드리웠다.

이스라엘에 여러 번 메시아 후보들이 있었다. 특히 마카베 시대와 가장 최근에 바리새파 가말리엘에 의해 서글픈 실패가 언급되었고, 거기에 두 견습 메시아가 등장하고 있다. 사도행전 5:36-37을 보라 : "이전에 튜다(Theudas)가 나타나 자기를 위대한 인물(메시아로 이해하라)이라고 선전하자 사백 명이나 되는 사람들이 따랐습니다. 그러나 그가 살해되니까 (로마인들에 의해 죽임 당했음을 함축한다) 그를 따르던 사람들은 자취도 없이 다 흩어져 버리고 말았습니다. 그 뒤 호구조사를 하던 때에도 갈릴리 사람 유다가 나타나 백성을 선동하여 자기를 따르게 한 일이 있었지만 그가 죽자 그를 따르던 사람들도 다 흩어져 버렸습니다."

예수가 오병이어의 기적을 행한 이후, 이 기적 때문에 흥분한 백성이 혁명을 시작했다는 것을 아는가? 요한복음(6:14-15)은 백성이 갑자기 예수를 그들의 왕으로 만들고 싶어했다는 것을 우리에게 잘 설명하고 있다. 즉, 로마인들을 쫓아내고 하느님의 나라가 마침내 예루살렘에 세워지도록 로마의 권력을 무너뜨리는 군사적 수장으로 예수를 만들고 싶어 했다. 그날 모든 백성은 준비를 마쳤다. 그러나 예수는 제자들이 폭력의 광기에 나쁜 영향을 받지 않도록 급히 제자들을 호수 저편으로 파송해야만 했다. 이어서 예수는 정치적 해방자가 되지 않을 것이라는 것을 보여주기 위해 자기 자신을 숨겨야 했다.

그러나 이런 예수의 열망은 겉으로 드러나지 않았다. 오히려 예수의 최측근들에게서 야망이 비쳐졌다. 마가복음 3:21절에 의하며, 예수의 측근 중 일단의 사람들은 예수를 붙들기 위해 왔었고, 당시 중요한 군중들이 예수의 측근 주변에 모였다. 이러한 정보를 통해 마가는 우리에게 말했다. "이 소식을 들은 예수의 친척들은 예수를 붙들러 나섰다. 예수가 미쳤다는 소문이 돌고 있었기 때문이다." 어떻게 이처럼 비통하고 기괴한 추적을 이해해야 하는가? 그렇지 않다면, 이 세상의 권력자들처럼 되는 대신 예수가 완전히 다른 방향으로 나가고 있다고 예수의 측근들이 걱정하고 있는 게 아닌가? 그리고 권력과 권세와 폭력을 너무 지나치게 업신여기는 것을 그의 측근들이 실제로 걱정하고 있지는 않은가?

요한은 우리에게 또다시 예수의 친형제들이 예수를 마치 로마인들에 반대하는 혁명의 수장처럼 공개적으로 공표할 것을 부추겼다고 이야기했다. 들어보라 : "예수의 형제들이 예수께 '이곳을 떠나 유다로 가서 당신이 행하시는 그 훌륭한 일들을 제자들에게 보이십시오. 널리 알려지려면 숨어서 일해서는 안 됩니다. 이런 훌륭한 일들을 할 바에는 자신을 세상에 드러내는 것이 좋겠습니다.' 하고 권하였다."(요 7:3-4)

그러므로 근본적인 오해가 예수의 사역에 빠짐없이 함축적으로 남아 있다. 종려주간의 날, 예수는 예루살렘에 들어가기 위해 일부러 평화의 당나귀 위에서 자신의 모습을 드러냈다. 그러나 이 평화의 당나귀도 이스라엘 민족의 폭력을 사용한 정치적 해방의 꿈을 쫓아내기에 충분하지 못했다. 종국에 그리스도의 왕국이 근본적으로 비폭력적이라는 것을 어떤 이들이라도 알아먹을 수 있도록 십자가가 필요했을 것이다. 그리고 한 번 더, 부활 이후에도, 제자들은 예수에게 "주님, 주님께서 이스라엘 왕국을 다시 세워주실 때가 바로 지금입니까?"라고 물었다.(행 1:6) 여러분은 위대한 선생(Maître)의 최측근들이 힘으로 정치권력의 쟁취를 계속해서 꿈꾸고 있다는 것을 볼 수 있다. 다윗 왕국의 재건에 대한 꿈은 결코 유대인의 정신에서 사라지지 않았다.

우리가 방금 말했던 모든 것은 한쪽 편의 몇몇 바리새인들과 헤롯 당원들 그리고 다른 한편의 예수 사이에 대결이 왜 어떤 환경에서 펼쳐졌는지 이해하는 데 도움이 된다. 바리새파 사람들은 세상에서 로마의 지배를 꺾어버리고 무력에 의해 이스라엘 하느님의 통치를 설립할 메시아를 꿈꾸었다. 헤롯 당원들은 이해할 만한 외교적인 메시아를 꿈꾸었다. 헤롯 당원들이 바라는 메시아는 수도 예루살렘에서 사업과 달콤한 생활을 보편적 자유 속에서 누릴 수 있도록 로마 제국과의 관계를 정리해주는 정치적 인물이다. 바리새파

무리와 헤롯 당원들 서로서로는 예수가 군중들로부터 얻어낸 성공으로 그들의 꿈과 야망을 이룰 수 있다고 감지했다. 그러나 예수는 그들에게 필요한 그런 메시아가 아니었다. 그들은 하느님의 사랑과 이웃사랑에 대한 예수의 주장으로 자신들의 위신과 꿈이 위협받는 것을 감지했다. 그래서 이 사람을 제거해야 한다고 결심한 것이다. 이 일을 위해 두 그룹은 서로 함정을 놓고 은밀히 예수의 패배를 모의하는 데 합의했다.

끝으로 다시 읽기 전에 누가복음 속의 본문은 확실히 예수가 고의적으로 그의 대화 상대자들에게 로마의 데나리온 위에 주조된 초상(아이콘)이 누구이냐고 묻고 있는 것을 보여준다. 예수가 (초상이란 단어를 이용하면서) 바리새파와 헤롯 당원들이 '하느님의 형상을 따라' 창조되었다는 것을 상기하도록 유도했고, 그래서 그들의 모든 삶을 하느님께 전념해야 한다는 것을 상기하도록 유도했다는 것을 보았다. 나는 예수가 동시에 자신에 대해 물어보도록 유도했다고 생각한다. 즉, 살아계신 하느님의 완벽한 '형상'이 예수 아닌가? 골로새서 1:15에서 바울은 "그리스도는 보이지 않는 하느님의 형상이시다."라고 그리스도에 대해 기록했다. 그리고 고린도후서 4장 4절에서 "하느님의 형상이신 그리스도의 영광스러운 복음의 빛"에 대해 말했다. 예수 스스로도 분명하게 말했다. "나를 본 자는 아버지를 보았다."(요 4:9) 예수가 그들 앞에 있었으나 그들은 예수가 실제로 누구인지 분별하지 못했다.

사랑하는 청취자 여러분, 여러분은 그리스도 안에 살아계신 하느님의 형상을 인정하지 않는가? 누가복음 20장 20-26절 이야기를 읽어보라.

   그래서 그들은 기회를 엿보다가 밀정들을 선량한 사람처럼 꾸며 예수께 보냈다. 그들은 예수의 말씀을 트집 잡아 사법권을 쥔 총독에게 넘겨서 처벌을 받게 하려는 것이었다. 그들은 예수께 이렇게 물었다. "선생님, 우리는 선생님의 말씀과 가르침이 옳다는 것을 압니다. 또 선생님은 사람을 겉모양으로 판단하지 않으실 뿐더러 하느님의 진리를 참되게 가르치신다는 것도 압니다. 그런데 우리가 카이사르에게 세금을 바치는 것이 옳습니까? 옳지 않습니까?" 예수께서는 그들의 간교한 속셈을 아시고 "데나리온 한 닢을 나에게 보여라. 그 돈에 누구의 초상과 글자가 새겨져 있느냐?" 하고 물으셨다. "카이사르의 것입니다." 하고 그들이 대답하자. "그러면 카이사르의 것은 카이사르에게 돌리고 하느님의 것은 하느님께 돌려라." 하고 말씀하셨다. 그들은 사람들 앞에서 예수의 말씀을 트집 잡지 못했을 뿐 아니라 그의 답변에 놀라 입을 다물고 말았다.

- 장 라세르

해설

50여 년이 지난 지금도 여전히 유효한 라세르의 담론

(프레데릭 호눙)

50여 년이 지난 지금도 여전히 유효한 라세르의 담론

여러분은 아무 일도 없었다는 듯이 이 책의 마지막 장을 덮을 수 없을 것이다. 사실 기독교인들은 운명적으로 이 세상의 어떤 폭력에도 가담하지 말아야 한다는 소명을 받았다. 키르케고르(Søren Kierkegaard)는 예수 그리스도의 신실함 속에서 어떤 폭력에도 가담하지 말라는 급진적 소명을 발견한다고 말한바 있다.

장 라세르(Jean Lasserre)는 그의 첫 번째 책《전쟁과 복음》(La guerre et l'Évangile)에서 이미 자신의 윤리사상에 대한 원칙적 주장을 완성했다.[1] 이 책의 요점을 한 마디로 한다면, "인류의 미래는 여섯 번째 계명 '살인하지 말라'에 달렸다." 어떤 상황에서도 이 계명은 반드시 지켜져야 한다. 특히 정치적 의미에서 '살인하지 말라'는 더욱

---

1) Jean Lasserre, *La guerre et l'Évangile*, Paris : La Réconciliation, 1953. 이 책은 불행하게도 절판되었는데, 많은 사람들의 재출판 요청이 있었다.

생각을 거듭해야 한다. 기독교가 폭력에 관한 한 개인에게는 엄격하지만, 정치적이거나 국제관계에서는 현실주의적 태도를 보이는 이중적 도덕을 허락하고 있기 때문이다. 어떤 경우에도 '살인하지 말라'는 신념의 윤리 관점에서 보면, 기독교인이 전쟁을 벌이는 것은 비기독교적인 것이다. 초대교회의 1세대 기독교도들은 '어떤 경우에도 살인하지 말라'는 지침을 신실하게 지켰다. 그러나 4세기 때 콘스탄티누스가 기독교인으로 회심하면서부터 기독교와 국가권력 그리고 군사 권력 사이에 유착이 일어났다. 그 결과로 초대교회 기독교윤리는 개인의 사생활 영역으로 밀려났고, 국민들과 국가 사이에서 기독교윤리는 예수와 하느님을 중심으로 구성된 것이 아니라 이방의 전쟁의 신 마르스(Mars)로 구성됐다. 이 군국주의적 이데올로기는 기독교윤리에 역행하는 이단적 이념이다. 왜냐하면 신약성서가 군국주의적 이념에 타협하지 않기 때문이다 : "너희는 하느님과 맘몬을 동시에 섬길 수 없다."(마 6:24) 그러나 국교화 이후 기독교인들은 개인의 사사로운 영역에서는 하느님을, 그리고 공적인 영역의 삶에서는 전쟁의 신 마르스를 섬기는 이중적 태도를 취했다. 이런 태도는 아직도 현재진행형이다.

장 라세르는《전쟁과 복음》의 결론을 내리기 전에 "당시 4세기에 많은 이들이 결의에 찬 신중함으로 위기에 놓인 기독교 변론을 준비했다. 그러나 오늘의 우리는 더 이상 그와 같은 위급함에 있지 않다."[1]고 말하며 현실주의적 입장의 당위성을 근원적 기독교윤리에서 털어내었다. 테오도르 모노(Théodore Monod)는 비폭력의 주장

---

1) Ibid, p248.

이 기독교의 몰락을 촉진하는 순간까지 이른다 하더라도 기독교와 국가주의 그리고 군사주의 사이의 이념적 연합에 저항하는 운동에 참여했다. 테오도르 모노는 주저함 없이 비폭력을 주장하면서 "기독교는 침몰한 것이 아니라 아직 사람들이 기독교 정신을 시도하지 않았을 뿐이다."라고 말했다.[1] 자크 엘륄(Jacques Ellul) 역시 기독교와 국가주의 그리고 군사주의 사이의 이념적 연합을 두고 '전복된 기독교에 대한 제자리 찾기(subversion de la subversion)'라 명명했다. 엘륄의 입장에서 볼 때도 기독교는 콘스탄티누스 이후로 왜곡됐다. 이를 바로잡기 위해 그리고 본질적 메시지를 다시 회복하기 위해 기독교 자체는 정치, 사회, 경제, 종교의 질서에 정확히 반대여야 한다.[2]

《전쟁과 복음》은 비폭력의 신학적 근거를 제시했고, 변증법적 엄밀함과 타협할 수 없는 단호함으로 주석, 교리, 그리고 역사를 통해서 비폭력의 근거를 확인했다. 12년 뒤, 장 라세르는 《기독교인과 폭력》에서 같은 주제를 알제리 전쟁에 적용하면서 자신의 논의를 더욱 진전시켰다. 그는 모든 물리적 폭력, 즉 심리적, 구조적, 상징적 그리고 문화적 차원들에서 일어난 폭력의 문제를 제시하면서 전쟁에 대한 질문을 던진다.

《기독교인과 폭력》, 이 책이 출판된 것이 1965년이지만 장 라세르가 지나온 역사적 흔적이 잘 반영돼 있다. 제2차 세계대전, 인도차이나와 알제리 전쟁 등은 여전히 우리의 기억 속에 가깝고도 현

---

1) Théodore Monod, *Et si l'aventure humaine devait échouer*. Paris: Grasset, 2000, p43.

2) Jacques Ellul, *La subversion du christianisme*. Paris: Seuil, 1984. 이상민 박상렬 역, 《뒤틀려진 기독교》, 대전: 대장간, 2012.

재적이다. 오늘날 라세르가 살아온 시대보다 변한 것이 있다면, 비본질적인 약간의 변화만 있을 뿐이다. 즉, 사형제도와 프랑스의 징병제는 오늘날 폐지됐다, 소비에트연방이 붕괴되고 냉전은 종식됐다. 국제 테러조직에 대응하기 위한 국가 주도의 군사적 분쟁이 일어나고 있는 것이 현재의 상황이다. 이 후기를 통해 저자를 소개하고, 1950년부터 진화한 군사적 폭력 현상을 추적할 것이며, 뒤틀림(mutations)에 직면한 교회의 입장을 소개하도록 하겠다.

장 라세르

장 라세르는 1908년 10월 28일 제네바의 신실한 칼뱅주의 가정에서 태어났다. 그의 아버지는 스위스 계열의 프랑스 칼뱅파 위그노 가문 사람으로 고향은 퐁드 카마레스이다. 장 라세르가 12살 되던 해 부모가 이혼을 했고, 그 이후 리옹에서 어머니와 함께 살았다. 그는 올레롱섬의 기독학생연맹 연합수련회에서 놀라운 회심을 경험했다.[1] 이 경험으로 신학공부를 결심하고, 파리 프로테스탄트 신학대학에 진학해 1926년부터 1930년까지 그곳에서 공부했다. 장 라세르는 모리스 고겔(Maurice Goguel)의 지도 아래 「바울에게 성화의 의미(La sanctification chez Paul)」라는 주제로 논문을 썼다. 본회퍼(Dietrich Bonhoeffer)가 1944년 7월 21일 에버하르트 베트게(Eberhard Bethge)에게 보낸 편지를 보면 바울의 성화에 대한 잘못된 해석 때

---

1) Fédé : Fédération universelle des Associations chrétiennes d'étudiants(mouvement de jeunesse protestant, 개신교 청년 운동).

문에 장 라세르가 이 주제로 논문을 썼다고 말하고 있다.[1]

당시 장 라세르는 필로 베르니에(Philo Vernier)와 에티엔 마티오(Étienne Mathiot)의 절친한 사이였다. 필로 베르니에는 1932년에 양심적 병역 거부를 이유로 구금된 바 있고, 1933년 앙드레 필립(André Philip)이 필로 베르니에의 변호를 맡았으나 끝내 1년형을 선고받았다.[2] 이후 라세르가 노동자교회에서 목회를 시작하기 이전인 1934년 9월과 10월 사이에 두 번째 판결이 있기도 했다. 에띠엔 마띠오는 후일 알제리 민족해방전선(Front de Libération Nationale, 약칭 FLN-역주)의 의장 씨 알리(Si Ali)를 숨겨주고 스위스로 도주시킨 것[3] 때문에 1957년 12월 13일에 체포되어 징역 8개월을 선고받았다.

장 라세르는 뉴욕의 유니온신학대학에서 1년간 신학수업을 이어간 바 있는데, 그때 이미 앞서 말한 두 친구의 신념에 크게 영향을 받았었다. 우리가 장 라세르의 유니온신학대학 시절을 주목하는 이유는 그곳에서 이후 나치즘에 저항하는 독일의 위대한 신학자가 될 디트리히 본회퍼를 만났다는 사실 때문이다. 당시 서로의 조국이 총부리를 겨누고 있는 적대국이었던 것처럼 그들의 최초의 만남도

---

1) Dietrich Bonhoeffer, *Résistance et soumission. Lettres et notes de captivité*. Genève : Labor et Fides, 2006, p438. 이 편지를 보다 정확하게 읽기 위해 프레데릭 호농(Frédéric Rognon)의 논문을 보라 " 장 라세르와 디트리히 본회퍼에게 있어 평화주의와 폭군살해Pacifisme et tyrannicide chez Jean Lasserre et Dietrich Bonhoeffer 2부: L'interprétation des incidences théologiques", in Études Théologiques et Religieuses, tome 80, 2005/2, p165-169.

2) 재판의 판결 이후 1년이 안 되어 자크 마탱(Jacques Martin)은 1932년 10월에 항소했다.

3) Raoul Crespin, Des protestants engagé. le Christianisme Social, 1945-1970. Paris: Les Bergers et les Mages, 1993, p280-287.

냉랭했다. 그러나 깊은 우정이 그들 사이에 일어났다. 1930~31년 사이의 겨울, 장 라세르와 디트리히 본회퍼는 영화 「서부전선 이상 없다」[1]를 함께 보러 갔다. 장 라세르의 회고에 따르면 이 영화감상은 두 사람 모두에게 공통적 충격을 주었고, 둘을 하나로 묶는 계기가 됐다. 뿐만 아니라 본회퍼는 이 영화를 본 후 '평화주의자'가 됐다. 영화 「서부전선 이상 없다」가 프랑스인 장 라세르와 독일인 디트리히 본회퍼가 민족주의 신학에서 평화주의 신학으로 이행하는 데 결정적 영향을 준 것이다. 유니온신학대학에서 1년간 신학수업 이후, 장 라세르와 디트리히 본회퍼는 라세르 형의 오두막이 있는 샤모니(Chamonix) 근처의 우슈(Houches)에서 1932년 8월에 다시 만났고, 1934년 8월 (혹은 히틀러가 권력을 잡은 1년 6개월 뒤 일 수 있다) 교회와 국가라는 주제로 덴마크 판뇌(Fanø)섬에서 있었던 기독청년연합모임에 참석했을 때 두 번째 만남을 가졌다. 본회퍼는 이 모임의 생생한 인상을 기록으로 남겼고, 라세르에 의해 시작된 평화에 대한 주제를 담론화했다. "나는 아직 히틀러주의(Hiterism)의 위험성을 인식하지 못했다. 라세르는 나보다 훨씬 더 명확하게 히틀러주의 안의 악마성을 보았다. … 당시 나는 그처럼 신학적 성찰이 깊지 못했다. 그는 이 영역에서 완벽하게 나를 능가했다."[2]

그들은 1934년 9월 브뤼에-앙-아르트와(Bruay-en-Artois)에서 다시 보게 되었고, 은밀한 서신 교환을 통해 전쟁선포에 대해 다

---

1) 「서부전선 이상 없다」는 1930년 밀레스톤(L. Milestone)이 독일 작가 에리히 마리아 레마르크(Erich Maria Remarque)의 소설 'Im Westen nichts Neues'(1920)에서 영감을 받아 만든 영화.

2) Geffrey B. KELLY, "An interview with Jean Lasserre", in Union Seminary Quarterly Review, vol. XXVII, n°3, printemps 1972, p155.

시 한 번 의견을 나누었다. 디트리히 본회퍼는 1943년 4월 5일 체포되어 2년간 구금 상태로 있다가, 1945년 4월 9일 플로센뷔르크(Flossenbürg)[1]의 집단수용소에서 히틀러의 명령으로 교수형을 당했다.

장 라세르는 뉴욕에서의 1년여(1930~1931) 체류 후 첫 번째 목회 사역지로 파송됐다. 브뤼에-앙-아르트와 교구였다.[2] 사역지에 부임한 지 2년이 지난 1934년, 젊은 목사였던 장 라세르는 목회에 전념할 수 없었다. 양심적 병역 거부로 교도소에 수감된 필로 베르니에를 옹호하는 글을 프랑스기독학생연맹에서 발행하는 잡지《Semeur(씨 뿌리는 자)》에 기고해야 했기 때문이었다. 장 라세르가 자신의 글을 "내무반이든 교도소 안이든, 어쨌든 기독교인은 양심적 병역 거부자일 것이다."로 끝맺으며 양심적 병역 거부자에 대해 지지하는 듯한 뉘앙스를 주었다. (장 라세르는 병역을 마쳤다.) 이 일로 장 라세르는 노회(Synode)의 교회법정에 소환되었고, 그는 앞으로 젊은이들에게 양심적 병역 거부자가 되도록 압력을 행사하지 않겠다는 약속을 해야 했다. 이 약속을 통해 그는 목사직을 계속 수행할 수 있었지만, 자신의 신념에 대한 커다란 좌절을 경험해야 했다. 그러나 이 좌절은 오히려 그를 더욱 평화주의에 전념하게 했다.[3]

장 라세르는 1938년 제느비에브 마시리(Geneviève Marchyllie)와 결

---

1) 장 라세르와 디트리히 본회퍼 사이의 관계에 대한 주제는 프레데릭 호눙의 논문 "Pacifisme et tyrannicide chez Jean Lasserre et Dietrich Bonhoeffer 1부 : L'interprétation des incidences théologiques", in Études Théologiques et Religieuses, tome 80, 2005/1, p1-23을 참조하라.

2) 오늘날 브뤼-라-뷔시에르(Bruay-la Buissière)라 한다.

3) Jean Lasserre, "Une Église embarrassée", in Cahiers de la Réconciliation, n° 4/avril 1979, p34-38.

혼했다. 그는 브뤼에-앙-아르트와(1932~1938), 모뵈즈(Maubeuge, 1938~1949), 에페르네(Épernay, 1949~1953), 생-에티엔의 우정(La Fraternité de Sain-Étienne, 1953~1961), 칼레(Calais, 1969~1973)의 교회들에서 목회를 했다. 이 사역지들에서 그는 사회적 문제들에 정면으로 맞섰다. 알코올중독자 지원과 알코올중독 사망방지 캠페인을 위해 푸른 십자가(La Croix-Bleue) 운동을 조직했으며, 생-에티엔(Saint-Étienne)에서는 포도주보다 낮은 가격의 과일주스 판매를 위해 애쓰기도 했다. 또 리베라시옹(la Libération)에서는 매춘에 반대하는 끈질긴 투쟁에도 앞장섰다. 술집 경영자들의 험악한 위협에도 일 년 동안 북부 프랑스 도시들을 순회하며 매춘반대 투쟁을 했다. 그는 지역의 여러 후원자들을 모아 매춘 반대 강연들을 조직했고, 팸플릿과 지역 주민의 서명이 있는 청원서를 배포했으며, 시의회에도 개입했다. 그리고 집창촌 폐쇄 행정명령을 내린 시장들에 동조하는 북부 경시청과 교섭을 주도해 경찰이 폐쇄 명령을 이행하게 했다. 그의 집창촌 폐쇄 운동은 1945년 12월에 벨롬므(Verlomme) 경시청으로부터 북쪽 지역의 집창촌 폐쇄에 관한 행정명령을 얻어냈고, 이후 1946년 4월 13일엔 '성매매 중개업자의 강제에 관한 법'이라는 프랑스에 어울리지 않는 법을 만들어내기도 했다.[1]

장 라세르가 사회문제 해결을 위한 투쟁을 한 근본적 이유는 평화 때문이다. 폭력과 전쟁은 그의 일생을 괴롭힌 내재화 된 문제였

---

[1] Raoul Crespin, op, cit., p316; *Jean Lasserre, Comment les "maisons" furent fermées. les bagnes de la prostitution réglementés*. Genève: Éditions de la Fédération Abolitionniste Internationale, 1955.

다. 알려진 바대로 장 라세르는 스스로 평화주의자로 자처하면서도 1939년 군대에 다시 입대했다.[1] 독일군 점령 아래에서는 레지스탕스를 지지했다. 특히 모뵈즈 역의 독일군 군수품 보급 열차 폭파를 준비 중이던 두 장교를 숨겨주었다. 독일 패망(La Libération) 이후 나치에 협력한 사람들의 변호를 위해 국선변호인이 되는 것도 받아들였다. 그는 설득력 있는 변호로 죽음에 처한 한 나치 협력자를 구했으나 다른 이들의 사형집행은 막지 못했다. 아마도 이 경험이 장 라세르를 모든 폭력에 반대하게 했고, 특히 사형제도 반대 투쟁에 나서게 하는 데 결정적인 역할을 한 것으로 보인다.

1949년 장 라세르는 암스테르담 에큐메니컬회의(1948년)에서 채택된 합의문에 대한 보고서를 노회에 제출했다. 보고서의 핵심은 선결적 과제로 풀어야 할 긴급한 현안에 대한 교회의 결의를 제안하는 내용이었다. 즉, '손에 무기를 든 기독교인이 예수 그리스도를 영광되게 할 수 있는가?'라는 물음을 교회에 던진 것이다. 이 심각한 문제제기에 대해 교회는 이 문제를 연구할 노회차원의 위원회 설치를 결의했다.[2] 그러나 위원회는 다른 위원들의 형식적인 공감 속에 단지 세 차례 모임만 가졌을 뿐이다. 하지만 라세르는 이 문제들에 대해 열정적인 연구를 시작했고, 그의 첫 번째 책《전쟁과 복음》의 훌륭한 주제로써 한 장을 차지할 수 있다고 판단했다. 연구를 시작한 이래 장 라세르는 글 쓸 시간을 얻기 위해 세 번째 목회지로 노동자들의 도시보다 전쟁 피해를 덜 입은 에페르네 교구(la

---

1) Jean Lasserre, ≪Une Église embrrassée≫, op. cit., p37.

2) ibid.

paroisse d'Épernay)를 선택했다. 《전쟁과 복음》은 독일어[1]와 영어[2]로도 번역됐다.

1953년 이전 장 라세르는 이미 다수의 원고를 작성했고, 특히 잡지 《Semeur(씨 뿌리는 자)》에 많은 글을 기고했다. 그는 소책자 《종교는 민중의 아편인가?(La religion est-elle l'opium du peuple?)》[3]와 《기독교인과 정치(Le chrétien et la politique)》[4]를 출판했다. 다른 텍스트들도 이어서 출판됐다. 그 가운데 《기독교인과 폭력(Les chrétiens et la violence)》[5]이 있고, 《군대 혹은 비폭력 시민 방어(Armée ou defense civile non-violente)》[6]란 공동저작에 참여했다. 그리고 많은 원고를 「화해의 노트(Les Cahiers de la Réconciliation)」[7]에 기고했다. 차후에 그 원고들 가운데 하나는 소책자 형태로 재편집됐다. 이를 테면, 그가 제안하는 누가복음 13장 1~5절에 대한 정치적 텍스트 읽기가 아주 고유하고 기발했기 때문에 《실로암 탑(La tour de Siloé)》, 《예수

1) Jean Lassere, *Der Krieg und das Evangelium*. München : Kaiser Verlag, 1956.

2) Jean Lassere, *War and the Gospel*. London : James Clarke, 1962 ; War and the Gospel. Scottdale, P.A. (U.S.A): Herald Press, 1974.

3) Jean Lassere, *La religion est-elle l'opium du peuple?*, Paris : Société centrale d'évangélisation, 1944.

4) Jean Lassere, *Le chrétien et la politique*, Paris : Société centrale d'évangélisation, 1946.

5) Jean Lassere, *Les chrétiens et la violence*, Paris : Éditions de la Réconciliation, 1965.

6) Collectif, *Armée ou defense civile non-violente*, (avec Georges Baudonnel, J.F. Besson, Jacques de Bollardière, Marc Bressou, Yvonne Labande, Lanza del Vasto, Jean Lassere, Aimé Léaud, Olivier Maurel, Gérard Millischer, Roger Moreau, Albert Ratz, Françoise Thomazo, Jean Toulat), Éditions Combat Non-Violent, 1975.

7) 장 라세르. "un contresens tenace(뿌리 깊은 오해)", in Les Cahiers de la Réconciliation, n° 10/1967, octobre 1967, p3-21(예수가 성전의 장사꾼들을 쫓아낸 장면에 대한 본문 주석, 요 2:13-17) ; "Notes complémentaires(보충 자료)", in Les Cahiers de la Réconciliation, n°9/1977, septembre 1977, p38-40(3세기 양심적 병역 거부L'objection de conscience au troisième siècle에 대한 자료의 공헌).

와 그의 시대의 저항운동(Jesus et la résistance de son temp)》이 재편집됐다.[1]《예수와 그의 시대의 저항운동》에서 빌라도는 갈릴리 사람들(Les Galieens)을 학살했다. 이로 인해 갈릴리 사람들은 악을 악으로 갚기를 원하는 반역자들이 되었을 것이며, 이런 갈릴리 사람들의 운명은 사람이 사람에게 고통을 가할 수밖에 없는 형벌이라는 것을 보여준다. 그러므로 누가복음 13장 1~5절 본문은 "칼을 잡는 모든 사람은 칼 때문에 쓰러질 것이다.(마 26:52)"라는 복음의 말씀에 대한 구체적 주석일 것이다. '실로암 탑 붕괴'에 대해 말한다면, 실로암 탑의 붕괴는 사고가 아니라 그곳에 도피한 18명의 게릴라 특공대원 중 한 명의 죽음 때문에 유발된 일이라는 것이다. '실로암 탑 붕괴'사건에 대한 장 라세르의 이와 같은 주석은 이 본문에 대한 전통적 글 읽기를 전복하는 일이었다.

1957년 5월, 장 라세르는 「화해의 노트」를 통하여 신학적 학술 활동을 활성화시키기 위해 '대화 작전(Opération colloque)'이라 이름붙인 캠페인을 제안했다. 이 캠페인은 양심적 병역 거부에 대한 지지자와 반대자들이 참여하여 병역의 의무를 기독교적 복종의 항목에 첨가할 수 있는지 아니면 거부해야 하는지를 함께 연구하자는 취지하에 제안됐다. 뒤이어 1959년 1월에는 비에브르(Bièvre)에서 프랑스 개신교연맹과 연락해 평화주의에 대한 문제를 5일간 집중적으로 다루는 전국적 모임을 개최했다. 비에브르 회의에 백여 명의 프랑스 목회자들이 참여했다. 아쉽게도 이 모임은 계속 이어

---

1) Jean Lassere, "La tour de Siloé", in Les Cahiers de la Réconciliation, n° 1/1975, janvier 1975, p5-32 ; La tour de Siloé et Jesus et la résistance de son temp. Lyon, chez l'auteur, 1981.

지지 못했다. 왜냐하면 프랑스개신교연합(Le Conseil de la Fédération protestante)이 평화주의와 같은 주제의 학회를 위해 전국적 단위로 모일 이유가 없다고 판단했기 때문이다.

장 라세르는 알제리 전쟁 동안 란차 델 바스토(Lanza del Vasto)의 비폭력시민활동에 동참했다. 비폭력시민활동은 여러 군부대에서 자행된 고문을 고발하고, OAS(Organisation de l'armée secrète, 1961년 2월 11일 알제리에 대한 식민지 유지를 목적으로 창설된 우익 프랑스 비밀정치군대 사조직-역주)가 평화주의자 란차 델 바스토에게 가했던 죽음의 위협을 폭로했다. 또한 반 프랑스 알제리 운동가들을 재판 없이 지정된 부대 안에 구금하는 것에 대해서도 반대했다. 장 라세르는 이런 몇몇 사례들을 「강제 구금에 찬성하는 지지자들(Volontaires pour l'internement)」[1]이란 제목의 원고에 상세하게 기술했다. 그는 란차 델 바스토, 앙리 로제(Henri Roser), 루이 마시뇽(Louis Massignon), 폴 리쾨르(Paul Ricoeur), 테오도르 모노, 그리고 다른 몇몇 유명 인사들과 함께 많은 시위에 참여해서 알제리 수감자들과 같은 명칭인 '반정부인사'로 자신들을 구속하라고 요청하기도 했다.

1961년부터 1969년까지 장 라세르는 '국제화해협의회(International Fellowship of Reconcilation)'의 불어권 국가 순회 서기를 맡았다. 그는 서기 직함을 가지고 복음적 비폭력 주제에 대한 강연과 토론을 프랑스와 스위스, 벨기에에 확대해 열었다. 그는 1966년 2월 콩고-킨

---

1) Jean Lasserre, " Volontaires pour l'internement", in Les Cahiers de la Réconciliation, n° 7-8/1960, juillet-août 1960, p20-30.

샤사(Congo-Kinshasa)의 킴방구주의 교회(l'Eglise kimbanguiste)를 방문했고, 그가 돌아와 작성한 보고서는 킴방구주의 교회가 세계교회협의회로부터 승인받는 데 결정적 역할을 했다. 1966년 3월, 그는 마틴 루터 킹을 리옹에 초대하기도 했다. 1957년부터 1968년까지 그리고 1977~1978년에 다시 「화해의 노트」의 편집자가 되어 정기간행물 「국제화해운동(Mouvement international de la réconciliation, MIR)」 발행을 주관했다. 1973년 그는 리옹시 외곽의 몽도르 계곡에서 은퇴했고, 1975년부터 '신학과 비폭력'이란 타이틀로 연구와 에큐메니컬 대화 그룹을 연중 모임으로 확대 조직했다. 그는 양심적 병역 거부자들을 지지하기 위해 다수의 군사재판에 개입했고, 원자폭탄과 대량살상무기 생산에 반대하는 집회에도 참여하며 유럽의 비핵화를 열망했다. 그는 군사기지 확장에 반대하는 라작(Larzac) 농부들의 10년간 싸움에도 동참했다. 군사기지 확장 반대 투쟁은 라작 농부들의 승리로 끝이 났다(1971~1981). 1980년대 초반 매년 8월 6~9일에는 히로시마와 나가사키 핵폭격에 대한 기억을 상기시키는 '평화의 장인들(Artisans de Paix)'의 공동 단식에 동참했다.

장 라세르는 프랑스 개혁교회들이 복음의 비-폭력에 대해 관심을 갖도록 많은 노력을 기울였다. 생의 말년에는 르네 지라르(René Girard)의 작품을 발견하고 열정을 갖게 됐다. 1980년 초, 리옹-샹즈-베즈(Lyon-Change-Vaise) 교구에서 지라르의 작품 「세상이 창조될 때부터 숨겨져 온 것들(Des choses cachée depuis la fondation du monde)」[1] 연구 그룹에 참여했고, 목사 장 블랑셰(Jean Blanchet)와

---

1) René Girard, *Des choses cachée depuis la fondation du monde*. Paris: Grasset, 1978.

장페랭고등학교 철학 교수 엘리트 반 앨렌(Elitte Van Haelen)이 이 그룹에서 함께 활동한 이들이다. 르네 지라르가 제안했던 그리스도의 고난 이야기에 대한 비-희생적 책 읽기는 폭력 현상에 대한 그의 이해를 새롭게 했다.[1]

장 라세르는 1983년 11월 22일 리용에서 생을 마감했다.

군사적 폭력의 어제와 오늘

현재를 사는 우리는 1965년보다 한층 강력해진 폭력에 노출돼 있다는 인상을 받는다. 이러한 인상은 만들어진 것일까 아니면 폭력에 대한 미디어의 극단적 전파에 따른 결과일까? 2011년 9월 11일, 세계무역센터 쌍둥이빌딩에 가해진 테러리스트의 공격은 전 세계의 TV와 인터넷에 생방송으로 전파됐다. 이 사건은 45년 전부터 근본적으로 변화되기 시작한 군사적 폭력의 결과물이며, 우리에게 놀라울 정도로 감정적 의무를 증가시켰다. 이제 장 라세르가 이 책을 썼을 때의 시대적 상황으로부터 오늘날의 상황에 맞게 폭력에 대한 관점을 다시 세워야 할 필요가 있다. 장 라세르가 《기독교인과 폭력》에서 말했던 폭력이 21세기에도 적합한가를 판단하기 위해 테러리스트들의 변화된 폭력에 대한 심각한 경향성을 되짚어보는 것도 중요하다.

---

1) René Girard, *Quand ces choses commenceront. Entretiens avec Michel Treguer*. Paris: Arléa, 1994, p. 16-17; *Celui aui le scandale arrive*. Paris: Desclée de Brouwer, 2001, p63-82, 115-116; *Les origines de la culture*. Paris: Desclée de Brouwer, 2004, p22, 52, 126-130.

인류는 전쟁이 없었던 시기를 단 한 차례도 가진 적이 없다. 한 지역이 진정되는 것 같으면 다른 지역에서는 전쟁의 불길이 솟아올랐다. 이 책《기독교인과 폭력》이 발행된 1965년은 우연하게도 10년간 지속된 베트남 전쟁의 서전과 겹친다. 전쟁이 지속되는 여러 해 동안 미국의 군사적 개입은 점점 더 단호해졌다. 광범위하고 집중적인 폭격이 이어졌고, 고엽제와 네이팜탄 사용으로 인한 광활한 면적의 토지가 황폐해졌다. 베트남전에 미군 50만 명 이상을 파병했다. 그러나 미국은 전장에서 확산되는 미군들의 사기저하와 자국 내에서 일어난 강력한 반전운동 등 여러 요인이 겹치면서 역사상 첫 번째 군사적 패배로 기록될 패전을 경험하게 됐다. 1968년 4월 4일에 마틴 루터 킹 목사가 암살됐는데, 그 당시 킹 목사는 미국 젊은이들에게 양심적 병역 거부에 동참할 것을 호소했고, 반전운동을 적극적으로 시작하던 시기였다. 마틴 루터 킹은 또한 군사비 지출을 줄일 것까지 촉구하고, 그 비용을 위기에 처한 국민을 위해 써야 한다면서 워싱턴에서의 '가난한 자들의 행진'을 준비했다.

프랑스는 어떤가? 프랑스는 인도차이나와 알제리 전쟁 이후 식민지 전쟁을 끝냈다고 생각했다. 과연 그런가? 탈식민지 전략은 신생 독립국들과 군사조약이라는 새로운 형태로 진행 됐다. 프랑수아 자비에 베르샤브(François-Xavier Verschave)는 프랑스 정부와 아프리카 독재정권 사이의 좋지 못한 목적의 야합이 이루어 진 것을 두고 "프랑사프릭(Francafrique, 이 단어는 프랑스와 아프리카를 합친 합성어다-역주)"이라 불렀다. 그는 아프리카의 지부티, 자이레, 차드, 모리타니에서 해방운동에 반대하는 다양한 프랑스의 군사적 개입 사실을 언급해야 한다고 말한다. 사실 공산주의 블록과 서방세계 사이의 두 절대 권력의 대치는 냉전 시스템에 종속된 위성국가들의 대리전쟁을 통해 나타났다. 그리고 제3세계 안에서 일어난 '혁명적 전쟁'의 확산을 통해서도 냉전적 힘의 충돌이 일어났다. 1967년 10월 볼리비아에서 죽음을 당한 에르네스토 체 게바라(Ernesto Guevara de la Serna)가 이 경우에 속한다. 일단의 게릴라가 권력을 축출하는 데 성공했을 때 이들은 시스템처럼 하나의 독재정권을 세웠다. 이와 같이 혁명이 결국 반대파가 정권을 차지하는 통치 수단으로 변질되곤 했던 역사적 사건을 알아야 한다. 뿐만 아니라 열강의 식민지 개입이 지난 10여 년 간 진행 되었던 것도 밝혀야 한다. 예를 들어, 1986~88년에 프랑스는 뉴칼레도니아(태평양 바다 남쪽의 섬)에 군대를 주둔시켰고, 지역민들은 식민지 주민이라는 좋지 못한 감정을 느껴야 했다. 1982년 영국의 포클랜드 전쟁, 1983년 미국의 바베이도스에 대한 개입, 1994년 이래 계속되는 러시아의 체첸 개입 등이 열강의 식민지 개입을 증명한다.

중동은 늘 폭발 직전의 긴장과 군사적 충돌이 반복되거나 잠재돼 있는 화약고이다. 이스라엘은 1948년 국가 창설 이후 이웃 국가들과 여섯 번의 전쟁을 치렀다. 1948년 5월부터 7월까지의 독립전쟁을 시작으로 1956년 10월 시나이 군사작전, 1967년 7월 6일 전쟁, 1973년 10월 키푸르(Kipour) 전쟁, 1982년 6월 갈릴리 평화작전, 2006년 6월부터 7월까지 있었던 레바논 전쟁 등이 그것이다. 또 2007년 6월에 하마스가 가자 지역 권력을 차지한 이후, 1987~93년과 2002~04년에 두 차례 인티파다(Intifada, 이스라엘 점령지에서 벌이는 팔레스타인 사람들의 투석전-역주)가 있었다. 이런 상황들은 팔레스타인 영토 안에서 일어난 내전으로 평가될 수 있고, 매 순간 다시 시작될 것만 같은 끝없는 레바논 내전(1975~1991)을 상기시키고 있다.

1970년대 말 냉전은 절정에 다다랐다. 소비에트연방은 1977년 서유럽에 다수의 중거리 지대지 핵탄도 미사일 SS20을 전진 배치했다. 이에 대항해 2년 뒤 나토(NATO)는 군사적 균형을 유지하기 위해 강력한 중거리 지대지 핵미사일 크루즈 퍼싱 2 배치를 결정했다.[1] 이런 전략 핵무기의 유럽 배치에 항의해 가두시위 등 전략 핵무기 배치 반대 운동이 광범위하게 일어났다. 특히 1982년 독일에서 전술 핵무기 배치에 대한 저항 운동이 강하게 일어났으며, 프랑스에서는 유럽비핵화위원회(CODENE, comité pour le désarmement nucleaire en Europe)의 시초가 되는 전국단위의 연합이 1983년 8월 라작(Larzac) 평원에서 조직됐다. 장 라세르는 말년에 유로미사일 배치에 반대하는 캠페인과 비핵화를 찬성하는 운동에 동참했다. 가장 급진적 행위로, 유럽 녹색당 하원의원 솔랑즈 페르넥스(Solange Fernex)는 7명의 동료들과 함께 1983년 8월부터 9월까지 40일 단식투쟁을 벌였다. 이들은 단식투쟁을 통해 5대 핵 강국에게 핵무기 확장 동결, 유로미사일의 폐기, 핵실험 중단 등을 요구했다. 물론 단식투쟁은 현실 정치에 아주 미약한 충격만 주었을 뿐이다. 그러나 언

---

1) OTAN(NATO) : 북대서양조약기구(Organisation du traité de l'Atlantique nord)는 1949년에 미국, 캐나다와 유럽동맹국을 하나로 묶는 집단안전보장기구다. 이에 상응해 소련과 동유럽 동맹국들이 결집한 바르샤바조약기구(Pacte de Varsovie)가 1955년에 만들어졌다. 프랑스는 1966년에 나토 회원으로 남으면서도 통합군사조직에서는 탈퇴했다.

론과 시민사회로부터 의미 있는 지지를 얻을 수 있었다.[1]

첨단 무기 개발은 지난 10년간의 커다란 변화 가운데 하나다. 핵확산금지조약(NPT) 동의 서명에도 핵 강국들은 핵무기 최첨단화 시도를 멈추지 않았다.[2] 프랑스는 1960년에 핵폭탄을 보유했고, 35년간 파괴력 강화를 위한 210번의 핵실험을 했다.[3] 1960년부터 1966년까지 (알제리 독립 이후에도) 사하라 사막 중앙에 위치한 레간(Reggane)과 인에케(In Ekker) 기지에서 대기 중 50회, 지하 160회의 핵실험을 했다. 그리고 1966년부터 1996년 1월까지 프랑스령 폴리네시아(Polynési)의 무루로아(Mururoa)와 팡가토파(Fangataufa)의 해수면 위에서 193회의 핵실험을 했다. 미국과 소련(러시아)에 이어 프랑스, 영국, 중국, 그리고 다른 여러 나라들(1974년 이후 인도, 파키스탄, 이스라엘, 북한, 다음은 어쩌면 브라질, 남아프리카공화국, 이란…)도 핵보유국 클럽에 합류했다. 이라크와 같은 몇몇 나라는 핵보유국 클럽에서 배제됐으나 이들 나라들은 대량으로 살상할 수 있는 생화학무기를 개발해 실전배치하고 있다. 핵무기는 지구를 수백 번 파괴할 수 있는 위력을 갖고 있다. 사실 핵폭탄은 분쟁의 목적과 아무런 상관이 없다. 그럼에도 핵무기를 사용한다면 돌이킬 수 없는 피해를 입을 것이고, 분쟁으로 얻으려는 목적과는 비

---

1) Solange Fernex, *La vie pour la vie, Arudy* : Éd. d'Utovie,1985; Élisabeth Schulthess, Solange Fernex, *l'insoumise.* Barret-sur-Méouge : Yves Michel, 2004, p53-56.

2) 인도, 파키스탄, 이스라엘 (북한은 2003년에 탈퇴했다) 등 3개국만 빼고 모든 국가가 핵확산금지조약(NPT:Nuclear nonproliferation treaty)에 서명했다. 핵확산금지조약은 1970년에 국제법이 됐고, 프랑스는 1992년 이 조약에 서명했다.

3) 1945년부터 1998년까지 2055번의 핵 실험이 지구 곳곳에서 있었다. 그 가운데 미국 1030회, 소련 715회로 대다수를 차지한다.

교할 수 없는 참화를 일으킬 것이다. 더욱이 핵이 전쟁을 막는다는 핵 억제력은 재래식 무기를 사용하며 벌이는 다수의 국지전도 막지 못했다. 핵이 있어도 세계는 덜 위험해 지지도 않았고, 핵의 확산은 냉전 시대보다도 더 진행됐다.

냉전은 1989~1991년에 공산주의 블록의 내부 분열과 함께 종결됐다. 무엇보다 철의 장막은 많은 부분에서 폭력이 아닌 비폭력적 행위의 결과로 무너졌다는 점을 강조할 필요가 있다. 많은 나라들이 공산주의 블록의 분열을 환영했다. 단지 루마니아와 발트 3국, 그리고 소비에트연합의 몰락으로 인해 기득권을 상실한 자들만이 한탄했을 뿐이다. 냉전의 두 블록 가운데 하나가 붕괴됐으니 세계 내 분쟁들은 종지부를 찍었어야 했다. 그러나 오히려 현실은 반대였다. 현재 남아있는 유일한 축으로서 초강대국 미국과 그 동맹국들은 곧바로 이라크의 사담 후세인과 이슬람권을 새로운 적으로 만들었다. 장 크리스토프 루팽이 말했던 것처럼, 현재 지정학적 상황은 팍스아메리카나가 새로운 야만적 적에 대치하는 것처럼 보인다.[1] 1990년 여름, 이라크의 쿠웨이트 침공을 빌미로 연합군은 1991년 1월과 2월에 군사개입을 했다. 프랑스 군은 국방부 장관 장 피에르 슈벤느멍의 사퇴를 통한 반대에도 불구하고 군사작전 수행에 개입했다. 연합군의 힘에 굴복한 이라크는 쿠웨이트에서 철수할 것과 국제 전문가의 사찰 아래 핵무기 설비들을 해체할 것을 독촉 받았다.

그리고 동서 냉전체제의 종말에 기인한 지정학적 혼란 때문에 유

---

1) Jean-Christophe RUFFIN, *L'empire et les nouveaux barbares*. Paris : Hachette pluriel, 1991.

럽 중앙에서 역시 다시 전쟁의 공포가 일어났다. 유고슬라비아 연방의 해체는 1991년 6월 슬로베니아와 크로아티아의 독립선언을 시작으로 일어났으며, 뒤따라 세르비아와 슬로베니아의 단기적인 독립 전쟁이 벌어졌다. 이 전쟁은 보스니아 분리 시도 당시보다 더 비극적이었다. 보스니아 내전(1993~1995)의 잔혹함은 양민 학살, 조직화된 강간, '인종청소(purification ethnique)' 등을 동반한 채 2년 간 지속된 것으로 유명하다. 어쩌면 인종과 종교가 다른 사람들이 (세르비아인은 러시아정교이고, 크로아티아인은 가톨릭이고, 보스니아인 무슬림이다) 같은 영토 안에서 공존했던 것이 평화적 분쟁 해결을 어렵게 했을지도 모른다. 당시 유엔은 아무런 힘도 발휘하지 못했다. 사람들은 내전이 발칸반도 전체로 확산되는 것을 두려워했다. 특히 1993년에 독립을 획득한 마케도니아와 코소보(코소보 독립에 대한 국제적 승인 있었던 2008년 이전인 1998~2000년에 세르비아와 코소보 두 나라 사이에 유혈 충돌이 있었다.)로 확산될까 전전긍긍했다. 전쟁주의자들에게 운신의 폭을 넓혀준 이런 분쟁들은 유럽을 평화가 보장된 공간으로 만들 것을 촉구하는 이유가 됐다. 동유럽의 옛 공산국가들은 차례차례로 유럽연합에 가입했다. 루마니아와 불가리아도 2007년 1월 1일에 유럽연합 회원국이 됐다. 옛 공산국가들이 유럽연합에 가입하는 것과 같은 진전된 평화는 전 세계에 악이 창궐하는 잔인무도함이 넘쳐났었다는 역사적 사실을 잊어버리게 했다. 하지만 크메르 루즈(Khmers rouges)군이 자행한 한 민족에 대한 집단학살(백만 명 사망)이 일어난 이후, 1994년 4월 르완다에서 그에 상응하는 인종말살을 위한 집단학살이 일어났었다. 르완다와 캄보디아의 사례에서 보듯이 학살의 원인은 한 국가 안의 내전 때문이었다. 캄보디아의 경우, 민족 전체 가운데 크메르족의 전체주의와 정신 착란적 이데올로기 때문에 일어난 결과였고, 르완다의 경우 두 종족 중 후투스(Hutus)족이 투찌스(Tutsis)족을 멸절시키려 한 내전의 결과였다.

민족을 말살하는 집단학살(Génocide)은 새로운 형태의 비인도적 전쟁범죄다. 집단학살은 평화에 대한 성찰에 꼭 포함돼야 하는 과제이다. 특히 새로운 형태의 비인도적 범죄라는 점에서 '내정간섭의 권리(droit d'ingérence)'와 '중재(interposition)'에 대한 개념들을 새롭게 규명해야 할 필요가 있다. 내정간섭의 권리란 유엔의 위임을 받은 나라들이 내전 당사자 국가의 전쟁을 종식시키기 위해 군사적이며 일반적인 수단으로 개입하는 것을 의미한다. 중재라 함은 전쟁 당사자들 사이의 긴장 완화와 군사력 억제를 이루기 위한 국제연합군의 힘의 확장을 말한다. 유엔평화유지군(Les Casques bleus)은 현재 여러 지역에 주둔하고 있다.[1] 휴전 상태와 전투병 해산, 무장해지 실행 등을 감시하는 것이 유엔평화유지군의 목적이다. 또한 시민 보호, 질서 유지, 지역 경찰, 지뢰 제거 등을 목표로 삼고 있다.[2] 평화유지 공로로 유엔평화유지군은 1998년 노벨평화상을 받

---

[1] 유엔평화유지군이 주둔한 곳은 보스니아, 중앙아프리카, 키프로스, 코트디브아르, 에티오피아-에이트리아, 조지아, 아이티, 인도-파키스탄, 코소보, 레바논, 라이베리아, 네팔, 남오세티아, 서부 사하라, 소말리아, 수단(다르푸), 스리랑카, 티모르 등이 있다.

[2] 1억1천만 개의 대인지뢰와 집속탄(한 개의 폭탄 속에 작은 폭탄들이 들어 있어 민간인을 포함한 대규모의 사람을 죽일 수 있는 폭탄이다. 이런 무자비한 살상 때문에 집속탄은 대표적인 반인도적 무기로 생산과 사용이 금지돼 있다. 집속탄은 주로 항공기에서 투하돼 모폭탄이 공중에서 터지며 그 안에서 수많은 자폭탄이 쏟아져 나와 폭발한다. 집속탄 40%는 불발

왔다. 1965년에는 상상할 수 없었던 일로서 유엔평화유지군은 점점 더 인도주의적 임무를 띠고 분쟁에 개입하고 있다.

2001년 9월 11일, 이른바 '9 · 11테러'는 인류가 새로운 전쟁의 시대로 들어선 해이다. 세계화된 국제 테러리즘은 마치 새로운 무장 투쟁의 형태들 가운데 하나라는 인상을 주고 있다. (테러, 인질, 화학적 혹은 방사능 오염 등) 테러리즘으로 어떤 국가가 외교적 이익을 본다 할지라도 세계화된 테러리즘은 각각의 테러 그룹들이 돌발적으로 일으키고 있다는 것이 두 번째 특성이다. 세계화된 테러리즘이 맹목적이라는 것도 추가된 세 번째 특성이다. 맹목적이기 때문에 시민과 요인(要人)을 가리지 않는 모든 국민이 타깃이 되는 무차별적 테러이다. 끝으로 세계화된 테러리즘은 공포의 효과를 이용해 일상의 삶을 파괴하려 한다. 따라서 테러리즘은 새로운 위협으로 확산되고 예측 불가능하게 일어난다. 브느아 에르비유 레제 (Benoît Hervieu-Léger)가 말했듯이, 냉전의 종식과 함께 우리는 '공포정치의 균형'에서 '균형 없는 공포'로 가고 있다.[1] '9 · 11테러'는 미국으로 하여금 실체가 분명하지 않은 새로운 적과의 싸우게 했다. 2001년 가을의 아프가니스탄 전쟁은 수도 카불의 점령과 탈레

탄으로 남아 있다가 대인지뢰처럼 터져 민간인에게 큰 피해를 준다.)이 67개 국가에 묻혀 있고 뿌려졌다. 이 죽음의 폭탄은 강한 충격에 터지는 것이 아니라 아주 작은 접촉만으로도 안전핀이 떨어져 폭발한다. 이 때문에 분쟁 동안 그리고 분쟁이 끝난 이후에도 민간인을 죽이고 그들의 신체를 절단하고 있다. 폭탄이 조각조각 터져나가기 때문에 심각한 내·외상적 손상을 일으킨다. 폭탄의 희생자 98%는 시민들로서 이들은 사회 경제적 삶에 심각한 후유증을 앓고 있다. 1997년 오타와의 국제협약은 대인지뢰 사용을 금지했다. 백여 개 나라가 협약에 동의했고, 70여 개 이상의 나라들은 2008년에 집속탄 생산과 사용금지 국제협약에 합의했다. 프랑스는 이에 동참하고 있다.

1) Benoît Hervieu-Léger, "Les nouveaux visages de la guerre", in Réforme, 30 septembre 2004.

반 정권의 항복으로 끝나지 않았다. 마찬가지로 2003년 3월 유엔의 권고를 무시하고 미국 주도하에 일으킨 제2 이라크 전쟁은 바그다드에서 정부를 바꾸었음에도 불구하고 매일 비극적 참사가 일어났다. 이로 인해 미국은 이슬람 집단주의자들의 피의 저항을 진압하지 못한 채 현재의 전쟁을 종결짓지 못하고 현 상태를 유지한다는 비난을 받고 있다. 지상군 투입에 앞서 대규모의 항공 폭격으로 시작된 이 두 전쟁에서 '깨끗한 전쟁'과 '외과 수술적 폭격'이란 새로운 표현을 얻었다. 그러나 현실에서는 이런 군사적 분쟁이 늘 그랬듯 잔혹성을 동반했다. 즉, 양민 학살, (완곡하게 말해서 '연계적 손실'이라 불리는) 비극적 과오, 고문의 합법화 등이 그렇다.

무력을 사용하는 분쟁의 이러한 변형된 형태들, 즉 인종 말살적 양민학살, 이슬람 집단주의의 맹목적 테러리즘에 직면해, 간디와 마틴 루터 킹 등 20세기 말의 역사에 흔적을 남겼던 몇몇 비폭력 운동들을 언급할 필요가 있다.

1965~70년 세자르 샤베(César Chavez)와 캘리포니아의 멕시코 농업 노동자들 사이의 투쟁, 1971~81년 프랑스의 라작(Larzac) 지역 농민들의 군부대 확장 저지 투쟁, 1986년 2월 필리핀과 1991년 8월 마다가스카르의 비폭력 혁명, 1988년 뉴칼레도니아에 관한 마티뇽 협정, 1989년 동유럽 철의 장막 붕괴, 남아프리카공화국의 1991년 인종차별 정책 폐지와 1994년 민주주의로 전환, 1998년 4월 북아일랜드 평화협정, 2004년 9월과 12월 우크라이나 '오렌지 혁명' 등 인류 역사는 정의의 힘이 실현되는 평화를 향한 놀라운 진보의 역사를 보였다.

장 라세르가 특별한 관심과 애정을 가지고 양심적 병역 거부운동에 참여했다. 양심적 병역 거부운동은 개인적으로든 집단적으로든 군대의 제도적 폭력과 군사적 이념에 협력하지 않겠다는 상징적 행위를 대표한다. 그러므로 이에 대한 몇몇 근본적 사실을 상기하는 것이 좋을 듯싶다. 프랑스에서 양심적 병역 거부의 역사는 아주 오래된 이야기이다. 1793년부터 메노나이트 재세례파 교도들은 군복무를 면제받았다. 국방에 대한 대중적지지 가운데 불랑제 장군이 징병제를 제시했고 법률에 의해 1889년에 제도화됐다. 병사들이 더 이상 제비뽑기로 모집되는 것이 아니라 모든 젊은 남자들은 3년 동안 병역의 의무를 이행해야 했다. 최초의 '양심적 병역 거부자들'은 제1차 세계대전 중에 반대 시위를 했고, 1930년 초에 또 다시 반대 시위를 했다. 1933년 사회당 국회의원 리샤(Richard)는 양심적 병역 거부자들에게 우호적인 법안을 제출했는데 국회에서 거부됐다. 1945년 이후 여호와의 증인 때문에 양심적 병역 거부자들의 수는 1년에 50여 명에 이르렀다. 여호와의 증인으로서 양심적 병역 거부한 사람들 가운데 어떤 이들은 10년을 감옥에서 보냈다. 원칙적으로 그들은 2년간 감금형을 선고받았다. 2년이 지난 후에도 그들이 다시 병역의 의무 이행을 거부한다면 새롭게 감금형을 내릴 수 있다. 이론적으로 모든 병역의 의무가 소멸되는 48세까지 28년을 감옥에서 보내야 한다. 이후 최대 구속 기간을 1958년에 5년으로 그리고 1962년에 3년으로 줄였다. 대체복무를 제도화할 것을 내용으로 하는 여러 법안들이 계속적으로 국회에 제출됐다. 사회당 국회의원이며 개신교인 앙드레 필립(André Philip)은 1949년에 대체복무

법안을 제출했다. 대체 법안들이 결실을 맺은 것은 알제리 전쟁의 끝(1962년 3월 19일)에 가서야 기나긴 소송과 투옥, 그리고 시민불복종운동을 거친 이후이다. 1959년 알제리 전쟁 반대 운동이 확대되었을 당시, 드골 장군은 '자신이 양심적 병역 거부자들을 범죄자로 취급한 것을 불합리하고 부적합 했다'고 인정했다. 알제리 전쟁이 끝난 이후, 대표적인 무정부주의자이며 평화주의자인 루이 르코엥(Louis Lecoin, 1881~1971)은 2개월 안에 정부가 대체복무제 약속을 이행할 것을 촉구했다. 이를 위해 그가 72세의 나이로 1962년 6월 1일 무기한 단식을 시작했다. 단식을 시작한 지 22일 째 날, 법의 보장이 있었고, 그는 단식투쟁을 중단했다. 그러나 법의 보장을 받기까지 1년 6개월을 더 기다려야 했으며, 1963년 12월 22일까지 루이 르코엥의 단식투쟁은 반복됐다. 이 행위가 3년간 수감된 병역 거부자들을 풀어주게 했고 여전히 감옥에 갇힌 이들에게는 사회봉사 하는 것으로 대신하게 했다.

대체복무 시행 초기 양심적 병역 거부자는 바르(Var) 지역 브리놀(Brignoles)의 소방서에 편입됐다. 1966년 1월부터는 공공단체들(Emmaüs, Aide à Toute Détresse, Secours Catholique 등)에서 병역의 의무를 수행할 수 있었다. 양심적 병역 거부자의 수는 1968년부터 증가하기 시작해 1972년 800명에 이르렀다. 이에 따라 이른바 '브레강송의 규정'이라 불리는 새로운 국가복무에 관한 법이 1971년 6월 10일 제정됐고, 1972년 8월 31일부터 적용되는 규정에 의해 보완됐으며, 대통령 조르주 퐁피두(Georges Pompidou)가 국가복무에 관한 법에 서명을 했다. 대민봉사 기간은 24개월로 군복무 기간의 두

배였다. 법이 시행된 첫 해, 양심적 병역 거부자들은 군 계급제도를 따라 산림국가관리원(Office national des forêts, ONF)에 배치됐고, 농업부가 이들의 관리를 맡았다. 양심적 병역 거부자들이 농업부와 협약에 서명한 단체들 가운데 하나의 단체를 선택할 수 있었던 것은 두 번째 해부터이었다. 60%의 양심적 병역 거부자들이 새로운 상황에 복종하기를 거부했고, 이들을 수용해야 할 대부분의 단체들 역시 양심적 병역 거부자들과 연대해 협약에 서명하기를 거부했다. 따라서 많은 수의 양심적 병역 거부자들은 새롭게 농업부에 배치되기 전에는 구금 혹은 서비스 복무 연기를 감내해야 했다. 1971년 법의 문제는 제50조이다 : '군사적 의무로부터 벗어나려는 유일한 목적에서 타인을 선동해 이용 가능한 법의 혜택을 받으려는 모든 유형의 선전을 금함' 설령 법률의 근본적 원칙들 가운데 하나가 '누구도 법을 무시할 수 없다.'라 할지라도, 다수의 양심적 병역 거부자들은 시민불복종 운동의 정당성을 금지시키는 법률 제50조의 은밀한 의도를 폭로하기 위해 법원 앞에 모였다.

법률 제50조를 위반한 사람들은 징역 6월에서 3년을 받을 수 있다. 법률 50조의 부당성에 대한 소송 마다 법원은 '문제없음'으로 판결했다. 이 법률 50조의 적용으로 1981년 프랑스에서 양심적 병역 거부와 불복종으로 600명 이상이 수감 됐다. 이들이 여론 형성을 위해 애썼던 것은 "모든 대체복무를 거부했던 불복종자들은 징병제 철폐와 평화적 시민 봉사활동을 요구하는 것이기에 양심적 병역 거부자로 보아야 한다."는 주장이다. 또한 징병거부운동본부는 양심적 병역 거부자들이 1901년 법에 따라 공동단체 범위 안에서 자신들의 배속을 자유롭게 선택할 수 있기를 강력하게 요구했다. 자유로운 선택적 배속 방식으로 대체복무를 허용한다면 자신들이 대민봉사를 더 효과적으로 수행할 수 있다는 주장이었다.

대통령에 오른 프랑수와 미테랑(François Mitterrand)과 사회당은 1981년 5월 10일 몇 가지 진전된 결정을 암시했다. 군대상설법원(TPFA)을 폐지시켰다. 다시 말해 징병 기피자들이 이제부터는 시민법원의 판결을 받게 됐다. 1983년 7월 8일 '제4장 주제 III 국민으로서의 의무에 대한 법률'이 만들어졌고, 1984년 3월 29일 시행령에 의해 보완됐다. 양심적 거부자들에게 새로운 법적 자격이 주어졌는데, 시민으로서의 의무 이행이 국민으로서의 의무 이행 형태들 가운데 하나로 대등하게 인정된 것이다. 법적 자격을 얻을 수 있는 조건들이 손쉬워졌다. 이제부터 '양심을 따른 동기'면 법률적 혜택을 받기에 충분했다. 양심적 병역 거부자들의 직무는 공공의 이익을 위한 의무를 수행하는 것인데, 자신의 관심에 따라 국가 행정, 지방 공공단체들 그리고 사회적이거나 인도주의적인 소명에 승인된 기구들 가운데서 선택할 수 있었다. 마침내 말도 안 되는 법률 50조의 금지가 삭제됐다. 대체복무 기간(24개월, 혹은 군복무 기간의 두 배)에 대한 차별에는 변함이 없었다.

15년 동안, 8만 명의 양심적 거부자들이 6000개 이상의 승인된 수용 기관에서 대체 복무를 했다. 징병제는 자크 시라크(Jacques Chirac) 대통령 집권 초기인 1997년 10월 28일 법률에 의해 폐지돼 직업군인제로 대체됐다. 단지 18세의 모든 젊은 남녀에게 단 하루가 강제됐다. 국가의 부름, 국가방어 준비, 시민 정신 고취를 위해 하루만 국가의 소집에 응하면 됐다. 그러나 국민으로서의 의무가 중단됐을 뿐이다. 따라서 징병제의 재시행은 언제든 가능한 상태다. 양심적 병역 거부운동은 다른 이유들로 문제의 관점을 바꾸었다. 국방정책, 군수산업과 세계 각처에서 벌어지는 교전국들에 대한 무기 판매 등이 그것이다. 그리고 평화 시민으로서의 의무 이행은 지향해야 할 이상으로 남아 있다.

1997년 11월 20일, 유엔총회는 2000년을 '국제평화의해'로 정했다. 일 년 뒤 유엔은 노벨평화상 공동수상에 화답하면서, 2001부터 2010년까지를 '비폭력 문화 고양을 위한 10년, 세계 어린이들을 위한 평화의 10년'이라 선포했다. 이 선언을 통해 유엔은 '학교교육은 물론 사회교육을 통해서 비폭력 문화와 평화적 문화를 고양시키라.'고 주문했다. 스페인에서 먼저 이에 대한 응답이 있었다. 스페인 의회(Les Cortès)는 2005년 12월 30일 평화에 대한 문화와 교육의 발전에 관한 2005-27의 법을 수용했다. 스페인 정부는 '교육 시스템의 모든 단계에서 평화적 문화에 대한 고유한 가치에 부합하는 일들을 장려하고, 민주적 가치들을 위한 교육과 관련해 특수화된 가르침을 창조하는 데' 참여했다. 또한 평화의 관점에서 만들어진 학교의 입문서에는 교훈적이고 교육적인 내용이 채워졌으며, 시청각 프로그램을 통해 비폭력, 관용, 민주주의, 연대와 정의의 가치를 학생들에게 체화시키기 위해 애썼다. 마치 아주 자주 그랬듯이, 프랑스는 더 많은 소심함을 드러냈다. 비폭력에 관련된 협회연합은 2000년에 '10년을 위한 프랑스 연합'을 만들었고, 2005년 말 파리에서 '비폭력과 평화 교육을 위한 프로그램'을 공들여 만들었고,

비폭력 교육이 프랑스 교육 시스템 안에 들어가도록 했다. 평화에 관한 여러 국가들의 노력에 자극받은 교회는 (2001~2010의 10년을 위해) '폭력을 몰아내다'라는 주제로 학술연구, 모임 등 다양한 프로그램을 진행하면서 비폭력의 길에 참여했다. 자연스럽게 군사적 폭력 현상에 직면한 교회의 입장에 대해 이야기를 이어가겠다.

군사적 폭력에 대한 교회의 입장

군대에 관한 기독교인의 태도 문제와 전쟁에 참여하는 정당성에 관한 문제는 교회 역사 속에서 명료했었던 적이 없었다. 교회들 가운데 역사적으로 평화주의자인 몇몇 교회들은 일반적으로 군사적 폭력에 비협력적 입장을 고수했다. 지난 수십 년에 걸쳐 메노나이트 교도들은 이러한 입장을 표명했다. 가톨릭교회는 아우구스티누스와 토마스 아퀴나스로부터 물려받은 '정당한 전쟁' 이론이 제2바티칸공의회(1961~1965)까지 지배적이었다. 아우구스티누스주의와 토마스주의의 전통을 따른 '정당한 전쟁론(guerre juste)'은 세 가지 조건을 동시에 충족시켜야 했다. 세 가지 조건은 아래와 같다.

1) 전쟁은 통치자의 권위에 의해 결정되어야 하며, 임의의 사사로운 이유에서 시작돼서는 안 된다. 칼을 사용하는 것은 징벌(마 26:52)이어야 하며, 사사로이 위임된 일에 칼의 도움을 받아서는 안 된다.

2) 전쟁의 목적이 정당해야 한다. 전쟁을 일으킨 원인이 '정복'과 같은 정의롭지 못한 목적이서는 안 된다. 오히려 전쟁의 원인은 정

의와 평화 재건이어야 하며, 적이 주장하는 선(전쟁의 원인은 일반
적으로 양측에 서로 정당하다고 주장한다)을 부정하는 것이어서
는 안 된다.

3) 전쟁의 의도가 올바르고 사용 방법들이 합법적이어야 한다. 때
문에 복수, 잔혹한 행위 그리고 약탈은 금지됐다. 그러나 책략의 사
용은 적법하다.

제2 바티칸공의회는 다른 주제(신학, 교회론, 예전, 에큐메니즘)
에서처럼 군사적 폭력의 주제에 관해서도 결정적 전환을 보여주
었다. 서신 「땅 위의 평화(Pacem in terris, 1963)」[1]와 「기쁨과 희망
(Gaudium et spes, 1965)」[2]에서 더 이상 '정당한 전쟁'이란 표현을
적용하지 않고 있다. 비록 정당방위(légitime défense)와 악의 최소화,
그리고 최후의 수단으로써 정당한 전쟁을 인정한다손 치더라도, 양
심적 병역 거부, 무기 사용 거부, 비폭력적 방어들은 존경받아야 할
선택으로 당연히 인정된다. 교황 요한 23세는 그의 서신 「땅 위에
평화」에서 아래와 같이 기록했다.

도덕 명령에 의해 부과된 권위는 하느님으로부터 내려온 것이다.
이를 근거로 지도자들은 법을 공포하고, 결과적으로 강제적 수단을
사용한다. 그러나 양심적인 사람들에게 법을 근거로 폭력사용을 강
요할 수는 없다. 왜냐하면 '사람에게 복종하기보다 하느님에게 복

---

1) Jean XXIII, 1963, *Pacem in terris. Lettre encyclique de S.S. Jean XXIII sur la paix entre les nations.*
Montréal, Paris : Fides, 1963.

2) collectif, *Les Actes du Concile Vatican II. Textes intégraux des Constitutions, Décrets et Déclarations
promulgués*, tome 3. Paris: Cerf, 1966.

종해야 하기 때문이다.'[1] 뿐만 아니라 억압하는 권위 자체는 중단되고 축소돼야 한다.[2]

　요한 23세는 서신에서 무기 경쟁을 숙고하도록 권고했고, 완전한 군비축소 과정에 참여할 것을 권고했다. 상호신뢰를 바탕으로 군비축소에 이르러야 한다고 강조한 것이다.[3]

　제2바티간공의회 공식문서로서 (요한 23세의 타계 이후), 편집된 사목헌장 「기쁨과 희망」은 「땅 위의 평화」와 동일한 권위를 갖고 있다. 바티칸 공의회는 「기쁨과 희망」를 통해 인간의 권리와 보편적 원칙의 영원한 가치를 상기시켜주었다. 사람들에게 영원한 가치와 반대되는 곳으로 옮겨놓는 부당한 지시와 명령이 곧 범죄가 된다는 것을 알게 했다. 범죄적 명령에 복종했던 이들이 맹목적 순종으로 충분히 변호될 수 없는 것이다. 왜냐하면 보편적 가치를 어기는 명령에 저항했던 이들이 존재하기 때문이다. '많은 이들이 공개적으로 두려움 없이 범죄적 명령을 내렸던 사람에게 저항했던 양심적 병역 거부자의 용기를 거의 알지 못했다.'[4] 중죄를 저지르게 하는 명령에 불복할 수 있다는 것을 몰랐다는 것이 변명이 될 수 없다. '더욱이 법은 양심적인 이유로 무기 사용하기를 거부하는 이들을 배려하고 있다. 양심적 병역 거부자가 병역의 의무와 다른 평화

---

1) 행 5:29

2) Jean XXIII, op. cit., p32.

3) Ibid, p65.

4) Collectif, op.cit., p126.

적 형태로 인류 공동체에 봉사할 수 있다고 법이 인정한 것이다.'[1] 만약 '평화적 해결 가능성이 모두 사라졌을 때 사람들은 정부에 자신의 정당방위 권리, 즉 최후의 수단으로서 폭력을 행사하지 않겠다고 말하지 못한다.'[2] 이런 상황에서, '폭력에 대한 거부가 다른 사람의 권리와 의무 그리고 공동체의 권리와 의무를 해치지 않는다면 불복종 행위는 칭찬받아 마땅하다.'[3] '어쩔 수 없는 폭력행사가 상대방도 적법하게 받아들이는 전쟁의 불행한 속성이기 때문이 아니다.'[4] 오히려 정당방위, 최후의 수단으로서 폭력 그리고 '정당한 전쟁' 등이 정당하지도 않은데 정당하다고 강변하기 때문에 자신의 방어 권리를 행사하지 않겠다는 선언이다.

가톨릭교회의《교리문답서(Catéchisme de l'Église catholique, 1997)》[5]는 정당한 전쟁에 대해 제2 바티칸공의회의 원칙을 계승하고 있다. 가톨릭교회의《교리문답서》는 무기 경쟁을 정죄했고, 국가의 권리가 정당방위에 있다는 것을 상기시켜주었다. 정당방위는 권리가 될 수 있을 뿐만 아니라 '타자의 생명에 책임을 진 사람에게 중대한 의무이기도 하다. 선한 공동의 방어는 부정의한 공격자를 더 이상 위해를 가할 수 없는 상태로 만드는 것을 말한다. 때문에 시민공동체로부터 권력을 위임받은 대리자는 공격자를 물리치기 위한 무기 사

---

1) Ibid, p127.

2) Ibid, p127.

3) Ibid, p125.

4) Ibid.

5) *Catéchisme de l'Église catholique*. Paris, Centurion: Cerf: Fleurus-Mame, 1998, art. 2302-2330, p557-562.

용의 권한도 위임받았다.'[1] 군사적 방법에 의한 (그리고 정의로운 전쟁에 의한) 정당방위 조건들은 다음과 같다 : '침략자가 국가나 공동체에 가한 피해가 지속되고, 심각하며 확실해야 한다. 단번에 종결지을 수 있는 다른 모든 수단을 실천할 수 없고 효과적이지 않은 것이 드러나야 한다. 성공의 신중한 조건들이 무너졌을 경우여야 한다. 무기를 사용하는 것이 제거해야 할 악보다 더 심각하게 악을 행하고 무질서를 일으키지 말아야 한다. 파괴에 대한 현대적 방법은 매우 엄중히 이러한 조건의 평가 속에서 고려되어어 한다.'[2] 이런 이유로 '정당한 전쟁이라 말한 원칙 안에 나열된 전통적인 요인'을 좀 더 엄밀히 살펴보았다.[3] 과연 전쟁이 적법한지 혹은 그렇지 못한지를 결정하는 때는 어떨 때인가? 전쟁의 적법성을 따지는 것은 양심보다 더 큰 공적인 권위이다. 즉, '적법한 전쟁의 조건들에 대한 도덕적 정당성 평가는 공동의 선에 대해 책임을 진 사람의 신중한 판단에 속해야 한다.'[4] '공권력은 시민에게 국가 방어에 필요한 의무를 부과하는 권리와 의무를 가진다.'[5] '공권력은 공정하게 양심적 이유로 무기 사용하기를 거부하고, 대신 인류 공동체에 다른 형태로 봉사하기로 마음먹은 이들의 경우를 고려해야 한다.'[6] 《가톨릭 교리문답서》는 '무장투쟁이 지속되는 동안에도 도덕

---

1) Ibid, art. 2265, p548.

2) Ibid, art. 2309, p558-559.

3) Ibid, art. 2309, p559.

4) Ibid.

5) Ibid.

6) Ibid.

법이 항구적으로 유효하다는 것'을 선포한다.[1] 인간의 권리와 보편적 원칙을 고의로 반대하는 행위와 이것을 지시하는 명령은 범죄행위다. 맹목적 복종은 거기에 따르는 사람들을 용서해주는 데 충분치 않다. '한 사람의 국민, 한 민족 혹은 소수 민족을 제거하려는 것은 용서받을 수 없는 죄로 정죄 받아야 한다. 우리는 인종 학살을 지시하는 명령에 저항해야 한다.'[2]

다른 선언도 있었다. 1983년 11월 8일 프랑스 주교회의는 '평화를 이루자(Gagner la paix)'란 제목의 성명에서 핵 억제는 때때로 '도덕적으로 수용할 만하다.'고 평가했다. 가톨릭교도들 가운데 많은 이들이 이런 입장표명에 반대했고, 2500명에 달하는 신자와 13명의 주교가 서명한 《다르게 투쟁하라(Lutter autrement)》를 출판했다. 이 책은 비폭력적 방어와 평화 교육, 그리고 비폭력에 대한 복음적 뿌리에 대한 신학적이고 윤리적인 연구를 장려했다.[3]

위계적 직위가 없는 루터파 교회와 칼뱅의 개혁파 교회는 토론을 풍성하게 하는 다양한 신학적 학파에 의해 연구 작업을 진행했다. 이러한 연구에도 불구하고 양심적 병역 거부의 원칙이 인정되기까지 많은 어려움이 있었다. 1930년부터 「〈기독교 사회지(Revue du Christiamisme Social)」는 양심적 병역 거부의 인정에 관한 문제에 대해 75쪽을 할애했고, 양심적 거부자의 편에 서서 합법화를 요구

---

1) Ibid.

2) Ibid, art. 2313, p559~560.

3) Bernard BOUDOURESQUES dir., Lutter autrement. *Pour une action non-violente responsible et efficace. Des chrétiens s'expriment.* Paris: Nouvelle Cité, 1989.

했다. 알려진 바대로 신학과 학생이었던 자크 마틴(Jaques Martin)과 필로 베르니에(Philo Vernier)는 양심적 병역 거부 때문에 징역형을 선고받았다. 1935년 개신교 공익을 위한 학생위원회는 양심적 병역 거부의 문제를 프랑스개신교연맹 회장 막 뵈네(Marc Boegner)가 주관했던 신학자위원회에 일임했다. 추천받은 이 신학자위원회에 의해 정당한 전쟁이 있을 수 있고, 군복무는 기독교인의 의무라는 문서가 만들어졌다.[1] 사실, 개혁교회는 20년 동안 필로 베르니에(Philo Vernier)의 헌신을 인정하지 않았다. 국제화해운동 설립자 가운데 한 명인 앙리 로제(Henri Roser, 1899~1981) 목사가 필로 베르니에의 헌신을 인정한 것이 1945년이었다. 1923년 6월에 앙리 로제는 자신의 재향군인 수첩에 붙은 동원동의서를 군 당국에 돌려보내는 것으로 저항을 한 바 있다.[2]

비폭력 이념을 가진 이들은 제2차 세계대전 이후 점진적으로 자기를 들어냈다. 1948년 6월, 프랑스 개혁교회 전국노회는 '군복무를 거부하는 이들이 교회 공동체에 머물러야 한다.'고 선언했다. 이듬해엔 '양심적 병역 거부자를 마치 범죄자처럼 취급하는 것은 온당치 않으며, 정부는 그들에게 국가를 향한 충성심을 증명할 수 있는 합법적 자격을 주어야 한다.'고 선언했다. 1952년엔 다음에 언급되는 내용을 만장일치로 결의했다.

전국노회는 지난 회기에서 양심적 병역 거부자들이 치러야 할 어

---

1) Raoul CRESPIN, op. cit., p100-101.

2) Pierre KNEUBÜHLER, Henri Roser. *L'enjeu d'une terre nouvelle.* Paris: Les Bergers et les Mages, 1992, p159.

려운 처지에 대한 의제들을 상기할 때, 같은 죄목에 대해 마치 재범자처럼 반복된 유죄 판결을 내리는 것은 문제가 있다고 본다. 우리는 프랑스의 양심적 병역 거부자가 그들의 시민정신을 증명할 수 있는 제반 법이 제정되기를 요구한다. 또한 어떤 양심적 병역 거부자가 그에 반한 물리적 혹은 정신적으로 실행된 조치들 때문에 모욕을 당했다면, 그는 자신에게 가해진 인격존중에 대한 훼손을 멈추라고 공권력에 요구해야 한다.[1]

에큐메니컬 심의 중앙위원회는 1950년 7월 토론토에서 각 나라의 정부가 양심적 병역 거부자에 대한 적법한 조처들을 만들어야한다고 선포했다. 그리고 '기독교인이 양심에 따라 전쟁의 참여에 대해 내린 결정은 존중돼야 한다."는 항목을 추가했다. 폴 리쾨르(Paul Ricoeur)는 이런 의미에서 교회를 대표해서 프랑스 국무총리에게 서신을 보냈다.[2] 비록 개혁교회가 국제화해운동 지도자 중 한명인 르네 크루즈(René Cruse) 목사의 양심적 병역 거부자들의 합법화 투쟁을 지지하고 그들을 격려하라는 요구에 대해 거부하기는 했지만, 그래도 의미 있는 진전이 있었다.[3] 그것은 국제화해운동(MIR, Mouvement international de la réconciliation)의 끈기 있는 투쟁의 결과였으며, 특히 장 라세르가 전쟁과 양심적 병역 거부에 대해 교회와 대화하고 설득했던 투쟁의 결과였다. 1927~57년까지 「회합의 노트」 편집자 앙리 로제(Henri Roser)는 정치-사회적 위기 그리

1) Raoul CRESPIN,op. cit., p. 103.

2) Ibid, p105.

3) Ibid.

고 국제적 위기에 대한 분석을 발전시켰고, 뒤를 이어 라세르는 교회적 주제들 즉, 국제화해운동의 회원들 대부분이 속한 개혁교회 내부의 논쟁들로 다시 교회의 중심을 잡았다. 폭력의 문제를 교회 안의 문제로 삼은 것은 교회가 전쟁과 평화의 문제들에 예민했으면 하는 바람에서였다.

양심에 관한 일은 조금씩 이루어져갔다. 장 라세르의 비폭력의 논쟁이 단지 개신교의 극단적 소수파 주변에서만 그 반향을 일으켰다. 하지만 장 라세르가 죽기 10일 전, 그는 교회의 용기 있는 선언을 듣게 되는 행운을 가졌다. 1983년 11월 11~13일 로쉘(La Rochelle)에서 열린 17차 총회 때 프랑스개신교연맹은 찬성 124표, 반대 13표, 기권 11표로 아래의 선언을 가결시켰다. 이것을 '평화를 위한 투쟁'이라 이름 붙였다.

지난 여러 달 동안 교회는 '세계가 재래식 무기와 핵의 과잉무장에 따른 파괴의 위협은 물론 조화롭던 삶이 삶과 죽음의 기로에 섰음'을 확인했다. 프랑스개신교연맹은 이 문제에 대해 전 교회적 연대를 표명한다.

우리는 핵우산 속에 스스로 안주하는 것을 수용할 수 없다. 따라서 우리는 프랑스가 재래식 무기 군축에 나선 것처럼 '핵동결'에 용기 있게 나서 줄 것을 촉구한다.

우리 프랑스개신교연맹의 다음의 제안들이 교회와 제도, 그리고 신자 개개인의 행동양식이 되기를 제안한다.

1. 폭력에 관한 성서적, 신학적, 그리고 윤리적 작업을 시도하고 지속한다.

2. 평화에 대한 반성과 교육을 위해, 평화와 정의 사이에 분리될 수 없는 연결을 인정하기 위해, 흔히 조작된 일방적 정보에 대해 경계의 증거를 만들기 위해, 비폭력 저항의 효과적 적용의 역사적 예들을 알기 위해, 함께 더 잘 일하면서 그 힘을 평화와 제3세계를 돕는 운동에 투자하기 위해 기독교인은 개인적 집단적 노력을 한다.

3. 나눔과 화합의 행위를 소생시킨다. (예를 들어, 기근과 전쟁의 희생자 구호를 위해 적어도 한 주 한 끼에 해당하는 헌금을 하자.)

4. 평화에 대한 교육을 성인과 청년의 교리교육 안에서 발전시킨다.

5. 사회주의 국가와 제3세계에서 온 국제캠프 참여자들의 주장을 이해하고 공유한다.

6. 이질적 문화에 대한 경계를 풀고, 그것을 이해하려 애쓴다.

7. 양심적 병역 거부자를 사회 구조 안에서 지지하고 환대한다.

8. 군목 등 정치적 그리고 군사적 책임 있는 사람들과의 대담을 만든다.

9. 연맹의 요청을 실행한다. 즉, 대림절 세 번째 주일인 1983년 12월 11일을 (금식이 동반된) 특별 기도의 날로, 그리고 (가능하다면 한 주 전은 정보를 나누고 토론을 한다) 정의와 평화를 위한 행동의 날로 지킨다.

다소 온건한 주장이 담긴 이 선언은 평화에 대한 입장을 약하게 반영한 결과일 것이다. (결과적으로 프랑스개신교연맹의 선언은 실제적인 정치적 충격을 주지는 못했다. 양심적 병역 거부자의 대담한 요구를 반영하지 못했기 때문이다.) 21세기에 접어든 프랑스 개혁교회는 지난 세기를 돌아보면서 「평화롭게 살기 위해 폭력을 행할 것인가?」라는 제목의 문서와 함께 "논쟁 2000-2000 논쟁" 캠페인을 조직했다. 이 캠페인은 폭력 문제에 대한 사람들의 관심을 다시 불러일으켰다. 무엇보다도 로쉘에서 열린 17차 총회 20년 후인, 2004년 10월 8~9일 프랑스개신교연맹 총회가 클레르몽페랑 (Clermont-Ferrand)에서 개최됐다. 에큐메니컬 회의에서 향후 10년간 개신교연맹은 '폭력을 이기다'라는 주제에 집중하기로 했다. 그리고 평화와 비폭력 교육의 프로그램을 프랑스 교육시스템 안에 설치할 것을 요구하는 권고문을 교육부장관에게 전달했다. 군대에서 군목들의 임무에 대한 개념과 타당성을 연구했으며, 프랑스개신교연맹의 양심적 병역 거부에 대한 이런 관심은 프로테스탄트 진영에 반복적인 논쟁을 촉발했다.

국제적 차원에서 교회들은 조금씩 평화의 신학을 향해 선회했다. 에큐메니컬 회의는 1983년 제4차 총회를 캐나다 밴쿠버에서 가졌는데, '정의 · 평화 · 창조질서의 보전(JPIC) 세계대회'에 회원 교회들을 초대하기로 결정했다. 그 결과 1990년 5월 서울에서 세계대회가 치러졌고, 1989년 5월 스위스 바젤에서의 유럽대회를 시작으로 1997년 6월 오스트리아 그라츠(Graz)대회, 2007년 9월 루마니아 시비우(Sibiu)대회로 이어졌다. 가톨릭교회는 JPIC 대회 참여를 결정했고, 아울러 교황 요한 바울 2세(Jean-Paul II)는 1986년에 평화를 위한 만남과 기도의 날을 위해 세계의 모든 종교 대표자들을 초대했다. 이 종교대표자회의는 1986년에 첫 회의가 열렸고, 해마다 로마에서 열리고 있다.

평화에 대한 요구가 교회들 가운데 교회가 가야할 길을 내었다. 2003년 5월 이라크 전쟁이 발발했을 때 교회는 역사상 처음으로, 세계 모든 교회들이 (미국 남부침례교만 제외하고) 군사적 개입에 반대하는 입장을 취했다. '정당한 전쟁론' 신학의 지지자들조차도 이 전쟁이 정의롭지 못하다고 생각했다. 조지 부시(George W. Buch) 대통령은 자신이 속한 교회(감리교회)의 입장에 반대해 전쟁을 선포했다. 이것은 정당한 전쟁론을 앞세워 전쟁을 지지해왔던 교회가 전쟁을 막지 못한다는 것을 역설적으로 보여줬다. 우리의 신앙과 신학은 여전히 우리의 행위에 대해 일관성을 보여주지 못했다. 여전히 교회가 전쟁에 직면해서도 주문을 중얼거리는 데 그치고 있다. 장 라세르의 평화사상과 이 책의 주장이 오늘날에도 여전히 유효성을 갖는 이유다.

- 프레데릭 호농(Frédéric Rognon)[1]

---

1) 호농은 스트라스부르 마크 블로흐대학교 프로테스탄트신학대학 신학과에서 철학을 가르치고 있다.

성서 색인

마 6:15 / 241

마 6:24 / 93, 247, 335

마 8:13 / 273

마 8:5-13 / 72

마 9:10-13 / 273

마 9:11 / 267

마 10:14 / 59

마 10:34 / 33

마 11:12 / 59

마 11:19 / 267

마 12:2, 13 / 267

마 13:30, 40 / 250

마 16:23 / 59

마 18:33 / 241

마 19:18 / 140

마 21:24-26 / 265

마 22:10 / 67

마 22:15-22 / 308

마 24:26 / 25

마 26:51 / 51

마 26:52 / 77, 344, 362

마 26:53 / 59

마 26:63 / 266

마 27:16 / 47

마 27:26-31 / 179

마 27:46 / 168

막 3:4 / 140

막 3:21 / 329

막 11:18 / 71

막 12:13-17 / 307, 308, 322

막 14:43 / 76

막 15:7 / 47

막 15:39 / 50

눅 2:14 / 32

눅 3:14 / 81

눅 6:28 / 272

눅 6:35 / 273

눅 7:36 / 273

눅 12:51 / 33

눅 13:14 / 267

눅 13:32 / 123

눅 14:4 / 267

눅 16:16 / 59

눅 18:6 / 123

눅 19:7 / 267, 273

눅 19:8 / 265

인명 색인

참고문헌

A la bibliographic que nous avons donnée dans notre premier ouvrage, ilfaut ajouter les oeuvres suivantes :

BARTH AS C., *évangile et Nationalisme*. Paris : Spes, 1933.

BEGUIN Willy, 《Une éthique chrétienne de la guerre》, *Cahiers de la Réconciliation*, novembre 1961.

BELL R. G., *Alternative to war. Londres*: Clarke, 1959.

BONNEAUDEAU Robert, capitaine de gendarmerie, *Le probléme de l'objection de conscience*, Arras 1960.

BOUTHOUL Gaston, *La guerre*. Paris : PUF, 1953.

CHAIGNE Hervé, *Déclarons la paix*. Fréres du monde, 1964.

CHAVANNES Henry, *L'objection de conscience*. Lausanne : la Renaissance, 1961.

CHAVANNES Henry et LASSERRE Jean, 《Dialogue pour ou contre l'objection de conscience》, *Cahiers de la Réconciliation*, avril 1963.

COMBLIN Joseph, *Théologie de la paix*. Paris : Éd. Universitaires, 1960.

CONGAR Yves et FOLLIET Joseph, *Armée et vie nationale*. Lyon :

Chronique sociale, 1962.

COSTE René, *Mars ou Jésus ?* Lyon : Chronique sociale, 1962.

CULLMANN Oscar, *Dieu et César.* Paris : Delachaux et Niestlé, 1956.

DIGNATH Walther, *Kirche, Krieg, Kriegsdienst.* Hambourg: Herbert Reich, 1955.

FRONSAC Henri et R. P. RÉGAMEY, *Non-violence et objection de conscience.* Tournai : Casterman, 1962.

GOETTMANN Jacques, 《Comment l'Église maîtrise-t-elle le probléme de la guerre ?》 Nancy : 1963.

GOLLWITZER Helmut, 《Christianisme et guerre》, *Cahiers de la Réconciliation,* mai 1960.

GREGG Richard B., *The power of Non-violence. Londres* : J. Clarke, 1962.

HERSHBERGER Guy, *The way of the cross in human relations.* Scottdale, 1958.

HORNUS Jean-Michel, *évangile et Labarum.* Genève : Labor et Fides, 1960.

HORNUS Jean-Michel, 《L'excommunication des militaires dans la discipline chrétienne》, *Communio viatorum,* Prague 1960/1.

JEAN XXIII, *Pacem in Terris.* Paris: Centurion, 1963.

JUNGK Robert, *Plus clair que mille soleils.* Paris: Arthaud, 1959.

KING Martin Luther, *Stride toward freedom.* New York : Ballan- tine, 1960.

KING Martin Luther, *La force d'aimer.* Tournai : Casterman, 1964.

KING Martin Luther, *La révolution non-violente.* Paris : Payot, 1965.

LANZA DEL VASTO, *Les quatre fléaux.* Paris: Denoël, 1959.

LAS CASAS Barthelemy de, *L'évangile et la Force.* Paris : Cerf, 1964.

LASSERRE Jean, *La guerre et l'évangile.* Paris: Réconciliation, 1953.

LE JEUNE Jacques, *Je ne tuerai pas.* Bruxelles: Réconciliation, 1956.

LORSON Pierre, *Defense de tuer*. Paris : Centurion, 1953.

LYTTLE Bradford, *National defense thru non-violent resistance*, Chicago, 1958.

MACLEOD George, *The new humanity now*. Londres : Reconciliation, 1964.

MILLER William Robert, *Non-Violence, a Christian interpretation*. New York, 1964.

MOCH Jules, *La folie des hommes*. Paris : R. Laffont, 1954.

MOCH Jules, *Non à la force de frappe*. Paris : R. Laffont, 1963.

MOLNAR Amadeo, 《La non-violence dans la première Réforme(Vaudois et Hussites)》, *Cahiers de la Réconciliation*, juin 1965.

NIEMÖLLER Martin, 《Textes sur la guerre et la paix》, *Cahiers de la Réconciliation*, janvier 1965.

PACHE Daniel [et al.], *L'objection de conscience*, Église libre de vaud, 1963.

PARKER Daniel, *Le choix décisif*. Genève : Labor et Fides, 1962.

PEACHEY Paul [et al.], *Biblical realism confronts the nation*. New York : Reconciliation, 1963.

QUAKERS, 《Dites la vérité aux puissants》, *Cahiers de la Réconciliation*, 1954.

QUEIREL Auguste, *Les chrétiens et le refus des peuples à une guerre mondiale*. Paris : Épi, 1962.

REGAMEY et JOLIF, O. P., *Face à la violence*. Paris: Cerf, 1962.

RICOEUR Paul, *état et violence*. Genève : Foyer Knox, 1957.

ROSER Henri, *Le chrétien devant la guerre*. Genéve : Labor et Fides, 1953.

SIBLEY Mulford, *The quiet battle, practice of non-violent resistance*. New York, 1963.

STRATMANN F. R., O. P. [et al.], *Morals and Missiles*. Londres: Clarke, 1959.

TOYNBEE Arnold, *Guerre et civilisation*. Paris: NRF, 1954.

TROCMÉ André, *Jésus-Christ et la Révolution non-violente*. Genève : Labor et Fides, 1961.

YODER John Howard, *The Christian witness to the state*. Newton, 1964.

YODER John Howard, 《Le pacifisme de Karl Barth》, *Cahiers de la Réconciliation*, février 1963.